养老改革与人口理论经典译丛

THE SILVER MARKET PHENOMENON

Marketing and Innovation in the Aging Society

Florian Kohlbacher
Cornelius Herstatt

银发市场现象

老龄化社会营销与创新思维

（第二版）

（德）费洛里亚·科尔巴赫　科尼利厄斯·赫斯塔特　编

胡中艳　卢金婷　译　　施进发　曹阳　审校

东北财经大学出版社
Dongbei University of Finance & Economics Press
大连

辽宁省版权局著作权合同登记号：图字06-2015-160号

图书在版编目（CIP）数据

银发市场现象：老龄化社会营销与创新思维：第2版/（德）费洛里亚·科尔巴赫（Florian Kohlbacher），科尼利厄斯·赫斯塔特（Cornelius Herstatt）编；胡中艳，卢金婷译.—大连：东北财经大学出版社，2016.8
（养老改革与人口理论经典译丛）
ISBN 978-7-5654-2329-1

Ⅰ.银… Ⅱ.①科… ②赫… ③胡… ④卢… Ⅲ.老年市场-市场营销学 Ⅳ.F713.58

中国版本图书馆CIP数据核字（2016）第119627号

东北财经大学出版社出版发行
大连市黑石礁尖山街217号 邮政编码 116025
网 址：http://www.dufep.cn
读者信箱：dufep@dufe.edu.cn
大连图腾彩色印刷有限公司印刷

幅面尺寸：170mm×240mm 字数：495千字 印张：27.25
2016年8月第1版 2016年8月第1次印刷
责任编辑：李 季 刘 佳 刘慧美 责任校对：吉东杨
封面设计：冀贵收 版式设计：钟福建
定价：68.00元

教学支持 售后服务 联系电话：（0411）84710309
版权所有 侵权必究 举报电话：（0411）84710523
如有印装质量问题，请联系营销部：（0411）84710711

作者序

我很高兴为本人的《银发市场现象：老龄化社会营销与创新思维》中文版作序。迄今为止，我关注人口变化及其带来的银发市场现象已有十多个年头了。最初我感兴趣的是人口变化对人力资源和知识管理造成的影响，2007年开始与德国汉堡科技大学的Cornelius Herstatt博士合作银发市场现象研究项目，成果便是2008年秋季出版的《银发市场现象》（Kohlbacher和Herstatt 2008）第1版。此书产生的热烈反响及其获得的市场成功，促使我们努力编写研究内容更为集中的第2版，《银发市场现象》的第2版于2011年出版（Kohlbacher和Herstatt 2011）。令人激动的是，中文版《银发市场现象》将很快与读者见面了。在此，我感谢本书的翻译团队，使这一切成为现实。

尽管我的研究是全球性的，但一开始关注的是日本。日本饱受人口变化影响，人口快速老龄化，人口数量萎缩。我们可将日本看作领先的老年产品市场，它有许多经验值得其他国家学习。具体可参见（Kohlbacher 2011；Kohlbacher，Gudorf和Herstatt 2011；Kohlbacher和Rabe 2015；Prieler和Kohlbacher 2016）。不过，中国目前也正成为银发产业的全球领导市场。根据《2014年中国老龄事业发展报告》，2014年老龄人口服务和产品的国内市值约为4万亿元人民币（0.65万亿美元），占国内生产总值（GDP）的8%，2050年，这个数字将攀升至33%，那时，中国将成为全球最大的老年服务商业市场，其占全世界1/4的老龄人口预计将消费106万亿元人民币（16.11万亿美元）。

2015年3月29日，《金融时报》官网刊出一篇题为"中国人口老龄化蕴含巨大商机"的文章。2015年3月30日的《金融时报》精选刊出了同一篇文章，但题目改为"中国老龄化社会敲响警钟"（2015年3月30日，Bradshaw）。这篇文章认为中国"对老龄化人口带来的社会经济挑战感兴趣的人士来说，是一个极富吸引力的案例，对商业机会来说更是如此"，并认为"正因如此，在对日本人口变化进行了11年的研究之后，Florian Kohlbacher于2014年8月来到中国"（同上）。确实如此，在日本十多年之后，2014年我移居中国，来到西交利物浦大学苏州国际商学院（IBSS）工作。除了担任商学院的市场营销学和创新管理学副教授之外，还担任了该校老龄化社会研究院（RIAS）创始院长。目前，我觉得自己的工作十分有趣、充实和有成就感。借此机会来回顾一下我对银发市场现象十多年的研究。我对人口老龄化这一人口变化问题的兴趣，始于2005—2007年间我作为东京一桥大学的访问学者。看看日本老龄化人口的相关数据，毫无疑问：商机巨大！企业应该不假思索地采取行为来应对这一趋势，至少也要采取措施抵御人口变化带来的问题，更重要的是利用新的商业机会。可当我与各个行业的企业高管和经理探讨这些问题时，感到很吃惊。因为我总是得到相同的回答："是的，这是个很重要的问题，存在商机。"我心想不错，并继续问："那贵公司将如何做呢？"这时，真正有意思但令人失望的时刻出现了："噢，我们还没有仔细研究呢。"或者说："噢，我们目前从事的是B2B业务，因而实际上这跟我们关系不大；消费品行业的机会更多。"再或者说"目前我们正在研究这一大型的商业重组计划，我保证只要完成重组计划，将有所作为"等等。

刚开始，我有点困惑。因为我访谈的高管对人口趋势和商业机会都颇有见地，但当询问他们采取的行为时，全都话锋一转，用各种借口解释他们还没准备好采取行动或者人口变化对他们真的不重要。我将他们这两种态度的差异叫作第一人机会和第三人机会（Kohlbacher，Herstatt和Levsen 2015）。也就是说，对任何人——或者可能每个人——都存在的潜在机会是第三人机会，而对具体个人的潜在机会——对具体的企业或企业——是第一人机会。很显然，大部分高管都认识到了老龄化作为商业机会的一般潜力，但仅仅是对其他人而言，而未必对他们自己的商业有利。换句话说，许多企业似乎无法将第三人机会转化为第一人机会。为什么呢？我决定探一究竟。

与巴布森大学的Ken Matsuno教授一起，我们在日本开展了包括定性访谈和针对545位市场经理的大量抽样调查在内的实地调查工作。与以往的研究一样，我们选择日本进行研究，因为日本是世界上受人口老龄化影响最严重的国家，通常我们也认为它是银发产品的领先市场。研究发现日本大多数企业：

1）认识到或知道日本的人口变化；

2）不知道或不明确人口变化的影响（对他们的商业而言）；

3）没有真正做好响应人口变化的准备（有一定的期待）。

目前，这些看起来证实了先前我与经理们讨论得出的传闻证据。但1）和2）以及3）之间为什么会存在差距？通过研究我们找到了原因。

有一种东西不利于人们理解这一状况（人口变化）的影响，也不利于人们采取行为（营销策略和技巧），它就是矛盾心理。当人们对某种现象潜在影响的评估不是完全从正面到负面两极性连续出发，而是用正面影响和负面影响来表达时，矛盾心理就产生了。在这里，矛盾心理的意思是经理们评估人口变化对自身业务的影响既有正面的也有负面的，这种心理有利有弊。或者说，他们无法把握人口变化对自身业务的影响，也就是说他们很矛盾，因此对采取何种行为应对人口变化也很矛盾。如果没有这种矛盾心理，理解人口变化，就能做出相应的商业行为响应，即经理越能很好地理解人口变化现象（人口变化的影响），他们就越能做出很好的反应（他们越能用营销方案来应对这些影响）。但如果存在这种矛盾心理，就削弱了人口变化和商业行为之间的直接影响关系。在很矛盾的情况下，经理们可能完全不理会人口变化的影响，最终导致无所作为。此时，企业就对人口变化熟视无睹，无动于衷。不用说，这种情况非常危险。[①]

那么，经理为什么从一开始就很矛盾呢？我们认为有几个原因。首先，他们缺乏对人口变化的营销影响的深层知识和理解。当我们对青少年甚至中年消费者进行大量的市场营销研究时，理论和专业的市场营销研究却对老年群体视而不见，也就是说，我们不知道谁是老年消费者，他们是如何做出购买决定的。其次，已有信息的层次和时间线不适于制定具体的战术营销决策。人口变化的宏观数据对于理解全局来说十分有益，但在制定商业行为决策时，需要的是具体的、微观层面的数据。而且，报告和演讲展示的数据通常是2050年甚至是2100年的未来趋势（我知道这一点，因为我自己也总是这样做）。可问题是，制订数十年甚至数百年营销计划的企业高管在哪里？

这也难怪许多企业推迟银发市场营销，先解决看起来更紧迫、更重要的问题。这最终导致人们仍旧对老年人和老龄化存有许多偏见和误解，甚至常常表现出赤裸裸的歧视。同样，改善这种状况唯一的办法是开展合理的、深入的市场营销研究。也就是说，我们首先必须把自己的功课做好。下面是企业面对人口变化带来的市场营销挑战时常犯的错误及避免这些错误的4个技巧：

错误	错误产生的原因及经理们的应对技巧
根据年龄细分老年人	人口发展带来的机遇十分诱人，但现代营销早已不再根据年龄简单地细分消费者。个人生活方式，财务、职业和健康状况等都极大影响着消费者的需求和需要
用同一标准衡量所有“老年人”	50岁以上，55岁以上，65岁以上可能听起来很有用且能概括银发市场，但这样做毫无意义。以今天的人口寿命来看，50岁以上仅仅是人类寿命周期的一半而已
低估或傲视老年人	如今，切实了解消费者想要什么并迎合他们的个人需求越来越重要。终端用户因在开发过程中能提出见解甚至开启一个创新过程，而与产品/服务开发过程的关系越发密切。许多银发市场企业不是向老年人咨询或将他们纳入产品开发过程中，而是认为自己很了解顾客。针对老年细分情况，不要退缩，而要创新和接近消费者
害怕衰老和不愿接近“老年人”（不开玩笑，我是认真的）	许多企业认为如果它们以银发市场为诉求对象，将会损害它们在其他年龄群体心中的形象。企业要实现青年市场和老年市场一箭双雕，实际上极具挑战且不是完全没有风险。成功的关键可参考“通用设计”或“跨代设计”，以及永恒或无年龄限制市场营销。通常，一些特例确立规则并依靠产品获得成功，一个强调年龄的策略也能获得成功（如多芬的pro-age牙膏）。然而，一般来说，正确的做法是谨防年龄歧视，拥有跨代思维

① 补充一下：我对研究中国银发市场现象及其商业影响的机会没有丝毫犹豫。

我希望大家不要因为当前商业行为应对人口变化出现的问题等坏消息而感到十分沮丧。值得庆幸的是，也有一些好消息。如上文所解释的，虽然企业高管普遍承认人口老龄化趋势的重要性，但相对来说仅有少数企业采取实际行为开发老年市场。也有一些值得注意的特例，有一些开拓性的企业顺势而为（Kohlbacher 2011；Kohlbacher，Gudorf和Herstatt 2011；Kohlbacher，Herstatt，和Levsen 2015）。令人印象深刻的就是富士通的Raku-Raku手机了，该手机上市畅销超过了15年之久。最初富士通仅是为了开发一款简单易用的手机，但它很快便发展成为一个简单易用的高科技设备，并提供了一系列功能和技术创新来保证卓越的顾客体验（Kohlbacher和Hideg 2011）。在中国，因生产智能手机和其他移动设备而闻名的消费电子企业——小米科技有限责任公司，成功地开发了针对老年人的智能手机——一款特殊版本的红米手机。

Ken和我所作的研究发现，企业可采取4种商业行为来应对人口变化：

1）向上发展　这种思路意即企业接受银发细分市场，将其作为当前商业行为的一部分。这是最直接的解决方案。大多数情况下，向上发展的意思是在当前客户基础上额外开发老年市场，而非只进入老年市场。Raku-Raku手机就是在当前产品之外开发产品的例子，从而实现企业向上发展。类似的，培生教育集团为富裕却受语言限制的喜欢海外旅行的老年消费者引进了适合老年人学习的英语书籍。这对传统上仅注重大学和高等学校教育出版的企业来讲，确实是一个大手笔。

→行为理念：重新审视现有产品，并分析如何用较少的改变来重新传递、重新包装它们。这一点，可从纸尿裤制造商根据成人体型利用现有技术调整产品的行为中看出。当前许多其他产品也在这样做，日本的Seven-Eleven和其他便利店为独居老年家庭开发单人即食包装食品都体现了这一点。

2）向下发展　这个策略直觉上有悖常理，原因是它意在开发年轻的细分市场。我们遇到一个例子，日本的一家教育机构的核心业务原是辅导日本老年高校学生的入学考试。由于该教育机构在老年市场毫无经验可言，它决定不进军老年教育产品市场，而是进入年轻的高中甚至更早阶段的学生市场。

→行为理念：为青年市场开发产品是短时有用的短期策略，更重要的是用高端产品瞄准支持子孙的富有的祖父母们。我们可从玩具和游戏制造商为青少年们开发高端玩具，吸引祖父母们购买看出其策略。

3）深入发展　这一策略是关于改善服务质量或增值服务来创造附加价值，以提高定价。这意味着即使产品销量较少（由于年轻人群数量减少），但由于单位边际利润更高，因此销售收入依然保持稳定增长。儿童教育和玩具产业就是这种情况，特别是在亚洲，被父母和祖父母们溺爱的中国“小皇帝们”的情况已经众所周知。在日本，超市连锁店（如永旺，Itohyokado）为注重健康、受过教育和富裕的老年人提供高质量原材料（如有机蔬菜、土牛肉/土猪肉、放养鸡肉）生产的小包装食品，便利店为无法将购物袋搬回家的老年人提供送货上门服务。

→行为理念：我们看到越来越多针对老年人的高端休闲产品，如复兴之旅，怀旧之旅等。几年前，东京迪士尼就已经意识到携带子孙到迪士尼游玩的老年人数量将上升。于是，它找到一些庆祝各种纪念日的老年夫妇们，利用高端休闲包鼓励这些老年夫妇重新体验年轻回忆的活动大获成功。

4）向外发展　这一策略是指走向国际化或全球化。一直专注国内市场的企业必须考虑走向国际化，开发国外市场，来弥补国内业务量的下降。实际上，这也是传统上只为日本市场提供产品或服务的中小型企业开展越来越多国际活动的原因之一。十分明显的便是婴幼儿服装产业，制造商们已将重心转移至东南亚国家（如新加坡、泰国等）。还有一些例子如培生教育集团不断扩展亚洲业务，三井不动产株式会社尝试利用其在日本经济增长时代积累的城市开发经验，进军蓬勃发展的其他亚洲城市（如与铁路企业、购物中心合作开发郊区）。

→行为理念：对期望在成本较低的东南亚地区生活的日本老年人和其他国家的老龄化人口来说，中国和其他市场正不断增加老年护理专业知识的输入。

最后，我来谈谈对银发市场商业机会的看法。分辨和认识商业机会，对开展业务来说当然是必要条件，但却不是充分条件。一旦分辨出一个商业机会，就需要采取措施开发它。正如前面解释的，从认识到开发人口变化的商业机会，许多企业无法做到。与其消极等待机会降临，不如积极应对人口变化，这就包括积极塑造条件，灵活利用当前的机会。是时候抓住银发市场营销的黄金时机了，为此我希望本书能成为一把“利器”来实现这一目标。

Florian Kohlbacher
florian.kohlbacher@xjtlu.edu.cn
2016年1月于西交利物浦大学苏州国际商学院

译者序

“慈母手中线，游子身上衣。临行密密缝，意恐迟迟归。谁言寸草心，报得三春晖!”唐代孟郊的《游子吟》妇孺皆知，历代传诵。今天我们依旧享受着慈母手中线的温暖，父母却难以享受到过去儿孙满堂的天伦之乐，更何言“报得三春晖”？这的确是一种遗憾，也是社会发展的必然。一方面社会经济、科学技术、现代医学有了长足进步，人们的生活质量提高，预期寿命延长；另一方面以核心家庭为主的赡养功能弱化，使中国传统文化中养儿防老的观念受到前所未有的冲击。特别是独生子女政策的实施，一对年轻夫妇需赡养两对老人甚至更多老人的现实，使我们不得不寻找其他的方法以缓解养老的压力。在这种社会大背景下，能为自己的父母做些什么，满足他们生理和心理需求，慰藉他们的精神和灵魂，弥补我们不能在身边侍奉双亲的遗憾，一直困扰着我们。

如何善待自己的父母，善待明天的自己？如何解决今天父母的养老问题，解决明天自己的养老问题？是当今社会关注的热点，也是作者研究的主要方向。在全球老龄化步伐日益加快的今天，关心老年人，解决老年人遇到的问题，不仅中国的老年人需要，普天下所有的老年人都需要。以己之力，回报父母、回报社会的初衷激励着我们，历时三年，翻译出版此书，这不仅是出于孝道，更是出于责任和义务。

《银发市场现象：老龄化社会营销与创新思维》一书直面全球老龄化，从一个崭新的视角探讨了老龄化社会的产品设计、营销等问题。本书共分三部分：第一部分（银发市场创新、设计和产品开发）阐述了成功进入银发市场的理念及过程；第二部分（银发市场营销）阐述了与银发市场相关的营销问题；第三部分（银发产业挑战及对策）展示了日本、美国、德国、印度等国家用创新产品和服务繁荣银发市场的案例。

本书的作者Florian Kohlbacher和Cornelius Herstatt从事人口老龄化研究多年。其中，Florian Kohlbacher博士曾在日本进行了长达11年的老龄化与社会课题研究。Cornelius Herstatt是德国汉堡-哈尔堡工业大学教授，主要从事发展经济学、商业经济管理、产业组织领域方面的研究工作。由他们组织相关行业、领域的专家编撰的此书内容详实、案例丰富、观点新颖、观念前卫，堪称一部应对全球人口老龄化问题的宝典。

俗语说："人无远虑，必有近忧。"未来老龄化对全球社会、经济带来的挑战空前巨大，但未来老龄化给全球社会、经济带来的机遇也不容忽视。因此，我们希望本书能成为有识之士研究银发市场的有用工具，有助于我们共同面对人口老龄化带来的机遇与挑战。也希望，我们和我们的后人变老时，能有更加成熟的银发市场，更加完善的市场服务，使老年人能够尽情享受老年科技福祉，最大程度地保持自主、独立的生活能力，健康、幸福地安度晚年。由于能力有限，书中翻译难免会有许多不足和疏漏之处，敬请广大读者批评指正。

本书翻译工作由郑州航空工业管理学院胡中艳、卢金婷，华北水利水电大学施进发和郑州轻工业学院曹阳老师共同完成，其中第一部分由胡中艳翻译；第二部分由卢金婷翻译；第三部分第21章、22章、29章、30章由卢金婷翻译，第23章~第25章由胡中艳翻译，第26章~第28章由曹阳翻译，第31章~第33章由施进发翻译。

感谢郑州轻工业学院刘静老师对部分章节的审阅；感谢东北财经大学出版社在翻译统筹方面所做的工作，感谢李季老师对本书翻译出版的支持和帮助。

胡中艳

2015年12月12日

前 言

在发达国家，大多数人刚刚开始注意到未来社会的一个决定性因素：老龄人口的迅速增长与年轻人口的急剧萎缩。

——Peter F.Drucker

2008年，本书第一版问世。从那时起，人口变化和老龄化现象开始得到世界各地越来越多学者、商业领袖和政治家们的关注。我们坚信，老龄化是未来决定性的重要趋势之一，世界各国必须应对人口老龄化和人口萎缩及其带来的相关挑战。

纵观世界，2050年60岁以上的人口数量预计将从2009年的7.37亿增长至20亿，增加了将近两倍。在世界更为发达的地区，21%的人口已超过60岁，预计到2050年，这一比例将达到33%。结果是，如将所有发达国家看作一个整体，其老年人口已超过儿童人口（15岁以下的人群），到2050年，其老年人口将是儿童人口的两倍多。这一趋势并不限于发达国家。如将发展中国家也作为一个整体，尽管其当前60岁以上的人口仅占总人口的8%，但到2050年，其60岁以上的人口数量将增长两倍多，达到总人口的20%。通过人口老龄化和人口萎缩示意图，我们可以更好地理解这些庞大的数字。图I-1是所选国家65岁以上的人口比例，代表了这些国家的老龄化程度；图I-2是2005—2050年所选国家的人口增长和萎缩情况。

我们认为，这些前所未有的人口发展趋势将给社会、企业和政治造成严重影响；我们预测，这一人口发展趋势不仅与发达国家有关，也与某些新兴经济体有关。在此背景下，我们关于人口变化对社会、产业和企业影响的研究却刚刚起步，令人汗颜。顾名思义，造成人口“问题”的原因，也给人口发展带来了挑战与威胁。我们在讨论劳动力减少、福利影响、社会矛盾的同时，常常忽视人口变化带来的机遇，如新市场的出现、创新潜力、将老年人融入工作和工作场所、积极老龄化、转变社会角色等都是将人口危机转变为机遇的例子。总而言之，各个国家和行业对老龄化的反应不一样，有的依然选择无视老龄化，有的在积极寻求、开发老龄化解决方案。

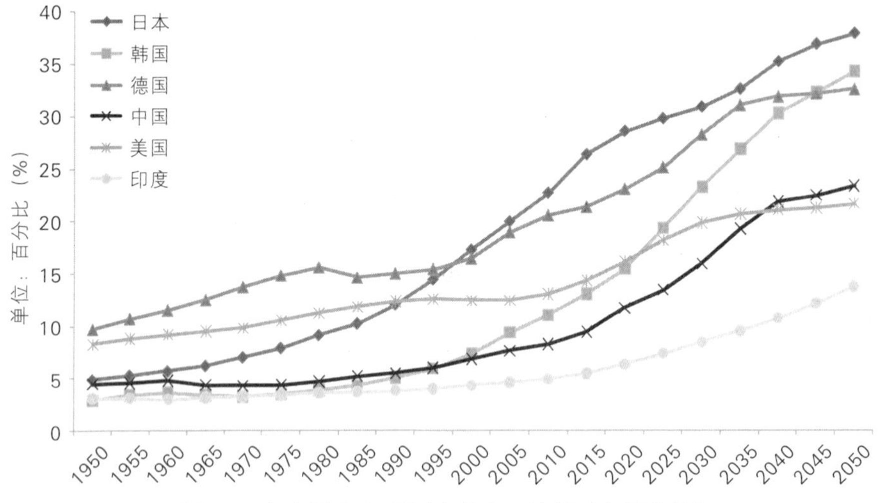

图I-1 各个国家65岁以上的人口比例（中间变量）

资料来源：经联合国经社部（UN DESA）人口司，整理2009年数据库，得此数据。

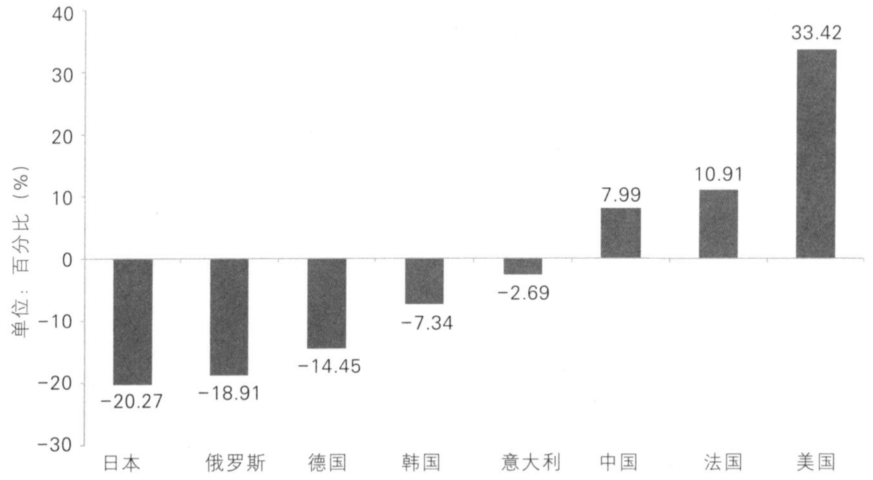

图I-2 2005—2050年各个国家的人口变化（中间变量）

资料来源：经联合国经社部（UN DESA）人口司，整理2009年数据库，得此数据。

人口变化特别重要的影响之一便是“银色市场”或“银发市场”的兴起及持续发展。广义上，我们将这一细分市场界定为50岁或55岁以上的群体。尽管针对该市场的产品和服务尚未充分开发，但随着这一经济状况较好的细分市场的人口数量增长，我们仍然认为该细分市场极具吸引力和发展前景。值得注意的是，这对B2C和B2B领域来说，也是如此，因为这些组织的人力资源也在不断老龄化，这意味着它们必须调整机械设备和工具，以适应劳动人口老龄化的需要。

人口变化对商界的重要性和巨大影响毋庸置疑，可令人惊讶的是，迄今为止，我们在企业管理领域的相关学术研究却极为匮乏。学术界在慢吞吞地应对这一挑战，特别缺乏实证研究。我们必须了解企业和整个行业是如何应对人口变化的；我们也必须了解与其他年龄群体相比，正在变老的老年人或已经变老的老年人的需求是什么，并寻求符合这些需求可行的解决方案。在许多领域和管理功能中，缺乏相应的概念、过程和可行的解决方案：如何细分和接近银发市场？如何根据银发市场调整产品开发、设计和传递价值？如何抓住潜在的银发消费者的隐性需求？

本书详细分析了针对老年消费者和老年工作者的创新、产品开发和营销面临的挑战和机遇。与第一版相比，本版关注的问题集中于产品开发、设计和营销活动。本版新增了9章内容，并对其余章节进行了精心筛选和必要更新。作者们都是来自不同领域和学科的顶级专家，他们或从事前沿学术研究，或从事商业实践，或兼而有之。

我们希望本书能受到广大读者的欢迎，并为决策者、负责创新、技术和研发的经理人、营销经理、战略管理者（包括CEO、政府和政治决策者），以及感兴趣的学者、老师和学生提供有益的指导。

我们坚信本书主题的相关性，并希望本书能够促进不同层次（产品、服务和社会）的创新发展。我们还希望本书能为社会科学、工程学、医疗保健等各学科搭建起一座桥梁，促进这些学科网络化，有利于创造有价值的银发市场解决方案。

本书作为一个编辑卷，如果没有所有特约作者的积极响应和支持，根本无法想象，也不可能实现。因此在这里，我们向所有作者表达我们的感激和谢意。向Springer出版社，特别是Martina Bihn博士和他的同事们表达谢意，正是他们的认可，才使这一雄心勃勃的计划变成现实。

本书结构：概述

本书内容分为三部分。第一部分（银发市场创新、设计和产品开发）阐述了成功进入银发市场的理念和过程，设计出新的产品和服务创新方案满足目标市场的特殊需求。各章作者证明了这些方法的共同之处是仔细评估老年消费者的需求并移情，确保将老年市场典型的消费者充分、提早纳入产品和服务开发中，设计出真正符合老年人需求和愿望的产品和服务。

第二部分（银发市场营销）阐述了与银发市场服务相关的营销问题。本部分关注的是银发市场的定价、分销、促销、定位以及细分策略等问题，探讨了传统的营销组合活动对银发市场的适用性，并提出在这特定的市场环境下实施这些活动的创新方法。

本书最后一部分——第三部分（银发产业挑战及对策）展示了多个行业和国家的一系列案例和解决方案（银发市场创新产品和服务）。

本书结构：详述

第一部分：银发市场创新、设计和产品开发

第一部分包括10章。由Florian Kohlbacher，Cornelius Herstatt和Tim Schweisfurth撰写的第1章是本部分的内容简介。人口老龄化的加速和人口结构的变化，对所有行业的创新管理和新产品研发影响重大。由于生理年龄本身并不是细分银发市场的充分标准，因而银发市场开发的主要挑战在于评估和理解银发市场需求。由于人们对自主能力的需求随着年龄的增长而增加，且自主能力与社会隔离和个人缺陷有关，故对老年人自主能力需求的研究，是一个有前景的方向。因而，以提升老年人自主能力为宗旨，开发创造有助于老年人保持或恢复独立生活能力的产品和服务，即“银发产品”，是银发市场开拓创新的可行方法。本章介绍了4个不同行业的案例，这些行业开发整合的多功能老年产品有助于老年人维持或恢复自主能力（如听力、自制力、视力）。作者还介绍了这些创新项目实现技术和功能复杂性、新颖性的方法，并阐述了相关的市场营销和市场研究方法。

第2章（“银发时代的创新者：了解老年用户的新方法”）是由Britt Ostlund撰写的关于用户主导的创新。银发时代的设计创新，仅仅发现老年人的需求是不够的，企业还必须认识到老年人作为消费者、公民和创新者的新角色。老年人近来才有机会表达心声，因此，我们必须拥有识别他们需求和需要的方法。更重要的是，我们需要采用一些研究方法，来揭示老年人作为技术使用者提出的问题及其终身习惯背后蕴含的创新源泉。为了更好地识别老年人的需求和需要，2005—2009年瑞典实施的三个项目让老年人参与了设计过程。第一个项目探讨的是如何打开老年家具新市场；第二个项目关注的是老年服务业开发；第三个项目研究的是将老年人的电视收看习惯与通过电视媒体开发通信设备联系起来。我们对研究结果从两个角度进行了分析：一是如何识别出能被设计开发的需求；二是发现需求之后，如何判断该需求是否具有开发价值。第一个项目表明，老年人作为积极的使用者可以明确表达出具体的需要；第二个项目表明，对于没有表达出来和未被激活的需求，老年用户更倾向于使用现有的产品或服务；第三个项目表明老年人作为产品的使用者，他们的潜在需求源于其终身经历和日常活动需要。

Pia Helminen（“将残疾人作为银发市场的领先用户”）关注的是将客户或用户融入创新产品和服务开发过程。在开发新产品时，深入了解老年消费者的需要十分重要。以用户为中心的设计理念为我们提供了很多了解用户需求的工具，但由于用户需求的功能固化，仅研究目标消费群体的需求会限制所需的研究数据。相较之下，“领先用户”方法通过研究特定群体的领先用户，找到解决目标市场需求更好的方法。第3章通过移动电话案例，Helminen说明了如何将残疾人作为领先用户为银发市场消费者开发产品。她还提出了探索残障用户需求和解决方案的一些方法。

第4章（“将老年人融入设计过程”）由Karin Schmidt-Ruhland和Mathias Knigge撰写，多多少少和Helminen的研究有关。在人口变化背景下，日益增长的老龄人口对产品和辅助设备的需求将越来越大。两位作者都认为传统的产品开发和设计方法，不足以开发出满足老年群体愿望和需求的有吸引力的、有帮助的解决方案。随后，他们介绍了产品设计的一些新方法和新理念。这些方法和理念是在sentha研究项目中提出的，sentha，即“senior engerechte Technik im häuslichen Alltag”（老年家庭日常科技）。在这一跨学科研究项目中，柏林艺术大学的设计师与柏林工业大学、科特布斯工业大学、柏林社会研究所进行了密切合作。项目研究目标是为日益增长的老龄人口开发维持其日常生活能力的产品和服务，包括对老年友好型产品和服务的开发与定位。在sentha项目中，虽然他们关注的是老年人的特殊需求，但并不将产品的形式和功能局限于老年群体。第4章阐释了具体的设计手法，融合老年人的方法，并展示了sentha项目的一些设计成果。

Florian Kohlbacher和Chang Chieh Hang（“利用银发市场的破坏性创新”）提出老年市场或许是应用破坏性创新和技术的理想领域。在这个细分市场，有许多企业可以利用的重要商业机遇。第5章通过两个方面构建并扩展了这项研究：（1）解析企业外部变化如何为破坏性创新发展创造新的机会，研发部门如何抓住并应对这些变化；（2）分析破坏性创新在老龄化社会中的重要作用。本章旨在推动技术创新这一前沿问题的研究潮流，促进创造颠覆性技术的目的性研发领域发展。为了加快破坏性创新业务增长步伐，通过调查针对所谓的银发市场需求所作的破坏性创新努力，研发应有意地使破坏性创新与潜在市场相适应。第5章还贡献了研发活动中的破坏性潜力分析知识，努力理清了破坏性创新的概念。最后，为研发和产品经理等从业者提出了一些建议。

Ryoko Fukuda（“高龄社会的老年科技学”）认为，多种技术的快速发展对年轻用户的日常生活有帮助，却忽视了老年人。然而，在一个超高龄社会里，技术可以（也应该）帮助老年人保持独立生活。第6章介绍的便是老年科技学，即旨在提高老年人日常生活能力的科技与老龄化研究。借助行为观察、眼球运动和主观评价等手段对老年人日常生活行为进行研究，可对老年人使用科技产品时遇到的困难一目了然，并在这些数据基础上为老年人设计和生产产品。为此，还需要更多实证研究来证实老年产品的有效性。同时，我们也应该努力让更多人了解老年科技。

Deana McDonagh和Dan Formosa（“为每个人设计，一次针对一个人”）认为，周围产品对我们的生活影响很大。它既能帮我们轻松、快速、体面地完成日常工作，带来幸福和独立；也能让我们产生负面体验，剥夺我们的尊严、削弱独立性。许多企业将年龄和能力混为一谈，削弱了最终产品的价值。第7章探讨了将移情加入设计过程来解决设计能力的两个技巧。真正的人（Real People）指的是特殊的个体；移情建模（Empathic Modeling）可以使设计师们亲自体验到模拟的各种身体缺陷。

Oliver Gassmann和Gerrit Reepmeyer（“通用设计：为所有人创新”）强调，产品设计应将不同年龄群体的需求联系起来。人口变化要求企业摒弃一贯以年轻人为目标群体的理念，创造出对年轻人和老年人都有吸引力的产品，成功的关键便是通用设计。依照通用设计原则设计的产品是整合而非隔离消费群体，实质上扩大了企业的目标市场。第8章强调了通用设计的经济潜力，也说明了企业应该如何实施通用设计。要想成功地实施通用设计，企业需要：（1）制定一个合适的通用设计策略；（2）在企业内部构建合理的通用设计过程；（3）正确地设计产品；（4）恰当地营销产品。第8章最后总结了具有吸引力的通用设计创新领域。

James J.Pirkl 在写第9章时关注的是生活设计，或用他的话说是跨代房屋设计（“跨代设计：为房屋进行心脏移植”）。作为对过去的研究和老龄化进程的现实回应，作者介绍了他为何及如何设计建造出第一座完全无障碍的房子，目标直指婴儿潮一代及其他老年人。该项目提供了一个工具，提升消费者对跨代设计住房和家庭用品的意识，提高消费者对跨代设计住房和家庭用品的需求。这一独特的创新设计中和了老龄化、交通事故、疾病或长期隐患带来的许多限制影响。它还表明，有吸引力的跨代住房设计可以提升、提供并延长人们独立生活的时间，消除障碍，提供广泛的和更好的选择，提高所有人的生活质量——包括年轻人、老年人、健康人和残疾人，无需任何代价。

第10章阐述了服务观点和服务创新（由 Patrick Reinmoeller 撰写的“服务创新：为老龄化社会设计新的商业模式”）。作者认为，以日本为首的工业化国家老龄化要求企业从根本上重新思考它们的商业模式。前所未有的人口变化改变了企业应对市场所需的可用资源，日本活跃的企业不得不重新思考如何应对这一变化。人才和退休人群老龄化要求企业预防因工人知识和技能损失造成的不利影响。调整供应链、开发新产品或增加银发市场的服务产品只能给企业带来短期利益，不足以维持成功。因此，企业需要制定并实施新的商业模式，利用服务创新来满足老龄化社会需求。本章通过对日本 Seven-Eleven 及大和运输共享的商业创新模式的案例研究，阐明了企业如何在老龄化社会中抓住机遇，创造更大的价值。

第二部分：银发市场营销

本部分包括10章。Gunnar Arnold 和 Stephanie Krancioch 对零售业和银发市场进行了深入研究（“零售业针对优质老年群体的现行策略”）。在他们看来，人口变化使零售业面临着明确的挑战，即重新思考现有的零售概念，最好将老年群体纳入营销计划。第11章作者首先分析了零售业的选址因素，选址是零售业成功的重要因素之一；接下来，调查了德国优质老年群体对特定业务类型的偏好，比如他们喜欢离家近的商店，而不是郊区的购物中心等；然后，探讨了因体能下降导致消费者对产品分类和包装设计需求变化的影响。最后，介绍了几个零售业日常实践案例，并对零售业未来发展趋势做了简述。

Stefan Lippert 是第12章（“银发产品定价策略：仅仅满足需求是不够的，平衡价值传递和价值提炼是关键”）的作者。同样在他看来，银发市场为那些愿意并能够满足日本老年人需求的企业，提供了极具诱惑力的机遇。近几年，日本国内外企业都在竞相追逐这一新的市场机遇，而彻底理解银发人口的需求才是利用该机会的关键。不过，这只是该机会价值的一面。需要和需求不一样，而需求和赚钱的生意也不一样。为了赚钱，企业必须在价值传递和价值提炼之间实现平衡。价值传递相对容易：它要求企业进行市场研究，提供合适的产品和服务，一个高效的分销系统。而价值提炼比较困难：企业必须为所有产品、区域和渠道制定和实施正确的价格。仅仅建立在人口统计和社会经济数据、消费者需求和购买力基础上的营销策略，往往过于简单、有误导性，有时十分危险。要想有效地利用银发市场，企业必须运用系统的方法为老年人开发产品，销售产品和服务有盈利。这就要求企业切实了解消费者的需求、产品对客户的价值、消费者的支付能力和支付意愿、价格弹性、收益和利润等，最好的方法便是采用专业的定价过程，包括定价策略，价格制定和价格执行。

由Nozomi Enomoto撰写的"新宿京王百货公司：适应日本消费者价值观和行为变化"属于第13章，在这一章他深入分析了银发市场零售业的相关问题。日本零售商面临着商业环境各种各样的变化——包括人口变化、经济全球化、信息技术发展，还有消费者的价值观和行为变化等。日本消费者的价值观和行为反映了零售业特征的转变，而在这个转变过程中，百货公司是主力军。新宿京王百货公司自20世纪90年代中期以来一直将老年人作为业务目标。本研究通过探索老年零售商——新宿京王百货公司，考察一个组织是如何通过提取符合商业实践的重要因素来适应不断变化的商业环境的。

Lynn Sudbury和Peter Simock在第14章（"英国重要的老年细分市场：低价追逐者与积极开拓者"）认为，尽管老年消费者对营销商的重要性已尽人皆知，但在英国，针对消费者的态度、价值观和行为方面的实证研究相对较少；而且我们常将老年消费者与其他群体同等看待。一项对50~79岁成年人（n=650）的社会人口、健康和身体、社会心理、心理和行为等一系列变量的广泛调查，证实了老年消费市场不是同质的。相反，通过对数据分析，研究者构建出英国第一个老年消费市场综合细分模型。本章简要地介绍了在消费者行为等一系列变量上具有显著差异的两个主要细分市场，也探讨了这两个细分市场对营销的影响。

第15章是由Sue Tempest，Christopher Barnatt和Christine Coupland撰写的。"银色力量：老年市场开发策略"，探索了劳动力市场和商业市场中"银发力量"的重要性。企业需要探索每个老年人及其广泛的社会背景，包括他们的直系家庭构成和代际关系，以充分了解银发市场的潜力。本章首先驳斥了社会对老年人的刻板印象，引入一个老年细分模型。接下来，作者将分析的框架延伸至每个老年消费者之外来评估未来家庭的范围。未来家庭在做购买决策时，老年人的作用越来越大。作者为企业探索老年客户开发策略提出了一个财富/健康细分模型，并用未来家庭的分类及代际动力引发的问题对其做了补充。作者利用这一模型向21世纪老年家庭组成的错误假设发出挑战。相应地，这一模型也能对不同社会背景的老年工人和消费者进行细分，为现在和未来寻求利用银色力量的企业提供一些有用的工具。

Simone Pettigrew 在第 16 章“迎合老年消费者的客户服务需求”的研究中，探讨了老年消费者独特的客户服务偏好，构成了热衷该市场有远见的营销商的竞争优势来源。作者通过研究超市、理财规划和医疗保健行业，来证明面对老年人衰退的身体和认知能力、不断缩小的社交网络，为老年人提供个性化关注的重要性。本章特别强调企业必须让老年客户与服务人员建立有意义的人际关系，这一策略对企业招聘、培训和保留那些真正关心老年客户利益的员工有一定启发。

George Moschis 和 Simone Pettigrew 在第 17 章（“提高老年人晚年生活质量的商业策略”）强调理解老年人晚年生活幸福的影响因素非常重要，为营销人员提出一些策略帮助消费者实现晚年生活幸福目标。开发幸福感提升策略，需要转变理念，这就涉及一个既注重利润又能提高消费者幸福感的更全面的营销方法。

Michael Prieler，Florian Kohlbacher，Shigeru Hagiwara 和 Akie Arima 在第 18 章（“银发广告：日本电视广告中的老年人”）认为，在企业的营销管理和广告创作中，选择合适的代言人并恰当地表现他们极其重要。老年电视观众对企业广告表现他们的感受影响着企业形象和购买意向。作者认为，尽管 1997—2007 年间，日本电视广告中老年人的数量有所增加，但这些广告对老年人的表现仍不具代表性，对老年妇女更是如此，这一研究结果与世界各地的研究结果一致。研究还发现，电视广告在表现老年人时，大多赋予了老年人非常重要的角色。总体而言，本研究不仅增加了日本的视角，也是一项历史性比较研究。我们还发现，使用老年代言人最多的产品类别是金融、保险和房地产以及住房广告。最后，针对日本消费者的一项调查结果探究了日本电视广告中的老年人形象及日本人对老年人的态度。尽管内容分析揭示了电视广告对老年人代表性严重不足这一事实，但调查结果显示，消费者并不认为电视广告中出现的老年代言人过少，绝大多数调查对象否认了不想在电视广告中看到老年人这一观点。这一章还探讨了这些结果对广告研究和实践的影响。

Chuck Nyren 在第 19 章（“广告公司：广告运作过程最脆弱的部分”）关注的也是银发市场的广告问题。他认为今天的广告业需要小小的变革，如果你想将银发市场作为营销目标，就必须将才华横溢的四十多岁、五十多岁和六十多岁的男性和女性纳入团队，其中包括撰稿人、平面艺术家、制片人、电视导演和创意总监。如果你计划将婴儿潮一代作为一级、二级或三级市场来实施营销战略，却把希望寄托在二三十岁的人身上，那么你将丧失对广告活动至关重要的天然敏感性。也许企业可以不分昼夜地分析市场营销材料，阅读不计其数的婴儿潮一代市场的营销书籍，参加世界范围内所有的广告和营销大会，并学习专家说的一切。但底线是如果你没有因人设岗，那么必然会发生商场上该发生的一切——失败和平庸。反之亦然，如果你的产品或服务针对的是一二十岁的年轻人，而你的广告代理公司和创意团队全是由五六十岁的人组成——我想那时广告主会非常、非常担心。

在本部分最后一章（第 20 章：“Web 2.0 对 50 岁以上老年人的重要性”），

Dick Stroud关注的是Web 2.0对于老年人的重要性。本章强调了这一问题，并为组织利用Web 2.0改进其与老年市场的在线互动提出了建议。本章分析了有史以来网站创建和使用方式的区别，以及Web 2.0技术应用的机遇与风险；详细讨论了社交网络和网络视频这两个Web 2.0技术的热门应用。作者认为，这两个应用虽然都与年轻人有关，但它们本质上是“无年龄限制”的，因而它们也适合老年网络用户。本章还描述了未来社交网络和网络视频可能的发展及其对以老年网络用户为目标的组织的渠道策略的影响。

第三部分：银发产业挑战及对策

本部分共有13章。第21章是Hiroyuki Murata撰写的“老龄化商业：多样化银发市场的十大成功策略”，作者注意到，近几年越来越多的日本企业开始致力于为老年人或婴儿潮一代开发新产品和服务，但大多以失败告终。原因之一便是许多企业视野狭隘，它们将老年市场与婴儿潮一代市场等同看待。然而，在现代经济环境下，今天的市场性质已不同以往，婴儿潮一代虽然数量巨大但并不足以说明其就代表大部分老年消费者。本章提出了对婴儿潮一代市场和老年市场的看法，以及成功地服务于该市场的见解。

Kim Walker在第22章（“无年龄限制的消费者之旅”）断言，没有人愿意因选择或使用特定的产品或服务而觉得自己老。因此，基于年龄的产品或定位对老年消费者缺乏吸引力，尤其是对婴儿潮一代而言。这些精明的、生活经验丰富的消费者期望购买的任何产品都与年龄无关。这就要求消费品企业微调或彻底改变产品开发、营销和售后策略，以适应老年人生理衰老的无情影响。本章论证了企业和品牌实施无年龄限制策略的原因及方法。通过3个不同的案例，作者介绍了SilverAudit™。SilverAudit™是一种独特的方法，它通过检测与老龄化15种影响相对立的150个顾客的消费体验，测量和监控产品或服务无年龄限制的程度。只有使产品、服务和整个消费体验无年龄限制，企业才能理解、测量并最终消除产品、服务与老年消费者之间的障碍，开启消费力巨大的老年市场。

第23章研究的是德国的老年产业（“德国银发市场的探索与发展”）。作者Carolin Eitner，Peter Enste，Gerhard Naegele和Verena Leve报告称，德国的银发经济思维模式正在转变，人们日益关注老年人的商业潜力和经济实力。老年人购买力的大幅提高，消费意愿和需求差异的增大，以及不同年龄消费需求改变的实证证据，使我们有理由凭借新的“年龄敏感”产品和服务寻求经济增长和就业的内在刺激，并促进它们发展、壮大。实际上，今天的银发经济产品和服务极为多样化，绝不只是“社会的”细分市场。除了健康经济之外，银发经济还影响着像移动与IT等多个行业，这为德国银发经济和未来发展提供了思路。

Chikako Usui在第24章（“日本人口老龄化与银发产业”）指出，我们不应将“老龄化问题”视为经济负担，而应将其放在经济稳健的背景下来看待。在职劳动力承载能力的增强，以及老年人的积极老龄化，都将减少社会负担。本章指出了日本在从福特主义向后福特主义经济转型之际，人口变化对其社会文化的影响。这一转变使我们开始关注技术服务行业的社会组织。老年人和老年家庭数量的增长，为企业开发新方案、产品和服务带来无限商机。老年人是实力强大的消费者，他们愿意也有能力为独立和高质量的生活买单。本章讨论了住宅与房地产、食品、宠物、机器人、老年护理设备和丧葬市场等一些新兴的银发行业。

Suresh Paul Antony，P.C. Purwar，Neelam Kinra，和Janakiraman Moorthy在第25章为我们提供了印度的视角（“印度：人口转型的机遇与挑战”）。印度正经历着人口转型。2050年，印度60岁以上的年龄群体（老年人口）预计将增长4倍，而0~14岁的年龄群体（儿童人口）保持不变。到那时，印度的人口结构及分布将与当前老龄化指数较高的国家非常相似。老龄化指数高表明老年人口多于儿童人口，正如当前的俄罗斯和英国。人口规模、人口结构和人口分布的变化将对公共政策和商业造成影响，印度政府现已采取大量措施加以应对。在商业领域已出现许多针对老年人的产品和服务，还有许多适用于所有人的产品和服务。如果消费者对这些产品的消费目的不同，企业就需要重新定位。印度决策者应该从公共政策和商业的角度，认真研究老龄化指数较高国家的经验，以应对人口转型带来的挑战。

由Peter Mertens，Steve RussellandInes和Steinke撰写的第26章（“银发市场与商业客户：工业市场的机遇?”）着眼于人口变化对工业市场和B2B的影响。企业能够在不同层面对人口变化做出反应：一方面，通过开发、销售辅助老年人的产品和服务，将人口变化当成商业机会；另一方面，应对青年工人减少这一现实。为此，我们讨论了几种应对措施：（1）预防因工人退休而丧失技能；（2）适应老年工人，（3）用最少的工人求生存。这些措施带来的B2B产品和服务有助于企业解决上述问题。作者一一分析了实施这些措施的可行性，发现它们产生的产品理念特性几乎相同：（1）实际上都是企业对客户（B2C）的产品；（2）都是管理或组织的解决方案或服务；（3）不只对老年工人有益，而是惠及所有工人。于是，我们得出的结论是，最适合B2行业银发市场的技术产品并不是老年专用产品，而是强调可用性和解决问题的“为所有人设计”的产品。

第三部分还包括探讨汽车行业等银发市场其他行业解决方案的章节。其中第27章（“个人交通领域的商机：老年人交通安全”）由Kazutaka Mitobe撰写，他关注的是老年人个人交通安全中的商机。为实现老年人交通安全，帮助老年人维持不断衰退的感官和认知功能非常重要。作者探讨了减少老年行人交通事故的三个商机：检测技术，培训技术，以及弥补老年人认知功能的辅助设备。通过利用虚拟现实技术研究交通事故中的人为因素，了解行人发生交通事故时的详细情况，就能根据交通事故的危险因素，开发有效的辅助技术。

第28章（“车载信息系统与老年司机”）由Joachim Meyer撰写。他以快速发展的汽车业作为论述起点。除了传统的驾驶功能外，汽车已成为一个集合多种服务和设备的平台。有些与驾驶相关的设备能使汽车驾驶变得更加轻松、舒适与安全；

另一些与驾驶无关的设备，可以帮助司机在开车时从事其他活动。司机人口的老龄化，以及老年司机驾龄延长的趋势，给车载设备的设计及部署带来了巨大挑战。作者分析了这些设备对老年司机的利弊，未来的车载信息系统设计必须考虑到这些问题，为老年司机提供最大便利。

第29章（“银发市场营销的黄金时机：住房和金融服务案例研究”）由Kenneth Alan Grossberg撰写，由于巨大的人口变化与庞大的流动资产密切相关，必然会给住房和金融服务两个领域带来商机。这两个领域，一是迎合了老年公民的金融服务需求；二是满足了老年公民的住房偏好和要求。日本的住房和金融服务市场普遍萎靡不振，而“银发市场”却是最富有且未开发的细分市场，但要想为这些人口提供服务，还需要技巧、敏感性以及对不断发展的日本消费观念的理解。此外，2008年的经济危机使企业更难从目标群体的个人资产中“分一杯羹”，但它也给金融服务商为这些焦虑和恐惧的老年投资者提供产品和服务带来了机会。

第30章（“大众传播媒介的终结：人口老龄化与美国报业”）的作者Mark Miller从媒介产业角度出发，研究发现与大众传播媒介一起成长的人数最多的婴儿潮一代，至今也是报纸、电视、杂志媒体最大的支持者。但随着这些媒介受众的老龄化和碎片化，传统媒介的经济基础岌岌可危。尤其是报业经历的剧痛，引起人们对美国新闻业未来的担忧。

Junichi Tomita在第31章（“日本银发市场的材料创新”）从另一个行业角度研究了银发产业。这一章论证了日本银发市场的材料创新过程。材料供应商通过材料创新为老龄化社会做贡献。它们虽然不是总能成功地满足消费者需求，但有时也能发现用户的真实需求，用户的真实需求和它们感知到的需求略有不同。随后，它们通过与消费者密切联系，努力改进材料满足消费者的真实需求。这一章研究的SAP就是这样一个典型的例子，我们将这个材料创新过程看作一个自然发生的过程。SAP“AQUALIC CA”由日本触媒化工公司推出，1983年它作为原材料推动了一次性尿片在日本市场的普及，如今在美国和欧洲也占有相当大的市场份额。但是，该材料最初并不是为一次性尿片设计的，而且该材料从开发到应用并非一帆风顺，经历了许多曲折。本案例介绍了该公司在技术开发和供应协议历经失败、最终获得成功的过程。该创新过程也说明了用户导向法对企业开发评估技术十分有用。这一章为材料供应商更好地理解有效的创新管理提供了宝贵的帮助。

另一个行业视角由Helina Melkas在第32章（“老年科技在老年护理工作中的有效运用：将不足作为创新机会”）提出。人类对安全报警技术等信息通信技术（ICT）的利用越来越多，它对老年护理人员的影响对我们将技术创新用于护理工作深有启发。人为影响评估方法已被用于评估护理人员的技术应用能力、技术使用定位和幸福感。安全报警系统对护理工作和护理机构的行政管理非常有用，但显然护理人员尚未充分了解这些技术的特点及相应的组织变化。从个人和工作环境层面出发，对新技术定期评估将推动专业护理人员接受新技术。这一章是基于芬兰一项大型研究开发计划的实证研究，研究关注的是安全电话和高科技健康腕带。当我们将技术以及服务和组织网络考虑在内时，安全报警系统的不足（问题和缺点）就暴露无遗了。我们可以将这些不足作为未来创新的来源和机会。与科技相结合的社会、组织、过程和营销创新，是与老龄化人口相关的创新活动的重要组成部分。

最后，在第33章（弥补未来大学生数量下降的德国老年教育计划），Doreen Schwarz，Janine Steidelmuller 和 Christiane Hipp 等作者探讨了德国银发市场给大学带来的机遇。预计2060年德国人口数量将由2008年的8 200万最低跌至6 500万。与此同时，德国人口的平均年龄却在增加。特别是在未来几年，德国东部年轻人口将大量减少而老年人口急剧增加。当然，人口变化带来负面影响的同时，也创造了发展机遇。作者从经济层面探讨了扩大银发市场教育目标的机会，主要基于两个方面：（1）现在和未来的老年人将把越来越多的闲暇时间放在学习知识和文化课程上；（2）传统的大学将面临生源短缺。作者提出将更多65岁及以上的老年人纳入教育的激励措施中，促进第三年龄和高等教育机构实现双赢。

总结经验，应对机遇和挑战

关于老龄化，我们过多关注的是技术而非创新。但重要的可能不是技术，而是人们想要的是什么。

——麻省理工学院老龄实验室主任　Prof. Joseph F.Coughlin

尽管本书提供了大量宝贵的信息、见解和分析，但仍有很多问题没有得到解答，还有很多工作要做。但是，我们过去没有、现在也不能只追求此书的完整性而忽视多样性，我们希望能够突出不同行业和国家之间的差异。因而，我们只能通过本书展示全球老龄化现象的一角，以及正在为满足老年人需求而努力的行业。很显然，我们需要对老龄化进行更深入的研究和实践。

1.经验教训

当然，本书有大量的经验教训值得学习。这里不再重复每个章节的经验教训，仅强调某些章节的经验教训多多少少有些不公平。不过，其中一个最重要的观点毋庸置疑，即银发市场绝非是一个同质化的市场，因为50岁以上的银发市场涵盖了广泛的、有着不同价值观、态度、需求与需要的顾客和消费者。因而，银发市场实际上是由各种不同的银发市场组成的。同样地，我们不应忘记，相当长一段时间以来，营销已超越了简单的年龄细分；而且，尽管50岁以上的群体具有极大的商业潜力，我们也不应仅靠年龄来开展营销。

第二个重要观点是我们没有必要将银发市场仅局限于老年一代，换句话说，银发并不仅仅是由年龄决定的，一些年轻人也可能有银发。这自然指的是强大的通用设计或跨代设计理念，以及永恒营销或无年龄限制营销理念。管理者和学者们都应当明白，最好的产品、服务和解决方案通常能够吸引各个年龄段的消费者，并且无论消费者的年龄还是身体或精神状况如何，都能使用或消费这些产品或服务。谨防年龄歧视，拥有跨代思维！

2.未来的挑战

当然，未来充满了无数挑战。越来越多的国家会受到人口变化的影响。以中国为例，受计划生育政策的影响，中国的人口结构逐渐由年轻转向年老。甚至像越南和泰国等一些当前人口结构非常年轻的国家，虽然未来十年它们的人口还不会萎缩，但也正走向老龄化。尽管许多国家的人口老龄化和人口萎缩问题非常重要且影响重大，我们也不能忘记，许多发展中国家仍面临着人口增长这一重大挑战。正如英国养老金委员会前主席Lord Adair Turner of Ecchinswell所言：

……全世界面临的最大的人口挑战是一部分发展中国家的人口急速增长，而不是富有的发达国家可控的老龄化问题。[1]

尽管该问题超出了本书的范围，但我们在讨论人口变化这一问题时，不能忘记这一事实。

另一个重要挑战源自老年人的资产状况和健康状况。许多国家（大多很富有）的婴儿潮一代已接近60岁或已经60多岁，大部分银发市场策略针对的是“富有和心态年轻”的老年人，而常常忽视“贫穷且身体不好”的老年人。的确，现有很多有用的老年科技、辅助和支持设备，但这些产品往往价格不菲。试想一下，那些买不起这些设备又享受不到社会保障的老年人，他们将怎样生活？我们有理由相信，一个新的银发市场现象正在冉冉升起，它将给政府、决策者和企业带来更多挑战。未来几十年，那些经济和身体状况不好的老年人将会急剧增加。Prahalad[2]在其著作《金字塔底层的财富》中就提到了处于收入和财富金字塔底部的消费者，尤其是发展中国家的那些消费者。Kohlbacher和Hang[3]首次将这一观点应用到了银发市场，在银发市场中，有需求的人将是那些处于人口金字塔顶部的人群（他们却处于收入和财富金字塔的底部）。他们警告：

企业应注意不要将那些处于创新金字塔底部的群体排除在外（如许多婴儿潮一代），不仅因为处于金字塔底部群体的财富巨大，这也是企业的社会责任，因为它们可以用老年科技及相关的产品或服务造福个人和社会。[3]

不管是将（企业）社会责任和社会创新问题纳入银发市场的讨论中，或是将银发市场现象提到企业社会责任和社会商业讨论的议程中，都将是这两个领域重要的发展进步。

3.未来的机遇

未来的机遇绝不少于挑战。婴儿潮一代将变老、退休，他们的孩子也同样如此。银发市场现象不仅对商业是一个机遇，对创新与发明、创造力、学习力、社会反响与社会责任也是一个机遇。日本这一领先的银发市场理所当然地将成为一个有趣的榜样，因为不仅美国、德国和北欧国家还有印度和中国都将步其后尘。

我们强烈希望本书能为面临这一机遇的商业、创新与发明、创造力、学习力、社会反响与社会责任做出贡献，也希望本书成为研究银发市场现象的有用工具，能够激发积极的、创造性讨论以及应对人口变化机遇和挑战的实际行动。

日本东京 Florian Kohlbacher

德国汉堡 Cornelius Herstatt

2010年5月

参考文献

1 A.Turner, Population aging: What should we worry about? Philos.Trans.R.Soc.B364, 3009-3021(2009)

2 C.K.Prahalad, *The Fortune at the Bottom of the Pyramid: Eradicating Poverty Through Profits* (Wharton School Publishing, Upper Saddle River, 2006)

3 F.Kohlbacher, C.C.Hang, *in Proceedings of the 2007 IEEE International Conference onIndustrial Engineering and Engineering Management*(IEEM)(2007), pp.1915-1919

世界人口与老龄化（WDA）论坛

随着经济发展和公共卫生的改善，长寿既是一项特权也是一种成就。然而，人口寿命增加也成为影响21世纪社会各方面的一个挑战。举例来讲，人口寿命增加造成的结果是60岁以上的人口数量将从2000年的近6亿增至2025年的12亿，2050年的20亿。而且大约2/3的老年人口生活在发展中国家，到2025年，这一比例将增长至3/4。同时，发达国家人口数量增长最快的是80岁以上的人口。由于几乎所有社会的女性都比男性长寿，因而老年女性人口将占老年总人口的2/3。

因此，人口增长和人口老龄化给工业化国家和发展中国家带来了巨大的挑战，随之而来的是我们不仅要面对各种问题，还要抓住这个机会识别并塑造其中蕴含的各种机遇。今天，我们有权利有责任来界定人口老龄化对社会、社会和政治框架、经济及世界地位造成的影响和冲击；塑造未来并为后代着想也是我们义不容辞的使命和机遇。世界人口与老龄化论坛通过探究各种问题，努力识别人口老龄化带来的独特机遇，从而开发可持续的解决方案。为此，世界人口与老龄化论坛为人口和代际问题创建了一个国际化、跨学科、跨代的、永久的平台——一个分析、讨论和交流观点的论坛。

我们认为，应对这一挑战需要公共部门、利益相关者的认真努力与合作。目前发起的最著名的行动计划和项目是1982年第一届老龄问题世界大会（奥地利维也纳）和2002年第二届老龄问题世界大会（西班牙马德里），大会指出了人口变化带来的挑战与全球政治议程之间的一些关系。然而，区域性的行动和项目让我们离全球化协作还很遥远，更不用说制度化应对这一挑战了。

此外，国际论争对提高公众对老龄化的关注非常重要，同样重要的是让人们意识到不管个体还是集体都受到了人口变化的影响。由于人口变化带来的挑战是多重的，而且每个人都是以他或她自己的方式来应对这一状况的，因此，对其做出的反应必然也是多方面的。因此，老龄化并非与社会融合、性别发展、财政和经济稳定（或贫困）无关，让人们了解这一点非常重要。

因此，有着复杂的社会保障体系和基础设施的现代社会，将面临人口变化带来的难以预料的影响，更不用说消除这些影响了。每个人也将面临长寿产生的不可预期的影响，他们必须在职业、家庭和财务规划等方面适应新的生命历程。对所谓的婴儿潮一代来说，他们格外重视这些挑战，这些出生于1946—1964年的人，2030年将占60岁以上人口的大部分。

一直以来，这些婴儿潮一代确实改造或重新定义着社会趋势和价值观，凭借其政治、社会和经济观念，不断向现代社会的标准和实践发起挑战。事实上，在20世纪60年代，他们通过具有传奇色彩的反战和自由恋爱运动，建立了现代社会；他们以将女性纳入职业领域为目标，彻底改造了女性的职业生涯；重新定义了诸如家庭生活和积极老龄化等社会概念。

今天的婴儿潮一代继续“我行我素”，一如既往地开辟着自己的新天地。由于这一群体数量庞大，他们挑战着当前的退休观念甚至传统对于“变老”的认识。从来没有任何一个退休群体像他们那样，受过良好的教育，有着健康的体魄且活力四射。最重要的是，由于这一代人具有较强的购买力，他们一直在消费型生活方式下惬意地成长，这一生活方式仍将是他们的重要支撑。因此，与先前辛苦攒钱不舍得花的老年人相比，今天的退休人群花钱更积极：旅行、供职于高级专家服务(SES)，改造住房甚至购买高档汽车等。这样一来，保时捷买家的平均年龄是58岁的老年人也就不足为奇了。

因此，即使过了60岁，也不意味着婴儿潮一代必须在外貌、行为、行动上像爷爷或奶奶。相反，许多商业服务和行业并非简单地使其服务和产品适应这些新出现的消费群体，而是创造并将“年龄”重新定义为性感，发明了“老”的委婉说法，使老年消费者更容易认同“初老”。这一改变体现在“富裕老人”（Woopies）或者“优质老年人”的心态上。总之，这一现象恰恰反映出当前人们对老年人认识的改变。

然而，退休的不仅是20世纪六七十年代出生的这代人。多年的消费经验使他们在消费时更具选择性：他们不仅知道自己想要什么，也知道想要的产品或服务质量，以及愿意支付的价格。更重要的是，他们有能力实现这种选择。这些消费趋势突出地体现在房地产和银行业，在其他许多领域也很明显。

尽管如此，不管这些新兴市场的机遇有多大，国际社会必须对这些机遇和挑战带来的变化做出反应。具体而言，通过为老年公民提供机会让他们以有意义的方式为社会做贡献，我们必须认识到老龄化社会的利弊。

因此，我们必须开始思考什么可以做，并学着合作实现能够实现的：一个福泽万代的有价值的和平社区。正如联合国秘书长特别顾问Nitin Desai在2000年《世界老龄化形势》的前言中所说：“*农民和城市居民，公共和私营部门人员，家庭和个人，老人和年轻人等都是老龄化社会的一分子。随着人类寿命的增加，如果我们想要迈入一个包容所有人的社会，那么，我们的社会必须适应这种人类范式的变化。（让我们）……继续对话和合作，使我们离一个繁荣发展的、包容所有年龄群体的、更大的人类社区更近。*”

作者：阿方索（Alfonso Sousa-Poza），世界人口与老龄化论坛基金会秘书，德国霍恩海姆大学经济学教授

贡献者

Suresh Paul Antony Marketing Area,XLRI School of Business and Human Resources,Jamshedpur,India
Akie Arima Department of Communication,Tokyo Woman's Christian University,Tokyo,Japan
Gunnar Arnold Freelance Market Researcher,London,UK
Christopher Barnatt Department of Computing & Organizations,Nottingham University Business School, Nottingham,UK
Christine Coupland Department of Organizational Behaviour,Nottingham University Business School,Nottingham,UK
Carolin Eitner Department Work,Economy and Technology,Institute of Gerontology,Technische Universita¨t Dortmund,Dortmund,Germany
Nozomi Enomoto School of Management,Tokyo University of Science,Saitama,Japan
Peter Enste Department of Health Industries and Quality of Life,Institute for Work and Technology,Germany
Dan Formosa Smart Design,New York City,USA
Department of Environment and Information Studies,Keio University,Japan
Ryoko Fukuda Department of Environment and Information Studies,Keio University,Japan
Oliver GassmannInstitute of Technology Management,University of St. Gallen,St. Gallen,Switzerland
Kenneth Alan GrossbergWaseda Business School,Waseda Marketing Forum,Waseda University,Tokyo, Japan(Kenneth Alan Grossberg)
Shigeru HagiwaraInstitute for Media and Communications Research,Keio University,Tokyo,Japan
Chang Chieh Hang Division of Engineering & Technology Management,National University of Singapore, Singapore

目录

第一部分 银发市场创新、设计和产品开发

第一部分

银发市场创新、设计和产品开发

第1章

银发市场的产品开发

Florian Kohlbacher，Cornelius Herstatt，Tim Schweisfurth

摘要：人口老龄化的加速和人口结构的变化，对所有行业的创新管理和新产品研发影响重大。由于生理年龄本身并不是细分银发市场的充分标准，因而银发市场开发的主要挑战在于评估和理解银发市场需求。由于人们对自主能力的需求随着年龄的增长而增加，且自主能力与社会隔离和个人缺陷有关，故对老年人自主能力需求的研究，是一个有前景的方向。因而，以提升老年人自主能力为宗旨，开发创造有助于老年人保持或恢复独立生活能力的产品和服务，即“银发产品”，是银发市场开拓创新的可行方法。本章介绍了四个不同行业的案例，这些行业开发整合的多功能老年产品有助于老年人维持或恢复自主能力（如听力、自制力、视力）。作者还介绍了这些创新项目实现技术和功能复杂性、新颖性的方法，并阐述了相关的市场营销和市场研究方法。

1.引言

人口老龄化的加速和人口结构的变化，对所有行业的创新管理和新产品研发影响巨大。为了更好地响应老龄化人口的需要和需求变化，改进或开发新的老年产品和服务迫在眉睫[1，2]。尽管有诸如跨代设计（见本书9章）、通用设计（见本书8章）和包容性设计[3]等许多实用的产品开发设计方法，但当前针对老龄化社会开展的创新管理、研发和新产品开发研究的匮乏程度，令人惊讶。

本章希望尽可能填补老龄化社会现实需要与研究匮乏的空白，以系统进入银发市场的相关概念作为开发创新的出发点。为此，我们采用说明性多案例研究法，来说明不同行业的企业如何进行“银发创新”。在这些案例中，银发用户的特殊需求是所有创新方案开发的起点。我们将自主能力即一个人尽可能独立地自由决定和管理自身生活的能力，视为银发用户需求的核心，更重要的是，它也是所有案例的共同之处。

2.银发市场竞争

2.1 市场开发战略

对企业而言，老年消费者既是风险，也是机遇。无论风险还是机遇，归根结底，都源自老龄化过程中人们需求和方法的改变。企业若想从老年客户即“银发市场”的商业潜力中获利，就必须改进创新相关的工作。这通常会影响到企业的市场调研、产品开发/设计、产品交付及服务等各方面。企业首要的任务是清楚地了解并界定其市场空间，适时调整创新战略。

显然，要做到这一点没有最好的方法。不过，日本已研究得出一些角逐银发市场的策略[4]：

——特别针对老年人开发并营销产品和服务的创新策略（独特解决方案）。

——针对老年人改进产品和服务的创新策略（扩展解决方案）。

——开发永恒的/无年龄差异的产品和服务的创新策略，这些产品和服务不仅能够为老年人提供价值，也对年轻消费者具有吸引力；或专注于不同年龄群体的沟通和融合（通用解决方案）。

这些策略的价值取决于客户和企业的背景。下面我们将重点探讨针对老年消费群体的独特解决方案和扩展解决方案。图1-1展示了银发市场开发策略。

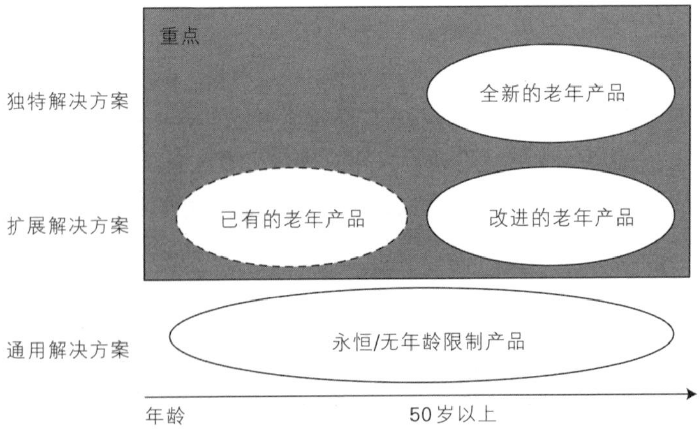

图1-1 银发市场开发策略

2.2 自主能力需求

多种原因使企业服务于整个“银发市场”在经济效益上看似不切实际。因而，在为老年人提供创新产品和服务时，企业首先需要细分银发市场，然后在可靠的市场研究基础上寻找最具吸引力的商业机会。相对于非聚焦方法，这种方法看似很有必要和有效。由于非聚焦方法是将所有50岁以上的人都看作银发市场，所以无法满足特定年龄对产品/服务的差异化需求。为什么？原因在于，老龄化是一个多维过程[5，6]，实际年龄并不是一个充分的细分变量。消费需求因年龄而有所差别，这就导致了消费者偏好的高度异构分布[7]。鉴于此，任何寻找区分49岁以上人群的独特变量的尝试，都是徒劳。

显然，着眼于满足老年人生理和心理年龄相关的需求，如改善视力、听力或记忆力等，是为老年人开发独一无二的解决方案，改进或开发老年产品与服务的一条光明大道[8]，这些生理障碍也是老年医学及相关领域的研究内容。依赖他人是生理和心理障碍的一种常见后果。我们认为，大多数人都不希望依赖别人。因此，在生命历程中始终保持自主和独立[9]是人类的共同愿望。“自主”一词，源于希腊语的“自主”（“自”代表自我，“主”意味着法律），因此，我们可以将其定义为一个人自由决定和管理自身生活的能力[10]。

通常，随着年龄的增长，人体功能逐渐衰退，自主能力也随之降低，我们不能混淆这些正常老龄化的特征与疾病产生的病理特征[11]。但在现实生活中，除了本质差别，这两者的区别不是特别明显，它们都能导致自主能力下降[12]。

随着老年人渐渐不能料理日常生活，老龄化的负面影响和老年人的依赖性与日俱增[13]。不断降低的感知能力增加了老年人使用产品的复杂性，比如打开瓶子、看屏幕内容；老年人较低的认知功能也抑制了他们快速浏览和处理信息的能力，比如对演讲内容的理解，对媒介的利用等[8]。

衡量老年人自主能力的常用方法是界定其日常生活的自理程度。日常生活活动（ADL）包括吃、喝、起居等基础的生活活动[14]；工具性的ADL包含了更复杂、更社会化的活动，如做饭、购物和做家务等[12，15]。

自主概念与成功老龄化密切相关，“成功老龄化”一词由罗和卡恩提出[11]。他们认为，成功老龄化不仅受生理因素影响，也受到社会心理方面的影响。罗和卡恩[16]认为，身体健康、头脑清晰、体力充沛、积极的生活态度等都是成功老龄化的前提。这里我们就不讨论成功老龄化的许多方面和看法了[17]，但它们却为“自主能力是实现成功老龄化的必要条件之一”提供了强有力的论据。

很大一部分老年人不同程度地受到生理和认知能力衰退的困扰。但由于个人体质、价值观、性格及其他个性不同，老年人受到的影响程度也不同，他们对维持或恢复自主能力的需求程度也不相同。结果是，一方面老年人拥有不同的老龄化模式，另一方面他们又不断地产生自主能力需求。常见的老龄化模式与个人身体状况有关[18]，也与随着年龄增长不断下降的自主能力密切相关（见图1-2）。提高自主能力的解决方案能够缩小可怕的低自主水平和正常的自主水平之间的差距，至少可以延缓一段时间。延缓自主能力丧失的解决方案也会吸引年轻的消费群体，因为他们对老龄化的焦虑和恐惧远远超过了老年人[19]。因此，企业不仅可以服务于老年人当前的特殊需求，也可以在未来有此需求的年轻消费群体中建立声望和客户维系。

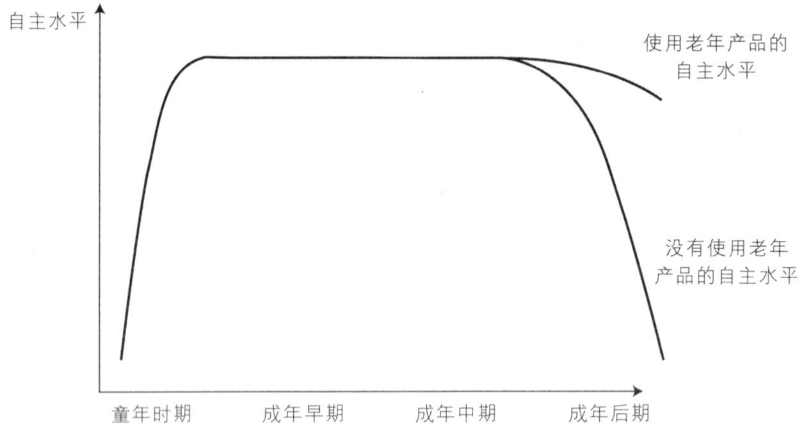

图1-2 不同生命阶段的自主水平（自绘）

从寻求老年市场创新机遇的企业视角出发，这一视角或许会为企业带来极具吸引力的创业机会。在一个既定的市场中，假如企业尚未找到其他能够满足老年人自主需求的方法，这便可作为企业创新项目的切入点[20]。

满足人们提升自主能力的需求，不仅对个人有益，同时也会为社会福利事业及其他方面带来积极影响（参见本书第17章）。

我们认为随着年龄的增长，所有群体对提升自主能力的需求都会不断增强。

接下来，本章将介绍一些致力于开发保持个人自主能力产品企业的实证案例。

3.提升自主能力的产品设计

为了论证本章的观点，我们将通过4个案例研究，来阐明企业研发保持/提升老年人自主能力创新方案的过程，它们都是来自B2C领域不同行业的案例。

第1个案例是强生医疗（德国）公司在纸巾强化植入物领域的研究项目。项目的首要问题是明确现有的产品业务单元受老年消费者影响的程度。在项目中，研究重点转向了纸巾结构弱化造成高龄人群尿失禁风险这一领域。对成千上万的老年人来说，尿失禁问题非常严重，严重影响他们的自主能力。这也是基于已知的丝网技术开发一个新产品理念的起点，目的是在腹部压力增大时，纸巾能起到收紧输尿管的作用。

第2个案例阐述了Emporia（奥地利）老年通信设备的开发工作。多年来，Emporia致力于为老年用户开发手机。由于老年人不习惯新奇的设计和复杂的菜单导航，他们常常需要他人的帮助才能使用手机。Emporia较早地发现了老年人的这种需求，并开发出了符合老年人生理和心理需求的、外观实用、功能简洁的手机。为了实现这些功能，Emporia的研发部门与用户代表交流、沟通，让老年人参与测试产品的各个研发环节。

第3个案例是日本领先的电子消费品公司——富士通开发的一款“老年友好型”笔记本电脑。“Raku Raku笔记本电脑”（Raku=容易）是富士通专为老年人开发的PC机。它借鉴了曾在日本市场获得了巨大成功的“Raku Raku电话”产品概念，这款电话凭借其“使用简单”和“功能简洁”赢得了老年人的喜爱。2008年11月，富士通推出针对老年初学者的“Raku Raku个人电脑”，它有台式机和笔记本电脑两种版本，都配备了易用键盘，鼠标和触屏菜单，使老年初学者很容易就能学会并使用。“Raku Raku个人电脑”的键盘字母和菜单上的图标比普通电脑大25%，常用的按键和元音键用不同的颜色标注，功能键如空格键上都有日语注释。打开Raku Raku电脑时，主菜单会显示电子邮件或因特网等重要程序。此外，富士通还提供上门安装服务和一项Raku Raku个人电脑帮助热线的客户支持服务，第一年免费使用。

第4个也是最后一个案例，是由筑波大学教授SanKai研发的机器人套装HAL（混合辅助肢）。穿上一件半机械式的机器人套装，可以帮助残疾人和老年人移动肢体，也可以帮助工人搬运重物。HAL通过检测大脑发出的控制肌肉骨骼系统运动的弱生物电信号，提高和增强人们肢体运动的能力。HAL系统通过附着在使用者皮肤上的传感器捕捉运动神经信号，根据信号来控制动力装置使之与使用者的肌肉同步运动，帮助使用者从事日常活动。该产品由赛博达英电子科技公司于2009年推向市场，启动资金主要由日本大和房建公司提供。

将这4个案例进行比较可以发现，它们在技术和营销两个方面有一些异同。

在技术方面，企业必须区别技术和功能及其相应的复杂性。“功能是产品的属性，而技术是生产产品的学问”[21]。案例中解决方案的技术新颖性是从相对的低端到高端变化的。其中第1个案例是利用已知的技术，该技术在与其新产品结合之前已被广泛应用（强生）；第2个案例的部分新技术最初是为其他应用开发的（Emporia和富士通），又被转移到了新产品上；最后一个案例是专为银发解决方案开发的技术（即机器人套装HAL）。

此外，我们注意到，这些案例除了在技术新颖性和复杂性的程度上有所不同之外，从用户的角度来看，这些产品的功能复杂性也不尽相同。在一些案例中，由于可供用户选择的产品较少，所以产品的功能复杂性低于主流市场的同类产品（Emporia和富士通）。其中一个案例（机器人套装HAL）提供了全新的其他产品尚不具备的功能。另一个案例中，产品功能保持不变，改变的是具有该需求的新的目标消费群体（J&J）。

当企业开发出全新的复杂技术作为自主能力解决方案或银发产品的核心时，必须考虑到用户能否轻松地使用这些功能。以机器人套装HAL为例：如何在技术复杂性高的情况下，为消费者提供一个用户友好产品，这正是其目前面临的主要挑战。

无论是应用已有的技术还是新技术，案例企业都需要强化其技术或市场能力，或兼而有之。

为了了解市场，企业以恰当的、移情的方式与潜在客户保持密切沟通非常必要。恰当的方式指企业选择最可行的方法深入了解目标群体的需求，根据不同的情况使用不同的方法，如交谈法、访谈法、观察法或将多种方法组合使用（如用户诊所）。

从上述4个案例可以看出，方法对开发有用的银发市场解决方案十分重要。与其他产品研发一样，银发产品的研发，需要企业全心全意，投入大量资源来了解客户的具体情况。表1-1总结了案例研究得出的重要结论。

表1-1 **案例总结**

案例	强生医疗	Ernporia	日本富士通	机器人套装HAL
产品	泌尿植入物	手机	电脑	机器人套装
客户至上/自主限制因素	顾客必须使用尿布垫或尿片等尿失禁产品	顾客对普通手机的菜单导航和界面理解有问题	顾客对普通电脑的菜单导航和界面理解有问题	顾客移动四肢或抬起重物时有问题
自主能力提高效果（实例）	顾客不再失禁，可以自由行动，避免难堪	界面简单，老年人不需要帮助就能使用。此外，老年人通过电话和家人、朋友保持联系，避免与世隔绝	老年人通过电脑和外界保持联系，使用互联网的各种服务和功能。遇到问题时，他们可以使用远程服务	用户能提起重物，且移动时肌肉可以获得支撑
产品创新	全新产品	改进产品	改进产品	全新产品
技术新颖程度	改进现有技术	改进现有技术并结合部分新技术（如噪音控制技术）	改进现有技术	新技术（如感应器、触发器）
市场研究	病人网络志调查，医学领先用户	焦点小组法	对目标群体进行原型测试	用户诊所

市场调研是新产品研发必不可少的重要环节，是所有项目的共同基础：银发产品的开发必须移情，即将丧失自主能力的老年消费者及其显性（潜在）需求考虑在内（cf. [3、22]）。我们发现，上述案例的市场研究方法略有不同。针对那些因轻微的认知或心理限制导致自主能力下降的老年人，采用访谈法等定性的市场调研方法更有效；对脑力和感知能力较低的老年人，在真实环境中对其进行观察的方法更有效。因为在调查过程中，观察者能更深地理解老年人的产品使用环境，这有时连老

年人自己都说不清楚；对于身体状况已严重影响自主能力的老年人，可以采用间接技术如老年模拟装置[23]或求助于医学专家，这种方法相对于复杂、直接的调研方法，是一个不错的选择。上述各种方法互不排斥，为了使调研结果更可信，我们往往需要用其他方法来弥补一种方法的不足（多重方法）。特别是在医疗创新案例中，为了使医学专家与病人的需求一致，不可避免地需要采用多种方法。

4.需求驱动与年龄定位

在银发市场和年龄细分方面，企业需要谨记：成功满足自主能力需求的产品，并不局限于老年人使用。这些产品同样能为那些在感觉、认知、行动等方面受限的群体或喜欢简单易用产品的消费者提供价值。上述案例中，企业都追寻“无年龄差异”（永恒）营销策略[24]。Raku Raku手机就是最有说服力的例子：这款原为老年人开发的手机，凭借其简单易用的通用设计特性，不只对老年消费者具有吸引力。它的成功促使企业开发更多适用于所有人的手机。另一个例子是机器人套装HAL，其应用潜力超越了老年市场，无论是从事体力劳动的工人，搬抬病人的护理人员，还是为了康复和娱乐，都能使用。

例如，在医疗行业，患者的特殊情况和生理、心理状况使他们常常感到十分难堪，因此企业在将技术用于新产品时必须采用更微妙的方式。此时，公开的沟通方式不太可行甚至会适得其反。因此，企业最好先与意见领袖（口碑效应）或赞助商沟通。不过，尽管满足患者的自主能力需求对致力于银发市场的企业看似是一个不错的发展策略，但其产品是否成功还是取决于消费者自主能力丧失的原因和程度。

我们发现，在针对银发市场开发新产品时，自主能力需求似乎是一个“放之四海而皆准”的细分标准。但提升自主能力的产品具有两个截然不同的应用特点：一是产品的易用性，即产品无需他人帮助，老年人就能独立使用，这一要求与产品的用途和设计密切相关。二是将产品功能、产品环境和服务都考虑在内，注重产品的时效性，这是一个更深入、更全面的视角，即产品要尽可能长时间帮助使用者维持其自主能力。符合这一要求的产品可以帮助老年人移动、自由选择和社会参与。与帮助老年人独立使用产品的第一个要求不同，第二个要求更注重维持老年人的自主能力，使他们无需他人帮助就能够独立生活，提高生活质量。

5.结论

老龄化社会要求各行各业改进或开发新产品，以应对不断变化的客户期望和需求，但当我们站在企业的角度，深入观察银发市场现象及其影响时，有许多问题需要解决。例如，如何细分“银发市场”，从何处着手（调整现有的方案与开发新方案）？如何发现并将消费者整合到产品设计中。尽管我们可以从跨代设计、通用设计和包容性设计中找到许多有用的方法，但目前在老年创新管理、研发、新产品开发等领域仍有许多空白。

专注于自主能力是一种既能进入银发市场又能吸引年轻客户的方法。自主能力是美好生活的代名词，但它会随着人的生命周期慢慢丧失。提供解决方案使人们维持自主能力并自主地使用产品和服务，是所有行业走向成功的一条光明大道。因此，我们可将自主能力视为银发市场创新开发行动的一个跨界讨论和共识。

银发市场大规模的实际应用和潜在应用，涵盖了各个行业和部门的产品和服务。认真对待老年消费群体的需求和欲望，开发真正符合他们需要的新产品和服务，不仅将在一个年轻消费市场萎缩的时代为企业创造巨大商机，也将造福所有人。同时，这些产品或服务也会吸引喜欢功能简单的年轻人。这样，企业就为未来所有人都不可避免的自主能力衰退做好了提供产品和服务的准备。

与其他年龄相关的细分标准不同，每个人迟早会产生自主能力需求。因此，自主能力将是一个重要的多元化需求，可以作为银发产品开发的指导原则。

参考文献

1 F.Kohlbacher, C.C.Hang, Disruptive innovations in a new market reality: Evidence from the greying market.Paper presented in R&D Management Conference, Vienna, June 2009

2 F.Kohlbacher, C.Herstatt, "Silver product" development: The reality of R&D firms in Japan.Paper presented in R&D Management Conference, Vienna, June 2009

3 R.Coleman, C.Lebbon, J.Myerson, Design and empathy, in *Inclusive design: Design for the whole population*, ed.by P.J.Clarkson, R.Coleman, S.Keates, C.Lebbon (Springer, Berlin, 2003).p.478

4 C.Herstatt, F.Kohlbacher, Innovation strategies for the silver market.Paper presented in International Association for Management of Technology Conference, Dubai, Oct 2008

5 V.L.Bengtson, M.Silverstein, N.Putney, *Handbook of Theories of Aging* (Springer, Berlin, 2008)

6 G.P.Moschis, *Gerontographics: Life-stage Segmentation for Marketing Strategy Development* (Quorum Books, Westport, 1996)

7 G.P.Moschis, *Marketing Strategies for the Mature Market*(Quorum Books, Westport, 1994)

8 A.D.Fisk, W.A.Rogers, N.Charness, S.J.Czaja, J.Sharit, *Designing for Older Adults: Principles and Creative Human Factors Approaches*(CRC, Boca Raton, 2009)

9 E.Rubio, A.Lazaro, A.Sanchez-Sanchez, Social participation and independence in activities of daily living: a cross sectional study.BMC Geriatr.9, 26(2009)

10 I.Randers, A.C.Mattiasson, Autonomy and integrity: upholding older adult patients´ dignity.J. Adv.Nurs.45, 63-71(2003)

11 J.W.Rowe, R.L.Kahn, Human aging: usual and successful.Science237, 143(1987)

12 E.Hoffmann, S.Menning, T.Schelhase, Demografische Perspektiven zum Altern und zum Alter, *in Gesundheit und Krankheit im Alter*, ed.by K.Böhm, C.Tesch-Römer(Robert KochInstitut, Berlin, 2009)

13 P.Raina, M.Wong, H.Massfeller, The relationship between sensory impairment and functional independence among elderly.BMC Geriatr.4, 3(2004)

14 S.Katz, A.B.Ford, R.W.Moskowitz, B.A.Jackson, M.W.Jaffe, Studies of illness in the aged: the index of ADL: a standardized measure of biological and psychosocial function.JAMA 185, 914 (1963)

15 M.P.Lawton, E.M.Brody, Assessment of older people: self-maintaining and instrumental activities of daily living.Gerontologist9, 179(1969)

16 J.W.Rowe, R.L.Kahn, Successful aging.Gerontologist 37, 433(1997)

17 A.B.Ford, M.R.Haug, K.C.Stange, A.D.Gaines, L.S.Noelker, P.K.Jones, Sustained personal autonomy: a measure of successful aging.J.Aging Health12, 470(2000)

18 D.Kuh, A life course approach to healthy aging, frailty, and capability.J.Gerontol.A Biol.Sci. Med.Sci.62, 717(2007)

19 S.M.Lynch, Measurement and prediction of aging anxiety.Res.Aging 22, 533(2000)

20 S.Shane, S.Venkataraman, The promise of entrepreneurship as a field of research.Acad.Manage.Rev.25, 217-226(2000)

21 B.Kogut, U.Zander, Knowledge of the firm, combinative capabilities, and the replication of technology.Org.Sci.3, 383-397(1992)

22 D.McDonagh, Do it until it hurts! Empathic design research.Des.Principles Pract.2, 103-110 (2008)

23 C.Cardoso, J.Clarkson, User Simulation in Product Evaluation, in *Design for Inclusivity: A Practical Guide to Accessible, Innovative and User-centered Design*, ed.by *R.Coleman, J.Clarkson, H.Dong, J.Cassim*(Gower, Aldershot, 2007).pp.XX, 246 S

24 D.B.Wolfe, R.E.Snyder, *Ageless Marketing: Strategies for Reaching the Hearts & Minds of the New Customer Majority*(Kaplan, New York, 2003)

第2章

银发时代的创新者：了解老年用户的新方法

Britt Ostlund

摘要：银发时代的设计创新，仅仅发现老年人的需求是不够的，企业还必须认识到老年人作为消费者、公民和创新者的新角色。老年人近来才有机会表达心声，因此，我们必须拥有识别他们需求和需要的方法。更重要的是，我们需要采用一些研究方法，来揭示老年人作为技术使用者提出的问题及其终身习惯背后蕴含的创新源泉。为了更好地识别老年人的需求和需要，2005—2009年瑞典实施的3个项目让老年人参与了设计过程。第1个项目探讨的是如何打开老年家具新市场；第2个项目关注的是老年服务业开发；第3个项目研究的是将老年人的电视收看习惯与通过电视媒体开发通信设备联系起来。我们对研究结果从两个角度进行了分析：一是如何识别出能被设计开发的需求；二是发现需求之后，如何判断该需求是否具有开发价值。第1个项目表明，老年人作为积极的使用者可以明确表达出具体的需要；第2个项目表明，对于没有表达出来和未被激活的需求，老年用户更倾向于使用现有的产品或服务；第3个项目表明老年人作为产品的使用者，他们的潜在需求源于其终身经历和日常活动需要。

1.引言

本章讨论的老年人是作为创新者的老年人；一般来说，老年人的体验对产品创新设计特别重要。很多人将老龄化人口视为一个有着特定需求的不断增长的细分市场，也认为老龄化过程对其他群体没有任何价值。除了“万能设计”和“通用设计”理念，很少有人认为老年人对所有人都有价值。我们往往用“衰老”、“社会地位丧失”、“身体差”、“技术文盲”、“病患”、“被照顾的对象”、“辅助技术用户”，及其他词汇来描述老年人，却常常忽视他们的经验和能力。很少有人为了创新而去关注老年人的能力，也很少有人关注老年人的生活经验在产品、技术开发与再开发中的作用。但是，仅仅讨论老年人或者对他们进行主观归类远远不够，我们需要和他们沟通。

根据老年人可接近的程度，我将介绍三种发掘老年人需要和需求的方式。研究结论出自2005—2009年瑞典为老年消费者推广和开发的产品和服务项目。老年人的经验之所以重要，一是在于当前老龄化发展的新需求。老年人希望自己不仅能够作为病人或被照顾者表达心声，也希望他们能像普通公民和消费者一样发表意见；二是我们在产品创新时缺少足够的知识。虽然现有的知识足以助老年市场发展一臂之力，但用这些知识来开拓新市场却远远不够，充其量，我们只能用其巩固当前的市场和老年人形象而已。

通常，对老年人偏好的解释并不在于老年人，而在于那些实际关心他们的人。我们对老年人的印象是他们不了解甚至害怕新技术，这很容易让我们忘记，老年人经历的技术变革和科技发展实际上使他们成为当今最老练的技术使用者。虽然老年人可能不了解最新的创新，但他们在生活中思考和作决定时，必然使用并体验了许多创新[1]。在我们认为的老年需求和他们的实际需求或他们希望被看待之间，有很大差距。因此，与简单地反映老年需要不同，银发时代的创新需要不一样的方式。相反地，银发时代的创新，必须建立在将老年人作为消费者、公民和创新者等新角色的基础上。

1.1 老年人和创新

我认为“创新”是在方法、产品或服务中采用的新方式。一旦定义好某一创新，设计过程就开始了。本章探讨了创新过程和设计过程。通常允许老年人和普通人参与到工程师、设计师或研究人员预置的特定阶段。一个设计过程包括3个阶段：首先，分析问题的准备工作；其次，建模（用于测试和修改）；最后，对结果进行评估。通常在第2阶段，用户作为产品试用者有机会影响设计过程。众所周知，普通用户是创新的一个重要源泉[2, 3]。然而遗憾的是，当前老年人却没有在设计过程中发挥创新作用。那么，让老年人在老年产品设计中发挥作用的意义何在？

将人生经历丰富的老年人纳入产品设计过程中，其价值在于老年人的经验、需求和知识反映在他们对成功的创新和设计过程的要求上。根据创新研究者Michael Porter的观点：成功的创新过程其特点是用户提出的问题棘手、要求高、解决问题的阻力大，但他们却很有耐心[4]。这些正是老年人能够做的，他们的生活经验丰富、务实、守信。我们会发现有越来越多这样的创新案例，比如九州大学和理光公司合作研制的经验自动售货机，该经验自动售货机是在理光分公司成立时用于在刚退休的同事中寻找相关经验的，参与分公司设计的年轻员工应有一名经验丰富的老员工陪同。

2004年，老龄化设计项目成为瑞典隆德大学的重点项目，其研究目标就是理解当前老一代的期望，在设计方法上避免因循守旧。企业和医疗保健机构的合作使我们的研究结果有了“用武之地”，也有助于相关产品和服务的开发。

在我们对研究结果及实施过程分析后发现，用户对产品和服务的认知、帮助老年人清楚地表达需要和需求的可能性呈现出明显的阶段性。要识别老年人这些需要和需求需要多种方法和较长的时间，大多创新研究很少能做到这一点。老年人有的需要和需求很容易看得见，但是他们的“非积极”或“潜在”需求，只能用特殊的方法才能发现。因此，第三个问题就出来了：老人们该如何参与研究？用什么方法可以实现“用户驱动”的创新目标？

根据用户对自身需求的认知，即用户表达自身需求和欲望的能力不同，这些项目采用的方法也有所区别。除了访谈法和焦点小组法，我们不一定能获得老年人想要的需求或欲望信息，因为有些东西独立于个体之外。那么，探寻这些需要和欲望的唯一途径便是让老年人参与到创新设计过程中。“黏性信息”指我们不一定总是能将信息与其所有者分开，这让我们深深感受到用户与其需求的联系是如此紧密[5]。

另一个前提是我们需要细分老年人。所以，我们不能将所有老年人的需求一概而论，他们是一个异质化的群体，他们的需求和偏好也是异质化的。然而，用文化来界定老年人是用现代社会共同的老龄化体验掩盖了他们的差异。其中有些体验影响着老年消费者，比如退休后赶不上技术发展的体验、一般的社会歧视、特定事件形成的代际价值观，以及最老人的体验等[1, 6]。

2. PLUS家具项目中有着积极需求的用户

2008—2010年，瑞典木材加工和家具行业开发了“以用户为导向”和富有竞争力的PLUS产品项目。该项目通过测试家具功能性、高雅性和耐用性等PLUS值，探究新的老龄化人口细分市场需求。该项目由隆德大学设计系、Linköping大学工程系和Lammhults，Swedese，Nelo，Allinwood，Stolab，NC Möbler，and OH Sjögren等7家瑞典家具制造商合作完成。项目经理是Britt östlund和Elisabeth Dalholm Hornyanzsky。30位年龄在57～87岁的老年人受邀参加了该项目。项目研究结果明确了用户对家具的具体要求，企业可用其生产满足老年消费市场需要和需求的家具产品。

该项目是对具有明确需求的特定产品市场缺失的响应，目标是为老年家具产品制定标准。这一想法实际上是由一个家具经销商提出来的，因为他发现没有合适的家具产品提供给老年消费群体。过去来家具店为老年人买家具的人通常是养老院的人，他代表老年人的需求。以前我们为老年人设计的家具多以功能为主，其他方面缺乏吸引力，这显然不是老年人希望放在家里的家具。

如今，老年人亲自来到商店为自己购买家具。与那些需要日常护理的第四年龄群体不同[7]，他们被称为第三年龄群体。当他们走进家具卖场时，却找不到想要的家具。考虑到老年人是家具产品的终身体验用户，PLUS家具项目决定从功能性、优雅性和耐用性3个方面为木制家具行业提供标准。

2.1 能被设计的需求

为了了解老年人的真实需求，研究人员选取了那些打算换房子的老年人作为研究对象。识别这些研究对象需求的方法非常简单，即先与养老院的老年人进行焦点小组访谈，之后再进行个人访谈。为了展现老年人的需求并使其与产品设计和生产有关，研究人员做了两个效果图和一些实物模型。有家企业还制作了在家具展览会上测试的产品原型。此外，PLUS项目要求每个企业选出一些按照PLUS标准生产的椅子，这些椅子将用于样本用户的测试和评价[8, 9]。

我们将这些老年人确定为产品的相关用户，原因是他们需要更换的家具正是本项目研究的一个问题。相关企业跟踪PLUS项目的研究成果，它们将把PLUS标准融入新产品设计中或进一步完善现有产品。

研究结果是我们了解了用户是如何体验椅子的功能性、高雅性和耐用性等潜在的PLUS价值的，这些价值正是家具市场一个新的主导需求，有助于企业制定更具体的产品规范，即用户的具体要求，换句话说，企业可以根据这些具体的产品要求，开发PLUS家具。

3.非积极需求的用户寻求支持

第三年龄本地支持商业解决方案项目于2005—2007年实施。目标在于探究那些正在衰老却仍想在自己社区生活的第三年龄群体的服务需求。该项目由位于斯德哥尔摩市阿道夫·弗雷德里克教区的瑞典教会和隆德大学设计系合作开展，项目经理是Britt Östlund。2005年，105位60~99岁的老年人参加了该项目；2006—2007年，21位63~88岁的老年女性参与了该项目，项目结果最终明确了第三年龄的服务需求。

项目的主要结果是开发出一个模型，说明了现有服务主要是针对第四年龄群体的需求，且受到服务提供者观念的影响，第三年龄人群需要可替代性的服务等。

要抓住老年人的需要和需求，最具挑战性的莫过于使那些有知识和有经验的老年人表达出尚未表达的——非积极需求。“非积极”在这里不是指活跃的反义词，而是指用户的需要和需求尚未被激活。和其他积极需求一样，在生活中，老年人对他们想做的或想实现的事需要帮助，但不一定能具体地表达出来。他们的需求往往是通过问题的形式表达出来，而非具体的产品或服务需求。同时，老年人的需求比先前更加实际。拥有非积极需求的老年人，他们的问题往往出现在解决问题之际，或提供工具让他们自己解决问题之时。老年人不能十分清楚地表达其需求，需要我们助其一臂之力。

2005—2008年，我们在斯德哥尔摩市开展的项目目标就是为阿道夫·弗雷德里克教区的退休老人开发适用于他们的服务。很显然，教区董事会认识到教区的老人们不再想做一二十年前他们感兴趣的事了。

3.1　满足需求

为了满足老年人的非积极需求，研究人员必须找到那些参与项目的老年人实际要做的事，他们缺少哪方面的支持；然后，研究人员针对这些需求开发具体的产品。样本选取的还是第三年龄群体具有积极需求的人。采用循环研究方法，这是一个欢迎积极参与的方法，也是一个志在改变社会现实的方法[10]。循环研究的动力来自参与者获取某物的意志，研究目标是创造一个新的知识结构并促进相关学科的系统发展。与群体干预减轻老年人的孤独感或培养老年人成为某方面专家的方法不同[11]，循环研究重视研究对象的参与，但不干涉研究对象。

循环研究让参与者描述其想要的老年生活，希望提高自身能力的程度，以及为改变现状所做的准备，以此作为研究的出发点，研究结果揭示了一个重要主题：自力更生——如果没有老年公寓或老年公寓不够好，老年人该怎么办？为了能继续在社区生活，老年人决定扩大其社交圈。但是，在当前的税收福利制度或市场经济条件下，我们能为那些不能自食其力的老年人提供什么样的服务呢？

3.2　市场缺失

调查结果表明，在已有的老年服务和老年人真正需要的服务之间，存在市场空白。实际上，老年人不得不接受陈旧的衰老观念。为了满足需求，他们不得不接受市政、私人、黑市和亲朋好友提供的家政服务。研究者认为这些都不是老年人想要的服务，而是这些服务商控制着老年人能够利用的服务。此外，研究者总结得出当前服务主要针对第四年龄群体，他们主要需要家务帮助，而非综合服务。

实际上，老年人需要的服务类型可用时间和能力两个方面来说明，这些服务不注重行为但注重时间。例如，最常见的是家政将所有服务行为打包。这一服务细分需要购买时间并随意支配。但老年人不想把所有服务都交给他人，他们想亲力亲为。如老年人只需要他人帮忙将衣服搬到楼下的洗衣房，自己分类、清洗衣物。但目前的家政并不能提供这种细分服务。研究结果还表明，公共服务部门需要重新评估他们提供的产品和服务，最好也评估一下需求的变化。如今的第三年龄群体不甘作为被动的服务接受者，他们愿意一直自我管理，直到进入第四年龄阶段。

作为总结，循环研究尽管费时，但却是发现消费者隐藏需求并激活消费者的一个途径，这也是该项目在服务方面非常有价值的研究发现。当前社会提供的服务主要针对的是第四年龄群体的需求，并受到服务提供者服务理念的极大影响。第三年龄群体对服务的需求以维持独立性并允许他们选择所需服务为特征。老年人的需求比先前更实际、更舒适，也更愿意忘记“当年勇”。在第三年龄阶段，服务使用者希望由他们来决定服务的提供方式，并为服务买单。在第四年龄阶段，老年人对服务的选择和支付往往需要他人打理。

4.具有潜在需求的用户

2008—2009年开展的“老龄化时代的新网络”项目，目标是把电视机接入无线移动网络，构建交互通信网络，借助交互通信网络为老年人提供社交网络支持。该项目是Inview公司和隆德大学设计系一次大胆的创新尝试，使持续十多年的老年人电视收视习惯研究向技术转变成为可能。

该项目综合考量了老年需求变化和当前有利于交互电视开发的技术发展。13位54～82岁的老年人在家进行了“ippi”交互电视原型测试，他们为设计过程和界定未来的消费者做出了贡献。项目成果包括一个改良后的产品、ippi使用的实用知识以及ippi最有价值的老年目标群体。结果显示，ippi对看电视较多，又用ippi上网、打电话的人最有用。

创新应该“新老并重”。由于过去为老年消费群体开发的产品和服务更注重新奇性和技术革新，我们常忽视老年人终身使用习惯也可用于创新。不过，在了解老年人日常科技使用习惯的基础上，我们可以去探索渐进创新。许多塑造技术的需求，最先往往并没有被人们发现，只有在消费者主动解释和界定这些需求时，我们才能认识到。这些需求的发现过程取决于识别老年人日常生活模式的能力，这些日常生活模式包括老年人多年形成的稳固的、完整的习惯和行为。事实上，日常科技使用研究清楚地告诉我们，终身习惯影响着我们发现（接近）新技术的方式。尤其重要的是，技术已成为我们日常生活的组成部分，比如那些已经嵌入我们社会关系、安全和熟悉体验的技术。

其中一个项目发现可以将老年人看电视的终身习惯作为创新源泉。统计数据显示，老年人比其他任何年龄群体花在电视上的时间都要多，并且与年轻时期相比，第四年龄群体对电视的收看更加个性化[12-14]。正因为电视具有缓解老年人脱离社会的重要作用，因此我们可以将看电视作为老年人增进沟通和维持健康的方式[15]。既然看电视是大多老年人的终身习惯，为什么我们还要依靠手机或互联网为他们提供沟通方式呢？为什么不将老年人与外界沟通的方式直接建立在其每日必看的电视上呢？

4.1 渐进创新

实际上，这家公司利用电视作为一个交互通信机会，申请了一项名为“ippi”的专利，该专利技术可以在移动电话和电视之间，或互联网和电视之间实现交互通信。借助远程控制，ippi使人们能够通过家庭电视发送或接收图片、语音信息的异步通信。有一个问题即不管使用者是否熟悉电视，“电视即隐喻”这一理论可以作为老年技术推广和服务开发的资源。

假定ippi能达到甚至超出我们的预期，那么，只要用户能看电视，就降低了参与者使用ippi的不确定性且有利于其首次使用ippi。ippi设备的安装非常简单，每个人只需要在电视上装一个SCART连接器，然后将ippi的插头插入墙上的插座，就完成了安装工作。安装简单也会增强消费者尝试ippi的意愿。通常，设备的安装或使用困难会迅速降低使用者的积极性。实验表明，设备安装简单，会大大降低用户使用该设备的不确定性。

虽然电视的隐喻原理对吸引用户尝试ippi有用，但其对ippi作为日常设备的使用没有太大作用。相反，进入社会环境或社交网络的途径决定了用户对ippi的使用程度。因此，与其他任何通信技术一样，ippi的使用取决于社会环境。同时，对ippi的使用也与用户的日常生活模式有关，用户的日常生活模式可以用于开发创新服务与产品，而识别日常生活模式的用途取决于训练有素的研究者识别用户习惯和行为的能力，因为人们的日常习惯和行为不易被察觉，且都理所当然地被视为日常生活的一部分。找到消费者日常生活模式的能力也建立在社会环境对技术的利用和改造基础上。

5.三种需求

将老年人纳入设计过程的3个案例表明人的需求是可见的、隐藏的甚至是潜在的。第1个案例表明老年人能够积极地表达具体的需求，这种需求可以解释为积极的需求，因为老年人有积极表达需求的行动，但缺乏方法的支持。

不过，正如第2个案例所表明的，需求可以像问题、偏好或欲望一样产生，这说明虽然需求没有形成，但不意味着这些需求不存在。在第2个案例中，老年用户在解决问题时需要支持，但是他们并没有表达和激活这一需求。这样的需求叫作未被激活的需求。在恰当的支持下，老年人便能表达心声，表达需求，通过激活老年人的这些需求，企业可以创造新方法，打开新市场。鉴于当前老年人对今后生活期望的变化，探寻和激活老年人的需求就变得尤为重要。现代老年人与传统老年人的需求或偏好不可同日而语。

第3个案例表明，老年用户的潜在需求源自其终身的生活经验，以及保持日常生活习惯的需要。老年人的潜在需求也取决于他人看重的经验，以及哪些经验和习惯能被开发成服务或产品。表2-1是对用户多样化要求和需要的综述，这些要求和需求是如何出现的，以及识别它们的方法。积极需求表达出来的是对具体产品和服务的需要，它的特点是社会缺乏相应的产品和服务。不过，我们不应将消费者的一般偏好、抱怨或其他评论（例如：技术是坏事）与值得开发的真实需求相混淆。当然，某个特定需求总是在前方等着我们，这将是另外一个过程，也需要花更多的时间去识别，我们不能将表面上老年人的意见与他们的特定需求相混淆。一旦我们界定出老年人的具体需求，建议方法就在眼前了。焦点小组法是扩大和缩小需求范围的好方法，然后，再用开放式或封闭式问题进行调查或访谈，再用访谈法进一步确定其需求。非积极需求来自于生活中老年人想做某事时对特定支持的需要，非积极需求常与我们想要改变的现状有关，如我们对老年人的偏见使他们难以成为积极的公民。非积极需求通常不是以需求或需要的形式表达出来的，而是以问题的形式呈现出来。因而，仅仅关注老年人的抱怨对于识别其需求来说远远不够，相反，我们应该多关注老年人积极改善生活现状的意愿。鉴于此，我们建议使用支持社交行为的循环研究方法。另一方面，具有潜在需求的用户需要其他用户的“意见支持”，但他们不一定是积极的参与者。对研究者来说，具有潜在需求的用户仿佛一个个行走的容器，他们拥有宝藏般的心理地图和经验，他们表现出的能够带来创新的好习惯和行为，使研究者了解它们变得更简单。

其实，我们对不断增长的银发市场的了解依旧很少，因为社会对老龄化的刻板印象往往停留在“陈旧”而非“创新”上，也没有企业愿意和“衰退”有任何牵连。企业将老年人作为创新者或许是提升其生活经验商业价值的途径之一。那么，对于“以市场为导向”的企业和制造商而言，他们会采用这种方法吗？一方面，识别和开发“以用户为导向”的产品确实非常费时；另一方面，通过参与需求识别的项目，老年人获益良多，他们通常也有意长期参与这些项目。那么，既然当今的创新体系并非孤立的行为结果，而是由多种知识网络合作的结果，因此，满腹技术知识的制造商和创新者应该考虑与学者、问题所有者们一起开展融资合作。

表2-1 3种需求：积极需求、未激活需求及潜在需求，它们的表现方式、不应与值得挖掘的需求相混淆的方面、揭示这3种需求的方法

	积极需求	未激活需求	潜在需求
表现方式	对特定产品或服务的需求	需要支持或社会变革	和用户经验有关
需求如何出现	缺少供应	存在问题	维持日常生活习惯的需求
识别需求错误的或不完整的方法	一般喜好	一般抱怨	缺乏需求或经验
揭示需求的方式建议	调查、焦点小组及访谈	社会行为研究圈	让训练有素的人员进行实地调查

6.结论

总之，本章认为探索老年人的需要和需求实质上是选用合适的研究方法。看不到老年人的需求，并不意味着老年人缺少需求。老年人明确表达的需求不仅容易识别，而且他们的问题和潜力可以成为企业的创新源泉。本章第1个案例表明老年人能够积极地表达其具体的需求，即积极需求成为新的家具PLUS标准。不过，正如第2个案例所表明的，由于缺乏某些产品或服务，需求就像问题、偏好或欲望一样出现，这些需求尚未被激活。第3个案例表明，用户的潜在需求隐藏在如看电视的

终身习惯中。对潜在需求的发掘有赖于那些善于发现用户潜在生活模式和生活规律的人，借助这些生活模式和生活规律，企业可以开发相应的产品或服务。实施这样的需求发掘研究，有助于企业开发新的老年市场，这样的老年市场或许能将老年人从传统观念中解放出来，使他们成为积极的消费者和公民；同时，这样的需求发掘研究也有助于创新产业的发展。更重要的是，研究老年人的新方法有利于发掘老年产业的商业机会。

参考文献

1 B.Östlund, Design Paradigms and Misunderstood Technology: The Case of Older Users, in *Young Technologies in Old Hands-An International View on Senior Citizen's Utilization of ICT*, ed.by B.Jeager(DJØF Publishing, Copenhagen, 2005)

2 C.Raasch, C.Herstatt, P.Lock, The dynamics of user innovation: Drivers and impediments of innovation activities.Int.J.Innovat.Manage.12(3), 377-398(2008)

3 C.Herstatt, E.von Hippel, From experience: Developing new product concepts via the lead user method.J.Product Innov.Manage.9(3), 213-222(1992)

4 M.E.Porter, *The Competitive Advantage of Nations*(Free Press, New York, USA, 1998)

5 E.von Hippel, *Democratizing Innovation*(MIT, Cambridge, MA, USA, 2005)

6 B.S.Turner, Ageing and Generational Conflicts: a reply to Sarah Erwin.Br.J.Sociol.49(2), 299-304(1998).London School of Economics, London

7 P.Laslett, *A Fresh Map of Life.The Emergence of the Third Age*(Harvard University Press, Cambridge, MA, USA, 1991)

8 O.Jonsson,Hur kan personeri"den tredje åldern"involveras i projeket PLUS-produkter för att skapa ny kunskap och bättre design av möbler?[How to involve people in "the third age" in the project PLUS-products to improve knowledge and design of furnitures?]Examination paper,Karlstad University Sweden,2009

9 O.Jonsson, E.Dahlbom, L.Sperling, Användares upplevelser av Plusvärden hos sittmöbler.[Users' experiences of plus values implemented into furniture].Project Report (Department of Design Sciences,Lund University,Sweden,2010)

10 B.Östlund, The revival of research circles: to meet the needs of modern aging and the third age.Educ.Gerontol.34(4), 255-266(2008)

11 K.H.Pitkala, L.Blomquist, P.Routasalo, M.Saarenheimo, E.Karvinen, U.Oikarinen, T.Mantyranta, Leading groups of older people: A description and evaluation of the education of professionals.Educ.Gerontol.30, 821-833(2004)

12 J.D.Robinson, T.Skill, Media usage patterns and portrayals of the elderly, in *Handbook of Communication and Aging Research*, ed.by J.F.Nussbaum, J.Coupland (Lawrence Erlbaum Associates, New Jersey, USA, 1995), pp.359-91

13 G.Häggblom-Kronlöf, U.Sonn, Interests that occupy 86-year-old persons living at home: associations with functional ability, self-rated health and sociodemographic characteristics.Aust. Occup.Ther.J53, 196-204(2005)

14 Nordicom (2005) www.nordicom.gu.se/common/stat_xls/690_5520_daily_reach_sex_age_2004.xls.Accessed 22 Jan 2009

15 B.Östlund, Watching television in later life: a deeper understanding of TV viewing in the homes of old people and in geriatric care contexts.Scand.J.Caring Sci.23(4), 623-825(2009)

第3章

将残疾人作为银发市场的领先用户

Pia Helminen

摘要：在开发新产品时，了解用户需求十分重要。以用户为中心的设计理念为我们提供了很多了解用户需求的工具，但由于用户需求的功能固化，仅研究目标消费群体的需求会限制所需的研究数据；相较之下，“领先用户”方法通过研究特定群体的领先用户，找到解决目标市场需求更好的方法。本章通过移动电话案例，Helminen说明了如何将残疾人作为领先用户为银发市场消费者开发产品。她还提出了探索残障用户需求和解决方案的一些方法。

1.引言

银发市场消费者，是指面临视力、听力、行动力衰退的消费群体。传统产品研发更关注普通的、四肢健全的群体。但是在工业化国家中，几乎25%的人口都是老年人或残疾人，他们大多属于银发市场。事实上，由于手机等大多产品面向的是所有消费者，这就意味着产品开发不能将日益增长的老年人口排除在外。

首先，本章引入“以用户为中心”的设计、用户创新以及领先用户等概念。然后，通过移动电话用户交互案例研究，说明如何将残疾人作为领先用户，为银发市场开发产品。本研究还展现了如何用照片日记法和情境调查法探求银发市场的需求。

2.以用户为中心的设计和领先用户

设计师及产品研发者都认为在研发产品时，必须考虑用户需求。以用户为中心的设计理念源于军事工业。有人在第二次世界大战期间发现，如果重视军事技术使用者的人体工程学要求，就能改善技术性能。“以用户为中心”的设计目标是将用户需求变为产品规范，以满足未来的消费需求。“以用户为中心”设计方法的共同之处在于，设计师可以利用消费者提供的信息设计产品。对于设计师来讲，用户是“信息源”，通过这一信息源，设计师将有望实现创新。

“用户创新”的含义即通过用户实现创新。用户是指个人消费者或企业，他们希望能从产品或服务使用中受益；同时，生产商也希望从产品或服务销售中获利。

传统意义上的用户是被动的消费者，他们被动地去消费生产商制造的产品。然而，现实生活中，用户会根据需要对产品进行改进。实际上，当用户急需某些产品而市场又无法提供时，他们自行解决问题的过程就是创新。

我们常常混淆“用户创新”和“以用户为中心的设计”这两个概念。“以用户为中心的设计”有多种评估用户需求的方法：如访谈法（小组访谈法、开放式访谈法、结构式访谈法等等）、情境调查法[1]、探查法[2]、观察法等。这些方法有利于设计师了解目标用户的需求。因而，“以用户为中心的设计”通常是公司想办法了解用户需求，生产相应的产品满足用户需求，而“用户创新”是用户自己想办法满足需求。不过，即使用户自己找到了解决办法，企业还是会忽略用户的解决办法，只是记录该需求。“用户创新”与“以用户为中心的设计”最主要的区别在于“是谁创新”。“以用户为中心的设计”创新者是企业的设计师，而“用户创新”的创新者则是用户自己。

一方面，用户创新的原因是他们必须这样做，而且他们可以直接从自己的创新中获益。用户并不关心如何满足需求，只要有需求他们就有创新。另一方面，企业在寻求最佳的解决方法时还要考虑许多方面，如产品组合、战略、生产能力等。因此用户能找到最有创意的解决方案，因为他们只针对自己的具体问题寻求最好的解决办法。

为了更好地把握用户创新的概念，von Hippel[3]提出“领先用户”一词，意欲从用户创新中获益的企业，必须找到这些“领先用户”。为了理解“领先用户”是哪些群体，首先需要理解什么是扩散。Rogers[4, 5]的创新扩散理论众所周知，他探讨了新观念的社会扩散过程，他认为新观念从产生到被全社会普遍接受存在很长的时滞。新观念扩散的要素有：（1）它是一个创新；（2）它能够通过特定渠道进行传播；（3）它的扩散需要经过一段时间；（4）它在全社会扩散。时滞虽然在创新扩散过程中不可避免，但大多数企图阻止创新扩散过程的尝试都以失败告终。古代中国人就未能守住火药制造的秘密，而如今，核弹也已不是秘密[4-6]。

根据Rogers的创新扩散模型，一项完整的创新扩散过程是从观念导入到全社会100%的接受。Rogers将创新扩散过程中的使用者分为5种类型：创新者（最初2.5%的使用者）、早期的接受者（13.5%）、早期的大多数（35%）、后期的大多数（34%）、落后的接受者（最后16%的接受者）[4]。

领先用户的理论依据是，总是有一部分人最先产生某种需求，一段时间之后其余的人才产生同样的需求。由于新事物需要长时间才能扩散，总有小部分人的需求预示着普遍的需求[6]。von Hippel将“领先用户”定义为：全新的或改进的产品、过程或服务的领先使用者。这个概念有两个特点：

（1）领先用户的需求将成为某市场的普遍需求，但在成为普遍需求之前，他们的需求将会保持数月甚至数年。

（2）领先用户是从他们的需求解决方案中获益最大的群体[3]。

根据领先用户“引领市场重要趋势”这一特征，说明具有新需求的用户已准备好创造不同于已有市场的产品或服务创新。“预期效益”是领先用户的第二个特征，它反映出在解决方案将为用户带来巨大利益的情况下，用户积极主动探索新方案的可能性[7, 8]。换句话说，领先用户遥遥领先于市场趋势，且他们的需求远在普通用户之上[9]。

将领先用户从Rogers的分类中区分出来非常重要。虽然领先用户是自身需求孤独的践行者，然而Rogers认为新技术的创新者和早期接受者皆因兴趣使然。换种说法，正如von Hippel所言[10]：“需要注意的是，在一项创新扩散的过程中，领先用户与早期接受者并不一样，他们处于整个创新扩散过程之前，因为他们的需要产生在商品之前——也正如此，他们通常自己寻求解决方法。”见图3-1。

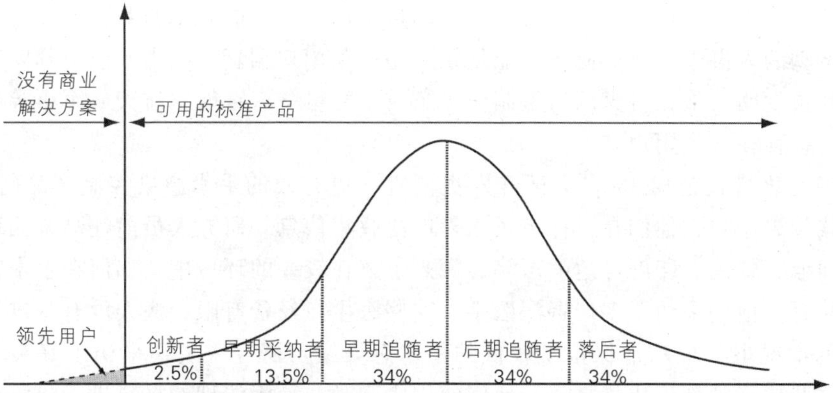

图3-1　领先用户在市场趋势中的位置与Rogers的扩散曲线对比图

解决问题的经典研究表明，问题的解决受制于解决方案对象的功能固化[11]。这意味着，当我们研究对产品非常熟悉的用户时，会发现他们对产品使用没有任何新想法。因为他们受产品的现有功能所限，思维跳不出已有的定势。比如当一个人执行一项任务时，需要用到金属丝，假如给他一个回形针，他会认为回形针是夹在纸上的，而想不到将回形针卸下，并将其拉直做成金属丝。再如，螺丝刀虽然是用来拧螺丝的，但因为它又长又尖利，也可以用作撬棍或凿子。

我们再来看看“以用户为中心的设计”的目标客户，这一目标客户的问题在于，不管我们如何研究他们，他们都被已有产品的功能固化了，因此无法为我们提供实现创新突破的信息。*而没有被功能固化的领先用户对产品开发者来说非常有用*，也就是说，领先用户的想法并非建立在已有产品上，而是建立在其自身需求的基础上。正如Lilien等人所说：“相比之下，领先用户在产品创新方面更有优势，因为，相对于目标市场的代表性用户，领先用户生活“在未来”，他们今天的需求和体验，也许就是其他用户在数月或数年之后的需求和体验”[12]。

那么，领先用户是谁？领先用户通常是那些试图改进工作方式、不逃避问题的人。正如万维网开发者Tim Berners-Lee所说："它正是我工作中需要的东西。"Berners-Lee在日内瓦的粒子-物理实验室担任软件咨询工程师，为了解决困扰他工作的一个问题，提高工作效率，他开发了"由不同群体创建的存储在多台计算机上的文件跟踪链接"系统[13]。

通常，领先用户会找到解决方案满足自身需求，这在医学或科学领域等技术性很强的用户群体中尤为突出[14-16]。运动器材创新通常也是由领先用户创造的。Shah[17]说，溜冰、滑雪和冲浪运动的创新通常是由早期参与这些运动的少数专家创造的。20世纪70年代初，芬兰教授赛伯·萨那哈坎格斯（Seppo Saynajakangas）就提出了心率监测器的产品概念。他喜欢越野滑雪，于是开始思考监测身体状况的方法。芬兰滑雪协会很快对这一想法产生了兴趣，并和Seppo Saynajakangas一起开发产品原型。不久，这项发明就被所有运动员采用，今天的心率监测器已在许多喜欢休闲运动的人群中普及。此外，能量条也是一项用户创新，它由一位奥林匹克马拉松运动员发明，他在自家厨房里制作了第一个能量条。在航空航天或军事等恶劣环境中，也存在领先用户。

多元化科技公司3M在尝试开发更便宜、更有效的手术感染控制产品时①，为了寻找领先用户，他们在目标市场之外广泛收集信息。研究人员前往马来西亚、印度尼西亚、韩国、印度等地的医院，深入了解在较差的环境中，如何在手术室避免感染蔓延。他们采访了多位资深医生，这些医生在经费有限、病人没有备皮、没有清洗的情况下，成功地保持了较低的手术感染率。研究人员还采访了好莱坞化妆师，这些化妆师深谙化妆之道，他们使用无刺激、易于清理的材料进行化妆，这些信息对研究人员设计手术感染控制材料非常重要。也正是在这些领先用户的帮助下，3M公司最终产生出3个新的产品线概念[9]。

接下来的研究说明，残疾人也可以成为健全用户的领先用户，特别是对老年消费群体来说，残疾人更是其领先用户。

3.移动电话设计中的领先用户——残疾人

本研究的目的是：（1）调查在移动电话用户交互设计中，残疾人能否作为领先用户；（2）评估研究方法对检讫用户群体的适用性。

传统上，主流消费品设计并没有明确地将老年人或残疾人的需求考虑在内。相反，他们的需求大多被考虑在利基产品的设计中，如残疾人辅助产品，这些利基产

① 手术用消毒帷帘是术前贴在患者手术部位的背胶塑料薄膜，外科医生在手术中可以直接割开这些薄膜。

品常常是为残疾人单独提供而且含有歧视意味。然而，在现实生活中，普通人也常常受到“情境障碍”的困扰。例如，在没有光的环境中，我们看不到物体；在嘈杂的环境中，我们听不到声音；开车时，我们不能做其他任何分散注意力的事，而“情景障碍”在老年用户群体中更为常见。

如果一个手机的用户交互设计是基于目标市场（视力和听力普通的消费者）的需求，那么，这样的产品设计就忽视了用户视力和听力受限或受阻的日常情景。手机产品的一大优势就是在任何时候都表现出色。我认为如果手机的用户交互设计建立在残疾人的需求基础上，那么这些手机也一定能满足残障情境中的用户需求。

本研究调查了普通环境中的残障用户需求和特殊环境中的普通用户需求是否一致。换句话说，真实的用户残障需求是否和情境障碍的用户需求一样？我们用照片日记法、情境调查法和开放式讨论法，对3种不同的手机用户群即失聪用户、失明用户和普通用户进行了对比研究。情境调查法用于了解用户需求，照片日记法和开放式讨论法用于发现用户的需求信息和了解残疾人的行为优势等。研究方法详见附录。

残疾人如何成为银发市场的领先用户的研究结论是：首先，对残障用户的需求和普通用户的需求（情境障碍用户）进行比较；其次，通过案例研究，分析残障用户的行为优势及其行为优势是如何适应普通人，特别是老年人可能遇到的需求。最后，针对视力和听力障碍用户提出了一些设计原则，这些原则不仅适用于完全失明和失聪的用户，也适合银发市场中身体轻度不便的老年用户。

4.残障用户需求与普通用户需求

照片日记法记录了参与者一天的生活，以及在这一天中他们用到的所有物品和设备。失明参与者拍的照片很不错，虽然瞄不准物品，但并不妨碍我们识别物品（见图3-2）。情境调查法的开放式讨论，有助于我们更充分地了解每位参与者的真实需求。

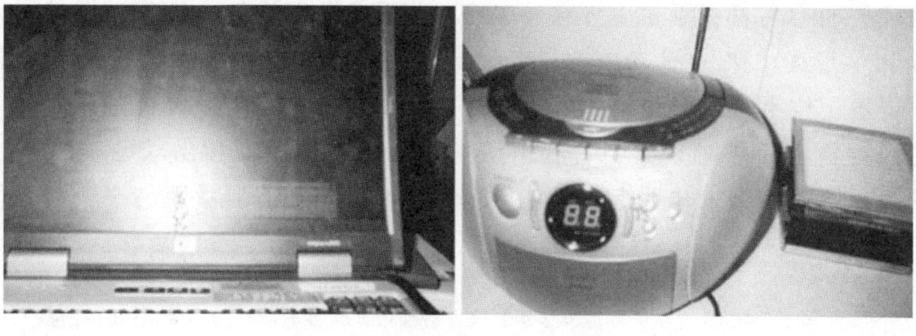

图3-2　一位视障人士拍的照片

在城市噪音、摇滚音乐节、图书馆（静音和不许打电话）等场合，由于听不清楚，普通人在沟通情境中使用手机也十分困难。行走在闹市中心，由于听不清楚电话另一端的声音，打电话变得很困难和很不舒服。在嘈杂的环境中，无法打电话，也听不到电话响。

表3-1 **执行特定任务的能力（情境失明者与失明者）**

任务	情境失明者（完全黑暗）			失明者		
	正常人1	正常人2	正常人3	失明者1 没有TALKS	失明者2 有TALKS	失明者3 有TALKS
没拿手机时，他是否能够发现无声手机？是否能够拨打手机？	否	否	否	否	否	否
没拿手机时，他能否发现铃声响起的手机，并接电话？	是	是	是	是	是	是
手机键盘锁住时，他能否解锁，并拨打电话？	是[a]	是[b]	否[c]	是[b]	是[d]	是[d]
键盘解锁时，他能否拨打电话？	是[e]	是[e]	是[e]	是[f]	是	是
键盘解锁时，他能否发送短信？	是[e]	是[e]	是[e]	是[f]	是	是

注：[a]按一个确定键，点亮屏幕，按指令解锁屏幕。使用者记住了确定键。

[b]按两个确定键解锁键盘，否则屏幕不亮，也就是说，解锁指令无法显示。使用者记住了确定键。

[c]按两个确定键解锁键盘，否则屏幕不亮，也就是说，解锁指令无法显示。使用者没有记住确定键。

[d]TALKS发出解屏的语音指令。

[e]屏幕亮起。

[f]使用者记住了菜单结构和按键。

两位失明参与者在手机上安装了TALKS①语音输出软件，TALKS能将屏幕显示的单词和字母读出来。第三个参与者没有安装TALKS，她使用的是触屏手机。由于她不得不记住手机的菜单结构，因此她对手机功能的使用就受到了限制。

在执行给定任务时，失明者和情境失明者用户的表现相当（见表3-1）。如当手机安静地置于一个未知地点时，他们都找不到手机。一旦手机铃声响起，他们都

① Speech PAK TALKS软件可将手机显示的内容转换成非常容易理解的语音，从而帮助盲人和视力不好的人能够完全无障碍地使用手机。Speech PAK TALKS软件可在塞班系统手机上使用，读取联系人来电信息、短信、帮助信息和其他屏幕内容。

能很容易地顺着声音找到手机。

有的手机需要按两个确定键来解锁键盘，不解锁键盘，手机屏幕就无法显示，也就是说，用户看不到屏幕上显示的解锁指令。为了解开没有解锁说明的键盘，我们必须正确记住解锁键的组合。一位情境失明者和两位失明者用户都没有记住解锁键，但是两位失明者借助TALKS读取屏幕上的指令成功地解锁键盘，而情境盲人用户却做不到。换句话说，通过在失明者用户手机上安装的TALKS，满足了他们的手机解锁需求。

一位经常开车的普通用户在车上放置了一个手机免持架，当手机放在免持架上时，他发现，很难在开车的同时正确按键，这与普通人在黑暗中难以解锁键盘的问题非常相似。

同样，失聪和情境失聪用户在执行给定任务时的表现也相当（见表3-2）。

表3-2　**执行特定任务的能力（情境失聪者与失聪者）**

任务	情境失聪者（噪音环境）			失聪者		
	正常人1	正常人2	正常人3	失聪者1 没有TALKS	失聪者2 有TALKS	失聪者3 有TALKS
没拿手机时，他能否找到响铃的手机？	否	是[a]	否	否	否	否
手机放在口袋或手袋里，有来电时，他能否找到手机？（手机震动）	否	是	是	是	是	是
手机放在口袋或手袋里，有短信息时，他能否找到手机？（手机震动）	否	是	是	是	是	是
他能拨打电话吗？ 能进行信息沟通吗？	是 是[b]	是 否[c]	是 否[c]	是 否	是 否	是 否
他能发送短信吗？	是	是	是	是	是	是

注：[a]用户注意到了屏幕上的闪烁灯。
[b]接电话时，用户就注意到了信息，并读出信息。
[c]接电话时，用户注意不到信息。用户能够读出未接来电上的信息。

所有人都在讨论一个好键盘的重要性，但没有任何一位普通用户对现有的手机键盘感到满意。其中一位普通用户希望手机键盘的触感好，不用看着键盘就能使用。她想给手机带上保护壳，却发现隔着保护壳就很难使用手机键盘。使用手机保护壳的原因一是保护手机，二是更容易从包中摸到手机。两位盲人用户找到了提高手机键盘触感的方法：在5键或所有按键上增加一个小“疙瘩”来提高键盘的触感。

研究发现，普通（情境障碍）用户在特殊环境中的需求与在普通环境中的残障用户需求是一致的。

5.残障用户的行为优势

研究发现，普通用户或许具有与残障用户一样的需求。在很多案例中，残疾人能够为他们的需求找到解决方法。诸多案例表明，很多残障用户发现的解决方法后来都被广泛采用了。也有一些案例表明，当前残障用户使用的方法在未来也会被普遍使用。

失聪用户十分依赖短信，实际上欧洲的失聪人士对短信的利用要比普通人早。不过，对失聪用户来说，他们需要用母语之外的语言——“符号语言”来书写。一位失聪用户通过给丈夫发送便利店里的产品照片，避免了费时的短信编写。对普通用户来说，很多情况下，发送图片信息要比文字描述的效率更高。今天，许多在线新闻服务为读者提供了即时发送事故现场照片、视频消息以及其他具有新闻价值事件的可能——毕竟“一图胜千言”。

有位失明参与者仍在积极使用Memona Plus（见图3-3）做笔记。Memona Plus是一个电子袖珍便携式的盲人“笔记本电脑”，重180克，可连接到PC或移动电话上。存储容量是30页A4纸。通过内置的数字语音输出功能，Memona Plus将一个个文字符号检测出来。这些笔记可以保存为不同格式的文件，可以很轻松地将它们传送到PC上。Memona Plus内置的麦克风可以录制语音短信，还可以播报时间和日期信息。Memona Plus的前身是Memona（1992年推出），Memona的储存空间较小，且没有语音信息录制功能。第一代个人数字助理（PDAs）实际上与Memona有相同的功能，其中第一代PDA——掌上导航者，到1996年才进入市场，比Memona晚了整整四年。

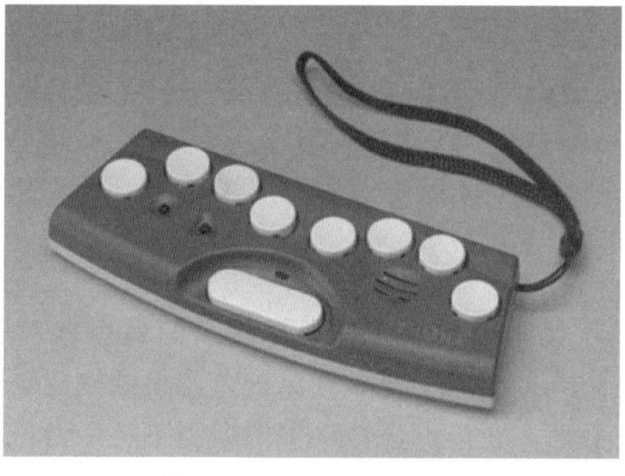

图3-3 Memona Plus

由于看不到手机地图，有位盲人用户利用TALKS来使用Navicore Personal[①]导航软件。虽然Navicore是开车时使用的，但盲人用户走路时也可以使用。汽车专用的独立导航系统通常有语音输出功能，因为开车时司机无法查看地图。

为了弥补不能打电话的遗憾，失聪用户多年来一直使用互联网的MSN信使[②]服务。如今，MSN信使已被广泛接受。下一步，在信使服务中增加摄像头，就可以实现双向视频通话。而两位失聪者早已利用手机的双向摄像头（两个摄像头：一个在手机外侧，另一个在屏幕一侧，即内侧）实现了双向视频通话。

目前，大部分手机用户还没有开始使用双向视频通话甚至发送单向的视频消息。未来，视频通话和视频信息将在所有手机用户中普及[③]。一是我们生活的现代社会，家人、朋友离得很远，通过双向视频电话，祖父母可以和子孙们保持联系；二是通过双向视频通话，父亲或母亲可以让对方看到他们带着孩子学走路的样子；三是在休假时，人们不用发短信，可以通过视频信息来展示阳光与海岸之美。另外，多年来，由于人们工作生活更加分散，出差占用了太多时间，因此就有了视频会议。但由于视频会议需要特殊设备，这使视频会议的组织变得复杂，而人们用双向视频电话可以随时随地开会。

失聪用户还认为，手机应装置一个小光源，否则在黑暗中不能进行双向视频通话或发送单向的视频信息，这一需求自然也适用于所有用户。

虽然只有两位盲人用户在手机里安装了TALKS，但所有用户都能从语音输出功能中受益。例如，在黑暗中或驾驶汽车时就需要语音输出功能。银发市场消费者大多需要一个能够看清近距离物体的老花镜，当无法使用老花镜时，手机的语音输出功能就非常实用。

有位视障参与者描述了户外的路线问题。在户外时，他能看到路牌，但却看不清路牌内容。因而他建议用户可以用手机将路牌拍下来，然后由TALKS将路牌上的内容读出来。这一建议对到国外旅行的人得心应手。旅行前，他们只需在手机上下载一个合适的字典即可。对于视力衰退的老年用户来说，手机的图像识别功能真的很实用。

盲人们面临的一个日常问题是找东西。一位盲人用户建议，为了不再担心找不着钥匙，可以用手机锁门和开门。这个想法显然对每个人都有用，特别是对于那些被记忆失调困扰的老年人来说，特别有用。

多个例子表明，残障用户在适应和开发新的通信辅助产品方面，确实表现出了

---

① Navicore Personal是个应用软件，安装在手机的内存卡上，使用时需要连接一个外部蓝牙GPS接收器（http://www.navicore.fi/）。

② 微软公司开发的互联网信息服务（http://messenger.msn.com/）。

③ 这项研究是在2005年开展的。目前（2010年2月），视频信息和视频电话在日本和欧洲部分地区已经非常流行了。

很大的行为优势。

6.为视障用户开发产品的关键特性

通过对六位失明或视力受损用户的检测，他们提供了帮助视障人群成功使用手机的关键特性信息。这些原则不仅适用于盲人用户，也适用于视力普遍受损的老年消费群体。

好键盘必不可少。由于盲人用户看不到手机键盘，他们只能依靠手机键盘的触感。这里有一些好键盘的特性：

- 每个按键必须是独立的。按键独立设置，就能很容易感觉出手指所在的按键。
- 按键时手机有良好的触觉反应。手机按键发出的“咔哒”声，说明用户按到了按键。轻触式的开关键，并不是好按键。
- 将按键按行排布，不要用U形等不常见的按键排布方式。如果不按行或列排布，用户就分不清按键。例如，U形按键排布，当用户按5键左边的按键时，可能会按到7键，而非4键。
- 在5键上设置触知提示。为帮助用户更好地在手机键盘上定位手指，应在手机的5键上设置触知提示，这个提示应该设置在按键上，而不是像有些手机那样设置在按键旁边或下方。
- 按键表面不要过分光滑。为了有更好的触感，按键不应太光滑。例如，有着橡胶触感的手机按键，是参与研究用户的优先选择。

不要过多改变一个按键的功能是人们的共同愿望。如果一个手机按键的功能因屏幕内容不断改变，对那些看不清手机屏幕的用户来说，使用键盘会更复杂。比如之前提到的导航键类①的软键②就存在这样的问题。

当用户“迷路”时，就需要一个能快速回到菜单结构并重新开始的方式，大多手机都通过长按取消键来实现。

对那些没有使用TALKS等语音输出软件的视障用户来说，一个逻辑菜单结构必不可少。当他们看不清屏幕内容时，能够根据手机的菜单结构创建一个心理菜单模型。

7.为听力障碍用户开发产品的关键特性

由于手机产品交互更依赖视觉信息，因而针对听力障碍用户的产品关键特性并

① Navi™-key(导航键)：Nokia手机的一种软键交互方式，最早出现在Nokia 3110上。[18]

② 软键：一个多功能按键，通常在手机屏幕下方，与屏幕上的文字或图像功能标签一起显示。[18]

没有像针对视障用户的关键特性那么明确。只要用户是以文字、符号或图像与手机进行交互的，听觉受损的用户就能使用手机，失聪用户也可以借助双向视频电话进行双向沟通。

对于使用助听器的用户，感应环[①]必不可少。即使是听力严重障碍的人，也可以通过感应环打电话。如果没有感应环，听力严重受损的用户只能依赖文本信息进行沟通。

8.结论

虽然所有产品的消费群体都不相同，但他们的区别仅在对产品的使用和交互能力上。开发新产品时，将用户需求考虑在内的重要性众所周知。为了满足日益多样化的市场需求（主要是老年市场的需求），“通用设计”（美国和日本）、“为所有人设计”（欧洲）、“包容性设计”（英国）等多种理念得到发展。此外诸如“为残疾人设计”等更多理念已经产生。所有这些理念都囊括在“以用户为中心”的设计理念中。在这里，用户需求被真正考虑在内，工程师提供解决方案。相对而言，领先用户方法却是将领先用户视为解决方案的源泉。

研究表明，情境障碍用户的需求，也即特殊环境中普通用户的需求和普通情境中的残障用户需求是一致的。此外，我们还发现了许多残障用户行为优势的例子。当我们用von Hippel领先用户的定义审视研究数据时，我们发现，领先用户的第二个特点在残障用户身上体现得非常明显：他们是针对其需求的领先用户解决方案受益最大的群体。领先用户的第一个特点，也在诸如文本信息由残障用户最先使用，后来才被公众普遍采用等例子中体现出来。这一点也体现在双向视频电话的发展趋势中。这些案例都表明，残障用户可以作为领先用户为情境障碍的普通人开发新产品，如手机产品交互案例。

通常老年客户的视力/听力衰退，实际上他们会遭遇比年轻、健康的客户更多的情境障碍。这就意味着手机等许多产品，对他们来说更难使用。

如上所述，以用户为中心的设计主要在于搜集目标市场的用户需求，但由于目标消费群体对产品的功能固化，不能为开发创新突破产品提供有用的信息。目标消费群体也很难说清楚其产品功能固化背后的潜在需求。老年消费者更是如此，比如视力下降对他们来说是一件很微妙的事情。因而当设计师去了解老年人时，他们不大愿意透露自己真实的日常需求。

本研究仅将视力和听力障碍用户作为可能的领先用户进行了考察。然而，老年人不仅遭受着视力和听力障碍之苦，也经受着行动能力衰退之痛。因而，假如对身

① 所有听力辅助设备都支持感应线圈技术，当听力辅助设备处于T模式时，就能捕捉到线圈提供的信息。

体残障的用户需求进行研究，必定得到相似的结果。

研究还表明，所选研究方法也适用于失聪和失明用户。运用照片日记法进行自我记录简单有效，对研究盲人用户十分有用。不需要借助其他设备，我们就可对这些照片进行单独讨论。在情境调查和开放式讨论中，也没遇到什么困难。

当设计师们与视力和听力障碍用户一起工作时，应该明白语言在互动中的作用。拥有共同语言意味着沟通流畅、更为个人化。手语是先天失聪者的“母语”。对失明者而言，他或她通过电子邮件或电话可以用“母语”很容易地与设计师沟通，而失聪者在发送手机文字信息时感到不便，甚至胆怯。我们不应假定失聪者都能用主流语言书写。因此，在研究中不得不使用手语翻译，这就增加了研究计划的复杂性，也使会议沟通不那么人性化。

虽然本研究关注的是手机产品的用户交互，但研究思路适用于其他任何产品。我建议为银发市场消费群体开发产品时，将残疾人作为领先用户。因为残疾人不仅是老年用户需求数据的来源，也是老年用户需求解决方案的来源。

附录：研究概述

本项目从失聪、失明和普通用户等三类手机用户群体中各选取了三人作为研究对象，对他们进行了研究、比较。之所以选择失聪、失明用户作为残疾人的代表，是因为这些残疾群体的定义清晰，并且很容易找到。我们通过芬兰视障协会、芬兰失聪协会和个人接触联系上这些残障用户，其中三位听力障碍参与者是先天失聪，两位盲人也是先天失明，而另一位盲人是在成年后失去视力的。

围绕研究主题，主要采用照片日记法、情境调查法和开放式讨论法（详见下文）。情境调查法用于了解用户需求，照片日记法和开放式讨论法为我们提供用户信息和残疾人行为优势信息。

照片日记法和自我拍摄法已被用于许多学科，Gaver等人[2]在老年文化调查中运用了一次性照相机，Brown等人[19]在获取研究对象的工作、生活信息时采用了照片日记法和半结构化访谈法。

情境调查法是由Beyer和Holtzblatt[1]设计的一种现场数据收集技术。情境调查法的基本要求是环境原则。在调查环境中，访谈者不是总结体验，而是直接获取调查对象正在感受的体验，收集的是具体数据而非抽象数据。收集正在感受的体验数据意味着访谈者一直在调查工作现场。一个人在回答问题时，倾向于总结性回答。因为很难详述事情的发生过程。访谈者的工作便是识别寻常工作行为细节中的实际工作结构。为了发现具体数据而非抽象数据，用具体的词汇交谈非常重要。当客户说“一般我会做这个”或“通常……”时，访谈者必须把客户拉回真实体验中。为了收集具体数据，访谈者应该这样提问，如“上一次你做了什么”，而不是“通常你会做什么”。

情境调查法有助于我们了解人们生活和工作的真实环境，也能揭示人们在真实环境中的需求。情境调查法能够发现人们的真实意图，以及他们如何定义对其有价值的东西[20]。

每个参与者都要参与两次会议。第一次会议是一个30分钟的短会，给每个参与者布置影像记录任务。大约两星期之后，第二次会议将展开情境调查和开放式讨论。这次会议将对照片日记实验结果进行深入讨论，激发灵感。一位翻译陪同失聪者参加这两次会议。

实验研究从一位普通用户开始。实验研究显示，在照片日记实验中，用户使用一次性照相机的闪光功能有些困难。通过一步步指导参与者使用一次性照相机，解决了这一问题。在实验研究中，为普通用户设计了特殊环境的任务。

除了对这九位参与者开展照片日记实验和情境调查，还进行了两个开放式访谈。第1位访谈的对象是两位成年时失去大部分视力的参与者。第二位访谈的对象有一位有相同失明经历的参与者，同时还伴有严重的听力障碍。其中两位参与者是通过个人联系到的，另一位是通过视障社团找到的志愿者。由于这些残疾人实际上生活在两个世界，因此访谈目的是更全面地了解他们。此外，所有参与者都使用过多种移动通信设备。表3-3是所有参与者的情况。

表3-3　**参与者及其使用的手机**

使用者	性别	年龄	手机
失明者1	女	34	诺基亚8310（私人手机） 诺基亚1100（私人手机）
失明者2	女	58	诺基亚3660（私人手机）
失明者3[a]	男	36	诺基亚6600（私人手机）
失聪者1	男	25	诺基亚6100（私人手机） 索爱Z1010（私人手机） 诺基亚6600（工作手机）
失聪者2	男	33	诺基亚9110（私人手机） 索爱Z1010（私人手机） 诺基亚6310i
失聪者3	女	28	诺基亚6820（私人手机）
正常人1(试用者)	女	27	诺基亚3510（私人手机）
正常人1	男	29	西门子ST60（私人手机）
正常人2	女	30	诺基亚6600（私人手机）
正常人3	男	60	诺基亚9210i（私人手机，工作手机） 诺基亚6230（私人手机，工作手机）
视力损伤严重者	男	43	诺基亚6600（私人手机，工作手机）
视力损伤严重者	男	37	诺基亚6600（私人手机，工作手机）
视力和听力严重损伤者	男	57	诺基亚9300（私人手机）+诺基亚LPS-4感应圈装置

注[a]非先天失明，不懂盲文。

照片日记实验

照片日记任务包括一个一次性照相机和一个贴好邮票的信封。在第一次会议上，已经对照相机的使用方法进行了口头说明，并根据参与者的选择又做了文字和邮件说明。照片日记实验的主题是拍摄“用于沟通、接收或发出信息的所有物品”。如：

- 当你看报纸的时候，拍一张报纸的照片。
- 当你听收音机的时候，拍一张收音机的照片。
- 当你查看温度时，拍一张温度计的照片。
- 当你使用手机时，拍一张手机的照片。

研究规定，照片实验应一天内完成，即从早晨醒来开始进行，直到晚上睡觉结束。参与者可以自由选择实验日期（见图3-4中的照片）。

图3-4 照片日记

在实际操作中，研究人员对失明参与者进行相机使用指导。因为在实验研究中，研究人员发现大家对相机的闪光灯使用不熟悉，就将相机闪光灯的使用步骤以纸质或电子邮件方式发给所有参与者。

该项实验研究除了一次性相机外，不需要其他实验设备。

实验相机一共可以拍摄28张照片，但是如果在实验结束时参与者只拍了10张，也不要紧，只要他们根据题目要求将所有可能使用到的物品和设备记录下来即可。照片日记实验结束后，参与者需将相机装进贴好邮票的信封里寄回，以便进行照片分析。

情境调查和开放式讨论实验

在第二次会议上，我们对照片日记实验获得的照片逐张进行分析、讨论，实验参与者可以按顺序解释他们拍摄这些照片的情景。我们会详细讨论照片中出现的每种物品：每天使用几次，为什么使用以及使用它的目的等。

遵循情境调查的原则，我们对实验者的手机使用进行了讨论：今天你用手机做什么？演示一下你的使用方法。本周你还使用了什么通信设备？目的是什么？为什么？请给我们演示一下。

我们对残障用户在家或工作环境等普通环境中使用手机的情况进行了观察。

我们也观察了普通用户在黑暗和嘈杂等特殊环境中对手机的使用情况，这些特殊的使用环境都设置在参与者家中。我们在壁橱或洗澡间营造黑暗环境，噪音环境通过佩戴工业用的具有噪音消除和调频收音机功能的听力保护耳机来营造。这样就阻隔了环境音并以音乐来代替噪音。为了确保彻底消除环境音，耳机下面还要戴一次性海绵耳塞。

特殊环境的营造应尽可能接近残障者的日常环境。因而，营造情境视障不是通过蒙上眼睛来模拟，一个人不可能蒙上眼睛就“失明”，人们产生情境视障多是光线不足造成的。

研究者要求普通用户在这些特殊的环境中完成一些基本任务，比如打电话、接电话、发送信息、接收信息等。并且每个人执行任务的起点不一样：有的是从口袋里找手机开始，有的是从包里找到手机开始，还有的是从周围环境中找手机开始的。普通环境中残疾人使用手机的实验方式与上述方法相同。

照片分析和情境调查结束后，实验参与者充分地表达了他们对当前移动设备的看法、期待、愿望。他们也探讨了面临的问题，并分享了他们想使用什么样的设备，以及如何使用这些设备的愿景。

参考文献

1 H.Beyer, K.Holtzblatt, *Contextual Design: Defining Customer-Centered Systems* (Morgan Kaufmann, San Francisco, 1998)

2 B.Gaver, T.Dunne, E.Pacenti, Interactions 6(1), 21–29(1999)

3 E.von Hippel, Manage.Sci.32(7), 791–805(1986)

4 E.M.Rogers, *Diffusion of Innovations*, 4th edn.(Free, New York, 1995)

5 E.M.Rogers, *Diffusion of Innovations*(Free, New York, 1962)

6 E.M.Rogers, F.Shoemaker, *Communication of Innovations*: A Cross-Cultural Approach (Free, New York, 1971)

7 E.von Hippel, *The Sources of Innovation*(Oxford University Press, New York, 1988)

8 E.von Hippel, *Democratizing Innovation*(MIT, Cambridge, MA, 2005)

9 E.von Hippel, S.Thomke, M.Sonnack, Harvard Bus.Rev.77(5), 47–57(1999)

10 E.von Hippel, *Horizontal Innovation Networks–By and For Users*.Working Paper No.4366–02, Sloan School of Management, Massachusetts Institute of Technology, Cambridge, MA, 2002

11 K.Duncker, Psychol.Monogr.58(5), 270(1945)

12 G.L.Lilien, P.D.Morrison, K.Searls, M.Sonnack, E.von Hippel, Manage.Sci.48(8), 1042–1059 (2002)

13 H.Brody, Technol.Rev.99(5), 32(1996)

14 C.Lettl, Technol.Health Care13(3), 169–183(2005)

15 C.Lettl, C.Herstatt, H.G.Gemuenden, R&D Manage.36(3), 251–272(2006)

16 C.Lüthje, *Proceedings of the 32nd EMAC Conference*(Glasgow, UK, 2003)

17 S.Shah, *Sources and Patterns of Innovation in a Consumer Products Field: Innovations in Sporting Equipment*.Working Paper No.4105, Sloan School of Management, Massachusetts Institute of Technology, Cambridge, MA, 2000

18 H.Kiljander, *Evolution and Usability of Mobile Phone Interaction Styles*(Helsinki University of Technology, Publications in Telecommunications Software and Multimedia, Espoo, Finland, 2004)

19 B.A.T.Brown, A.J.Sellen, K.P.O′Hara, *Proceedings of the SIGCHI Conference on Human Factors in Computing Systems*(ACM, New York, 2000), p.438

20 M.Kuniavsky, *Observing the User Experience: A Practitioner′s Guide to User Research*(Morgan Kaufmann, San Francisco, CA, 2003)

第4章

将老年人融入设计过程

Karin Schmidt-Ruhland，Mathias Knigge

摘要：在人口变化背景下，日益增长的老龄人口对产品和辅助设备的需求量越来越大。两位作者都认为传统的产品开发和设计方法，不足以开发出满足老年群体愿望和需求的有吸引力的、有帮助的解决方案。

sentha项目提出了产品设计的一些新方法和新理念。sentha即“老年家庭日常科技”。在这一跨学科研究项目中，柏林艺术大学的设计师与柏林工业大学、科特布斯工业大学、柏林社会研究所进行了密切合作。

sentha研究目标是为日益增长的老龄人口开发维持其日常生活能力的产品和服务。柏林大学艺术系产品与过程设计研究中心的设计师Karin Schmidt-Ruhland和Mathias Knigge长期致力于老年友好产品和服务开发设计。虽然他们关注的是老年人的特殊需求，但产品的形式和功能不只局限于老年群体。本章阐释了其具体的设计手法，并展示了sentha项目的一些设计成果。

1.引言

人口变化给产品制造商和服务商带来了巨大挑战，因为传统的产品和服务无法满足老年人的需求，老年人常常抱怨产品不友好且费用过高，也没有专门针对该年龄群体的产品和服务。

今天，我们可以从残疾人辅助产品设计领域找到适合老年群体的解决方案。但现有的产品开发和设计方法不足以为老年人提供实用和有吸引力的产品和服务。其中一个重要原因是缺少移情，特别是部分年轻设计师总是用对高龄消费者的方式对待所有老年人[1]。

对生产商、贸易商和服务商来说，“以用户为导向”的产品开发蕴藏着巨大商机。老年群体经济实力强，针对他们的创新设计要让他感兴趣并成为必需品，从而提高他们居家生活的自主能力[2]。

这是sentha项目开发新方案和新产品理念的出发点。sentha是德语“老年家庭日常科技”的缩写。

为适应全球老年人口不断增长及人口寿命增加的趋势，sentha开始着手研究相关的产品和服务，使未来老年人能最大程度地独立生活。

老年产品和服务这个过去未受关注的领域变得日益重要。老年用户之所以不接受常用的老年产品设计方案，主要是因为这些方案明显来自残疾与康复技术。因此，我们应该秉持“为所有人设计”的理念开发对所有年龄群体都有益的创新产品，特别是那些能为老年群体提供更安全、更舒适的居家产品和服务[3]。

针对这一计划，由德国社会研究中心出资，研究小组运用综合性、跨学科的研究方法，历时六年多进行项目研究：

• 综合性体现在产品开发过程中，结合用户与产品相关的问题，对老年人进行强势定位和整合。一位老年顾问将参与这一过程。

• 跨学科性体现在通过整合多样化的人才，最大程度地以跨学科的视角解决问题。

研究小组的成员有工业设计领域的设计师，柏林和科特布斯科技大学的科学家，柏林社会研究中心的科学家，他们从社会科学和劳动力研究、设计、结构工程、生物医学和传播技术等多个领域对该项目进行了综合研究。

部分设计项目特别重要，因此，研究团队就开发利用新方法，挖掘老年人的愿望与需求，并在设计研发过程中考虑这些因素。与此同时，项目研究得出的产品原型设计表明，未来针对老年产品的解决方案，在形式和功能上不再仅限于这一目标群体。

该项目研究的起点是一个具体的设计方法。

2.sentha项目的设计原则

对我们来说，产品结构和设计并非简单地对产品外形或形状进行设计。“设计”不仅包含产品本身，还包含文化和社会关系。这就将对目标对象——老年人的理解都包含在内了。因此，设计师摒弃了传统的固化思维，将设计作为一个整体来理解，这反映了设计过程中复杂的社会、经济和文化背景。这就是sentha项目追求的部分设计理念。

当然，这一理念并不排斥“漂亮的外形”，“漂亮的外形”也是sentha项目看重的价值。除此之外，柏林大学艺术系将设计局限于形状和外形设计的观点过于狭隘。对我们来说，设计是产品解决方案和技术系统的一种综合现象和多层过程。日常文化、消费习惯、生活方式、多元化的生活方式及相应的产品领域，都蕴含在我们的设计目标中[4]。

在这一方面，我们的研究定位于跨学科，即将相近领域、学科及实际工作中遇到的问题，都作为最终设计的对象。

这就意味着我们需要一个全面的、跨学科的研究方法。本研究最终不是对其他学科的成果进行设计，对我们而言，一开始就将研究项目看作一个整体，并将其他学科整合到设计的各个环节中，这一点非常重要。

具体而言，这意味着我们扩展了原本狭隘的问题，与sentha研究项目合作的其他学科相比，我们有着非常具体的问题和工作步骤。例如，在研究工作中，我们不仅关注老年友好型录像机的优化、设计，还关注视频、电视对老年人的重要性，以及老年人的收视习惯等等。

3.老年友好型产品设计：超越歧视的辅助设计

一开始，我们就关心如何寻找并开发一种新产品，这种产品没有歧视，超越老年友好型产品形式。那么，什么样的产品和营销策略（流行语：形象）才能在满足老年人需求的同时，又不被看作和理解为“老年专用产品”。实际上，大多60多岁的人自我感觉比实际年龄小10～15岁[5]，但同时身体的局限性却让别人能察觉出他们衰老的迹象[6]。

如果老年辅助产品设计得很时尚、新潮，就必须改变产品的外形形态，这就是狭义的设计。因此，设计也意味着一种特殊的、无歧视的“漂亮的外形”。

保持主题的开放性，这一点对我们来说很重要。这意味着在设计产品时，不仅要谨记产品对老年人的帮助，而且要清楚产品不局限于老年人。因此，我们开发赞助模型对老年人进行观察和咨询。这样，新产品的创意随之产生。我们要牢记，老年友好型设计方法的核心是产品对其他人也可用、适用。换句话说，日常生活中的老年人是“障碍”的代名词，产品设计的目的是超越这一特定的目标群体及其障碍。

与我们一般对设计的理解有关，部分项目设计并不只关注特定的年龄段：对设计师来说，每个产品都是一种辅助工具，因为很多事情缺少辅助根本做不了。例如，当人们用嘴或手打不开饮料瓶时，就发明了开瓶器；当人们想像鸟儿一样飞翔时，就发明了飞机；当人们搬不动重物时，就制造了起重机。一出生，我们就使用各种各样的辅助产品。在这个意义上，每个人都是“残疾人”。设计在一定程度上为我们提供了“假肢”。这种设计观点由来已久，20世纪20年代的弗洛伊德就把不完美的人体形象地描述为“假体神”[7]。这个观点也是sentha项目特别重要的组成部分。尽管sentha项目关注的是老年人及其实际需求，但我们也不想用“以问题为中心”的“残疾人”设计理念对待老年设计。在理念上我们是成功的，因为我们将老年产品设计的理念扩展到整个社会，不仅减轻了老年人的心理负担，对年轻人也有帮助[8]。其实很多“老年友好型产品”，不仅老年人喜欢，其他人也感兴趣。许多事情在你一遍遍问自己“为什么要做”之后去做，就一定不会出错。

为什么我不厌其烦地阐述这个观点？有没有更好的解决方法？我们之所以研究老年产品设计主题，原因是即使一位40岁的年轻人，扛重物时也会背痛。遇到这种情况，我们总是说：“这是很简单的辅助设计”，却从不说这是针对老年人的专用设计。因此我们可以将老年人遇到的问题作为一个普通问题来处理。所以，我们反对老年文化边缘化；同时，通过跨代设计等理念克服产品设计中的歧视。在日常家居生活中，老年友好型产品的外形和设计也应理所当然地体现这一点。老年友好产品并非指老年人专用产品，而是老年人和其他人都能使用的辅助产品。

4.实证-实验过程的设计

众所周知，其他学科的实验过程包括建立假设到验证或否定假设，这与研究者对实际问题的构想或看待问题的方法密切相关。然而，遇到研究方法中事先没有拟定的某些现象或知识时，实验就难以开展。这种实验方法相对新的、意外的、未预知因素和问题来说，较为封闭。而我们研究方法的优点是有意识地运用探索性和实验性方法研究问题："从现在起，我们什么都不知道，也没有任何预感或假设地去探寻问题的答案。"

项目设计过程采用了多种方法，这些方法由我们制定，应用于柏林大学艺术系的研究工作中。这些技巧和方法都是由Hans（Nick）Roericht教授带领的专家小组构思、测试之后形成的[9]。例如，在"参与事务"练习中，在没有任何前期研究的情况下，在原有经验的基础上创造出了产品。在"非保守的思想家练习"中，参与者将完全不同的事物结合在一起：将融合作为设计方法。在题为"提升和衰老"的sentha项目中，我们改变了事物的特征，也就是让年轻人变老，反之亦然。这里，我们对产品的原有形式、审美、社会定位进行了调查、质疑和修改。研究结果是产品和可视化是产品开发中创造性方法产生的刺激因素。"对设计而言，方法的使用空间很大，因为设计没有必要非常准确地描绘现实，我们可以根据设计需要应用、拒绝或削减方法的使用条件，这也是其他学科决不允许的"[10]。

实证-实验的设计工作具体来讲就是将科学的调查分析方法和艺术实验方法相结合。这意味着，通过使用参与式观察和定性的社会研究方法，用解释学解读——对某些过程和现象的理解，与实验法和联想法同等重要——观察法、访谈法、科学分析法和实验法等多种方法环环相扣[4]。

这里我们采用的是一种对话式的多阶段、循环研究方法而非线性研究方法。研究的出发点就是对老年产品做全面分析，如目前有哪些产品是为老年人设计的？这些产品的功能和老年友好性如何？广告运用了什么形象来策划和传播这些产品？

了解了这些之后，我们将对老年人进行研究。

5.参与式观察

日常家庭生活中，大多数行为都是人们例行公事和无意识行为的结果。谁真正思考过为什么用这种方式煮咖啡，或洗澡时为什么做那些手部运动？换句话说：日常生活中，人们的大多数行为都是在无意识、不假思索的情况下发生的。因此，只有部分行为能用语言来分析。只有当我们注意到一些事物和信息时，才能对其有所思考。

其余的行为都是人们尚未研究的“隐性知识”，虽然我们有专门的技能去研究它们，但由于这些隐性知识是如此自然地存在，以至于我们根本不再考虑它。实际上，它们不像特殊技能那样困扰我们。

在这种情况下，sentha的参与式观察对我们的研究相当重要。参与式观察的优势在于对那些人们不易被察觉的、习惯性的日常行为非常敏感。因此参与式观察法自然就成为实地调研中最忠于客观事实的研究方法。其次它还是一种培养人们观察事物的方法。这种方法能得到访谈法和小组讨论法等语言询问方法得不到的信息。参与日常行为过程的任何一个敏感的观察者，通常观察到的比被观察对象给出的信息更多。因此，参与式观察法对日常生活的研究，比访谈法更实用、更灵敏。像运动、手的动作这种普通的日常行为，也能成为参与式观察研究的出发点。老年人日常生活中也有许多小诀窍：例如，光线太暗看不清东西时，他们将螺纹灯泡做成蘑菇状用来照明。我们都有健忘经历，于是出门时在门上贴一张备忘帖。这些琐事，从未引起人们的重视，甚至不去谈论它们。只有这些无意识的日常行为被我们重视时，才会发现问题。

这是布置给学生的一个练习。主题是“数字平台管理”。首先，通过实地观察，让他们了解老年人处理日常事务的方法，了解哪些事物是重要的及其与老年人的关系。然后将结果记录在一张照片中，以便进一步观察。图示的主题是老两口对书籍和阅读的热爱之情。与老年人的深入研究和密切合作要早于照片拍摄（见图4-1和图4-2）。

图4-1　Gorisch家的早餐

“不用就荒废”项目通过精确观察包括老年人在内特别是我们周围的事物，来搜索和寻找临时休息点。主要针对那些人们散步、休息、放松的地点。借助相机，

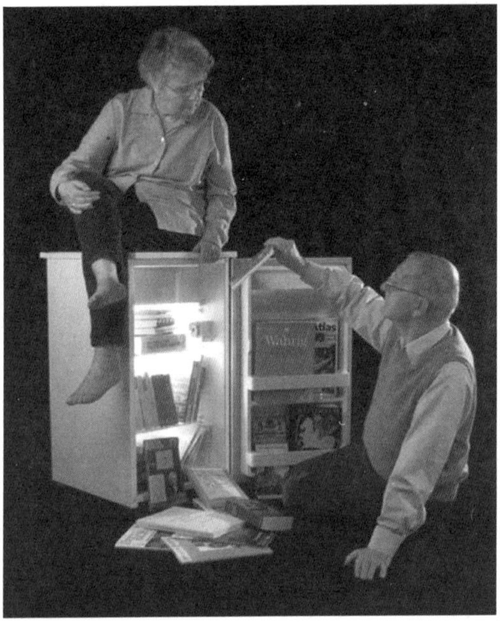

图4-2　晚上，他们需要另一种帮助

我们寻找、观察和记录这些地点。良好的观察结果是Andreas Bergmann名为“长椅”的设计草图（见图4-3）。该设计的出发点是“柏林建筑工地、建筑围墙的参观者和好奇者”。设计箴言是将工地围栏作为人们逗留和休息的长椅，这兼顾了所有人的需求和愿望。该作品在设计竞赛中获得了德意志银行奖[11]。

图4-3　长椅（K.Schmidt-Ruhland和M.Knigge）

6.对话：参与原则

一开始，对话原则就是我们项目研究的根本。现代人类文化学（其研究对象被纳入到研究过程中）是对个人访谈或具体的研究结果进行评论，我们希望老年人积极地参与研究过程。这意味着老年人不仅是我们的研究对象，也有望成为研究专家。在多个对话阶段，老年顾问委员会对sentha项目的各个环节进行跟踪、讨论、检查和评论。一开始，我们就用询问、参与式观察，尤其是赞助模型和联合实验误差等方法整合用户群。老年顾问委员会成员也从项目一开始就参与其中（见图4-4和图4-5）。可以说，老年人通过主动参与设计和生产过程，发现了自己的需求。每个学生现场抽取赞助模型，和用户一起寻找解决方案。通过与用户直接接触，得出用户类型，并根据用户的年龄、性别、教育程度、文化背景等，改进设计用途与生产特点。

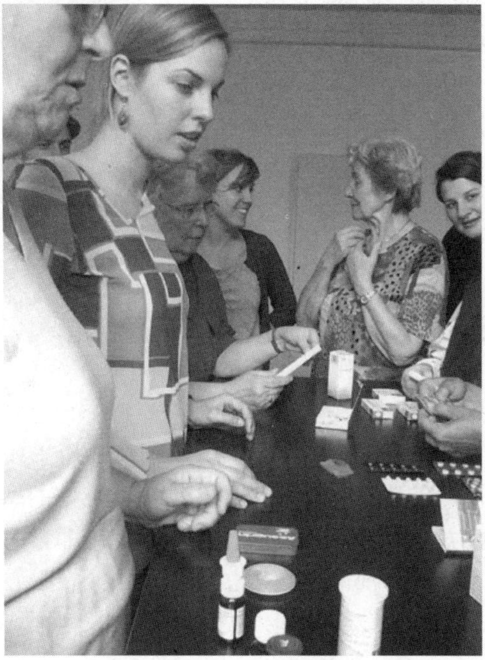

图4-4　参与Ⅰ：包装项目中的讨论

设计师秉持“包容性设计”的理念，整合和关注用户，尽可能考虑到所有用户群体的需求[12]，这就将那些因年龄、残疾或处于工作底层而被排除在外的群体考虑在内。因此，我们严禁将特殊用户群体排除在外的事件和行为。

Roger Coleman用“火车之旅”的例子来说明这一点，从收集目的地信息、查旅游攻略，然后出发、交通、最后轻松到达目的地，他设置了多个问题。我们可以将火车之旅看成一条个人产品、服务链，在这个产品、服务链中，可用性是最薄弱的环节。为了顺利到达目的地，每个环节必须有相应的产品和服务。因此我们必须说明这一过程并设计最薄弱的环节，使每个人都能轻松完成火车之旅。

图4-5 参与II：与老年人在桌前讨论

如果从火车之旅某个点来分析这一消费体验行为，并构建一条最可能的多样化链条，你就会发现无论是详细方案还是构建概念，巨大的设计空间一目了然，可以从任意一点开始设计[13]。

7.移情：未来用户设计基础

如何站在未来用户的角度，或如何弄清个人的每个行为步骤？为了回答这些问题，sentha研究人员在不同环境中“感受”老年群体的所思所想。我们寻找并创造了一些练习、方法和辅助工具，体验一个人在特定情境中的感受或日常生活中特定行为的详细步骤。这些方法对产品分析和描述产品规范非常有用。

比如我们将老年人清晨的洗漱过程用相机拍下来，记录在“我的奇妙浴室——老年新浴缸”项目中，供以后分析使用（见图4-6）。

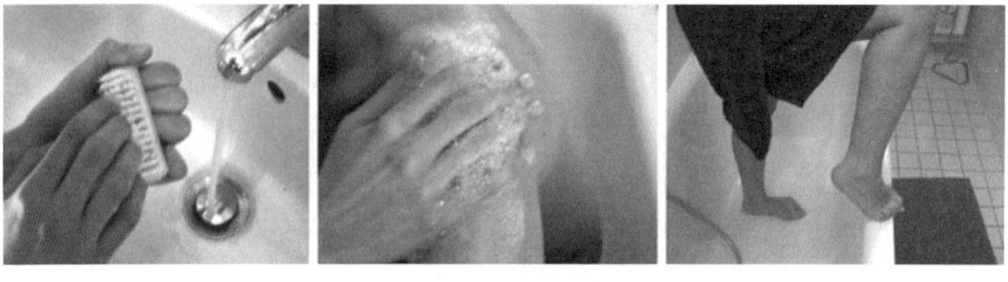

图4-6 洗漱照片序列

在与同学们一起做的“残障、推断和操纵感觉”项目中，我们探试性地应用了移情法，即如果减少或增加一个感官，会怎样？

当一个人无法坐下或站立，或者他的手不断颤抖，这意味着什么？为了能够亲自体验这些感受，我们进行了实验设计。实验任务是"设想一个能将人的感官削弱、加强、转移、引导、扩大、限制、交换和工具化的工具"。

图4-7是这次实验设计的一些示例，比如为体验步态不稳设计的"刷脚"，为体验视野狭窄设计的"直筒眼镜"，或为体验佝偻步态设计的"颈部绑斧"。这一系列实验进一步完善后在以"人"为主题的德累斯顿卫生博物馆展出，参观者可以亲自体验[14]（见图4-7）。

图4-7　自我残障照片序列（分别由Berit，Michael，Harald示范）

8.跨学科：各学科对研究项目的推动

无论是与参与项目的学生还是与老年人对话，都有一个双向的信息反馈过程：根据主题为学生制定任务报告，年轻的男女设计师根据任务报告形成具体思路和创新解决方案，将它们融入sentha研究项目，与老年人讨论。这种乒乓效应非常重要，因为外部的、他人的反馈产生的新动力，将最终构成改革和创新。如果没有这种开放式互动，我们只能在自己封闭的视野里争论、思考、形成思路，这当然无法产生那么多有创意的想法[15]。

这体现出当下流行的一个口号：跨学科。实际上，sentha项目真正包括了劳动和社会科学家、建筑和通信工程师、生物医学医生、老年人和工业委员会等多种关系，也包含了设计师看待自己的方式。作为设计过程的一部分，设计师最终总是以折中的方式汲取其他学科的知识——从感知心理学到文化科学和工程科学。因此，跨学科方法其实也是设计师看待自己的方式，毫无疑问，我们都是跨学科研究项目的受益者。

"横向设计"联合项目就是跨学科合作的一个具体实例。该项目是在周一到周五为期一周的时间里完成"日常家庭生活中的老年友好技术"这一具体任务。

一共有四种原型产品：熨斗、刀叉、矿泉水和插座。首先，我们优化了先前对"老年友好型"更高、更安全、更简单、更有趣产品品质的定义。其次，组建两个小组，一个小组包含一位劳动科学家，另一个小组包含一位设计师，他们负责体验产品并将感受用具体的产品质量表述出来。为了提升各小组的产品品质，每个小组每天换一个产品。这意味着每换一次，每个原型产品品质就能得到一次提升。最后，各小组展示完善后的所有产品。不用说，该项目研究包含着讨论、意见分歧，以及劳动科学家与设计师之间的知识传递。“更安全”究竟意味着什么？为什么“更安全”是所有老年人都需要的产品品质？当我们说“更简单”时又是什么意思？

我们对跨学科有了更深的理解，即跨学科并非总是将所有观点、结果整合成一个和谐的、跨界的整体。为了“求同”，我们往往会“弃异”。为了实现跨学科，意味着我们在理解跨学科时，不应以不同方式对不同观点的文字和思想进行辩论，也不是用“大脑搅拌机”将不同的思想进行搅拌，更多的是一种受他人启发获得新刺激的想法（正是因为这种多元性）：同时用两种或两种以上的方式看待事物，思考事物，然后产生新想法。最后，不同文字、思想碰撞产生的知识或创新点，是任何单一学科都无法形成的。

在这方面，为设计师们建立一个十字联想图非常重要，也就是说，任何能刺激大脑、释放想法、提供新刺激的事物，都能为设计过程服务。相邻学科及较远学科的知识和信息，对设计师们都有刺激效果，也能为他们提供新刺激。

这一点也支持了我们的基本观点，即研究和设计总是以“对话”、联想和合作的形式进行。

9.产品开发

本部分几个典型的设计例子是由柏林艺术大学产品与过程设计院设计的，是sentha研究项目的一部分。这些设计的目的是研发辅助人们居家独立生活的、不含任何“老年专用”等歧视性语言的产品和服务。

我们认为物品只要被使用，就会有人发现其功能缺陷并尝试改进[16]。

这就是我们随着问题的展开和对产品使用环境的考虑，推进设计项目的思路[17]。同样，我们关注用户，特别是老年用户的习惯和行为研究。此外，我们还对其他行为系列进行了类比和思考。

除了运用观察法、参与法和移情法来了解用户行为过程和现象，实验法、联想法对我们也非常重要。只有综合运用各种方法，才能保证项目在观察、访谈、科学分析、联想和实验等多方面环环相扣。

这样的设计实例是“更长寿——改变居住环境”项目，该项目将厨房砧板设计成了工作台。我们研发了一种类似其他工作环节和场所的辅助厨房工作砧板。

不同“工具”藏在工作表面，需要时再使用，这就降低了工作的复杂性。我们将纸质或金属工作间的剪板机原理应用到设计中，对老厨房炉灶上方进行了功能改造。例如，降低搅拌碗的位置，一只手就可以搅拌东西。这样的情景很多，比如打电话，抱小孩，或另一只胳膊没有力气时，都是这种情况。

借助这样的工具，每个人的双手就能同时活动，而且很省力。

这就是Nicolas Möbius和Karen Olze设计的“颠倒”厨房产品，在汉诺威IF（汉诺威工业设计论坛）举办的“我的方法”和“生活梦想”等比赛中多次获奖。同时，他们的作品也成为厨具设备生产商阿尔诺的收藏品（见图4-8）。

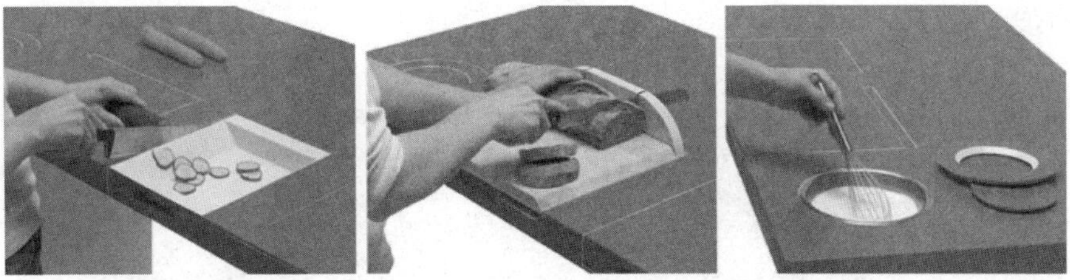

图4-8 厨房照片序列

另一项目主题——“长寿”反映了当前社会人口变化的现实。越来越多长寿且希望独立生活的老年人，热切希望有适合他们的新产品和新的使用方式。生活领域现有的产品基本满足了老年人的需求，在形式和功能上也吸引了其他用户。由Lucie Grünzig和Sandra Hirsch设计的“阅读时间”阅读垫就是这样一款产品。它由静态的纺织品元素组成，使人们能更加舒适地长时间阅读。阅读垫内嵌一个可拉伸的阅读灯支撑书架，一只手便可操作（见图4-9）。阅读垫减轻了书的重量，读者可以坐着轻松阅读。无论年轻人还是老年人，使用阅读垫在床上看书，都会感觉更加舒适。

图4-9 阅读垫

Christoph Eberle的学位论文《我的第一个索尼产品——易操作主题调查研究》也是基于这一研究项目完成的[18]。

论文基本思想体现了这样一个事实，即人们对新产品从最初的好奇和兴奋到最后往往被无助感代替，厚厚的说明书，难以理解的操作面板，众多的功能按钮和开关让人非常沮丧。一般来说，当用户会使用一些功能时，才有满足感。有时，这些产品就成了压箱货。用户也一次次认为是自己“太笨了不会使用”。

该论文的成果之一是重新设计一台新的、非传统的、易操作的答录机（见图4-10[18]）。

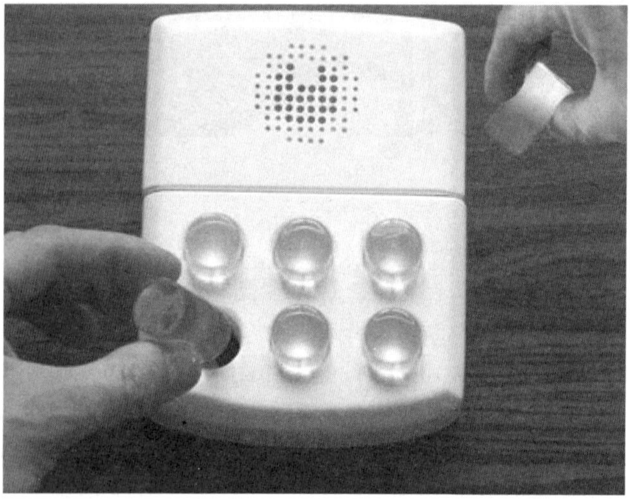

图4-10　答录机

本项目另一个重要方面是展开职业竞赛，以激励和促进那些在竞赛中崭露头角的年轻设计师。本项目共举办了两次“新一代老年替代产品”设计竞赛。

竞赛要解决的问题是：什么样的科技产品和设备在满足老年人需求的同时，也能吸引其他年龄群体？我们要求设计学、建筑学专业的高年级学生研发新的产品和概念。即使微型产品设计也能获奖。Antonia Roth设计的“A形纽扣”，就因其容易穿过扣眼而获外形设计奖；Harald Kollwitz设计的能“听”的报纸获产品概念设计奖（见图4-11和4-12）。

能“听”的报纸不仅为老年人日常生活提供了更多的社会融合机会，也为其他目标群体提供了更有趣的使用方法，这也正是报纸文章设置独立条形码的原因。借助特定的条形码扫描设备，读者可以选定一篇文章，出版公司负责将音频文件下载到读者的辅助设备中，用户就可以用耳机收听他们选定的文章。这种设备不仅对视障人群有用，对注意力容易分散的人群也非常有用，比如司机[19]。

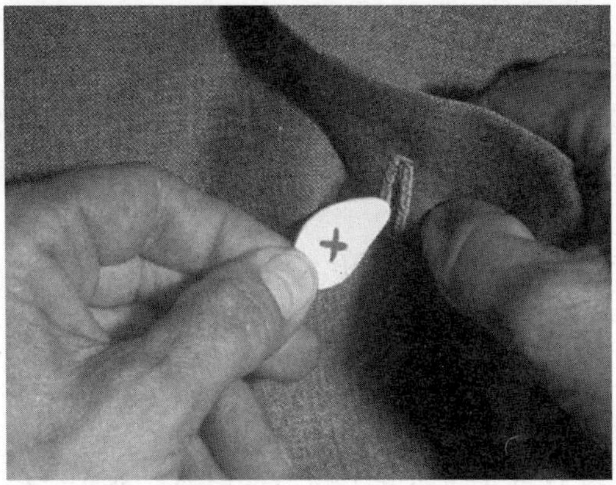

图4-11　A形纽扣

图4-12　“听”报纸

10.结论

总之，我们可以说，sentha项目的研究方法已被证明非常有用。借助多阶段、周期性（非线性的）过程，对老年用户需求进行高度整合，最终的解决方案必能满足通用设计理念的要求，也能符合我们的设计要求。

除了参与式观察，参与是研究过程的根本因素，比如对研究假设进行用户测试可以从老年实验行为中获得重要的反馈信息。这些信息有助于我们优化、完善和进一步拓展设计思路。

研究项目证实了老年人不喜欢冠以“老年用品”或“老年人专用”的产品。他们更喜欢“适用所有人的设计方案”。本项目研究初始我们就考虑到了老年人的这一愿望和需求。同时，我们必须使产品具有吸引力，以吸引其他目标群体。因此，研究重点应放在良好的设计和产品附加优势组合上。

本项目另一个重要任务是将研究主题纳入柏林艺术大学艺术系设计部门的课程体系。这一研究主题的课程可以让年轻人感受到老年人的需要。以上述“为老年人设计”这一主题为例，借助有趣的项目让老年人参与进来，增加课程的吸引力和可持续性。这样就能建立新的领域，使接受过专业训练的老年产品设计师们成为专家，弥补未来老年产品开发的不足。

未来社会对参与式方法的需求极大，比如利用用户测试来检验产品的“人口结构稳定性”，提出产品优化建议等。只有这样，生产商和服务商才能积极应对人口变化的挑战。为此，我们决不能低估这种方法的创新潜力，因为未来将吸引更多群体的产品设计理念，凭借现有的解决方案一定能提升“以用户为中心”的占有率。(见表4-1)。

表4-1 **Sentha项目中发表的文章概述**

题目	内容	研究结果
形象——图像中的老年人与老年形象	对广告（印刷媒介）中的老年形象分析	• 广告中的老年形象与老年人的自我形象不符 • 他们感觉自己不被重视 • 他们认为广告中老年人的（正面/负面）形象都过于夸张 • 老年人更喜欢自己真实的形象;希望看到自己成为不同时代群体的一部分 • 他们极为看重知识、经验、财富等积极的价值观
小帮手——老年市场产品范围及销售渠道	对为老年人开发的产品进行设计、功能方面的分析，并评估其销售渠道	• 许多产品的设计非常粗糙、过时,对老年人缺乏吸引力 • 改善某种缺陷的解决方案总是遥遥无期，人们缺乏购买这一产品的正当理由 • 产品销售的结构及形式与老年人的愿望或需求不一致

续表

题目	内容	研究结果
数码产品——老龄化及其相关故事	有年龄成见的摄影项目不符合老年人自我形象	• 传记、生活环境和使用物品研究 • 基于已知“历史”的摄影作品
寻找临时休息点	为休息、放松或抛弃烦恼等公共空间设计产品	• “长椅”——将建筑工地的围墙作为小憩之地
神奇浴室——老年人的新浴缸	考虑用户使用习惯的新浴室设计	• 看海——浴缸+淋浴一体式浴缸
残障——推测和操纵感觉	体验和理解衰老的“工具”设计	• 模拟和表现听觉、视觉、感觉、嗅觉、运动等各个方面的工具 • 工具设计应将典型变化和积极变化考虑在内，而不只关注衰老的缺陷
交叉设计——我会为老年人做……	工程师和设计师的跨学科合作，共同重新设计日常物品	• 老年需求的界定（产品质量、使用方便、安全、易懂等） • 多样化设计（电源插座、剪刀、手提袋等产品）
更长寿——居住环境的变化	用户能够自我适应的居住环境设计方案	• “阅读时间”——集成阅读灯的舒适书架 • “颠倒”——厨房日常工作助手 • “翻倒”——扶正椅子和沙发的助手
我的第一个索尼产品——易操作主题调查	老年友好型操作面板和按键顺序	• “我的第一个索尼产品”——操作直观和触摸界面的答录机
替代品——新一代老年产品	举办设计竞赛，为那些热情、有进取心的设计师和优秀产品搭建平台	• “A形纽扣”——可以用一只手扣住的纽扣 • “穿鞋器”——可以在不弯腰的情况下将内置弹簧装置的鞋穿上、脱下 • “听报纸”扫描报纸文章下方的条形码，相应的内容就能通过互联网播放

参考文献

1 M.Knigge, J.Hofmann, *Auf dem Prüfstand der Senioren- Alternde Kunden fordern Unternehmen auf allen Ebenen*(DB Research, Frankfurt am Main, 2003)

2 K.Bastuck, N.Keil, *Wachstumschance Senioren- Potenziale seniorengerechter Produkte* (Rölfs MC Partner, Frankfurt am Main, 2004)

3 W.Friesdorf, A.Heine (eds.), *Sentha- seniorengerechte Technik im häuslichen Alltag- Ein Forschungsbericht mit integriertem Roman*(Springer, Heidelberg, 2007)

4 K.Schmidt - Ruhland, M.Knigge, in *Third International Conference on Gerontechnology*, München, 10-13 Oktober 1999

5 J.Smith, P.B.Baltes, in *Altern aus psychologischer Perspektive: Trends und Profile im hohen Alter*, ed.by K.U.Mayer, P.B.Baltes. (Die Berliner Altersstudie Berlin, Akademie-Verlag, Berlin), pp.221-250

6 W.C.Thomas, The expectation gap and the stereotype of the stereotype: images of old people.Gerontologist 21(4), 402-407(1981)

7 S.Freud, *Das Unbehagen in der Kultur*(Internationaler Psychoanalytischer Verlag Erstdruck, Wien, 1930)

8 R.Coleman, *Design Für Die Zukunft*(Köln, DuMont, 1997)

9 H.Roericht, die Lehre an der hdk/udk berlin 1972-2002, http://www.roericht.de/_ID_IV/index.html.Accessed Jan 2008

10 R.Rickenberg, *Wörterbuch Design*, in *Entwurfsmethoden*, ed.by M.Erlhoff, T.Marshall (Birkhäuser, Basel, 2008), p.128

11 Deutsche Bank(Hrsg.)(ed.), *Internationaler Design-Wettbewerb*(Die Deutsche Bank für die deutsche Bank.Katalog Frankfurt am Main, 1999).Seblstverlag

12 R.Coleman, S.Keates, P.J.Clarkson, C.Lebbon, *Inclusive Design, Design for the Whole Population*(Springer, Berlin, 2002)

13 R.Coleman, *Living Longer-The New Context for Design*(Design Council, London, 2001)

14 K.Weining, *Deutsches Hygiene-Museum Dresden*(München, Prestel, 2005)

15 A.Peine, H.-L.Diene, Living Old Age, in *Defining a Common Framework of Objectives- A New Methodological Focus for Developing Senior Household Technology (L´Occidente e la modernizzazione)*, ed.by A.Guerci, S.Consigliere(Erga Edizioni, Genoa, 2002)

16 G.Basalla, *Messer, Gabel, Reissverschluss, in Die Evolution der Gebrauchsgegenstände*, ed.by H.Petroski(Birkhäuser, Basel, 1994)

17 L.Burckhardt, *Die Kinder fressen ihre Revolution*(Köln, DuMont, 1985)

18 Ch Eberle, *My First Sony, Diplomarbeit, Institut für Produkt-und Prozessgestaltung*(Universität der Künste, Berlin, 2003)

19 Universität der Künste Berlin(ed.), *Alternativen-Produkte für eine neue alte Generation*(Ausstellungskatalog, Berlin, 2001)

第5章

利用银发市场的破坏性创新

Florian Kohlbacher，Chang Chieh Hang

摘要：有研究者提出，老年市场或许是应用破坏性创新和技术的理想领域。在这个细分市场，有许多企业可以利用的重要商业机遇。本章通过两个方面构建并扩展了这项研究：(a) 解析企业外部变化如何为破坏性创新发展创造新的机会，研发部门如何抓住并应对这些变化；(b) 分析破坏性创新在老龄化社会中的重要作用。本章旨在推动技术创新这一前沿问题的研究潮流，促进创造颠覆性技术的目的性研发领域发展。为了加快破坏性创新业务增长步伐，通过调查针对所谓的银发市场需求所作的破坏性创新努力，研发应有意地使破坏性创新与潜在市场相适应。本章还贡献了研发活动中的破坏性潜力分析知识，努力理清了破坏性创新的概念。最后，为研发和产品经理等从业者提出了一些建议。

1.引言

人口挑战需要来自政治、商业和社会方面的创新回应。Drucker[1, 2]已明确将（正在改变的）人口变化作为创新机遇的来源之一。一般来说，环境变化的重要性已被研发管理研究与实践认可[3]，但当我们“进一步看待环境和结构因素”时，“以往的研究，许多被忽略的影响都与前沿创新有关[4]”。人口变化已促进一个新的技术领域的产生，即老年科技[5]，但它也只是涉及了老年消费群体需求和愿望的冰山一角。

有研究者提出，老年市场或许是破坏性创新和技术应用的理想领域，在这个细分市场中，有许多企业可以抓住的重要商业机遇[7]。本章通过如下两个方面构建和扩展了这项研究：(a) 解析企业外部变化如何为破坏性创新发展创造新的机会，以及研发部门如何抓住并应对这些变化；(b) 分析破坏性创新在老龄化社会中的重要作用。为此，本章将对低端市场和新市场的破坏性创新进行调查。由于缺少研究，我们要做的是构建理论而非验证理论，并将探索性实证研究与概念发展结合在一起。实际上，我们的理论推理来自日本和印度银发市场的多个破坏性创新案例。

本章旨在促进技术创新和有目的的创造颠覆性技术领域的前沿问题研究。通过调查研发针对银发市场需求所作的破坏性创新努力，研发活动应有意识地使破坏性创新与潜在市场相适应，加快业务增长。本章还提供了一些如何分析研发活动中破坏性潜力的知识[8]，并努力厘清了破坏性创新的一般概念[9]。最后，我们为研发和产品经理等从业者提出了一些建议。

2.破坏性创新

本章的理论框架是基于Christensen的破坏性技术和破坏性创新概念[10-13]。在破坏性创新理论框架下，Christensen根据技术性能和市场细分，对延续性创新和破坏性创新进行了区分[10, 12]。延续性创新指的是开发技术，帮助企业维持其现有或既定市场的增长，从而保证企业的市场增长和市场支配地位。延续性创新的重点在于完善现有的产品或服务。破坏性创新有时发生在一项新技术刚开始的性能较低时，它的某些特性可能对特定市场具有一定吸引力，但尚未受到现有市场的重视。由于破坏性创新产品在引入时，通常不如主流市场已有的产品，因此在很大程度上就被现有市场忽略了。破坏性创新技术通常便宜、简单、方便使用；常被创业型企业用于生产低端产品或为新市场开发新产品。一旦这些新技术占领了低端市场和新市场，随着时间的推移，它们的性能会持续改善，最终满足主流消费者的需求。当主流消费者从现有产品转向技术/创新产品时，势必破坏现有的竞争态势，创造一个新的主导设计[14]。

简而言之，破坏性创新理论指的是新组织利用相对简单、方便、低成本的创新来创造增长，战胜强大的对手[10, 12, 13]。该理论认为，采用延续性创新竞争，现有公司击败新进入者的概率极高。但是，老牌企业对破坏性创新的进入者却束手无策。图5-1是破坏性创新理论。

值得注意的是，破坏性创新引入了创造新市场或重塑现有市场两种不同的价值主张[13]。这也是我们要区分低端市场和新市场两种不同破坏性创新的原因。第一种是性能好、价格低的创新，主要服务于现有的低端市场[14]。这种低端市场的破坏性创新常常因为现有市场的产品或服务太“好”，但相对现有顾客能够使用的价值而言，价格过高[13]。第二种也是性能好、价格低的创新，不过其主要服务于新市场[14]。这种新市场的破坏性创新常发生在现有产品的特点限制了潜在消费者的数量，或者强迫消费者在不方便的、集中的地点消费。简言之，现有的产品让非消费者消费或让消费者在非消费场合中消费[13]。成功的新市场的破坏性创新有两种模式：(1) 引入一个相对简单、价格合理的产品和服务，增加那些曾因缺少资金和技能的消费者完成重要工作的机会；(2) 帮助顾客更简单、高效地做那些他们曾经想做的事情，而不是强迫消费者改变行为或者工作重点[13]。需要注意的是，许多破坏性创新都具有双重性，即企业可以同时采用新市场和低端市场两种破坏性创新[12]。实际上，很难找到纯粹的低端市场的破坏性创新产品，其中很多都是新市场的破坏性创新的创造物。

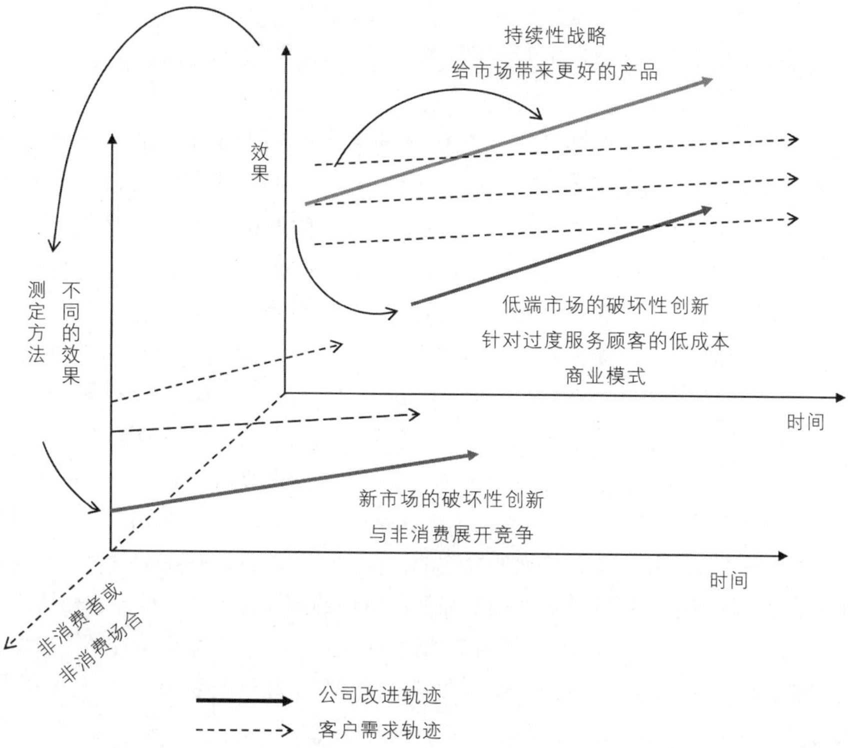

图5-1　破坏性创新理论

随着破坏性创新吸引力的提高及其理论研究的日趋成熟，人们开始关注技术创新的前沿问题[15]。实际上，Christensen的理论框架主要研究的是商业模式、领导力、市场营销及破坏性技术产品的商业化过程，对破坏性创新技术层面并没有深入研究。因此我们在有目的的研发领域提出一个新方法[15]：创造破坏性技术并有意识地使之适应潜在市场，通过破坏性创新加快企业的业务增长步伐。银发市场可能是应用这种方法的理想领域。在对破坏性创新和银发市场展开具体讨论之前，我们采用Yu和Hang对破坏性技术的定义[17]："破坏性技术是使产品能够适应新商业模式的技术，产品和商业模式共同带来破坏性创新。"

总之，Christensen关于破坏性技术和破坏性创新[10, 16]的概念已引起研究学者和商业实践者的关注。虽然各种文献已经从商业创新模式、组织管理等多角度进行了研究，但对破坏性创新、技术及其目的性创新背后的研发过程探讨仍然很少[17]。实际上，Christensen的理论框架主要研究的是商业模式、领导力、市场营销及破坏性技术产品的商业化过程，对破坏性创新技术层面并没有深入研究。但随着破坏性创新吸引力的提高及其理论研究的日趋成熟，人们开始关注技术创新和目的性研发领域的前沿问题，创造颠覆性技术并有意识地使之适应潜在市场，加快企业的业务增长步伐[15, 18]。

3. 银发市场的破坏性创新

人口寿命的延长，使得相关产品和服务的需求和消费也随之扩大。不过，这些产品可能是一般用品或者通用品，也就是说，人们对它们的需求和消费与年龄无关。就像退休的婴儿潮一代老年人，在有充足的时间和财富消费的情况下，对产品的要求更高。实际上，也有一些消费者没有钱和时间去使用或消费某种产品和服务。在这种情况下，破坏性创新通常不创造新产品而是通过便利、定制、低价等方式完善现有的产品。人口变化的另一层含义是，人们生活和健康状况的变化，产生了新的、前所未有的需求和欲望。人们经历了不同的生命阶段，积累了自然、社会、情感和环境需求等许多生活经验，以适应不断变化的生活环境[19, 20]。这意味着我们需要改造或开发全新的产品和服务以满足人们不断变化的需要和需求。

上述内容都建立在Christensen的理论框架基础上，据此我们提出银发市场环境中破坏性创新的两种潜在应用。正如前面所提到的，我们需要注意的是现实中大多数破坏性创新具有双重性，即将新市场的破坏性创新和低端市场的破坏性创新两种方法相结合。

1. 低端市场的破坏性创新：低端市场的消费者更乐意购买价格便宜性能较少（但已足够了）的产品。实际上，性能复杂的产品对老年消费者和工人来说负担过重，不好用。

2. 新市场的破坏性创新：有些消费者没有钱和时间使用或消费某种产品和服务。此外，人们生活和健康状况的变化产生了新的、前所未有的需求和需要。因而，针对银发市场的产品和服务必须帮助潜在消费者做他们一直想做却一直无法用简单、方便或负担得起的方式去完成的事情。

总之，银发市场的破坏性创新主要是针对非消费群体，能够帮助和丰富老年人的生活和工作。下面我们就依次介绍这两种破坏性创新。

3.1 低端市场的破坏性创新

科学以前所未有的速度向前发展，20世纪后半叶和21世纪初，各技术领域飞速发展，为高速度和高性能的复杂产品和功能设计提供了可能。通常新技术和创新产品的最先使用者是创新者、采用者和领先用户[21-24]，而老年人通常是落后分子或铁杆的非消费者。他们之所以不愿意使用这些产品，是因为对他们来说，理解和使用新技术非常困难和复杂（但Rogers[22]）在他的创新扩散理论中，却假设年龄对创新使用没有影响，也就是说，早期使用者与后期使用者在年龄上没有差别）。以手机为例，今天的手机有照相机、游戏、上网等多种功能，已经远远超出了原本简单的打电话功能。手机按键和屏幕字体也越来越小，这对视力不好的老年人来说很难使用[25]。低端市场的破坏性创新的定义是服务于现有低端市场的性能好、价格低的创新。它主要有两个主要优势：第一个优势是良好的性能有助于我们将设计重点放在产品或服务的核心价值上，避免产品过度复杂和不必要的性能提升。这将使新技术率先被老年人消费者使用。第二个优势是价格低，低价对经常规避购买风险的老年人来说，会进一步降低他们购买产品或服务的经济负担。需要注意的是，由于劳动力的老龄化，性能好-简单-使用安全-价格低的低端市场的破坏性创新优势对B2B企业来说愈发重要。老年工人和打工者将越来越需要那些设计合理、简单、使用安全的机械和设备。

3.2　新市场的破坏性创新

新市场的破坏性创新，非消费竞争比消费竞争更重要[13]。在银发市场，将客户从非消费者转变为消费者有两种基本方法：首先，在许多银发市场的破坏性创新案例中，没有市场就没有消费的原因有两个：（1）人们没有时间和金钱去消费他们想要的某种产品或服务。工作时，他们太忙，要赚钱抚养孩子、买房子等，没有时间和金钱去消费；退休后，生命短暂，经济也不十分宽裕，也没有太多的消费自由；现如今，长寿和良好的经济条件，银发市场首次产生了前所未有的需求和需要。（2）过去退休后生命短暂，老年人常常由子女或其他亲戚照顾，因此对辅助设备、通用设计产品、老年科技等的需求不是那么迫切。随着老年人越来越长寿，生活越来越独立，他们对辅助设备和服务的需求就产生了新的市场。这种情况必然有实际消费，因此亲戚朋友提供的非市场“服务”就与（在一定程度上）当前市场提供的新产品和服务产生了竞争。

其次，人们的生活和健康状况变化产生了新的、前所未有的需求和需要。这一点在辅助医疗设备、其他所谓（支持老年病学）老年科技、通用设计产品及金融服务、保险等老年服务领域表现特别突出。当然这些产品和服务必须针对老年人的特殊要求进行设计[26, 27]，显然，现有的产品和服务不能满足老年人的特殊需求和需要。这里，我们再次强调应该利用新市场的破坏性创新促进非消费者在非消费场合消费。

3.3　破坏性创新的双重性

如前所述，大多数破坏性创新实际上都具有双重性，即兼具新市场和低端市场的破坏性创新两种特性。这就意味着破坏性创新可以凭借着简单、性能良好、符合传统标准的功能或低成本商业模式满足消费者和非消费者两个目标客户群体。非消费客户是那些认为产品复杂，不好用或太贵，从来不使用这类产品的消费者。由于银发市场一些消费者希望产品简单易用、性能好。而那些经济困难、缺少积蓄和养老金较少的消费者更希望产品价格便宜（但性能良好），因而双重性破坏性创新有可能满足这两种老年顾客的需求。

3.4　例子

针对老年消费者的破坏性创新例子是手机市场NTT Docomo的“Raku-Raku”

（简单-简单）电话，十分注重可用性，包括易读字体、按键和功能。NTT Docomo手机运营商委托一家供应商开发Raku-Raku电话，并于1999年首次投放日本市场。2009年，NTT Docomo推出第六代Raku-Raku电话，并声称该款电话自投放市场已累计销售了1 700多万部。Raku-Raku手机家族包括不同的手机模型，从简单的“基本”版到配置了GPS、视频电话和其他先进功能的复杂模型。然而，所有这些手机模型的共同之处就是易用性。2008年末，日本富士通公司为老年人推出了便于使用的Raku-Raku PC。实际上，Raku-Raku笔记本电脑和PC设计是为了使老年人或初学者学习电脑更简单：键盘字母大，容易看清；元音和常用字母用不同颜色标注，容易识别；“一键按钮”置于键盘上方，便于更改屏幕分辨率；打开常见问题软件，单点触摸控制音量；常用功能如互联网和电子邮件很容易通过一个特殊菜单进行操作；有文字输入障碍的用户，只需点击鼠标便能通过预装的互联网搜索软件进行搜索。Raku-Raku笔记本电脑和PC都有一年的服务捆绑期限，通过热线为用户提供电脑使用指导和PC或笔记本电脑的远程监测服务。Raku-Raku电话和PC或笔记本电脑主要瞄准新产品使用负担过重的客户和非消费群体。

另一个有趣的例子是任天堂游戏控制器Wii。其创新之处在于，能够检测和传输游戏者的动作，将其转化为虚拟的真实图像，带给游戏者全新的视频游戏体验。作为一项典型的破坏性创新，虽然在速度和屏幕分辨率方面与竞争产品相比稍有逊色，但它成功地破坏了现有市场格局，使任天堂在某些方面领先于索尼和微软。此外，Wii还帮助任天堂开发了的女性和老年人细分市场，刺激了非消费群体产生消费。从严格意义上讲，我们认为任天堂创造的Wii，一方面凭借破坏性特点增强了延续性创新，使产品对现有、主流消费者也具有较强的吸引力；另一方面Wii是真正的跨代设计，它使全家所有年龄群体的人都能享受游戏的快乐。Wii不仅是一个成功的跨代设计，也是永恒营销和破坏性创新的传奇。

在交通领域，印度Ampere汽车有限公司开发的电动自行车就是一个跨代的破坏性创新例子。与传统的摩托车相比，速度较低（不高于40km/h），因此更安全、容易驾驶；价格便宜（与汽油摩托车价位相当，但成本仅为汽油摩托车的1/10），电动车的三轮结构稳定性好，提高了安全性和便利性，特别适合老年人。Ampere汽车有限公司希望将这种技术应用于电动轮椅，并切实为使用者降低价格。Ampere汽车有限公司电动自行车的目标对象是年轻人、老年人和残疾人。针对残疾人的产品将实行定制化，以适应每个司机的个性化需求。

最后，在老年医学领域，破坏性创新的代表性实例是精神寄托机器人帕罗。开发精神寄托机器人的目的是与人们互动，让他们对机器人产生情感依托。无需客观的测量手段，这些机器人就已引起了许多主观评价，唤起了人们“可爱”和“舒适”的心理印象。精神寄托机器人设计有三个作用：放松和激励的心理作用；改善生命体征的生理作用；患者和照顾者之间沟通的社会作用等。日本国家高级产业科学技术研究院研制的机器人帕罗造型像个小海豹，有着软软的人造皮肤，摸起来很舒服，像抚摸一个真正的小动物。研究表明，(1) 帕罗对养老院的老年人，特别是那些受痴呆症影响的人来说，有着积极的心理、生理和社会作用[28, 29]。(2) 帕罗在日本和其他国家的销售非常成功；(3) 它的价格不高，成本合理（至少对机构来说很合理，也有针对个人的租赁价格），性能极好；(4) 它与非消费产生了竞争，虽然它与真正的动物相比还有一定差距，但能在医院、护理病房等场合使用；(5) 它也是跨代设计（可用于儿科诊疗和儿童教育机构等），并且并不完全模仿动物（也就是说，它仅仅模仿诊疗需要的功能，比如对轻拍的反应等，但不会走路）；(6) 无论是艺术疗法、音乐疗法和动物疗法，都需要训练有素的治疗师，而动物疗法的主要问题是安全和卫生；学习疗法需要病人长期的努力；药物治疗有着较大的副作用。因而，使用帕罗机器人疗法最安全、方便且不需要特殊技能、场合或其他工具[28, 29]。在诊疗方法中，帕罗是一个新市场的破坏性创新。不过，在日本，帕罗也被老年夫妇当成宠物来养。在这里，帕罗这一破坏性创新有双重意义：一是针对那些买不起宠物和第一次养宠物又觉得宠物太累赘的人；二是居住的小区或公寓不允许养宠物的人。

本部分的所有案例都属于双重性破坏性创新，这些破坏性创新不仅适用于低端市场，也能创造新市场。不过大部分案例都是针对非消费创造新市场。总体来看，这也是银发市场的破坏性创新最可行的方法。许多银发市场的老年人都是经验丰富的消费者且大多对低端产品感兴趣，这些产品的基本特征是设计好、价格合理、易于使用。正如我们在Wii例子中所看到的，用破坏性特征促进延续性创新的增长策略，也是银发市场一个新的、可行的破坏性创新模式。表5-1从多角度展示了各案例的对比。

表5-1　**案例对比**

产品	破坏性创新类型	产品的主要性能	目标顾客或市场应用（与……展开竞争）
Raku-raku手机和PC或笔记本	双重性（低端和新市场）	复杂的功能较少，在简洁性、便利性和实用性方面更具优势	过度满足用户和非消费者
任天堂Wii游戏机	新市场	处理器和图形性能较差，但是在可用性、直观性、情感/趣味等方面的性能更好，初学者/非专业玩家更易上手	关注非消费者
帕罗	新市场	虽然在各方面它都不能代替真正的动物，但其功能已能满足治疗目的，且安全性高，不存在卫生问题	关注非消费者
电动自行车	双重性（低端和新市场）	不像真正的摩托车那么快，功率那么大，但足以完成从A到B的短距离需求，提高了安全性和稳定性	过度满足用户和非消费者

资料来源：作者的说明。

4.结论

本研究表明：(1) 企业外在环境的变化——如人口变化——为企业开发破坏性创新提供了机会；(2) 银发市场是应用低端破坏性创新的绝佳领域，因为老年人对好的、简单易用的性能，合理的产品和服务价格要求越来越高；(3) 银发市场也是应用新市场的破坏性创新的绝佳领域，因为老年人对他们曾经没有需求或无力需求的产品和服务的需求将越来越大；(4) 银发市场是两种创新应用的绝佳领域；(5) 在实践领域，大多数银发市场的破坏性创新都具有低端和新市场双重属性，但更倾向于后者；(6) 跨代设计和永恒产品与服务（解决方案）也是应用破坏性创新的绝佳领域，因为老年人越发倾向于与其他年龄群体喜欢同样的产品和服务并和其他年龄消费群体一起消费这些产品和服务；(7) 研发部门必须通过调整研发过程和研发活动，以充分利用潜在的破坏性创新和技术，抓住和应对老龄化社会的市场新变化。

Christensen关于破坏性创新的理论，是分析创新和产业变化一个强有力的框架。本章，我们将其理论应用于作为全世界人口变化影响之一的新兴的银发市场现象。如前所述，通过破坏性技术和创新，该细分市场具有企业可以利用的重要商业机遇，这对企业和消费者来说都非常有利。企业为使个人和社会都受益于老年科技的相关产品和服务，就不应该将金字塔底部的消费者排除在外。不仅因为金字塔底部的婴儿潮一代老年人财富巨大，而且也是企业的社会责任使然。事实上，近来有人指出我们要留心破坏性技术潜在的负面社会影响[30]。可以类推的是，我们也应该关注破坏性创新潜在的正面社会影响，并鼓励人们研究这些重要课题。

上述内容都需要从学术角度和企业角度进行更深入的研究，研究目标应该审视、分析银发市场的破坏性创新开发过程的主要阶段，包括合理的破坏性技术的目的性创新阶段。这些阶段是重复的也可能是重叠的，主要包括以下方面：

• 市场研究或调查：如何识别老年人潜在的或者尚未出现的需求和欲望？

• 产品开发：产品开发过程在破坏性创新中的作用？如何将（潜在的）消费者整合到产品开发过程中？针对某一市场，研发部门应如何规划以加快合理的破坏性技术开发？

• 商业模式创新或市场营销：如何为破坏性创新开发盈利的商业模式？如何有效地锁定银发市场？如何开展银发市场营销？

• 跨代设计和永恒营销：如何针对破坏性创新，开发利用跨代设计和永恒营销？如何使与年龄相关的解决方案有所区别？

正如前面指出的，Christensen的研究迄今为止关注的主要是破坏性创新的商业模式，并且是以现有的技术或产品为例。未来的研究需要打开破坏性创新过程的黑匣子，弄清楚银发市场的破坏性创新的演化过程，谨慎并积极地开发和管理破坏性创新。此外，我们还需要重新定义和重新概念化低端市场和新市场的破坏性创新的区别。如前所述，银发市场的案例大多属于新市场的破坏性创新。消费者对低端市场的简单、价格合理和便于使用的产品感兴趣；对质量差、价格低廉的产品不感兴趣。这就意味着企业在进行新市场的破坏性创新时最好做好产品定位。设计和外观这个尚没有真正与破坏性创新发生关联的话题也非常重要。当然，所有这些都依赖于市场，也就是说，不同的市场如中国和印度等新兴的市场和日本成熟的市场之间可能有着天壤之别。这就意味着大多市场的整体方法基本一致，但必须根据每个市场细致的市场研究进行微调。

参考文献

1 P.F.Drucker,The discipline of innovation.Harv.Bus.Rev.63,67–72(1985)

2 P.F.Drucker, *Innovation and Entrepreneurship: Practice and Principles* (HarperCollins, New York,1985)

3 J.Butler,New Challenges for R&D Management,in *Bringing Technology and Innovation into the Boardroom: Strategy, Innovation and Competences for Business Value European Institute for Technology and Innovation Management*(Palgrave Macmillan,Basingstoke,2004), p.269–291

4 S.Broring, L.M.Cloutier, J.Leker, The front end of innovation in an era of industry convergence:evidence from nutraceuticals and functional foods.R&D Manage.36,487–498(2006)

5 D.C.Burdick, S.Kwon, *Gerotechnology: Research and Practice in Technology and Aging* (Springer,New York,2004)

6 F.Kohlbacher,C.Herstatt,'Silver Products' Development:The Reality of R&D in Firms in Japan.Paper presented in the R&D management conference 2009,Vienna,Austria,2009

7 F.Kohlbacher, C.C.Hang, Disruptive Innovations and the Graying Market.Proceedings of the 2007 IEEE international conference on industrial engineering and engineering management (IEEM),Singapore,2007,pp.1915–1919

8 S.Husig, C.Hipp, M.Dowling, Analysing disruptive potential: the case of wireless local area network and mobile communications network companies.R&D Manage.35,17–35(2005)

9 C.Markides, Disruptive innovation: In need of better theory.J.Prod.Innov.Manage.23, 19–25 (2006)

10 C.M.Christensen, *The Innovator's Dilemma: When New Technologies Cause Great Firms to Fail*(Harvard Business School Press,Boston,1997)

11 C.M.Christensen, M.W.Johnson, D.K.Rigby, Foundations for growth: How to identify and build disruptive new businesses.MIT Sloan Manage.Rev.43,22–31(2002)

12 C.M.Christensen,M.E.Raynor, *The Innovator's Solution: Creating and Sustaining Successful Growth*(Harvard Business School Press,Boston,2003)

13 C.M.Christensen,S.D.Anthony,E.A.Roth, *Seeing What's Next: Using the Theories of Innovation to Predict Industry Change*(Harvard Business School Press,Boston,2004)

14 C.C.Hang,K.Neo,K.Chai,Discontinuous Technological Innovations:A Review of Its Categorization.Paper presented in 2006 IEEE international conference on management of innovation and technology,vol.1,2006,pp.253–257

15 C.C.Hang, K.Chai, Creating Technologies for Disruptive Innovation: An R&D Goal.Keynote speech paper at ISMOT 2007,Hangzhou,2007

16 C.M.Christensen,The ongoing process of building a theory of disruption.J.Prod.Innov.Manage.23,39–55(2006)

17 D.Yu,C.C.Hang,Creating Candidate Technologies for Disruptive Innovation:A case study approach.Paper presented in proceedings of the IEEE ICMIT conference, Bangkok, 2008, pp.65–70

18 C.C.Hang, D.Yu, K.Chai, An Exploratory Study on Understanding the Technological Dimension in Disruptive Innovation.Paper presented in Proceedings of ISMOT,Hangzhou,2007

19 H.R.Moody, *Aging: Concepts and Controversies, 4th edn*(Sage,Thousand Oaks,CA,2002)

20 G.P.Moschis,Life course perspectives on consumer behavior.J.Acad.Market.Sci.35,295–307 (2007)

21 C.Lüthje, C.Herstatt, The lead user method: an outline of empirical findings and issues for future research.R&D Manage.34, 553–568(2004)
22 E.M.Rogers, *Diffusion of innovations, 5th edn*(Free, New York, 2003)
23 E.von Hippel, Lead users: A source of novel product concepts.Manage.Sci.32, 791–806 (1986)
24 E.von Hippel, *Democratizing Innovation*(MIT, Cambridge, 2006)
25 T.Irie, K.Matsunaga, Y.Nagano, Universal design activities for mobile phone: Raku Raku PHONE.Fujitsu Sci.Tech.J.41, 78–85(2005)
26 W.C.Mann, *Smart Technology for Aging, Disability, and Independence*: The State of the Science(Wiley, Hoboken, 2005)
27 J.J.Pirkl, *Transgenerational Design: Products for an Aging Population*(Van Nostrand Reinhold, New York, 1994)
28 K.Wada, T.Shibata, Living with seal robots-its sociopsychological and physiological influences on the elderly at a care house.IEEE Trans.Robot.23, 972–980(2007)
29 K.Wada, T.Shibata, T.Musha, S.Kimura, Robot therapy of elders affected by dementia.IEEE Eng.Med.Biol.Mag.27, 53–60(2008)
30 J.K.Hall, M.J.C.Martin, Disruptive technologies, stakeholders and the innovation valueadded chain: a framework for evaluating radical technology development.R&D Manage.35, 273–284 (2005)

第6章

高龄社会的老年科技学

Ryoko Fukuda

摘要： 多种技术的快速发展对年轻用户的日常生活有帮助，却忽视了老年人。然而，在一个超高龄社会里，技术可以（也应该）帮助老年人保持独立生活。本章介绍的便是老年科技学，即旨在提高老年人日常生活能力的科技与老龄化研究。借助行为观察、眼球运动和主观评价等手段对老年人日常生活行为进行研究，就对老年人使用科技产品时遇到的困难一目了然，并在这些数据基础上为老年人设计和生产产品。为此，还需要更多实证研究来证实老年产品的有效性。同时，我们也应该努力让更多人了解老年科技。

1.引言

日本社会迅速老龄化，现已成为超高龄社会。在老龄人口快速增长的同时，多种技术也在快速发展（在日本经济快速发展的支撑下）。现代高端技术由年轻人研发，主要消费群体也是年轻人。因此无论硬件还是软件，更适合年轻人的能力和需求，对老年人来说用处不大。原因是老年人和年轻人的需求和生理机能不同。例如，多数年轻人使用手机不费吹灰之力，而老年人却感到困难重重：按键小、屏幕小、铃声小、菜单操作复杂等，都让老年人对手机“望而却步”。我们很难想象出九十多岁的老人毫无障碍地使用诸如电脑等高端技术的情景。坦白地说，现代技术早将老年人抛在九霄云外。

这种现象在许多发达国家也很常见。虽然其他国家的老龄化进程和技术发展速度与日本不同，但这些国家的老年人在使用现代技术产品时也面临很大困难。技术开发的目的是帮助人类提高生活质量，这也应适用于老年人。因此开发技术产品考虑老年人的需求，是当前超高龄社会的重要任务，可以借助老年科技学加以实现。

2.什么是老年科技学？

“老年科技学”是由“老年学”和“科技”组成的合成词，意即提升老年人日常生活能力的技术和老龄化研究[1]。自1989年Graafmans提出老年科技一词，在许多老年参与者和调查对象的帮助下，已开展了多项研究。

老年科技学覆盖的研究领域很广，这里“技术和老龄化”包括了诸如研究、设计、制造和销售等多方面。我们可以将老年科技学的研究分为几组[2]。第一组试图阐明老年人的特征和由这些特征造成的困难。了解年轻人和老年人之间的这些差异，有助于我们在产品设计和服务中考虑到老年人的机能衰退。第二组是对老年产品或环境进行研究。在第一组研究的数据基础上，老年产品主要弥补因年龄导致的能力衰退，提升老年人的机能。通过观察使用产品的老年人，来验证产品的有效性。老年科技学中还包括机能衰退预防技术和培训。对那些机能衰退到需要照顾的老年人来说，应该提供一些相关的辅助技术。

老年科技学的目的在于提升老年人的日常机能，但我们仍然不清楚为什么那么多老年人在使用技术时仍然困难重重，原因或许是老年人仍有许多问题悬而未决。老年科技学是一个崭新的领域，与针对年轻消费群体的研究相比，针对老年人的实验和调查研究在招募老年参与者时十分困难。因为通常年轻的研究者往往没有接触过老年人；而且研究者也需要花更多的时间让老年人明白其在实验或调查中的任务。此外，包括老年人和年轻人在内的所有人可能都还不知道老年科技学为何物。实际上，许多听取过作者关于老年科技学报告的学生和参与实验的老年人都不明白老年科技学一词。为了使本书读者更明白什么是老年科技学，本章特意介绍了一些旨在提高老年人健康或独立性的老年科技学研究工作的课题。

3.年龄引起的功能衰退

探索老年人和年轻人日常生活状况差异的研究表明，在老龄化过程中，老年人在许多方面都表现出了机能衰退迹象[3, 4]。老年医学及其他书中都对这种老龄化过程中的机能衰退现象做了总结[5-8]。有一些重要的研究结果表明，由年龄引起的机能变化主要体现在感觉、知觉和运动控制方面，即在感觉和感知方面与年龄相关衰退的有味觉和嗅觉，对温度和振动的感觉阈值也提高了；高频听力衰退很常见；视觉敏感度下降，对强光不适应，黑暗适应能力降低，视域变窄，听力减弱，感觉灵活性下降等等。在认知方面，工作记忆要比语义记忆、前瞻记忆和程序记忆衰退得更明显。与年轻人相比，老年人在学习新程序时更慢、更不容易成功。选择性记忆和动态注意力都随着年龄增长而衰退。在执行复杂任务时，老年人的反应速度慢，在执行多重任务时，老年人比年轻人差。空间认知能力也随着年龄的增长而下降，而语言理解能力保持不变，除非在有干扰或工作记忆负担过重的情况下才会有所下降。在运动控制方面，老年人的反应比年轻人慢，而且对运动的控制不精确、不稳定[5]。

设计过程有时需要与年龄相关的功能衰退方面的定量数据。Steenbekkers和Beijsterveldt（1998）的数据库就是一套为老年人设计产品的好例子[9]。此外，ISO/TR22411是“应用ISO/IEC指南71针对老年人和残疾人需求开发产品和服务的人类工程学数据和指南”，也为老年产品设计原则提供了大量基础数据[10]。

问题是，上述数据主要是通过控制实验环境收集到的。老年科技学必须明确与年龄有关的功能衰退程度及其对老年人日常行为的影响。为了开发将老年人考虑在内的技术和产品，就需要有老年人参与的实验。下面将在实验基础上，从老年科技学的角度，探讨老年人在家用电器、信息、通信技术（ICT）产品使用中遇到的困难，并介绍一些旨在降低老年人产品使用困难、已用于商品生产的理念。

4.老年科技之家用电器

现代家用电器高度发达并提供了多种“有用的”功能，这一趋势在日本更为明显。日本制造的家用电器有许多“附加”“有用”功能，比如多种烹饪功能的微波炉、消毒杀菌功能的洗衣机或有语音指令功能的电饭煲。但对老年人来说，往往很难使用它们，因为功能越多，按键也就越多。由于设备上设置按键的空间有限，因此按键越多，按键就越小。从老年科技学角度关注老年人的身体功能，就应对产品按键大小和按键间隙有最低要求。同样，按键力度也不应超出老年人的最大力度；按键时机器也应该有反馈，这就要求产品设计必须考虑用户用最小的力气轻触按键就有触感反应；通过调节对比度、亮度、字号和字体提高按键或显示屏上文字或符号的易读性，以适应老年人的视力。在实验研究基础上，我们针对每种要素提出了相应的建议[11, 12]。

在高度发达的家电产品方面，软件问题要比前面提到的硬件问题更严重。软件问题主要与菜单选择和完成任务的顺序有关。如果它们与用户的大脑思维模式不一致，会让消费者困惑。鉴于这方面开展的实验研究较少[13]，我们通过模拟电饭煲的用户界面，分析了老年人的产品使用行为[14]。电饭煲是日本家庭常用的家用电器之一，也被许多老年人使用。现代电饭煲还有烤蛋糕、做酸奶的功能，因此用户需要从一大列菜单中选择所需的烹饪功能。实验中，我们要求参与者选择某种烹饪功能并通过四个交互界面设置时间。在完成任务的过程中，我们记录了参与者的视线运动及相关行为。同时，采用心理学测量方法客观地测量老年人的压力状况。研究结果表明，外观相近的按键让老年人“眼花缭乱”。实验中，当老年人使用“菜单”键和“过程”键时，来来回回反复多次看菜单键和过程键。选择时，他们的皮肤电流反应（GSR）压力指数明显升高。在实验后访谈中，参与者表示他们对这两个外表一样的按键很迷惑，不知选用哪个按键完成特定的煮饭功能。当按下某个按键，如果电饭煲界面上给出的反馈信息与参与者想象的不一样，他们也会感到困惑。这些情况都与老年人的认知功能有关，只有在他们使用产品的过程中才能发现这些问题。

即使一件简单的家用电器，功能表达也不明确。接下来是观察老年人使用血压计的行为实验[15]。正确使用血压计的方法是用户只需把胳膊插入一个袖口中，袖口帮助人们保持正确的测量姿势。使用时，用户需要先按一下按钮，打开袖口，把胳膊放进去。实验中，许多参与者在没有打开袖口的情况下，就将胳膊放入，放不进去时他们会很困惑。原因是参与者看到血压计时，没有注意到打开袖口的提示，也没有看到打开袖口的按钮，就直接将胳膊放入，根本没有意识到要先打开袖口。尽管用桔色标注的袖口打开按钮非常显眼，但它在与用户相对的一侧，因而很难发现。另外，血压计电源按钮和测量按钮很大很容易找到，大显示屏保证了屏幕的亮度，实验中，这些产品特点对老年人很有帮助。

这两个研究表明，在产品使用过程中观察老年人行为的重要性。借助实验研究，从信息感知到行为对老年人使用产品进行调查，有助于我们全面了解老年人在产品使用中遇到的困难。

5.老年科技之ICT产品

总的来讲，由于目前这代老年人大多在退休后才开始使用ICT产品，因此他们在使用这些产品时更加困难。ICT产品远比家用电器复杂，例如手机不仅有通话功能，还有短信、电子邮件、网络浏览、照相、音乐播放、电视、日常安排、通信录等功能。同时，手机体积小，便于携带。但手机越小，屏幕和按键也越小。老年人对家电的使用问题主要是硬件问题——这对老年用户来说非常重要，但手机的多功能也给老年人造成了另一个困难——他们根本找不到想要的功能。由于手机按键数量有限，每个按键功能不同。除此之外，人们还需要根据屏幕提示了解按键功能，而这么小的屏幕对老年人来说很难阅读和理解。

由于老年人仅使用手机的少数功能，因此只提供通话功能的手机进入日本市场短短几年，就大获成功。“Tu-Ka-S”就是这种简单的手机之一，它在一年内成为所有Tu-Ka型号手机的销量大王（由日本手机经营商提供）。近来，老年人对电子邮件和相机等流行的手机功能需求不断提高。为了满足老年人的这些需求，企业就开发了具有这些常用功能的手机。考虑到老年人的需要，有的手机有计步功能，有的手机能将电池消耗信息发送给服务商，使老年用户家庭能够通过电池消耗情况远程监控老年人。这些将老年人需求放在首位的手机，销售状况一直很好——特别受老年人的欢迎。可以说，这种手机为自己创造了一个利基市场。

另一个解决按键小和功能复杂的方法是引入触屏技术。自iPhone投放市场以来，手机引入触屏技术的速度加快。触屏仅显示屏幕内容需要的按键，保证了单个按键的大小，也降低了按键设置的难度。不过，触屏没有触觉反馈可能会给老年人造成其他困难。随着老年人触觉功能的衰退，触屏技术是否真对老年人有用，值得深思。

老年人对电脑的使用也在逐渐增加。但是，操作键盘和鼠标、阅读显示器上的文字和图标等视觉信息，使用应用软件等困难仍然让老年人对电脑“敬而远之”。

他们使用键盘的困难在于区分每个按键。按键上设置大标签或不同颜色有助于老年人区分它们。他们使用鼠标的问题在于不理解鼠标在办公桌上滚动与屏幕上鼠标指针的关系。为了解决这个问题，鼠标设计应该与老年人的前臂或手掌功能相适应。与手机一样，电脑触屏对老年人也非常有用，因为他们可以直接用手指点击显示器上的元素。自Windows7面世以来，触屏电脑数量激增。其中一个便是富士通的“Raku Raku电脑”（参见本书第1章）。除了触屏外，Raku Raku电脑还用大号字体或符号和不同颜色标注按键，使老年人更容易识别按键，还为用户提供了常用功能的一键触控。Raku Raku电脑还在硬件方面考虑了老年人的特殊需求，比如不同颜色的按键和适合老年人手掌形状的鼠标。在软件方面，Raku Raku电脑努力让软件更容易使用。比如，将所有常用功能整合在一个特别菜单里；将所有个性化功能都集中于一个大按键上，老年人可以很容易触摸或点击。说到输入法，除了装载传统的QWERTY屏幕键盘外，Raku Raku电脑还提供了包含日文的屏幕键盘。同时Raku Raku电脑还提供产品支持服务，使老年人使用电脑更轻松，没有后顾之忧。

随着家用电器和ICT产品的普及，在移动与交通、保健与家庭护理、住房等相关行业逐渐频繁探讨针对老年人的技术有效性检验。近年来，也有人在研究辅助老年人日常生活的机器人或提高老年人身体和精神方面机能的游戏。

6.日本现有的老年产品

从上述例子可以看出，一般来讲，为老年人设计的产品应该容易看、容易听、容易操作和理解[5]。产品开发者需要考虑的与感觉、知觉、身体功能和过敏有关的7个领域的详细要点总结在“标准开发者解决老年人和残疾人需求的指标”的ISO/IEC指南71中。前面提及的ISO/TR22411是“应用ISO/IEC指南71针对老年人和残疾人需求开发产品和服务的人类工程学数据和指南”[16]，也为设计指南提供了大量基础数据，这两者都来自同一份技术报告[10]。ISO/IEC指南71已被译成日文（JISZ8071）出版发行（2010年9月27日），包括26个与老年人和残疾人需求相关的独立的JIS标准。该指南中的产品领域有消费品、包装和容器、服装、家用电器、公共厕所、售货机、视觉标志和显示牌、盲人标志和触控地图指南、信息/通信设备、软件和服务等。

在日本，针对老年人开发的产品通常叫作“通用设计”或“无障碍”产品。由于无障碍理念主要针对残疾人，因而通用设计常被许多人误认为是采用无障碍理念。在前面所述的JIS标准基础上，日本已生产出了一系列包装、ICT及坐便器等建筑元素产品。但这些产品并不只是针对老年人设计的，也包括残疾人。因而这些产品没有很好地满足“健康”老年用户的需求。据推测，产生这种现象的原因是企业没有将这些产品信息充分地传达给老年人。尽管日本有一些面向老年人的产品数据库（如日本无障碍设计基础、福利渠道、家庭护理和康复产品展览），但大多老年人对这些数据库并不熟悉，以致他们不太可能利用这些信息。此外，我们仍不清楚这些产品对老年人来说是否真的合适。老年人对这些产品怎么看？他们有什么需求？必须找到这些问题的答案，才能开发出真正符合老年人需求的产品。

7.老年人真需要老年产品吗？

如前所述，许多研究表明在开发相关技术和产品时必须考虑老年人的特殊需求，业已生产出将老年人特殊需求考虑在内的产品。但在2004年，一份由日本经济贸易与工业部公开发行的老年产品研究报告表明：只有极少数老年受访者愿意使用这些老年产品，大多数老年人解释了不需要这些产品的原因[17]。这就产生了一个问题：老年人真的需要这些老年产品吗？

一份问卷调查结果就说明了这个问题[18]。我们为老年人设计了18种老年产品的问卷：包括产品特性的重要程度，是否了解这些产品，是否愿意使用或者购买这些产品等。调查结果显示，除了一台洗衣机、一部电视广告上宣传的没有电子邮件和上网功能的手机以外，老年人对大部分产品并不熟悉。在老年人回答是否有兴趣或是否愿意使用这些产品时，给出的答案都是肯定的。当作者向老年人一一介绍这些产品时，他们对产品的反应非常积极，有人惊呼："我从来没有见过这么有用的产品！在哪里能够买到它？"这说明我们应该向老年人提供更多的信息。

对于信息来源，无论是朋友提供的、商店售货员提供的或社区成员提供的，还是报纸、杂志文章提供的信息，都比电视广告或互联网广告受欢迎。电视广告就像一个触发器，它让人们在瞬间知晓产品，但不管是借助人际传播还是印刷媒体，我们必须为老年人提供更详细的产品信息。数据库能有效地提供这些产品的综合信息，只是当前老年人并不熟悉这种方式，它更适合现在的年轻人或未来的老年人。

老年人对产品功能的要求不同。例如，老年人认为无线真空净化器很好，因为它很轻，不需太大力气就可以操控，不会被电线绊倒。再如手机，老年人认为手机可读性和可听性最重要，视频通话或邮件读取反而不太重要。调查结果表明，使用方便和产品最原始的功能特性对老年人来说最重要。总之，老年人认为无歧义、好操作、易读性和可听性对产品来说都非常重要，那些削弱主要需求的附加功能对老年人来说并不重要。

我们需要深入研究，确定究竟哪些产品功能是老年人真正需要的，然后将其融入产品的核心功能设计中。

8.通过产品试用实验识别老年需求

前面的调查研究表明了老年人对老年产品的看法。实际上，问卷调查自身有一定的局限性：为了回答问题，调查对象必须去想象他们在使用产品时的感受。如果老年人使用产品时回答这些问题，那么提炼他们的真实需求就简单多了。此外，如果再有一本产品手册，就可以模拟一个真实的产品购买过程了。

通过查看产品手册，作者决定选择一支专为老年人设计的“只需放入胳膊”的血压计和一台“易收听”收音机作为实验产品[15, 18]。采用前面所述的调查方法，评估两款产品各种功能对老年人的重要程度。此外，通过观察记录参与者的眼球运动和行为信息数据，反映参与者的想法。这样，就能客观地调查出参与者的真实需求。

在主观评价方面，实验证明了参与者在实验前后对产品评价存在一些差异。通过产品手册，我们仅能获得产品制造商希望提供的信息。眼球运动数据表明，制造商推荐的产品功能描述引起了参与者的注意，但大多数参与者在使用血压计或收音机时仍感到困难，这一点在产品使用实验后的主观评价中体现了出来。实验效果没有明确体现出这些功能的重要性而且实验后下降了。另外，实验后参与者认为有助于设备使用的功能更重要。因为产品使用体验让人们认识到了自己的真实需求。这些实验表明，老年产品应该有助于老年人使用产品的核心功能。只有在老年人的基本需求得到满足之后，产品的附加功能才显得较为重要。本次研究结果与前面提及的问卷调查结果较为一致。

一般来说，对老年人来说最重要的产品特性是那些能提高感知功能的特性如易读性、可听性等，还有那些能提高身体功能的特性如易操作，以及那些提高认知功能的特性如易懂等。但是，必须了解人们的真实需要才能实现这些功能。实验前后主观评价不同更说明了实验的重要性。每种产品都应通过试用实验对产品的使用场合、使用者和使用目的等方面进行评估。

当用户慢慢熟悉产品之后，他们的产品印象也会随着试用体验的加深而改变[19]，因此我们建议提供一个产品试用期。上述研究试用实验都是参与者初次使用这些产品，因而他们的评价会随着对产品的持续使用而改变。我们可以将用户的问题分为两类：（1）用户使用中的问题和使用后的问题；（2）需要解决的核心问题。

至今，我们仍缺少日常生活情境中老年人的偏好和行为数据。我们必须进行深入的实验研究，搞清楚老年用户如何感知外部信息、思考和处理信息。在这些数据基础上，界定老年人的需要和要求，将它们用于真正为老年人设计的产品中。

9.结论

技术让人们的生活更美好。一般而言，我们认为老年人不喜欢现代技术。但实际上，老年人对现代技术很感兴趣。正是因为我们缺少对老年人功能衰退的考虑，以致当前技术对老年人来说并不特别有用，老年人也不想用这些技术。要解决这个问题，老年科技学必不可少。

老年科技学的目的在于通过技术提高老年人的日常生活功能。鉴于此，理解衰老引起的各种功能衰退，并探讨通过技术阻止、弥补和延缓这些功能衰退就显得尤为重要。本章所述的研究工作表明，老年产品设计应遵循基本功能便于使用的原则，即使是那些弥补老年人生理机能衰退的产品功能，也不应给老年人使用它们造成太多困难。为了更准确了解用户需求，我们认为不能只采用简单的问卷调查，而应将问卷调查与试用行为观察结合起来使用。不了解老年人，就生产不出针对老年人的技术产品。

老年科技学是一个相对年轻的研究领域，与老年技术相关的诸多问题依然悬而未决。收集老年人日常科技使用行为数据迫在眉睫。既然许多老年人对现代技术感兴趣，我们就应该鼓励他们积极参与老年科技学的实验研究。除了实验数据外，我们也应该多倾听老年人的观点，并将他们的观点纳入产品和技术开发中。

此外，如何为老年人提供老年科技信息，也是一个需要探讨的课题。目前，老年人对老年科技学知之甚少。听说过老年科技学的老年人对其重要性信心满满，并表现出极大的兴趣。有些老年人甚至问到哪里可以买到老年科技产品。因此，我们坚信，在老年科技学实验数据基础上开发的技术和产品，一定能被老年人接受，也能成功地激活银发市场。

参考文献

1 H.Bouma, Gerontechnology: Making Technology Relevant for the Elderly, *in Gerontechnology*, ed.by H.Bouma, J.A.M.Graafmans(IOS, Amsterdam, 1992), pp.1–5

2 J.Graafmans, V.Taipale, in *Gerontechnology: A sustainable investment in the future*, ed.By J. Graafmans, V.Taipale, N.Charness(IOS, Amsterdam, 1998), pp.3–6

3 S.J.Czaja, N.Charness, A.D.Fisk, C.Hertzog, S.N.Nair, W.A.Rogers, J.Sharit, Factors predicting the use of technology: findings from the Center for Research and Education on Aging and Technology Enhancement(CREATE).Psychol.Aging21, 333–352(2006)

4 W.Kosnik, L.Winslow, D.Kline, K.Rasinski, R.Sekuler, Visual changes in daily life throughout adulthood.J.Gerontol.Psychol.Sci.43(3), 63–70(1988)

5 A.D.Fisk, W.A.Rogers, N.Charness, S.J.Czaja, J.Sharit, *Designing for Older Adults: Principles and Creative Human Factors Approaches*, 2nd edn.(CRC, Boca Raton, FL, 2009)

6 J.L.Fozard, S.Gordon-Salant, Changes in vision and hearing with aging, *in Handbook of the Psychology of Aging*, ed.by J.E.Birren, K.W.Schaie, 5th edn. (Academic, Burlington, MA, 2001), pp.241–266

7 C.J.Ketcham, G.E.Stelmach, Movement Control in the Older Adults, *in Technology for Adaptive Aging*, ed.by R.W.Pew, S.B.van Hemel(The National Academies Press, Washington, D.C., 2004), pp.64–92

8 K.W.Schaie, Cognitive Aging, *in Technology for Adaptive Aging*, ed.by R.W.Pew, S.B.van Hemel(The National Academies Press, Washington, D.C., 2004), pp.43–63

9 L.P.A.Steenbekkers, C.E.M.van Beijsterveldt, *Design-Relevant Characteristics of Ageing Users*(Delft University Press, Delft, 1998)

10 ISO/TR Standard 22411, *Ergonomics data and guidelines for the application of ISO/IEC Guide 71 to products and services to address the needs of older persons and persons with disabilities*, 2008

11 K.Kurakata, K.Sagawa, Development and standardization of accessible design technologies that address the needs of senior citizens.Synthesiology 1(1), 15–23(2008)

12 K.Sagawa, Age-related luminance and span of categorical colours for designing visual signs for older people.Paper presented in proceedings of AIC 2003 Bangkok: Color communication and management, Bangkok, 4 - 6 Aug 2003, pp.431–435

13 M.Ziefle, S.Bay, How older adults meet complexity: Aging effects on the usability of different mobile phones.Behav.Inform.Technol.24(5), 375–389(2005)

14 R.Fukuda, Difficulties in use of "high-tech" home appliances for older users– Experimental consideration based on behavior analysis, eye tracking, and physiological measurement during use of rice cookers.Keio SFC J.9(2), 51–62(2010)

15 R.Fukuda, Analysis of elderly's needs and difficulties in use of a blood pressure monitor based on eye tracking, behavior observation, and subjective evaluation.Trans.Jpn.Soc.Kansei Eng.8(2), 307–312(2009)

16 ISO/IEC Guide 71, *Guidelines for standards developers to address the needs of older persons and persons with disabilities*, 2001

17 Japanese Ministry of Economy Trade and Industry, *Report on Industrial Infrastructure for Promotion of Senior-Aiming Industry*(METI, Tokyo, 2004)

18 R.Fukuda, Needs of the elderly regarding products designed for their use: A gerontechnological view.Paper presented in Proceedings of the 13th IEEE international symposium on con-

sumer electronics(ISCE 2009),pp.378-381

19 R.Fukuda, Influence of User Experience on Affectiveness, in *Human-Computer Interaction, Part III, HCII2009, LNCS 5612*, ed.by J.A.Jacko(Springer, Berlin, 2009), pp.615-620

第7章

为每个人设计，一次针对一个人

Deana McDonagh，Dan Formosa

摘要：周围产品对我们的生活影响很大。它既能帮我们轻松、快速、体面地完成日常工作，带来幸福和独立；也能让我们产生负面体验，剥夺我们的尊严、削弱独立性。许多企业将年龄和能力混为一谈，削弱了最终产品的价值。本章探讨了将移情加入设计过程来解决设计能力的两个技巧。真正的人（Real People）指的是特殊的个体；移情建模（Empathic Modeling）可以使设计师们亲自体验到模拟的各种身体缺陷。

1.引言

周围产品影响着我们的日常体验——影响着我们对自己、周围世界、个人独立性的感知[1]。产品设计影响着我们生活的方方面面，包括最基本的运动、个人卫生与沟通能力。我们和产品有着理性和感性两方面的联系[2]。每天，我们都要使用创意和设计糟糕的产品进行工作。因此人们逃避工作，以某种方式适应或动手改造产品。从这个意义上说，人们已经通过解决日常问题参与到创新过程中。而实际上，他们只能适应环境，而非满足需求。

很多企业从社会责任和寻求竞争优势两方面寻找满足人们基本需求和能力的产品和服务。要实现这两个目标，老年消费者是一个可行的、利润丰厚的目标市场。但问题是，我们在探讨设计和老年消费者时通常有两个假设：一是老年人都不健康；二是年轻人都健康。企业往往将“年龄”与“能力”混为一谈，这使企业不尽力为真实世界中真实的人设计产品。落后观念也不利于企业目标的实现。以美国为例，患有关节炎的年轻人数量其实和老年人差不多，当然还有一些老年人并没有关节炎。老年人和年轻人本是两个不同的群体，与我们对他们的简单归类、总体假设或概括根本不符。

正如Pirkl（第9章）所做的精辟论述：

年轻人会变老，

残疾人会变老。

年轻人可能变成残疾人，

老年人可能变成残疾人。

只有当一个产品开发团队能够正确理解“能力”这一话题时，他们才有大量的机会创新产品或服务。本章探讨的设计并非关于老龄化，而是有关移情。

移情就是：

识别其他人思想情感的能力，包括动机、感情、思维模式、价值标准、优先事项、个人喜好和内心冲突等[3]。

我们要探讨的是帮助产品和服务开发团队寻找适合所有人的解决方案，包容各种能力和各种年龄群的人。这种做法通常被称为包容性设计或通用设计[4, 5]。我们的研究方法最关键的不是像传统方法那样理解细分市场，而是理解人。为实现为每个人设计的目标，我们的方法是通过移情设计研究了解个体。

为此，我们探讨了帮助产品开发团队更好了解每个人的两种技术：真实的人和移情模型。真实的人[6]是基于这样的观点，即当企业以广大市场作为目标群体时，这些目标群体是由无数个体组成的。为少数真实的个体设计虽颇有见地，但却困难重重，它比为普通人设计更具有挑战。移情模型[7]也具有相似的目的，它有一系列技巧可使设计团队成员体验到他人使用产品或服务时的感受。我们知道，一个人可以采用多种方式完成一项特定任务[8]。因而产品开发者需要了解用户与产品和环境打交道的各种方式。有些用户的身体问题或环境状况超出了队员的典型体验，此时就需要改变身体状况或环境来模拟这些状况，帮助团队理解和解决问题。此外，这两种技巧的基本原则是能力比年龄更重要。

2.关注能力，而非年龄

在创造产品或服务时，营销团队通常会用一个普通人来代表目标群体，并对其年龄、性别、家庭生活、工作生活及其他方面进行严格定义。这种方法使目标群体过于简单——仅一张幻灯片就提炼出了“目标客户”的形象。

对普通消费者的简单定义导致我们低估了真实的人的多样性、问题的复杂性，个体需求的变化，最终导致产品或服务潜力降低。一个人本身就很复杂，一大群人当然更复杂。

设计师需要关注目标群体的多样性，考虑到每个人，这是一个真正有难度的挑战。设计目标不是为每个人单独设计一个产品，而是使产品、技术和服务适合于每个人。为一个定义明确的普通人设计会将其他人排除在外，而常见做法是为一个有抱负、完美的人设计，排他性更强。企业这样做的原因可追溯至营销和设计的根本区别上。企业塑造一个有抱负的人物形象——比如一个完美的厨师、运动员、歌手、父母或其他来开展营销事出有因，但设计不是营销，设计产品或服务要被真实的人使用，必须有一种基于现实的方法。

否则，这样的设计将带来可怕的后果。那些将残疾人排除在外的产品，不仅是一个严重错误的商业决定，而且是一种歧视。企业的社会责任应确保每个人都受益于设计和技术，而不只是为少数人服务。一个好的商业活动，是通过产品和服务吸引更多的受众，带来销量增长——这自然就降低了产品或服务造成的负面影响。当然，也有许多产品和服务无可非议地以老年人为目标群体，但是那些把老年人当成残疾人、认为年轻人都健康的假设，与实际情况严重不符。这就是我们为什么要针对真实的人、真实的情况和真实的需要采取相应技巧的重要原因。

3.设计是体验，而非产品

Smart在2000年[9]开展的一项研究表明，在美国，“设计”一词的含义是“不断变化”。人们不仅将设计和有形的产品或美学联系在一起，也将设计和产品的使用体验联系在一起。“伟大的设计”不仅要满足人们的期望，还要超出人们的预期。人们希望产品有用，当它们有用时，它们的表现不错却不让人感到振奋。令人振奋的产品或服务在于它们超出人们的预期。经验表明，产品或服务对预期的超越程度及其对人们的真实影响程度，比以往任何时候都重要。要做到这一点，我们不仅要了解一般情境中的人或情况，还要了解极端情境中的人。

设计研究在20世纪70年代末才得以广泛应用①。目前，尽管接受过设计研究学习的设计师相对较少，但他们通常会应用设计研究。设计研究应包括多方面的用户体验，但现有研究大多局限于人种学，进而使对用户体验的探索变成观点交流会。而且，这些研究常常不包含生物力学、人机工程学及适用性等方面的问题，这些恰恰是设计人员应该了解的重要的专业问题，却总不在营销资助研究项目的范畴。

过去，典型的产品设计流程是一个线性工序。产品设计之后是工程设计，然后加工、制造、生产。完成一道工序后才能进行下一道工序。理应放在产品开发早期阶段的用户输入却被放在产品开发的最后阶段，而且是放在产品概念细化后接近设计过程结束时（见图7-1的A）[10]。随着以用户为中心的通用设计等方法的出现（见图7-1的B)，用户成为设计过程中不可分割的一部分。我们主张，既然设计如此重要，就不能让设计师独当重任，必须在设计过程开始就将用户纳入其中，以便为包括主流市场（见图7-1的C）在内的用户提供更多的利益。

① 早就有一些对这个设计研究感兴趣的例子。如设计师Henry Dreyfuss 1955年出版的《设计以人为本》和1960年的《人的尺度》都是根据男性和女性的人体测量尺寸为产品设计编写的政府数据库。

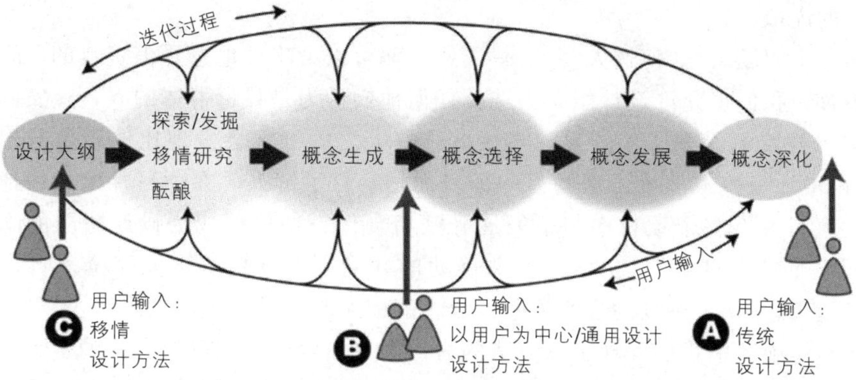

图7-1　设计过程与用户输入（McDonagh等人[10]）

4.真实的人

每个人有所差别——就是每个人都能发现自己在不同情况下的差异。在过去的项目中我们发现，不将普通人或刻板印象中的人作为目标对象，而去了解更多人的个性化需求，最终都带来了创新。因此，我们拒绝考虑“普通人”或“理想人”概念，而是将所有人都考虑在内。

了解真实的人将为企业带来符合实际的产品性能，这样做能使产品和服务迅速获得关注。真实的人方法[6]背后的概念其实很简单：寻找团队正在开发的产品或服务适用的少量可行人员，并为他们设计产品。选择人数可以是几个也可以更多——只要是在可控数量内即可。

通常，我们会得到两种反应：（1）不能只为这几个人设计产品或服务！（2）如何选人？首先，你会发现为这6~12个人设计东西非常困难，而为一个虚拟的人物或普通人设计相对更加容易。人们对选取平均数无异议。将新产品或服务置于多人面前时，测试他们反应的典型方法就是取其“平均数”。研究报告表明，人们倾向于喜欢（或不喜欢）多项选择。据此，团队最终确定出一个产品的设计方向。这种方法能检测到细微的需求信息并带来有意义的创新。为普通人设计产品会弱化我们对真实的个性需求和观点的反应，降低最终产品的价值。

相较而言，成功地为小部分人设计产品更具挑战性，因为在一个项目的开展过程中，设计团队会逐渐了解这些人，他们也能更清楚地表达个人需求和情况。对设计团队来说，设计适合一个小群体的产品都不那么容易。记住，“适合”是产品设计的最低要求。伟大的产品必须超出预期，而不仅是满足需求。也请记住，如果你的团队定义了一个传统意义上的普通消费者，或将一个人物角色作为目标群体，那么这个定义其实是一个人，一个虚拟的人。作者发现，在过去产品开发小组准备的演示文稿中，它的目标人群通常就是一个虚拟人物，产品开发团队似乎都很喜欢创造这样的虚拟人物。

第二个问题，“如何选人？”——当然，你可以策略性地选择消费者的一个横断面。不过，我们也允许设计团队去选择任何他们认为是目标群体的人，这实际上也是他们想要留下深刻印象的人。当团队选好人之后（你会发现比你想象的困难得多），再增加一些人。该方法的另一个目标是亲自了解人。在项目开始就将他们介绍给大家，并在整个项目中与他们展开密切合作，使他们成为设计团队的附属成员，而不是“受试者”。虽然这并非确切的共同创造（想法可能完全来自设计团队），但它却是一个持续的现实诊断过程，能极大改变设计团队的思维。

在其他项目中我们发现了该方法的另一个正面效应。团队成员将消费者称作没有个性的“他们”。比如“我认为如果这样设计的话，他们能成功地使用这个功能”。当为真实的人设计时，团队更需要移情，使小组讨论变得更加个性化和温暖，比如“我认为卡尔能够成功地使用这个产品，琳赛呢？”团队便可以把琳赛叫来讨论这个问题或试着解决它，这必然会使团队成员之间更亲密，了解更深。

我们已将这种方法应用于大量项目研究中，这有一个将其应用于通用设计的极端例子。总部设在布鲁塞尔的医药公司UCB Celltech，开发了一种治疗风湿性关节炎的药物Cimzia。患者可以使用Cimzia在家里自我注射。一次性注射器已有几十年的历史了并已成为商品。它虽然是精心制造的，却不是精心设计的。因为即便是没有关节炎的人使用它也不方便。该一次性注射器上的尖角和凸起的塑料部件不适合任何人，尤其不适合类风湿性关节炎患者。因为患者有关节炎，所以力气很小且指关节对压力极为敏感，特别是在“关节不好的时候”。Cimzia预装注射器是设计师们为关节炎患者设计的第一个注射器（见图7-2和图7-3）。

为开展这一项目，UCB Celltech与OXO[①]合作，以共同提高产品的品牌知名度和设计水平。与骨关节炎仅发生在老年人身上不同，类风湿性关节炎可能发生在任何年龄段。因此，新的注射器必须适合更广泛的群体。一开始，设计团队的目标不是简单地设计一个新的注射器，而是从宏观角度出发，通过创造积极的体验，提高患者对产品的依从性。为了实现这个目标，团队需要思考类风湿性关节炎的病理，基础生物医学以及类风湿关节炎对患者自我注射的影响。此外，了解药物使用的社会环境也非常重要，因为它影响着病人的生活方式和心理状况。

项目开展过程中，设计团队一直与五十多位患者协同工作，并与其中6位密切合作。在实验中，我们观察到珍妮因握不住注射器而推不动柱塞；受病痛影响不大的戴维却因用力过大将注射器打破。我们对他们拔盖（拔盖可能导致意外扎手）、注射和丢弃注射器的每个步骤都进行了调查。研究发现，适用于普通病人的功能不

① 由Smart Design设计的OXO易握厨房器具生产线重视包括关节炎病人在内的每个人的需求，他们已十分接近通用设计——为每个人设计这一理念。

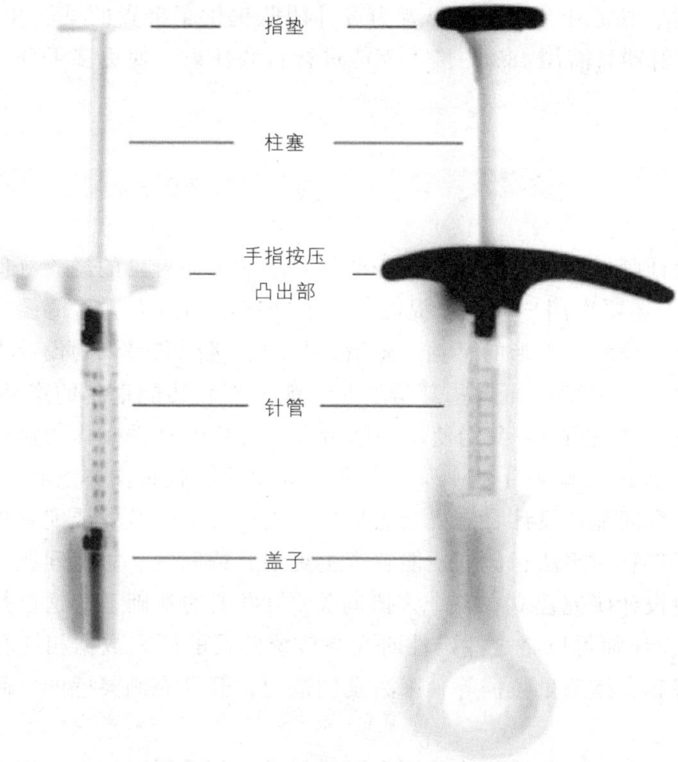

图7-2　传统注射器和Cimzia预装注射器

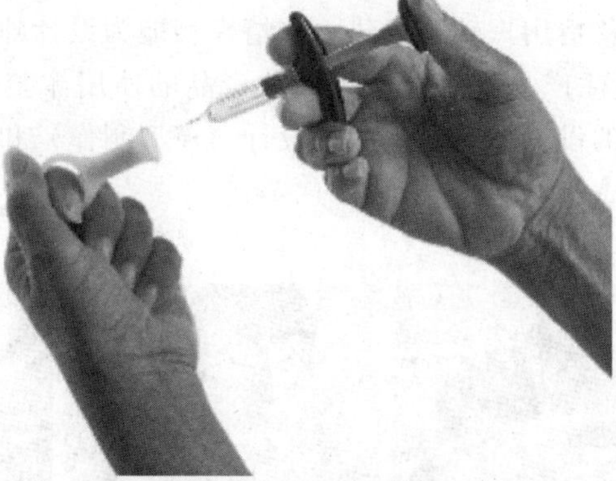

图7-3　拔掉Cimzia预装注射器的盖子

一定对每个人都有用；适用于病情严重病人的功能也未必适用于病情较轻的病人；肢体强壮但视力不好也会影响自我注射。通过对个人行为的密切观察和个性化需求的了解，我们获得了比普通用户或虚拟用户更多的有用信息。考虑到所有人的利益，我们对检测到的每个细微信息都作了处理。当我们针对项目各个方面对大组病人展开咨询时，核心小组的6名患者为设计团队提供了宝贵的见解和灵感。最终，Cimzia预装注射器只需用48%的推力就能进行自我注射，使更多手部或手指无力的患者都能使用。

5.移情建模

高效的设计师们认识到，在开发新产品时不能仅靠自己的经验（例如背景、体能、教育等），还要靠用户移情来提高研发成功产品的能力。移情设计研究深化了设计师对用户的理解。无形的感觉、感情、梦想、愿望和恐惧为设计人员提供了重要的线索、触动、灵感，而这些又是那些功能合理和功能卓越的产品精髓（如iPod、Mac Air笔记本电脑）。我们使用的移情方法有：人种学，移情建模（如用轮椅限制健全设计师的行动或手脚），遮蔽法，由设计师收集文本、语言和视觉数据等。设计的孕育期是让设计者有机会去反思、构思方案、开发或完善现有产品。设计师一旦有了创意和想法，他们便能够产生更多看待问题、思考问题、体验问题的新方式。移情设计研究建立在与个人协同关系[11]发展的基础上，这也是定性设计研究[3]的根本。设计师可以将这些定性研究与传统的目的研究数据相结合（如市场营销、社会经济和人体测量数据等）来激发创造力，开发充满灵感的产品，产生更多的相关成果。

对许多职业来讲，移情可能并不重要，但设计师需要了解自身理解和知识的局限性。运用移情设计研究方法可以“扩大设计师的移情视野”[6, 8, 11]，为设计师提供更多相关数据和创意产品成果。移情设计研究也开发了许多成功的商业产品。

由概念化用户向移情用户转移，建立移情模型能为设计师提供宝贵的见解（见图7-4）。设计不太关注产品生产，而更关注产品的使用体验。鉴于此，未来设计师必须熟练掌握传统的设计技能（如图纸设计、模型制作）和研究技巧（如移情建模、遮蔽法、文化调查等）[12, 13]。

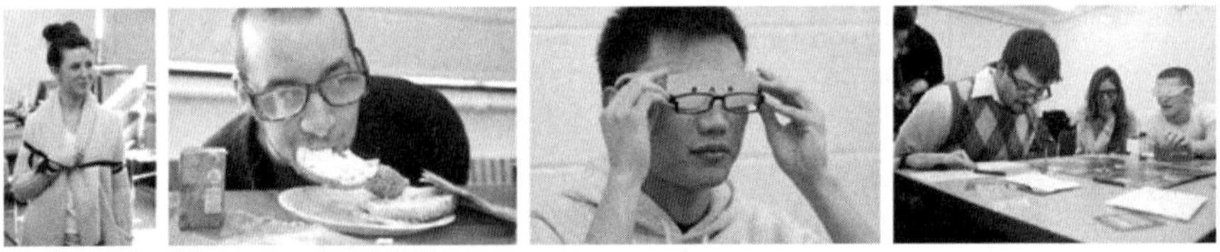

图7-4　设计师们通过移情建模来帮助他们理解感受一系列障碍

有用的产品不会凭空产生，高效的设计师需要与用户、产品使用环境、文化建立密切的联系，以确保产品被用户接受、使用，并建立持久的用户-产品关系。这些活动将改变设计师与用户建立联系的方式。

在设计工作室完成移情建模后，设计团队需要从更自然的环境中（如购物中心、餐馆）获得积极的移情信息反馈，此时关注的焦点不再是残疾人，而是人们完成日常任务的新方式。设计师使用户从仅有一种方式完成工作，到用户根据其能力采用多种方式完成工作，这一思路的转变，积极塑造着设计师看待受众的方式。

6.讨论

关注真实的人而非普通人，对开发适合所有人的产品很有价值。使用这种方法的最大挑战不是思维模式，而是说服产品开发团队摆脱过去的研究实践。因为需求是多样化的，用一个人或一组同质化的人物角色本身就限制了设计的视野。因此，通过少数真实的人以及第一手的模拟实验，可以帮助设计团队发现真实需求和设计机遇，进行创新。

7.结论

我们正在步入一个人们需要产品更少、更个性化的时代。为了使产品和服务更有效，设计决策过程必须基于“真实”的用户需求，这一点可以通过关注真实的人的真实需求得以实现。移情在设计中扮演着重要角色，它能使设计师的感觉与用户更趋一致。无疑，设计可以提高人的生活品质、权力感、独立性和幸福感。为真实的人设计产品或服务需要一个现实的方法。现在到了为真实的人、真实环境和真实需求设计产品的时候了。

参考文献

1 L.H.Campbell, D.McDonagh, Visual narrative research methods as performance in industrial design education.Qual.Inq.15, 587–606(2009)

2 J.Chapman, *Emotionally Durable Design: Objects, Experiences and Empathy*(Earthscan, London, 2005)

3 D.Formosa, The six real people.Paper presented in the proceedings of the international association of societies of design research, Coex, Seoul, Korea.Korean Society of Design Science [CDROM], Kyunggi-do, 2009

4 W.Lidwell, K.Holden, J.Butler, *Universal Principles of Design: 115 Ways to Enhance Usability, Influence Perception, Increase Appeal, Make Better Design Decisions, and Teach Through Design*(Rockport, Beverly, MA, 2010)

5 J.Fulton Suri, Empathic Design: Informed and Inspired by Other People's Experience, in *Empathic Design: User Experience in Product Design*, ed.by I.Koskinen, K.Battarbee, T.Mattelmaki(IT, Finland, 2003)

6 D.McDonagh, Do it until it hurts! Empathic design research.Des.Princ.Pract.2(3), 103–109 (2008)

7 N.Hansen, C.Philo, The normality of doing things differently: Bodies, spaces and disability geography.Tijdschrift voor Economische en Sociale Geografie98(4), 493–506(2007)

8 D.Formosa, D.McDonagh, I wasn't that comfortable anyway(in design-system-evolution).Paper presented in the proceedings of the 6th international conference of the European academy of design, EAD06, Bremen, Germany, 29–31 Mar 2005

9 D.McDonagh, J.Thomas, S.Chen, J.He, Y.S.Hong, Y.Kim, Z.Zhang, F.Pena-Mora, Empathic Design Research: Disability + Relevant Research.Design Connexity.Paper presented in the 8th European academy of design international conference, The Robert Gordon University, Aberdeen, Scotland, 1–3 April 2009, pp.310–315

10 M.L.Khuri, Working in emotion in educational interwork dialogue.Int.J.Intercult.Relat.28, 595–612(2004)

11 H.Denton, D.McDonagh, Using focus groups to support the designer in the evaluation of existing products: A case study.Des.J.2(2), 20–31(1999)

12 B.Laurel (ed.), *Design Research: Methods and Perspectives* (Massachusetts Institute of Technology, London, 2003)

13 J.Clarkson, R.Coleman, S.Keates, C.Lebbon, *Inclusive Design: Design for the Whole Population*(Springer, London, 2003)

第8章 通用设计：为所有人创新

Oliver Gassmann，Gerrit Reepmeyer

摘要：人口变化要求企业摒弃一贯以年轻人为目标群体的理念，创造出对年轻人和老年人都有吸引力的产品，成功的关键便是通用设计。依照通用设计原则设计的产品是整合而非隔离消费群体，实质上扩大了企业的目标市场。本章强调了通用设计的经济潜力，也说明了企业应该如何实施通用设计。要想成功地实施通用设计，企业需要：(a) 制定一个合适的通用设计策略；(b) 在企业内部构建合理的通用设计过程；(c) 正确地设计产品；(d) 恰当地营销产品。本章最后总结了具有吸引力的通用设计创新领域。

1.引言

人口变化的警报已经拉响：大多西方经济体日渐衰老。然而，当五十多岁这一代成为许多企业竞相追逐的目标时，“老龄化”概念本身却备受争议。因为人人都会变老，但没有人愿意变老。陈旧的老年观念已经过时。与过去的老年人相比，现在的老年人更有活力，具有更强的购买力，喜欢尝试新产品。这一点也不令人感到奇怪，因为现在五十多岁的一代与过去老年人的生长环境不同。现在50~65岁的老年人从小生长在摇滚乐、埃维斯·普里斯利和甲壳虫乐队营造的文化氛围中，他们将自己和蒂娜·特纳、罗伯特·雷德福、肖恩·康纳利或米克·贾格尔归为一类。

即便如此，仍有很多企业没有采取合理的措施，主动将新兴的快速增长的50岁以上的年龄群体纳入到产品规划与开发中。亚利桑那州立大学的研究表明，在调查的125家财富500强企业中，仅有12家在其企业网站上提及将积极地在产品战略中考虑老年人的特殊需求。在我们的要求之下，有2家企业提供了相关战略的详细信息。

2003年，我们对11个行业105家公司进行的调研也得到了类似的结果：85%的企业都认为提供与人口变化相匹配的产品非常重要；但只有29%的企业曾主动考虑过采取相应的举措；也只有大约20%的企业已经实施或研读了探讨人口变化潜力的市场研究报告。忽视人口变化将会带来严重后果，企业会因此错过真正的发展机会。在对已生产老年友好产品的企业调查时，70%的受访者对这类产品的多样化非常满意，认为产品的市场表现也非常出色；59%的企业预计老年友好产品高于或至少不低于平均增长水平；只有2%的企业认为老年友好产品的增长率将低于平均水平（见图8-1）。本研究是探索性的，需要对不同地区更多样本进行深入研究。

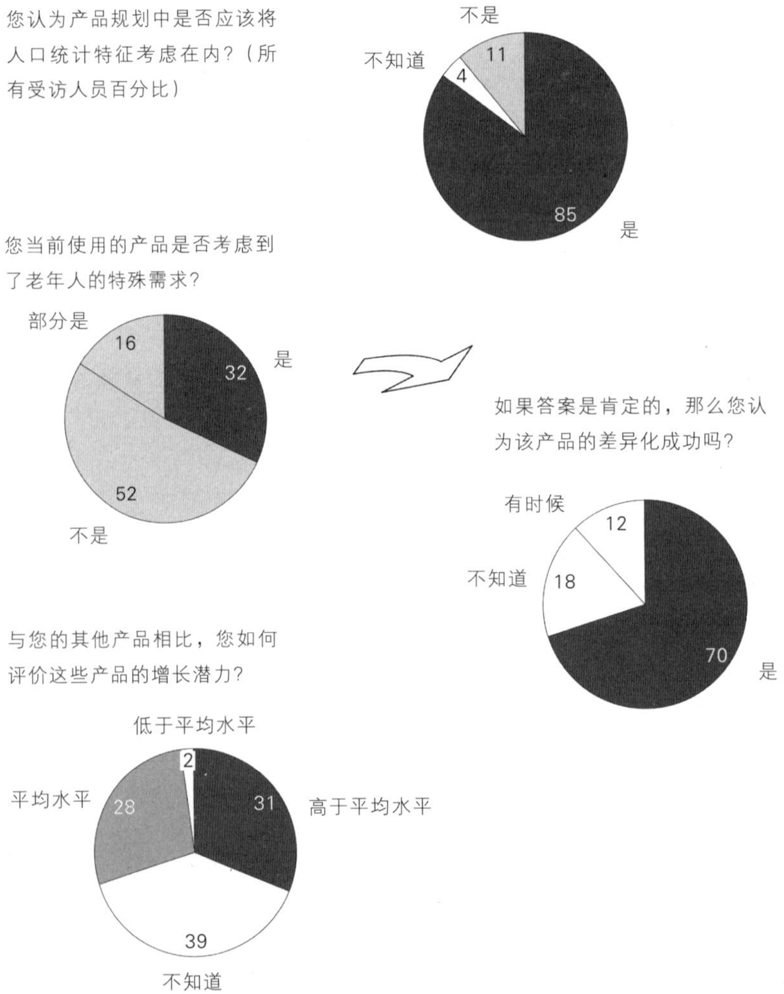

图8-1　许多企业认为人口发展对其产品供应的影响很大，但只有少数企业积极采取相应的举措：老年友好型产品的发展潜力似乎巨大

除了缺乏认识，企业对人口变化的经济潜力研究也相当有限。唯一一项研究是有关消费者细分方法和老年消费者特殊需求与要求界定的[1-3]。Hupp[4]对老年消费者的购买决策过程进行了观察，Trocchia和Janda对老年人的互联网使用情况进行了分析；Szmigin和Carrigan[6]着眼于老龄化社会结构及老年人自我认知研究；Wolfe[7]

则用这种方法进一步研究了老年人的思想结构；Silvers[8]调查研究了老年营销相关的活动；Bristol[9]分析了年龄更替对品牌价值的影响。所有作者得出的结论是一致的：只关注年轻消费群体是错误的[4, 10-13]。其他研究者还分析了针对老年人的广告和销售理念以及老年消费者在广告中的角色[12, 14, 15]。此外，还有一些研究者对老年消费者的消费行为进行了研究。Lazer[16]是最早考察老年人购买力和消费意向的研究者之一。此后Hock和Bader[17]运用此方法对55岁以上老年人的购买力和消费行为进行了分析。

大多数企业对人口发展带来的机遇和变化不知所措。虽然有些企业尝试提供“老年专用”的产品来迎合老年人，但这些专为老年人开发的产品似乎并不受欢迎。由于大多数50岁以上的人身体健康、活力四射，他们更喜欢和年轻人买一样的东西，他们不想因购买“老年专用”产品而远离了年轻、健康的一代。

在这样的情况下，除了开发与消费者年龄无关的产品和服务外，企业别无选择。同时这些产品和服务必须考虑到（逻辑性、复杂性、尺寸、功能、操作性）老年人的特殊能力（感觉和知觉能力、大脑灵敏度、身体状况、技术经验）。创新成功的箴言是“为年轻人创造的产品将老年人排除在外，但是为所有人创造产品必须适合所有人——包括年轻人和老年人”。

2.通用设计的潜力

在这样的背景下，近来的创新管理开始与通用设计的新范式相结合。通用设计产品与用户年龄无关，对所有顾客都有吸引力。通用设计具有整合性，不区分残障的、正常的、年老的和年轻的客户群体，只考虑所有潜在用户和顾客的需要与要求。因此通用设计在概念上是一个标准，而非例外。通用设计并不刻意强调用户和顾客的能力。30岁的年轻人不会购买为60岁老年人开发的汽车，但60岁的老年人也不一定会购买。只有提供与年龄无关的产品，才能使企业的目标群体最大化。

美国北卡罗来纳州立大学通用设计中心是将通用设计作为产品标准的倡导者之一。该设计中心制定了通用设计的产品原则，并得到了世界各地通用设计产品开发的普遍认同。表8-1简要概括了7条通用设计原则，依照这7条原则可以确保通用产品设计与年龄无关。

通用设计的起源可以追溯至20世纪50年代初。经历过第二次世界大战的许多老兵和那些因身体残疾不能正常生活的人，引起了公众对残疾人需求的关注。许多人是因意外或战争环境导致了身体残疾。正是在这种背景下，社会开始开发满足残疾人特殊需求的产品。不过，这些冠以“残疾人专用产品”的设计，不仅设计上缺少美感，价格也比较高。

又过了一段时间（越南战争后的20世纪70年代中期），第一部有利于残疾人的法律生效。1990年，美国政府颁布了《美国残疾人法案》；1995年，英国通过了

表8-1 **通用设计的7个原则**

原则	说明
1.公平原则	设计对所有人都有用 指导原则 (a) 为所有使用者提供相同的使用方法，若无法达成时，也尽可能提供相似的使用方法 (b) 避免使用者产生区隔感或挫折感 (c) 为所有使用者平等地提供隐私、保护及安全感 (d) 吸引使用者的有魅力设计
2.灵活原则	设计能够包容使用者多样的喜好与不同的能力 指导原则 (a) 提供多种使用方法备选 (b) 提供左右手皆可使用的机会 (c) 帮助用户正确操作 (d) 为使用者提供合理通融的操作速度
3.简单直观原则	不论使用者的经验、知识、语言能力、集中力水平如何，皆能理解 指导原则 (a) 去除不必要的复杂性 (b) 用户的期待与直觉必须一致 (c) 不因使用者的理解力及语言能力不同而形成困扰 (d) 根据信息的重要性来安排 (e) 能有效提供使用中或使用后的操作回馈说明
4.信息可感知原则	不论外部条件或用户的感知能力如何，设计都能将重要的信息有效地传递给用户 指导原则 (a) 以视觉、听觉、触觉等多种方式充分传达重要的信息 (b) 将重要信息及其背景区分开 (c) 提高重要信息的可读性 (d) 以可描述的方式区别各个部位（使之容易发出指示或指令） (e) 为感知障碍人群使用各种技术或设备提供兼容性
5.容错原则	设计不因用户错误使用或意外行为而造成危险 指导原则 (a) 精心安排各个部件，将危险及错误降至最低：使用最频繁的部件最容易触及；去掉危害性部件或对危害性部件单独设置、增加防护装置等 (b) 操作错误时提供危险或错误警示 (c) 即使操作错误也安全 (d) 警惕意外行为的发生

续表

原则	说明
6.省力原则	以最省力的方式，有效、轻松地使用设计 指导原则 (a) 用户可以最自然的姿势操作 (b) 操作力量适当 (c) 减少重复动作 (d) 减少长时间的体力消耗
7.尺寸与空间合理原则	提供无关体格、姿势、移动能力，都可以轻松接触、操作、使用的尺度和空间 (a) 使用者不论站姿或坐姿，重要信息一览无余 (b) 使用者不论站姿或坐姿，都能轻松地操作使用所有部件 (c) 适应用户手掌和握力大小的变化 (d) 为辅助设备用户及协助者提供充足的空间

资料来源：通用设计中心。

《残疾人歧视法案》；直到1998年，第一部切实关心残疾人利益的《劳动力投资法案》第508条明确规定：公共合同只发给产品也适用于残疾人的生产企业。这个法案的好处在于，只要企业想做，就有很大的自主权来决定采取什么方式实现这一目标。

欧洲许多国家也采用了关爱残疾人原则。例如，欧盟将2003年作为“关爱残疾人”年。在这种背景下，欧盟推出一项与通用设计问题相关的基金研究项目的重大举措。

虽然政府有明文规定，但行业仍缺乏通用设计的经验。由于通用设计的任务和成本不明确，因此很多企业并没有响应这一趋势。虽然证明通用设计真实有效的案例不多，但数量正在增长。有时，我们也用跨代设计来描述与年龄无关的设计理念。不管名称为何，它们的设计理念是一致的，即生产与年龄、身体、精神状况无关的产品，能被所有消费者使用。

制定一个有效的通用设计路径并不太费周折。例如，惠而浦公司就是一个很好的例子。几年前，惠而浦公司（家用电器领导者之一，特别是在洗衣机领域）收到了大量信件，投诉它们公司的产品很难理解和使用。为了解决这些问题，惠而浦公司对产品做了一点小小的改动，比如在机盖下方放置容易理解的大字体手册。此后，再也没有收到老年人和年轻人的任何投诉。虽然年轻消费者对新的产品设计没有太大感觉，但惠而浦公司对现有产品的小调整，却大幅增加了客户群体的满意度，而这恰恰是通用设计理念的核心意义。

3. 在企业内部实施通用设计

3.1 制定合适的战略

在产品战略中融入通用设计理念是成功实施通用设计的第一步，企业高管定位并实施这一战略，需要解决以下几个问题：

- 通用设计实施的范围是全公司，特定的业务部门，还是选定的产品线或生产小组？
- 通用设计需要哪些资源和能力，如何利用企业的核心竞争力？
- 通用设计的应用潜力及市场潜力如何？

成功实施通用设计战略的企业能够明确市场定位，如要传递的信息，提供的产品和服务等。根据如下三个基本战略，企业就能明确通用设计的实施程度（见图8-2）。

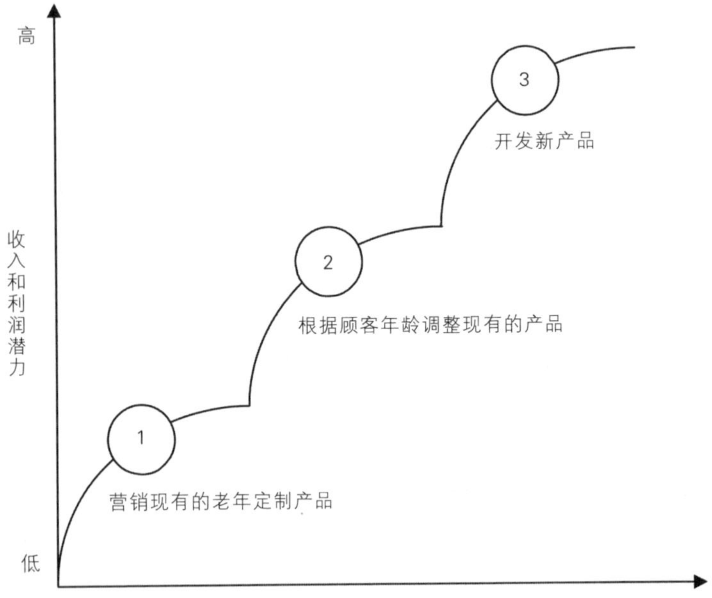

图8-2 企业战略可以用多种方式、在不同范围内实施通用设计[18]

- 营销现有的老年定制产品。本策略只需企业简单地转变营销理念，将被忽略的老年群体整合到现有产品和服务营销即可，无需对现有产品和服务做调整。企业需要做的仅是改变与潜在新顾客的沟通方式，吸引老年消费群体。

• 根据消费者的年龄调整现有的产品或服务。本策略要求企业系统分析现有产品和服务是否符合通用设计的要求。如不符合，可以尝试用一些方法，使产品和服务对老年人更有吸引力。

• 开发新产品。该策略指从产品创意到市场推广的新产品和服务开发过程，必须严格遵循通用设计原则。将老年人纳入产品开发的各个阶段以确保遵守通用设计标准。

第一个策略的市场风险很低，企业只需在产品营销上做微小改变就能获得较快的市场成功，不过这个策略对销售和利润增长的促进有限。

第二个策略需要更多资源。企业付出越多，得到的税收增长和利润回报就越多，因为这一策略除了老年友好营销外，实际上为老年人提供了更有吸引力的产品和服务。而提高产品和服务吸引力的方法，通常是改进产品和用户的交互设计（例如技术和老年人），如按键增大、分辨率和对比度提高的手机产品。

第三个策略的产品开发和市场风险最高，需要的资源也最多。采用该策略进行产品开发的时间相对较长，这通常会稍稍延迟企业的销售利润增长。相比之下，用第三个策略开发的产品和服务最符合老年人的需求，因为企业将老年人的意见和观点纳入了产品和服务设计中。

这三种策略并不相互排斥，可以同时运用，而且适用范围广，从高科技产品到日常消费品企业，都可以采用。例如Betty Barclay纺织服装公司，特意针对老年人扩展了产品线，并取得了巨大成功。2003年，当德国许多纺织服装公司收入和利润下降时，Betty Barclay的销量却增加了1.6%，Betty Barclay消费者的平均年龄超过了39岁。

另一个案例是瑞士的Synthes-Stratec公司，该公司在几年前彻底转变了发展战略，现在主要但不仅限于为老年人提供产品。最初，该公司生产高档瑞士手表。工程师们在实验时发现了防震防腐的非磁性合金新材料。这些材料目前仍被用于劳力士或IWC等知名品牌手表。后来，公司管理层意识到这些新材料不仅适用于手表，也适用于其他高增长率的细分市场。于是，公司开始和接骨协会合作，进入了一个主要包括但不仅限于老年群体的假肢细分市场。随后几年，Synthes-Stratec改变了发展方向，主要生产假肢。如今，该公司已经成为假肢市场的领导者，每年比CHF多贡献15亿美元的税收。

在大多数情况下，公司对产品战略的微小改变都足以使产品和服务吸引所有年龄群体。当所有年龄群体都能从这些改变中受益时，受益最大的往往是老年人。因为年轻人适应新的环境和条件很快，而老年人相对较差，这也正是老年人喜欢通用设计产品的原因。

3.2　构建合理的实施过程

为了识别和界定通用设计战略的实施过程，首先需要考虑老年人特有的功能和能力，这非常重要。随着年龄增大，体力和脑力下降。很多与年龄相关的医疗现状都表明老年人的知觉能力和反应能力下降。一般在40岁左右，人的视力开始下降，对比度和色彩的辨别能力减弱。60岁左右，人体功能衰退更明显，听力开始下降，肌肉萎缩。举例来说，60岁老年人的肌肉力量比20岁的年轻人小15%～35%。此外，老年人骨关节也经常出现问题。综合以上所有因素，许多老年病学研究者会认为，出生于1965年前的老年人面临着相当多的健康问题[2, 19, 20]。但是，也有研究表明老年人身体全面衰退的平均年龄是85岁以上。

除了体力，老年人的脑力也面临巨大挑战。比如，老年人倾向于过多依赖过去的经验。在他们多年的生活经验中，老年人积累了非常具体的知识体系：基于经验的智力相当高。所以，老年人倾向于用他们熟悉的方法和思维处理新信息[21, 22]。因此，老年人对新科技及其功能原理的理解能力随着年龄增长而降低，但这显然与通常的低智商不同。只是“可变”智力，即老年人对新的复杂信息的处理能力不如年轻人[23]。相反，那些由事实性知识和终身生活形成的“固化”智力，却不会因年龄增长而下降。而且，老年人可以用固化智力弥补可变智力的下降。

了解了老年人的能力状况之后，也就清楚了企业产品开发中的问题：很多时候，年轻的工程师、设计师和市场营销专家期待老年人购买他们创造的产品，但由于年龄差异，他们无法亲身感受老年人面临的特殊体力和脑力问题。虽然他们对年轻消费群体的观点和意见非常了解，但对老年人的特殊能力和需求的把握与理解缺乏知识和移情。因此，只有将创新产品特点与老年消费者的特殊能力相结合，才能成功地实施通用设计战略（见图8-3）。

为了使产品需求和特点符合老年人的体力和脑力状况，企业可以采用人们普遍接受的三个基本策略来应对这一挑战：

• 制定产品特点清单。很多研究小组（包括美国通用设计中心）已开发出老年友好产品和服务的特征指南。企业可以采用这些指南识别当前产品和服务的改进潜力。但是，企业也应该牢记，应用通用设计理念设计出来的具体产品通常并不通用，它们应该单独设计每个产品或服务。

• 模拟缺陷。除了理论上对老年消费者的需求和能力进行详细说明之外，在身体上去感受这些缺陷是一个很好的方法，它能真正了解与老年服务相关的特殊问题。Meyer-Hentschel管理咨询公司开发了一个老龄探测器，这个探测器用眼镜、头盔、砝码和其他工具去模仿老年人的体力和认知能力。年轻的设计师或工程师使用老年探测器降低各种能力，就能拥有和老年人一样的产品和服务使用体验。用这种方式，设计师就能认识和体验到老年人的身体缺陷。

• 参与式设计。参与式设计是指从产品概念产生到最后市场测试都将老年人直接纳入产品的开发活动中。这种设计方式给予老年消费者表达自身需求和期望的机会。此外，设计师们也可以借此机会深入了解老年人的态度和观点。企业可以提前为研发部门找一些老年人参与设计。工作中老少搭配，也是企业成功实施通用设计产品战略的一个好方法。

只有产品真正的使用者参与到产品开发过程中，才能在产品开发中合理地考虑他们的需求和要求。此外，用户能力必须与产品要求一致。只有这样，消费者才能真正地接受和使用创新产品和服务。如果将上述的方方面面考虑进去，产品就符合通用设计的要求，同时产品不将年轻的消费群体排除在外或他们被产品的设计吓跑，满足这些条件，产品就有了获得市场成功最好的先决条件。

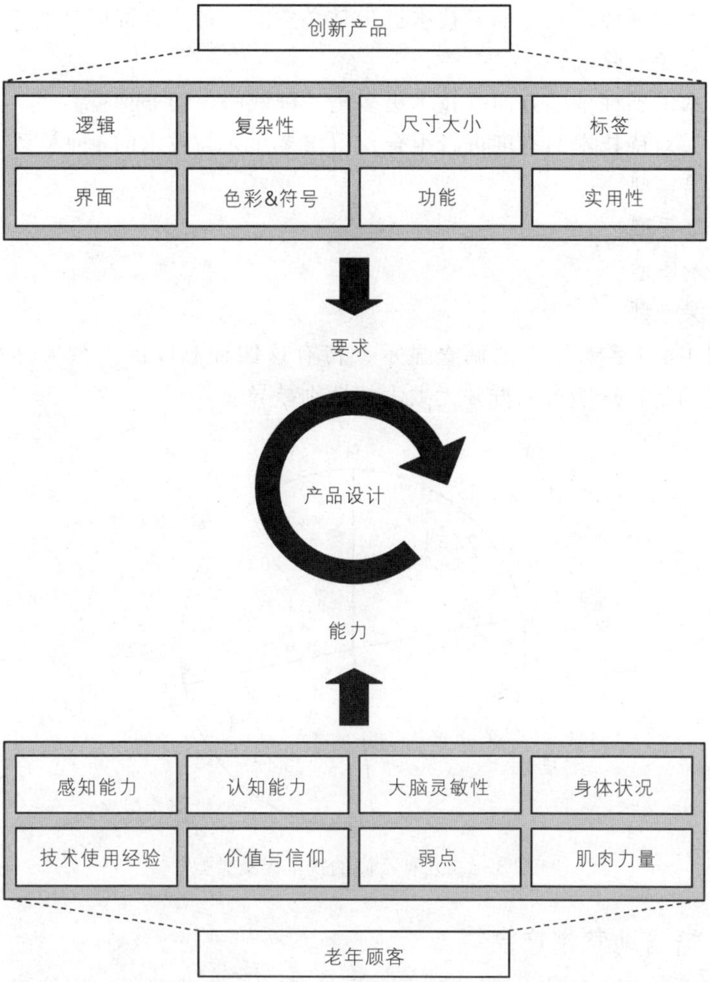

图8-3　通用设计模式下，成功的产品开发符合不同能力的老年人对创新产品的要求

3.3　正确地设计产品

产品设计与用户交互日益重要。如果消费者初次使用某个产品，那么他们的这

次使用就应该是成功的[24]。对老年人的研究表明，消费者对产品的初次使用在很大程度上预示着一个产品的成功与否。Rogers的技术采纳与应用理论认为，技术的早期采纳者和后期采纳者通常在年龄上没有差别[25]。许多学者对技术采纳和年龄无关这一事实进行了探讨。关于这一点，Rogers[25]本人也发现了年龄与创新二者关系相互矛盾的证据。Martinez等人[26]的研究结论是某些家电产品的早期使用者随着年龄增长而减少。

不过，Wahl和Mollenkopf[27]的研究表明老年人对技术创新既不全盘否定也不照单全收。他们对待技术创新的态度有两种：

- 对技术的理性认知方面（技术进步是必然的，每个人都应接受技术进步带来的一些不可避免的弊端）
- 对技术的感性情感方面（技术更多是一种威胁，而非裨益）

将老年人对待技术的态度进行组合，得出老年人与技术的4种关系，即

1. 积极倡导型
2. 理性接受型
3. 怀疑矛盾型
4. 批判保守型

根据对1 417名老年人的调查显示，持有这四种态度的人数大体相当（见图8-4）。有趣的是，这四类人群并无太大的性别差异。

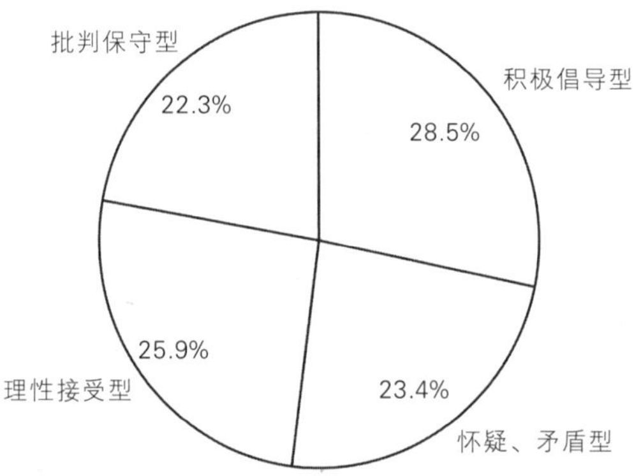

图8-4　几种不同的技术接受类型[27]

3.4　恰当地营销产品

在通用设计原理下完成产品开发和设计后，企业就需要恰当地将产品导入市场。迄今为止，老年营销领域已得到相当广泛的研究共识，专家们通常采用这两种营销理念：

- 整合营销理念：以所有人为目标开展营销，但明确地将老年消费需求考虑

在内。

- 现代老年营销理念：针对老年人设计营销方案。

在通用设计背景下，企业可以采用上述两种方法。尽管所有企业都可以运用通用设计理念来开发产品，但不必采用相同的产品营销方法。运用目标市场定位法来营销通用设计产品，在某些行业或环境中比较适用，这种细分方法还能增加目标群体的数量。

但是，企业不应再将老年人进行年龄划分。针对老年人的营销需要高度个性化的营销手段才能成功。例如，50岁的老年人与75岁的老年人相比，还有其他需求和截然不同的购买行为。特别是婴儿潮一代出生的老年人对个性化、定制化产品和服务的需求更高。

另外，企业在实施通用设计战略时应该考虑到，老年人在购买产品过程中或购买产品后都希望有便捷的售后服务，一旦产品有问题，企业能提供集中、专业的咨询服务。因此经验丰富的销售支持和咨询服务也成为产品成功的关键。如果产品和服务都到位，老年消费者就将成为企业的忠实顾客。

因此，企业仅仅简单地销售老年友好产品或完善后的老年产品是不够的。顾客之需也应是企业之需，这一点必须纳入企业的营销方法中。完善的组织结构和精准的售后服务有助于产品快速获得市场成功。比如通过电话回访就能了解老年消费者对产品的满意度，如产品是否与他们的预期相符，使用过程中有什么问题等，通过一个简单的电话就能极大地提高消费者的满意度。

由于老年消费者看重售后服务，因此售后服务也能极大地提升顾客的忠诚度。尽管这种售后咨询比较费时，但却是向老年消费者成功销售产品的关键因素，也被看作是成功销售的要求。设计一个老年消费者喜欢的创新产品往往取决于企业对消费者能力和机遇等用户行为的理解。如果因产品使用过于复杂而导致产品无用，那么责任在于产品设计本身而非使用者。

4.结论

成功地营销创新产品既不是由简单的技术决定的，也不是由纯粹的消费者需求决定的。只有将技术和市场需求相结合，才能增加一项发明的经济效益。当我们探讨通用设计的潜力时，企业常常会问，到底哪些产品或哪类产品有较高的创新潜力？为了探索和识别有吸引力的创新领域，我们必须详细地综合分析新技术、市场、消费者和应用四个方面，最具潜力的创新出现在技术和市场最佳平衡的交叉点上。图8-5就是50岁以上的消费者特殊需求和老年科技（即用于提升老年人日常生活能力的技术）的交叉点。老年科技学的目的就是为老年人提供“积极老龄化”生活、体验的机会。

总体来讲，针对老年人的创新随处可见，因为各个行业都受到人口变化的影响

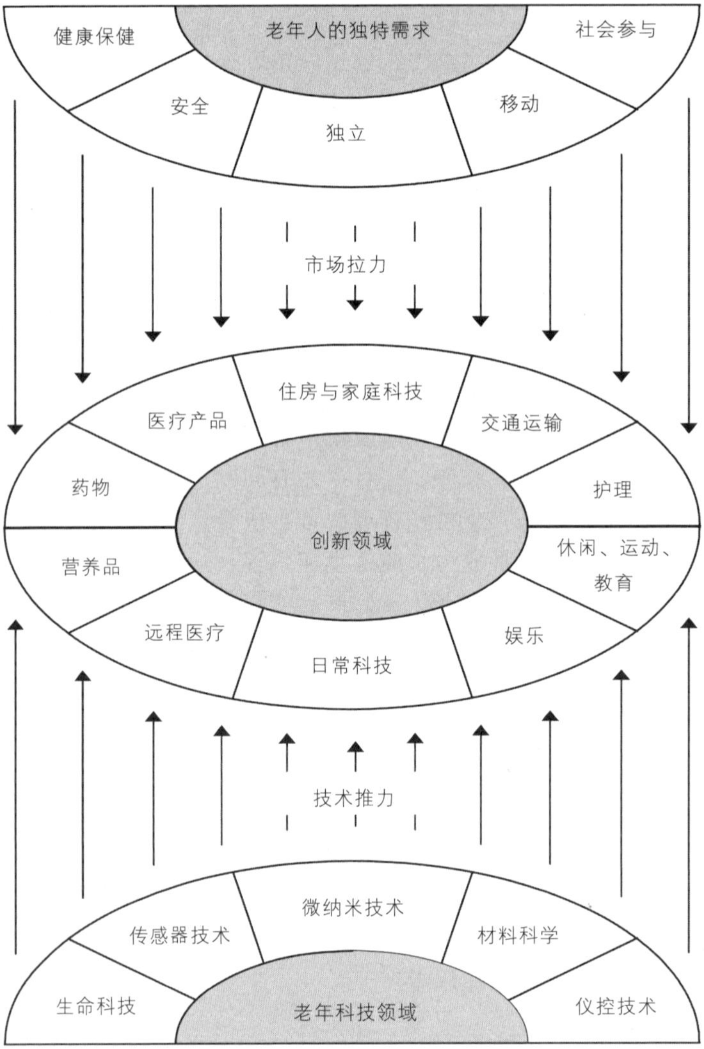

图 8-5 市场与技术相结合，将产生许多极具创新潜力的“魅力领域”

——只是程度不同而已。如果企业的产品能被老年消费者欣然接受，当然就是最具潜力的创新。不过，目标消费群体广泛和以所有年龄群为目标的行业也将受益于通用设计的实施。图 8-5 中的创新领域，由于与技术关系密切，因此具有较高的创新潜力。除了图 8-5 中列出的创新领域外，还有其他一些行业也受益于人口发展。不过，这些领域对技术的依赖性较弱，如金融服务、宗教和神秘主义、老年超越性、文化和传统等“软”创新领域。

综上所述，鉴于人口变化的重要性，高层需要解决问题如下：不仅政治家和社会，企业界领袖也应该敏锐地意识到人口变化带来的潜力、机会和机遇。对企业而言，针对老年群体但并不排除年轻群体的产品和服务有着很高的社会价值。只有所有利益相关者都充分理解老年友好型产品的核心价值，才有可能意识到社会和商业变革的必要性，应对未来最紧迫的人口变化挑战。

参考文献

1 B.O.Brünner, *Die Zielgruppe Senioren–eine Analyse*(Peter Lang, Frankfurt, 1997)

2 B.Kölzer, *Senioren als Zielgruppe:Kundenorientierung im Handel*(Deutscher Universitäts–Verlag, Wiesbaden, 1995)

3 G.P.Moschis, E.Lee, A.Mathur, J.Consum.Mark.14(4/5), S282–S293(1997)

4 O.Hupp, *Seniorenmarketing: Informations-und Entscheidungsverhalten älterer Konsumenten* (Kovaè, Hamburg, 1999)

5 P.J.Trocchia, S.Janda, J.Consum.Mark.17(6/7), S605–S616(2000)

6 I.Szmigin, M.Carrigan, Psychol.Mark.18(10), S1091(2001)

7 D.B.Wolfe, J.Consum.Mark.14(4/5), S294–S302(1997)

8 C.Silvers, J.Consum.Mark.14(4/5), S303(1997)

9 T.Bristol, J.Curr.Issues Res.Advert.18(2), S59(1996)

10 M.K.Dychtwald, J.Consum.Mark.14(4/5), S271(1997)

11 C.Krieb, A.Reidl, *Seniorenmarketing–So erreichen Sie die Zielgruppe der Zukunft*(Moderne Industrie, Landsberg am Lech, 2001)

12 H.G.Lewis, *Seniorenmarketing–Die besten Werbe-und Verkaufskonzepte*(Moderne Industrie, Landsberg am Lech, 1997)

13 G.Meyer-Hentschel, *Handbuch Senioren-Marketing: Erfolgsstrategien aus der Praxis*(Meyer-Hentschel Management Consulting, Dt.Fachverlag, Frankfurt a.M., 2000)

14 M.Carrigan, I.Szmigin, Bus.Ethics.Eur.Rev.9(1), S42(2000)

15 J.Nielson, K.Curry, J.Consum.Mark.14(4/5), S310(1997)

16 W.Lazer, J.Consum.Mark.3(3), S23(1986)

17 E.-M.Hock, B.Bader, in *Fachbericht für Marketing*, vol.2001/3, ed.by C.Belz, T.Tomczak, T.Rudolph(Thexis, St.Gallen, 2001)

18 O.Gassmann, G.Reepmeyer, Wachstumsmarkt Alter, *Innovationen für die Zielgruppe 50+* (Hanser, M€unchen, 2006)

19 C.Krieb, A.Reidl, *Senioren-Marketing–so erreichen Sie die Zielgruppe der Zukunft*(Ueberreuter, Wien, 1999)

20 H.Meyer-Hentschel, G.Meyer-Hentschel, *Das goldene Marktsegment: Produkt und Ladengestaltung für den Seniorenmarkt*(Dt.Fachverlag, Frankfurt a.M., 1991)

21 T.Hess, in *Aging and Semantic Influences on Memory*, ed.by T.M.Hess(Amsterdam, North-Holland), p.S93(1990)

22 G.E.Rice, M.A.Okun, J.Gerontol.Psychol.Sci.49, S119(1994)

23 M.Yom, T.Wilhelm, D.Beger, Planung und Analyse 28(6), S22 – S25(2001)

24 T.W.King, *Assistive Technology: Essential Human Factors*(Allyn & Bacon, Boston, MA, 1999)

25 E.M.Rogers, *Diffusion of Innovations*, 5th edn.(Free, New York, 2003)

26 E.Martinez, Y.Polo, C.Flavián, J.Consum.Mark.15(4), S323(1998)

27 H.-W.Wahl, H.Mollenkopf, in *Impact of Everyday Technology in the Home Environment on Older Adults' Quality of Life*, ed.by N.Charness, K.W.Schaie(Springer, New York, 2003)

第9章
跨代设计：为房屋进行心脏移植

J.J.Pirkl

摘要：作为对过去的研究和老龄化进程的现实回应，作者介绍了他为何及如何设计建造出第一座完全无障碍的房子，目标直指婴儿潮一代及其他老年人。该项目提供了一个工具，以提升消费者对跨代设计住房和家庭用品的意识，提高消费者对跨代设计住房和家庭用品的需求。这一独特的创新设计中和了老龄化、交通事故、疾病或长期隐患带来的许多限制影响。它还表明，有吸引力的跨代住房设计可以延长人们独立生活的时间，消除障碍，提供广泛的和更好的选择，提高所有人的生活质量——包括年轻人、老年人，健康人和残疾人，无需任何代价。

1.引言

1964年纽约世界展览会，我带领了一个设计团队参加为通用汽车公司开发的“未来世界”主题展览。我们的任务是想象“世界的明天”，来展示人类是如何利用知识来跨越时间、距离和环境带来的新挑战。

未来世界每天将70 000名参观者送上奇思妙想的三维全景冒险之旅，去体验全球、全宇宙范围内未来技术发展的可能。他们见证了月球的开发，极地冰盖开采，海底石油钻井，原子动力潜艇运输，激光束收获树木，远程控制沙漠养殖及高速公路连接的居住区。冒险之旅的高潮是穿越“未来城市”，鳞次栉比的高层建筑、移动的人行道、集装箱货运终端、自动停车设施，所有这些都被“高速公路”像丝带一样连接在一起。

这个体验让我们深信，未来的梦幻汽车、厨房及机器人家庭用品将极大满足我们的每个幻想并将我们对幸福的追求带入一个永恒的未来。那时的我们从来没有衰老和退休的想法[1]。

但是，时间和环境重塑并重新排列着一个人的期望和优先考虑的事项。作为年轻的设计师，我从来没有感到能力或生命的脆弱，也没有面对过可能遭受的身体或感官损伤——直到母亲中风，我才意识到缺少辅助环境和产品是多么令人沮丧。十几年前，在母亲因病治疗了几个疗程之后，妻子和我开始感到同样的沮丧，并意识到我们对新型辅助住房的需求越来越大。

回想起来，不知从什么时候起我开始变成一个老人。但我现在和数百万老年人一样，体验着或即将体验歧视性环境带来的身体、感官影响和挑战。

我现在生活在那个“未来世界”，拥有一两辆所谓的梦幻汽车，也发现六十多岁的我退休了。然而，我仍然探索着新挑战，这一次，我关注的是与年龄相关的跨代设计项目。

2. 一个新兴的设计挑战

一场悄无声息的革命正在发生——世界人口老龄化。我们的星球从来没有过如此多的老年人，或者说有如此大比例的老龄人口。当今世界65岁以上的人口比法国、德国、日本俄罗斯的总人口还多[2]。3 600万美国人超过了65岁，超过了纽约、伦敦和莫斯科的人口总和。四十多年前，日本是世界上人均年龄最低的国家，而今天它则是人均年龄最大的国家[3]。日本人的平均寿命增长了30%，到2025年，日本老年人口的比例将从现在的15%上升到25%[4]。

这个数字仍在增长。5 000万美国婴儿潮一代，昨天还是年轻文化发展的动力，现在却已变老临近退休。他们许多人将会经历疾病、意外、生理和感官能力的衰退，然而同时，他们却还要顾及孩子和年迈的父母的需求。

全国住房建筑商协会（NAHB）声称，未来十年，婴儿潮一代是公共住房购买增长最快的细分市场。显然，面对不断变化的需求，这将是一个跨代住房和跨代家庭用品的新兴市场。并且，在当前的住房市场、退休社区和老年护理市场条件下，虽然这个市场已经引起了具有前瞻性思维的制造商和建筑商的关注，但仍有许多人无法接受开发和提供可选择住房的挑战。

Dychtwald[5]在*Age Power*一书中指出：“变老并非在一个人65岁生日时才开始。我们如何照顾自己，如何管理我们的生活，甚至如何思考我们的未来等方面的决定都塑造着老年时期的我们。很明显，如果年轻时能够做出明智的决定，那么年老时我们就能预防许多痛苦和惩罚。”

建筑商和制造商意识到了婴儿潮一代老龄化及其决定对销售的影响，越来越多地使用“通用”和“跨代”设计等词。但是，Bauer[6]认为，主流企业有时很害怕“通用设计”一词，因为它们将其理解为产品必须适合不同能力的人。Feeheley[7]同意此说法，并断言“通用设计还没有达到或启发人们去实现它的潜力……它已经和针对老年人、残疾人的一场设计运动密切联系在一起”。

结果，跨代设计正在成为住房和家庭用品青睐的术语，为明智的、正在变老的婴儿潮一代提供新的有吸引力的、包容性选择。

3.为什么是跨代设计

3.1　术语问题

在大众媒体上我们看不到跨代设计，在鸡尾酒会上也听不到人们谈论跨代设计。然而，越来越多精明的全球制造商和科研机构秉承跨代设计理念，认识到了跨代设计在吸引爆炸性老龄化市场及其集中购买力量上的竞争优势。如研究员 Leahy[8]“发现在向公司高管提案时，说跨代设计（TD）要比通用设计（UD）更有用”，因为“跨代设计激发了企业进军婴儿潮一代老龄化市场的兴趣”。

但遗憾的是，从跨代设计中获益最多的也是对其知之甚少的人。但当人们看到一个实例时，多数人能立即辨别出它的好处。在为人们引入一个新的跨代产品或环境时，包容性设计将会消除痛苦或残疾带来的沮丧。这样的设计能促进人们优雅地老去，减小衰老过程的影响，延长独立生活的时间，提升所有人的生活质量——年轻人、老人、健康人和残疾人。简而言之，这些设计是同情人们，而非侮辱人们。

让我来进一步阐明这个问题。

跨代设计不是生产更加令人愤世嫉俗的老年住房，也不是老年之家，或是平淡不近人情的成人退休社区环境。即使配备了包括医学、老龄化和制度意味的扶手、坡道、升高的马桶座等自适应部件，也不是跨代设计要做的。

跨代设计是对所有居住环境和家庭用品的设计，使产品具有吸引力并适用于最广泛的人群——年轻人、老年人、健康人和残疾人等。为实现这一点，跨代设计整合了人类敏感型建筑、生活空间、器具、装置、产品，以及通信设备的设计，来保障安全、舒适、方便，美观、便捷，具有自我净化能力、调节能力、容易使用和有利身体健康的通信设备，这些都是中和了年龄和残疾带来的负面影响的跨代设计特征。

我们称之为跨代设计，是因为它通过制造将多代人联系在一起的产品和环境，兼容衰老带来的限制人们日常活动的身体和感官损伤[9]。

1986年，由美国卫生与服务部资助，在与雪城大学和老年学家 Anna L.Babic 一起开展的项目中，我创造了“跨代设计”这个词。我们针对跨代设计产品公布的指导方针和战略，在适应个人视觉、听觉、触觉、灵敏度及行动能力降低等身体限制方面首开先河[10]。

但是，将衰老和残障、损伤不可分割地联系在一起是错误的。虽然大多数身体和感官限制的确发生在老年人身上，但我们忘记了一个人不一定老了才这样。事实上，疾病会发生在我们年轻的时候。正是因为它们会发生，因此跨代设计应考虑到那些可能发生在我们各个生命阶段的临时残障：摔伤、扭伤、烧伤、骨折甚至怀孕，这些都限制了我们的活动并降低了我们的独立性。看看今天的美国：

- 约有 4 900 万各个年龄段的人，身患某种残疾；其中 3 500 万未满 65 岁[11]。

• 4 600多万各个年龄段的美国人患有关节炎。这是15岁以上美国人残疾的主要原因，导致了700多万人活动受到限制[12]。

• 僵硬或麻痹带来的问题影响了500万个家庭的生活，其中60%左右是老年家庭。

• 摔伤是意外死亡的第二大原因，占了因伤死亡人数的50%。

根据这些统计数据，脚踝扭伤的儿童、患心脏病的婴儿潮一代老人、臀部骨裂的八九十岁老人或二十多岁患有脊柱关节炎怀孕的家庭主妇都不应该接触厨房、浴室、洗衣房甚至车库这些地方或不能使用恒温器，但我们认为可以[13]。

一个公平的问题是，什么样的住房能够使所有人——年轻人、老年人，健康人和残疾人增强独立性并提高生活质量？我的答案就是跨代设计住房。

它是：

• 生命阶段过渡的桥梁。

• 适应最广泛的个体差异和能力。

• 提供完成日常生活活动的多种方法。

• 提供维持个人尊严和自我价值感的机会。

• 增强个人和社会互动，增强代际关系。

这就是跨代设计之所以如此重要的原因。跨代设计住房通过扫除障碍，促进和延长独立生活，提供更广泛的选择，提供更好的选择，并且提高所有人的生活质量来实现上述的各项功能，无需付出任何代价。

3.2 跨代设计范例

作为一个工业设计师，我将房子看作一个产品，虽然这是个非常大的产品，但是，不管产品大小，所有年龄段和各种能力的人渴望购买并使用的产品都基于三种消费者感知价值：人道学、美学和工艺。我将它们称为跨代设计的“HAT”价值观(见图9-1)。

• 人道学指一个产品价值的人道方面。产品是否安全并简单易用或操作？它是否舒适？是否符合一个人的身体功能？是否适应不同年龄或不同身体和感官能力的人群？没有人道价值，不管其美学和工艺价值如何，一个产品就失去了安全、舒适、便捷、易使用和人体工学等价值。

• 美学方面指产品价值的视觉或感觉方面。产品是否吸引人？其形状、颜色、纹理和声音是否能体现一个人的品位？它是否代表一个群体、团体或者小圈子？它的美丽是否体现了产品的功能？没有美学价值，不管其人道或工艺价值如何，一个产品就没有吸引力、丑陋、让人害怕、带有歧视性或贬低人格。

• 工艺价值与产品价值的工艺技术有关。它是否实现了预定的功能？产品是如何构建的？使用效果如何？价格可以承受吗？它能被修理或服务吗？没有工艺价值，一个产品便不能工作、起作用、操作、执行任务或被维修，不管它的美学价值

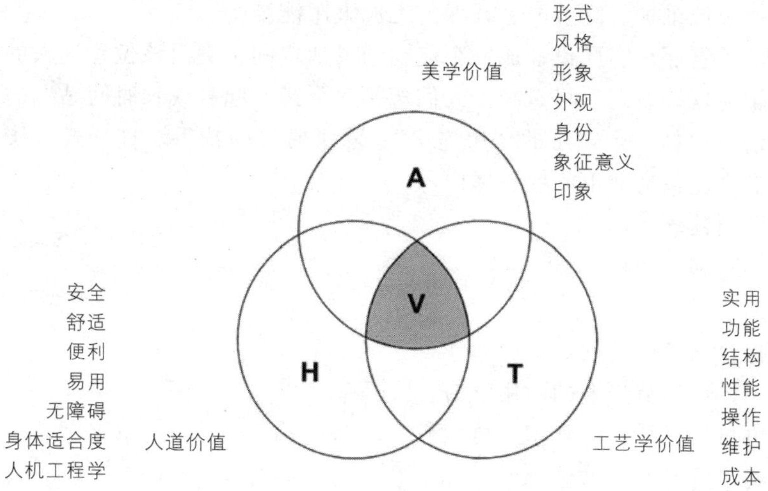

图9-1 产品设计的主要价值分类

和人道价值如何。2 700平方英尺跨代房子设计——它的概念、规划、家具、家电、材料、照明和对细节的关注，将每个HAT价值完美地融入设计方案中。下面的案例研究或许能为大家提供更多的见解。

4.案例研究：跨代设计房子

4.1 项目目标

通过设置三个可实现的目标，我们启动了实验性的跨代房子项目：

1.证明“包容性”住房对最广泛人群都具有吸引力和诱惑力。

2.通过大众媒体向公众传播跨代设计对住房、室内环境和家庭用品的好处，激发消费者的兴趣。

3.向住宅建设、住房改造和家庭用品行业传播跨代设计住房的竞争优势。

4.2 设计方案

在项目开始设计之前，我们准备了一份包含需求、愿望和要求的12页设计规划——我们的“愿望清单”。它包括如下目标：

- 使最广泛多样的潜在用户感到安全、舒适、便利、赏心悦目、可用和容易使用。
- 创建一个对年轻人和老年人都具有吸引力的、无敌的当代设计。
- 创建一个混合的审美结构、开放式的布局，还有大型玻璃门的“通用”通道。

- 生产一个低维护、高节能、环保的无源太阳能结构。
- 将厨房、餐厅、客厅设计成一个流动的灵活空间，突出该位置迷人的山景。
- 进行轮椅友好规划，尽量减少人们弯腰、下蹲、起身或长时间站立的需要。

我们的清单包括一个宽敞的“房连房”。除了常见的扶手、杠杆式门扶手、加宽的门及门槛，还包括如下一些具体内容：

- 无钥匙门锁。
- 活动隔断和滑动板。
- 腿脚辐射供暖。
- 多层柜台和工作台面。
- 无边角、可调节坐姿的两用淋浴。
- 使用可再生材料，如软木、竹地板。
- 可调高度的浴室面盆。
- 易转移的扩展浴缸板。
- 伸手即达的侧边浴缸控制器。
- 可灵活使用室内外空间。
- 滑动门，方便轮椅通行。
- 多个直径5英尺的轮椅转弯区。
- 互联网、娱乐和通信系统。
- 远程安全、医疗和环境控制系统。
- 较高的电源插座和较低的开关。
- 远程控制的百叶窗。
- 无台阶门槛。

4.3 选址

我们将房屋位置选在圣丹斯平顶山的一个新住宅社区，该社区坐落在新墨西哥阿尔伯克基和圣达菲中间。在该位置可以一览东南桑迪亚山壮丽的高原景色和西边一望无际的平原，其上流过格兰德河；北面是一大片连绵起伏的丘陵，是我们漫步、远足或遛狗的自由空间；一条小河从这片土地上斜穿而过，滋养了繁茂的西南植被——舍迷思、鼠尾草、杜松，以及含盐丛林地。

我们选择这个位置，是因为它与公认的可达性原则相悖——它并不是坐落在平地上。“为适合所有人居住而设计的房子一定要建在平地上吗?”在地势稍高的地点建房子，并非不存在设计问题。我们将车道设计在位置沿线，跨过小河和渐渐升高的地势，逐渐到达停车坪和车库。因而，从道路的高度到房子的高度，汽车就起到了电梯的作用，不用坡道就能到达。我们将房子与其所处位置的自然轮廓和现有景观整合在一起，在最大程度上保护了自然环境——这也是我们早期设计时另一个优先考虑的事项。

4.4　规划

住房规划根据多个布局发展而来，我们的愿望是：

- 一览桑迪亚山脉和里奥格兰德山谷迷人的景致。
- 提供一个从各生活区能直达带围墙的私人的惬意小庭院“绿洲”。
- 一个生动的视觉和功能相互作用的室内和室外空间。
- 利用天然的、可持续发展的“绿色”材料。
- 全部实现单层轮椅无障碍访问。

通过定位和整合四个功能活动区来实现这些目标：

- A区包含“公共”区域：主入口、厨房和洗衣店、卧室或餐厅区域直接通向户外用餐露台和私人庭院。
- B区包括图书馆、媒体、活动室，能俯瞰庭院并连接“公共”和“私人”区域。毗邻的客卧连接客浴，客浴也可通过瓷砖走廊直达。客人可通过客浴后门直达庭院。
- C区包括“私人”区域。主卧套房可直达庭院和健身池，健身池包括一个无障碍的主淋浴。办公室或工作室直接通向自己的私人庭院。附近的公共设施或储藏室为房子到车库提供了便利的过渡点。
- D区包围着私人庭院，从其他区域可以很方便地直达“绿洲”。进入院子后，沿着宽阔的人行道穿过花和草床，就到了具有太阳能加热和自我净化功能的健身池。

室内外空间都配备了杠杆门扶手、水平门槛、防滑地板和走道、数个直径5英尺的360度轮椅转弯圆（见图9-2）。

这些绿色原则能够保持健康、节约能源和资源，它们有助于简化日常活动并实现通用设计和跨代设计这两个相互兼容的目标。

4.5　绿色设计

除了遵循通用设计和跨代设计原则，我们还遵循绿色和环境可持续发展原则，如下：

- 节能设计。
- 可再生能源利用。
- 优化材料使用。
- 安装节水、低维护的景观。
- 耐用性和低维护设计。
- 未来再利用和适应性规划。
- 避免使用排放污染气体的材料。
- 利用可再生材料，如软木、竹地板。

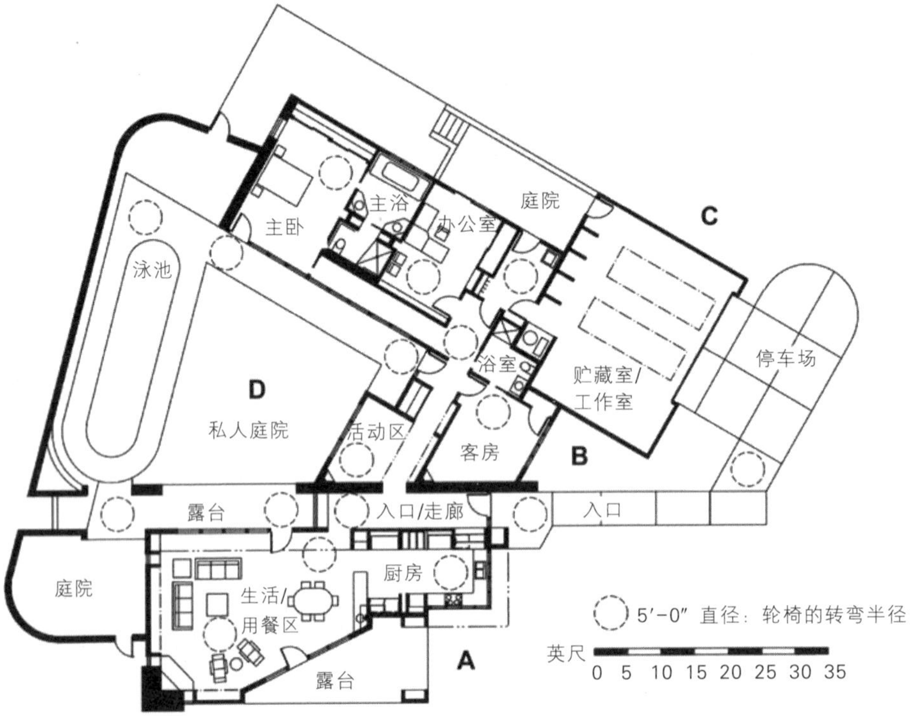

图9-2 跨代住房规划

5.跨代房子一览

实验性跨代房子项目提供了一个详实的案例研究，期望激起讨论，开拓创新，提供替代方案，提高公众意识并产生市场需求。我们从主入口开始，依次参观四个活动区，重点关注最具创新性的解决方案。

5.1 A区

入口：房子坐落在一块突起的覆盖着西南植被的一英亩土地上，要想到达房子，需要爬上缓坡，沿着弯弯曲曲的车道到达停车坪。到了门口之后，沿着平坦的走道，穿过两侧的自然植被，就到了不受气候影响的入口。全程的侧灯可以让居民在开门之前看到来访者。

人们可以将包裹或货物放在入口旁的嵌入式平台上，很方便、安全。开门时，一个直径5英尺的轮椅转弯区足以容下轮椅，前门配备了备选的无钥匙门锁（见图9-3）。

一进门，人们可以很方便地将杂货袋和包裹顺手放在就近的跨门柜台上，柜台与厨房相邻。柜台下有一个坐凳，坐凳带抽屉，可以放置脱下的远足靴、手套等等。

图9-3　从停车坪看房子入口

一条5英尺宽、防滑瓷砖地板从入口一直延伸至门廊尽头的落地窗，将我们的视线延伸至庭院并使庭院的风景一览无余。

厨房：玻璃包围的厨房铺着有弹性的软木地板，还有用于减轻弯腰或站立时身体痛苦的多层工作台。窗户与拐角处柜台顶部一样高，为我们提供了一个全景的山景视野。落地的小百叶窗使自然光变得柔和，同时，外面的玄关能将直射的阳光遮挡在外。折射的小凹灯和工作灯补充了厨房天井照射进来的光线。

所有底部橱柜都升高至8英寸而非通常的4英寸，清洁简单且最大程度地减少了弯腰或蹲下的需要。壁橱和抽屉都是D形扶手或开关，并且都有滑出式储藏架、餐具格和毛巾架。多层柜台顶部的易抓边缘是为了稳定或方便轮椅上的人将轮椅拉近柜台。水槽柜的门和地板很容易移动，可以清理出膝盖大小的空间方便轮椅进出。拉开可回收垃圾的抽屉，就能将垃圾倒入四个独立的带有自动关闭盖的罐子。

柜台顶部的易抓边缘锁着一辆滚轮手推车，人们可以将其作为整理柜台物品的临时地点，也可以作为一个服务车，向厨房运送东西，也可以向房间或露台运送东西。当不用时，可以将它很方便地停靠在壁橱凹下的地方。将展示柜拉开，就露出了壁橱架垂直面板后面隐藏的储藏区。

柜台下的洗碗机加高到8英寸，便于装卸东西。它是一个双层工作台，简单易用的植入式微波炉和对流炉设置的高度很好。双侧冰箱、室内水冰自动分配机，方便不同身材和行为能力的人冷藏和冷冻食物。

洗衣房：前置放衣的洗衣机和干衣机加高后放在厨房边上，有内置的配套壁橱。厨房和洗衣房距离很近，可以同时做饭和洗衣做家务（杂物间在C区，它有一个多功能水槽，是洗衣机和烘干机的备用位置）。所有电器柜子表面都便于分类和折叠衣服。

毗邻的装有抽屉的烫衣板折叠起来与坐高一样，很适合坐椅子或轮椅上的人。清洗和熨烫后的衣物可以放在附近隐藏的展示区或储藏区。厨房手推车在将衣物送到其他房间时非常有用。

起居室或用餐区：高高的天花板和竹制地板让这个充满自然光的流动空间更接近自然。半透明的落地窗卷起的百叶窗使这个敞亮的开放空间充满了柔和的自然光。私密程度、光线和高度都可以实现远程控制。

较远的一角是一个加高的可远程控制的汽油壁炉，侧面轻薄的垂窗围成了一张宽宽的、方便坐下或轮椅转动的和椅子一样高的炉床。嵌入墙壁的是方便使用的壁橱和书柜，头顶柔和的光线照着墙上悬挂的艺术品。

本区宽敞的空间安装了加高的电源插座（18英寸）和降低的开关（42英寸），不需弯腰就能够到。两扇3英尺宽的玻璃门可以同时让两个轮椅通向户外：位于D区装有汽油烧烤架的用餐露台和中央庭院。“易用”热水器具有大号的、对比度高的、三维数字触觉反馈，方便感官或触觉损伤的用户使用。

5.2 B区

图书馆、媒体室、活动室：一条宽宽的、防滑地板瓷砖过道从入室门廊穿过整个区域，直接与C区相连。左边的弹性软木地板一直延伸至与桌子一样高的窗边，透过窗户可以看到中央庭院“绿洲”。右边的嵌柜和架子方便人们够到储藏柜、架子和书。嵌入式壁灯补充了可调节的百叶窗控制的自然光，一个垂直的半透明窗格将嵌入式荧光散射开来。

客卧：房间角墙是家具的备用空间。地板是由商用级的、没有衬垫、低桩的地毯铺成，很方便轮椅移动。远程可控的、半透明的落地百叶窗不仅提供了私密空间，也控制了进光量。房间角落的嵌入式荧光灯，通过垂直的半透明窗格散射开来，与图书室的荧光灯遥相呼应。

客卧门3英尺宽，门上有一个18英寸的雾化玻璃侧灯，自然光从毗邻的庭院中照射进来。空间宽大，足够坐轮椅的人抓住扶手拉开门。光线很好的壁橱上有可调节高度的架子和衣架。穿过另一扇同样带有侧灯的门，一条走廊通向对面的客房，就到了中央露台和健身池。

客卧浴室：客卧浴室有公共空间和客卧，一对3英尺宽的滑动门方便轮椅进出，一扇天窗将自然光柔和地扩散开来。

防滑地板上有直径5英尺的转弯圆方便轮椅进入、走下地板到达壁挂水橱。壁挂式洗手器能够去掉，可以够到壁内水槽和冲洗装置。蓝色强化不锈钢侧壁扶手利于轮椅的安全转移。动作感应控制灯光和电扇。

一个配备了扶手的一体式光纤玻璃淋浴，一个可调节高度的莲蓬头和手持淋浴头，还有一个可折叠的座椅。嵌入式顶灯的光线非常柔和。

地板下方有一个嵌入式凸出边缘和一个水龙头，可以根据椅子、轮椅或任何身高进行调节。一体式坚固表面装了一个易抓边缘的水盆。药橱上方一排耀眼的白炽灯为化妆或刮胡子提供了充足的光线。

5.3　C区

主卧：到达主卧需要穿过一条宽宽的瓷砖通道，通道一侧的落地窗、朝南的窗户和墙壁围起来就是中央庭院。悬顶和半透明的窗帘遮蔽了夏日阳光，让地板和对面的墙壁处在阴凉之下。冬季，低角度的阳光加热地板和土坯的特隆布墙，提供了可持续使用的太阳能。

穿过一扇3英尺宽的滑动门，踏上竹子铺成的地板就进入了卧室。穿过玻璃墙尽头的水平门槛玻璃门，可以直达中央庭院，轮椅也可直达健身池。

在房间的另一端，四面带镜子的滑动门围起了一个与墙一样高的衣橱，有着可以调节的衣架、架子和抽屉。头顶的光线非常柔和。一座窄窄的嵌壁架从地板一直延伸至天花板，为书籍、照片和纪念品提供了一个方便的藏身之地。

主浴：主卧的竹地板延伸至主浴室，拉开3英尺宽的滑动小门，能一览主卧和主浴。浴缸和其他空间环绕着一个5英尺直径的转弯圆，为机动性轮椅提供方便的操作空间。

一个17英寸宽和浴缸壁一样高的台面围起冲浪浴缸，方便人们坐下或轮椅活动。扶手边上的小架子方便人们取用洗浴用品，增加了安全性和稳定性。侧面控制器和可收缩的淋浴头提供更舒适的水温，人们可在洗浴前后用喷头调节温度。

地板下面双侧拐角的空隙可让用户根据需要调节高度；镜面的药品小橱柜反射着亮光。一扇3英尺宽的小门坐落在这两个空隙之间，沿着伸拉抽屉和储藏单元就到了有着淋浴和水橱的“湿室”。

防滑、转入式淋浴为人们提供了可调节高度的折叠椅和手持淋浴头。不锈钢扶手更为安全。需要的话，人们可以去掉浴室的玻璃门，充分利用该房间的“湿室”功能。加高的、壁挂水橱更容易清洁，不锈钢扶手和壁挂电话为人们提供了更多的安全和便利。与客浴一样，动作感应器控制着灯光和电扇，天窗提供了散射的自然光。

5.4　D区

房子周围是有围墙的中央庭院和健身池，突出了室内外新墨西哥半干旱气候的优势。通过水平门槛进入庭院，所有区域全是轮椅“无障碍”。增高的花圃和药草园让人们不用弯腰就能做园艺。宽宽的水平过道尽头，每个尽头都有一个直径5英尺的转弯圆，经过它人们就到了自清洁泳池及周边。小憩、进餐、休闲区就在庭院屋檐下，相邻的天台直通用餐区。5英尺高的围墙为我们提供了隐私空间，也为我们展示了平顶山和越过格兰德河的西部地平线迷人的风景。

6.结论

是应该为跨代人口需求探索更好的设计方法的时候了。但是，要做到这点需要我们重新理解年龄和能力的关系。实际上：

年轻人会变成老人，

残疾人会变成老人。

年轻人可能变成残疾人，

老年人可能变成残疾人。

这一理解有助于当前的主流心态从“顺从”向“辅助”转变。实践表明“无障碍”房屋最好能通过法律、法规、标准或规则实现。

然而，历史清晰地揭示了这种方法的局限性。要实现真正的跨代环境和产品，需要的不仅仅是遵守规则和尺寸模板。当然，遵守规则非常重要，但它仅能解决跨代环境和产品功能、用途和责任方面的包容性，并不能产生有利于我们界定人性、个性、尊严和自我价值的HAT环境价值。

随着越来越多跨代设计创新案例的涌现、吸引注意、刺激消费并创造需求，将促使目光敏锐的设计师、建筑商和制造商创造更有吸引力、更受欢迎的跨代设计，参与竞争。

我认为最好的设计不只需要预测方向的能力，也不只采用不受欢迎的设计理念的勇气，还要具有改变陈旧态度坚定不移的信念。当每个人与努力的结果及实现的可能性之间有利益关系时，人们将变得无所不能。

让我们一起努力，为房子做“心脏移植”，生活在我们共同憧憬的“未来世界”里。

参考文献

1 General Motors, Futurama, New York World's Fair, 1964–65.Visitor handout booklet (General Motors Corporation, Detroit, 1964)

2 US Bureau of the Census, Table no.1334.Population by Country: 1980 to 2000.*Statistical Abstract of the United States*: 1997, 117th edn.(US Bureau of the Census, Washington, DC, 1997)

3 P.G.Peterson, *Gray Dawn: How the Coming Age Wave Will Transform America and the World* (Random House, New York, 1999)

4 K.Bole, *Graying Japan poses golden opportunity*.San Francisco Business Times, 16 Dec 1996

5 K.Dychtwald, *Age Power: How the 21st Century Will be Ruled by the New Old* (Tarcher/Putnam, New York, 1996)

6 S.M.Bauer, Invisible no longer: Newsletters June 2005.The Family Center on Technology and Disability (June 2005), http://www.fctd.info/resources/newsletters/displayNews letter.php?newsletterID/10022.Accessed 20 Dec 2007

7 T.Feeheley, PROTEUS website.Transgenerational design (2007), http://www.proteusdesign.com/transgenerational_design.aspx.Accessed 20 Dec 2007

8 J.A.Leahy, Transgenerational design and product differentiators in product development (2004), http://t2rerc.buffalo.edu/pubs/conference/fulltext_2004_leahy_2.htm.Accessed 20 Dec 2007

9 J.J.Pirkl, *Transgenerational Design: Products for an Aging Population* (Wiley, New York, 1994)

10 J.J.Pirkl, A.L.Babic, *Guidelines and Strategies for Designing Transgenerational Products* (Copley, Acton, MA, 1988)

11 US Bureau of the Census, *Statistical Abstract of the United States*: 1195, 115th edn.(US Bureau of the Census, Washington, DC, 1995)

12 Arthritis Foundation.Arthritis facts (2007), http://www.arthritis.org/facts.php.Accessed 6 Sep 2007

13 National Safety Council, What are the odds of dying? (2006), http://www.nsc.org/mem/educ/slips.htm.Accessed 6 Sep 2007

第10章
服务创新：为老龄化社会设计新的商业模式

Patrick Reinmoeller

摘要： 以日本为首的工业化国家老龄化要求企业从根本上重新思考它们的商业模式。前所未有的人口变化改变了企业应对市场所需的可用资源，日本活跃的企业不得不重新思考如何应对这一变化。人才和退休人群老龄化要求企业预防因工人知识和技能损失造成的不利影响。调整供应链、开发新产品或增加银发市场的服务产品只能给企业带来短期利益，不足以维持成功。因此，企业需要制定并实施新的商业模式，利用服务创新来满足老龄化社会需求。本章通过对日本Seven-Eleven及大和运输共享的商业创新模式的案例研究，阐明了企业如何在老龄化社会中抓住机遇，创造更大的价值。

1.引言

大规模的环境变化和竞争加剧增强了企业发展的波动性和不确定性[1]。气候变化、政治动荡或日本等其他老龄化社会（包括工业化国家）婴儿潮一代大量退休带来的人口变化，都考验着企业的组织战略，动摇着企业的基础。2000年，日本、德国、英国、法国三个半工人养活一个退休工人，到2020年，同样的重担却落到了两个工人身上。为了控制人口增长，中国政府"只生一个孩子"的计划生育政策在取得成效的同时，也带来了包括加速社会老龄化在内的许多意外后果。这些变化对社会、经济和企业造成了很大影响，而且这些变化的破坏性极大，不仅导致市场对企业的产品需求降低，退休和招聘竞争也会导致企业损失知识，缺乏高质量的产品和服务等。不过，这些变化也为企业带来了开发新产品和服务的机会，开拓新市场的机会，以及增加现有产品价值的机会等等。机会是留给有准备的人，因此企业必须能预知这些大规模的变化，抢占先机。

日本就是未来西方国家的缩影，当今日本是世界最大、最富有的新兴银发市场。换句话说，其他国家可以向日本这一领先的银发市场学习。日企和驻日外企当前在研究、开发、设计方面的努力，将产生领先数十年的卓越产品、服务和公共设计。可惜的是，现有许多产品并不能满足老龄化社会的需要，而且它们大都是为年轻消费群体设计的，服务常常是实体产品的附属物。实际上，企业凭借优良的服务不仅能将硬件（实体产品）变得更好用，也能在不断变化的市场中通过价值传递创造新的商业机会。当前组织应为婴儿潮一代采购、生产和推广产品。老龄化社会未来需要不同的产品和服务，这就要求组织能创造这些产品和服务。因此，适应老龄化社会要求最有效的举措是进行商业模式创新。虽然其他章节已为银发市场下了定义，也描述了主要的经济体正在发生的变化，也展示了这些变化对企业的影响，但本章的重点则是创建符合新兴银发市场实际的新商业模式。

2.老龄化社会与商业问题

银发市场规模、资金量和复杂需求为善于变通的商业提供了机会。社会老龄化仅对工业化国家构成威胁这一说法是没有依据的，比如前面提及的中国经济快速发展及计划生育政策对其社会老龄化的影响。大多工业化国家的工业成功会降低人口出生率，但难以置信的是，印度经济持续增长却不一定存在这种现象。虽然医疗和社会支持领域关注了这一全球现象，但我们不应忘记，在美国、欧洲特别是日本，最富有的就是正在退休的婴儿潮一代。McKinsey研究报告指出，美国婴儿潮一代的可支配收入比前一代高40%，因此我们用市场规模和财力充裕等来衡量该市场机会可谓是“无与伦比”。然而与此同时，这些相对富裕的消费者在财力上却不准备“退休”，而且经过雷曼冲击后，他们更关心自己的未来。换句话说，他们在金融服务或社会关怀上对新产品有亟待满足的巨大需求。由于婴儿潮一代一辈子对生活的期望都在提高，他们已习惯了不断提高的生活水平，因而当前的产品和服务常常无法满足他们的复杂需求。已经适应了第二次世界大战后、冷战和后冷战时期的这代人，灵活多变且要求更高，这就为有能力创造新产品来满足这一银发市场需求的企业提供了巨大的市场机会。日本收入差距的扩大就与这些代际差异有关。当老一代仍然享受着慷慨的雇佣合同时，年轻一代却只能做兼职，没有丰厚的薪金和福利待遇。因此，有能力开发新商业模式的企业应时刻准备抓住机会，积极应对银发市场对财富与财务安全、安全却不失冒险乐趣的生活、健康但不无聊的个人体验、社交活动，或退休后有额外收入的工作机会等需求。

3.为什么要进行服务创新？

银发市场的商业潜力表明，企业应该重视社会的重大变化。银发市场的复杂需求对现有商业的破坏潜力和挑战要求企业必须进行创新。然而，企业仅仅进行产品创新是不够的。因此，为帮助有能力满足银发市场需求的企业探索一些商业机会，本章重点探讨了服务创新及其重要性。当前经济发展的范围更广，银发市场的需求特性，以及相关研究的缺乏都表明，我们需要学习新的服务商业模式开发方面的知识。

3.1 服务经济

当前，服务业占发达国家经济的比重越来越大[2]。几十年来，发达国家的GDP持续增长，主要驱动力便来自服务业，服务业是OECD（经济合作与发展组织）所有经济体最重要的行业。1987年以来，发达国家的服务业比重逐渐超过GDP总量的60%甚至70%[3]。在资源稀缺和中国备受制造商青睐的时代，我们常常忽视只有印度的服务业在迅速增长，中国的服务业早在2005年就达到了GDP的40%，且还在增长。近年来，服务业的服务创新及增长推动着经济发展。然而，OECD[4]最近一项研究表明：为了促进整体经济的发展，提高服务业的发展至关重要。经济增长驱动来自全球化和创新等因素，而服务创新是经济实现大幅增长的重要动力。2001年，服务创新的R&D投资达到了挪威、澳大利亚和丹麦等国家R&D总投资的40%。日本和德国的服务业不到商业R&D的10%。发达国家需要借助服务创新来刺激经济增长，而依赖制造业的国家也需要服务创新来维持经济增长。

3.2 全世界的老龄化市场

日本引领着其他工业化国家的老龄化进程。在此，我们将日本银发市场特征纳入世界人口变化的大背景来看待。全球的衰老大戏始于世界人口的增长。2050年，世界人口将由当前的65亿增至91亿。印度正处于一个婴儿潮一代出生的时代。2050年，印度将是世界上人口最多的国家，人口总量将达到16.28亿，而今天印度的人口是11.04亿。一个非洲母亲平均将生产五个以上的孩子。而与此同时，工业化国家的人口景象却截然不同。在那里，人口出生率不断下降：意大利、德国、日本、韩国将眼睁睁地看着各自的人口缩减。这些国家不断改善的生活条件和医疗保健状况，使人们更加长寿。大量老年人口不得不依靠少量人口来保障他们日益增长的生活水平。

让我们再来看看老年人口增长对世界人口变化的影响，当前65岁以上的老年人口占世界总人口的7.4%。当这个数字为7%时，表明社会正在老龄化；而当这个数字为14%时，我们称这些社会为“老年社会”。我们的世界将在2040年变成老年世界。预计2050年，将有更多的老年人：老年人口将达到总人口的16.1%。届时，3.2亿老年人生活在发达国家，11.4亿老年人生活在发展中国家。

关注日本的银发市场尤为重要，因为日本社会的老龄化速度非常快，远远高于其他国家。2006年，日本的总人口达到高峰[5]。日本偏远农村地区如东海之滨的岛根县，该地区的青壮年都离开家乡到城市工作，剩下26.7%以上的老年人都超过了65岁。当前日本65岁以上的老年人口占到了总人口的19%。90岁以上的日本公民有100多万，这个数字是1996年的两倍多。日本当前拥有23 000多名百岁老人。到2050年，大约40%的日本人口将超过65岁。这些老年人都希望保持甚至提高他们的生活质量，因此，日本企业需要快速了解如何为老年人服务以及如何留住年轻人，从而促进日本经济和社会恢复增长。

4.服务创新

4.1　创新

我们回顾文献时发现，许多理论和实证研究都描述、解释并提供了高效供应链和新产品开发的指导。新产品开发作为企业创新的重要领域，并不是唯一需要创新的领域。但我们对服务创新的研究仍为罕见。由于服务是无形的，其生产和消费往往是同步进行。而恰恰是这些被人们普遍认可的服务特征，使企业对新服务的管理要比对新产品的管理更为困难。于是，这就造成了服务与产品捆绑，服务与硬件捆绑的现象。虽然企业用这些方式对服务进行包装，看似更容易管理了，但像维护或修理活动等附加服务，往往因其与物理产品的关联而使管理十分受限。尽管这些维护或修理活动对企业来说很重要，但仅关注它们就等于公司放弃了更根本的服务创新潜力。

在产品开发之外，近来创新研究出现了三个重要的主题：

1.学者们十分重视技术和研发管理的具体功能。为了解基础研究和应用研究对生产率提高的作用，很多文章提出并验证了技术和研发管理如何与技术表现挂钩的想法，通常用注册的专利来衡量。

2.知识管理，特别是孕育产品创新的隐性知识管理，是20世纪90年代中期以来成果颇丰的领域[6]。由个人或团队创造知识，分析汽车、电子、光学和机械设备等各行业龙头企业的成功之处，将其传播扩散给各部门、各组织。

3.以包容性创新或外部创新[7–9]的名义，开放式创新（一种新的吸收外部资源的方法）引起了各界关注。与创业和新业务开发相联系，创建整合新企业和新公司，成为各种新服务和新组织的实验台，从而借助市场互动，快速开发理念。

接下来重点介绍更新企业能力、提升组织灵活性的方式[10–13]，即通过整合、协调专业化活动和创造新服务，开发新的商业模式。

4.2　服务

由于服务创新能够创造价值，满足身体受限的成熟、富有消费者的需求，因而银发市场服务的重要性日益增长。根据Zeithaml等人[14]的定义，服务是满足顾客需求的“行为、过程和绩效”①[15, 16]，它可以作为好产品的支持和/或是作为使产品变

① 服务清单包括批发和零售贸易、运输、仓储、信息、金融、保险、专业、科学、技术、公司管理，行政和支持，教育，医疗保健和社会援助、艺术、娱乐、休闲、住宿和食品服务或公共管理服务（如美国人口统计局）。

好的过程。服务大都被定义为顾客和服务人员或人工服务之间的互动等无形的活动过程，目的是为客户增值。因此，服务的非物质特性阻碍了顾客对产品和价格的比较[17]，由于他们享受到的服务产品是无形的，且对服务质量的评估建立在他们的服务体验基础上（顾客满意度），因而消费者轻易无法判断出服务产品的性价比。顾客可以利用一些关键要素来判断企业的服务质量[18]，如设施、设备、人员和交通器材，还有无形要素如可靠性、响应能力、担保和移情等。

不考虑服务对产品的整合程度，Välikangas和Lehtinen[19]将服务分为三类：通用服务、专业服务、定制服务。他们将通用服务归为基本服务，原因是价格低；专业服务通常需要用资源或技能来创造出比竞争对手更好或更独特的表现；定制服务是战略服务。新的商业模式可以包含这三种服务创新，可根据具体情况侧重不同。通常，服务创新是这三种服务创新与产品不同程度整合的产物。

5.服务创新改变商业模式

“商业模式”有多种定义[20]。过去20年里，信息和通信技术的扩散，引起社会对商业模式选择的广泛讨论[21-24]。Magretta[25]认为，不管是现有企业还是初创企业，一个好的商业模式对企业的成功非常重要。商业模式最重要的目标是提炼业务[26]并组织企业为客户高效服务[27]。Amit和Zott[28]将商业模式定义为交易内容的结构、设计，以及发掘商机创造价值的管理方式。

在此，我们将从两个方面扩展、明确商业模式的定义。首先，好的商业模式是通过有形和无形元素的交织、互补特性，来发掘商机、创造价值的各种系统。将服务的重要性提高至修理和维护之上，成为企业产品的重要组成部分，有助于企业更有力地创造差异化并实现复兴。我们可以思考戴尔是如何通过电话营销开发客户服务，建立起领先的电脑零售商地位的，而电话营销恰恰弥补了戴尔低成本的装配系统[29]。其次，好的商业模式可以通过与消费者和商业合作伙伴的互动实现自身的动态扩张。这一动态扩张是通过机会驱动和资源驱动共同实现的，在互动过程中新的机会和资源“展露无遗”。这一商业模式不仅能够整合新的商业机会和资源，而且还可以利用现有资源进一步发掘新机会和资源。Amazon.com的商业模式就很好地说明了这一点。建议生成能力是在线网站最重要的市场营销和销售工具，它由亚马逊发明用来强化其图书销售业务的基础定位。通过多种方法为消费者提供建议，不仅推动了亚马逊的图书销售，也为亚马逊涉足其他业务迅速建立起了大量的消费者档案。

作为企业商业模式和服务至关重要的组成部分，创新是企业创建和发展新商业模式抵御巨大转变的一种有效方法。请思考苹果公司是如何通过服务创新设计出新的商业模式而实现转变的。苹果公司的商业模式是建立在计算机硬件销售和软件溢价的基础上。自推出iPod，苹果便进入了便携式音乐市场。为苹果带来新商业模式的服务创新，是将大量音乐数据库资源的在线搜索与苹果易使用的产品交互联系在一起，并将其扩展至iTunes在线零售业务。通过音乐销售带动硬件销售，苹果得益于内容的低利润率。苹果的动态业务扩张是通过推出iPod进入电影业，通过iPhone进入通信领域，通过iPad进入出版业，这些都说明了苹果公司成功利用服务创新及其商业模式的互补元素探索开发新的商业机遇。

6.服务创新设计与应用

服务创新设计与应用已帮助日本精英企业开发出符合银发市场需求的新商业模式。以下是2005年以来日本开展的实证研究案例。我们通过访谈、实地观察、文献研究等产生的数据库，选取出如下几则服务创新案例。这些案例说明了服务创新怎样实现成功的商业模式设计，以及两家日企是如何走在满足银发市场需求的前列的。

Seven-Eleven Japan（SEJ）是日本一家特许连锁便利店，在其他国家也有一些知名度。大和运输的宅急便（YTT）是日本一个小批量运输服务公司，虽然国外人士可能闻所未闻，但它的经历却体现了服务创新在创造老年市场价值方面的重要性。本章稍后将说明SEJ和YTT是如何通过SEJ的子公司——七膳食服务（Seven-Meal Service）相互提高产品效用的。

6.1 Seven-Eleven Japan便利店

SEJ是日本最大的特许便利店运营商，拥有分布于各大城市12 750多家门店。几十年来，它的销售额和利润持续增长。SEJ善于因时而变，它适时根据顾客需求变化而改变，这使其从推出便利店概念到成长为今天日本最受尊敬的企业之一。它最初使用的是SEJ的品牌和系统，随着时间的推移，SEJ的风头早已盖过了这一概念原来的所有者。SEJ持续的服务创新使其从便利店的经营者变成日本人生活方式的一个基础支持平台。我们可以从产品导向到服务导向、店面网络、分类服务、库存管理4点来阐释SEJ实现持续创新的原因：

1.SEJ品牌名称及经营强调的是营业时间长，即它是一个开门很早、关门很晚的出售便利品的商店。SEJ非常看重“适应能力是成功的基础”这一理念。因此，将业务延伸至金融服务或在线业务的服务创新已成为加强型商业模式成功的服务要素。

2.SEJ庞大的门店网络保证了大量人口有机会使用其产品和服务。都市地区的SEJ便利店通常都在人们生活的步行范围之内。也正是因为SEJ无所不在，大众媒体将SEJ比作像化妆室、厨房和冰箱一样，成为顾客的私人储藏室。在这样的情况下，SEJ理所当然地满足了那些不想把产品囤在家里或开车到超市购物的顾客需求。

3.SEJ用多年时间开发了一个系统，该系统能够提供一个标准的基本产品组合，这是产品分类的重要组成部分。它们包括化妆品、报纸和杂志、小吃和饮料、新鲜的面包和米饭等。除了其他商店也有的商品之外，SEJ还开发了一个差异化的产品分类系统，以适应某一店面周围居民的需求。地理位置和人口特征塑造着人口消费需求，学校和办公楼附近的商店提供的商品肯定不一样。同样，多种家庭居住的生活区与有很多老年人居住的生活区商店的商品也不相同。其他因素也影响着商店的商品：监测天气变化，SEJ总部提供各地的天气预报以便及时对商品分类。SEJ对地区差异的意识有助于新产品的开发，这也是新想法的来源。

4.零库存加上先进的物流，使SEJ的产品避免脱销。当地员工在假设（对该地区商品需求预测）的基础上订购商品。这些假设能够通过公司售点系统收集的客观数据即刻得到检验。避免商品积压和机会损失是获得顾客信任、提高可靠性，并诱使顾客尝试新产品的重要因素。

SEJ便利店对产品和服务创新的重视，使其从一个零售商变成一个提供剧院门票服务、邮政服务、金融服务等多种服务的机构。由于那些小规模的家庭经营商店及附近的零售商迅速消失，特别是对老年消费者来说，SEJ的无障碍、创新和可靠使其变成一个生活支持平台。在银发市场，当便利店能够辅助老年人的生活，并使有些老年人推迟了对老年之家和护理人员的需求之时，便利店就完成了它的重要使命。

6.2 大和运输宅急便

YTT的服务创新改变了运输在日本的含义。YTT速递包括小包、包装、旅行箱、高尔夫球袋、棒球棍或滑雪板。本来，运输一直是YTT针对企业客户的打包服务，经过多年的努力，YTT成为一个能将任何数量的货物运输到日本任一地方的公司。于1971—1987年间担任大和运输董事长的小仓正雄，对公司的发展战略予以了重新思考[30]。他认为，如果大和运输专注于一种服务对公司和顾客更好，于是创建了YTT并帮助公司重获了盈利能力与声望。

1976年1月，YTT依托航空公司的中心辐射系统建起一个销售网，启动了送货上门服务。对家庭需求的满足促使大和扩大办公网络，于是，YTT在东京及所辖区县推出了次日达服务。当时，如果一辆卡车上门送货，将额外收取500日元运费。刚开始，由于大和酒店在每个城市都有分店，因而YTT选择大和酒店作为其卸货和收货的合作伙伴。而今天，SEJ已经成为YTT一个强大的合作伙伴。

YTT服务创新背后的商业模式促进价格标准化，并即时产生现金流（现金支付）。两年后，当YTT退出大批量运输和不再承接无利的运输服务合同，专注于小批量运输服务时，YTT很明显开始转向新的商业模式。五年后，YTT开始爆发。

关于YTT的商业模式，有4点需要交代：运输网络化、服务规范化、次日交付、提高服务质量：

1.YTT的运输网络覆盖全日本，能在所有地方轻松卸货、收货，极大增加了YTT为顾客提供的价值。

2.YTT对包装尺寸、运输节奏和价格的简化，使顾客收发货更方便。YTT的上门运输系统极大地提高了顾客，特别是老年人发送和接收包裹的方便性。

3.自1981年以来，YTT扩大了次日交付和准时送达服务的运输区域，以满足顾客在家或不在家的包裹运输需求。YTT的服务创新如此成功，使其在1984年发送了1.5亿个包裹，超过了当年所有日本邮政系统的包裹运送数量。

4.提高服务质量是YTT新商业模式设计的重要组成部分。尽管货物运输人员的时间压力非常大，但YTT仍然获得了卓越的客户服务和高质量运送服务的好名声。1988年，通过推出冷藏货物运输服务，YTT进一步增加了它的吸引力。

YTT对服务创新的重视，使运输从为企业的服务变成满足所有家庭和个人运输需求的服务。今天，当你在大城市旅行不方便携带行李或需要加急货运时，YTT已理所当然地成为提供这项服务的机构。在银发市场领域，YTT在满足老年人货物运输需求方面也发挥了重要作用。

6.3　七膳食服务

SEJ出售产品，YTT运输货物。SEJ和YTT的互补服务已超出了零售企业和物流企业明显的联系。从第一层关系到SEJ新的子公司——七膳食服务的发展过程，正是这两家企业合建的商业模式动态扩张的证据。

通过商品目录、网站、SEJ的便利店，七膳食每天售出大约200套正餐和副餐，它还提供上门送货服务。SEJ连锁店的新鲜食品销售技巧和经验对七膳食的商业实践开发具有推动作用，这样的第一手经验有助于七膳食了解人们的餐饮及价位需求。和YTT的合作也符合七膳食低价高质的运输需求。与消费者和商业合作伙伴互动，SEJ和YTT共同开发新的商业机会，提高它们的服务创新增值能力。也就是说，这是一个包含重要的老年市场在内的有利可图的、大规模的餐饮运送服务市场。接下来，文章将说明七膳食如何利用SEJ和YTT的互补技能和能力，开发银发市场的商业机会并创造价值。

最初SEJ和YTT的联姻是YTT将SEJ连锁店作为收货和卸货的地点，SEJ的连锁店补充了YTT的运输系统。顾客将他们的包裹留在店里，然后YTT员工到店收货并运输到目的地，或者收件员工可以在任何一家SEJ便利店收货，这就使SEJ习以为常地存在于日本人的日常生活中，或在它成为服务机构时人们能将其与其他机构有所区别。SEJ通常会分类包装易腐坏的食品、货物等产品。自1988年YTT推出冷藏Takkyubin，即冷藏运输服务，该服务能将消费者在任何一家便利店买的产品运往日本各地。这就扩展了YTT的运输能力，而YTT的技能和秘诀又为SEJ运送新鲜食物或其他急需服务创造了新机会。SEJ现在可以考虑在任一时间销售和运输新鲜零食，或为顾客提供恰当的三餐膳食。

2000年8月，SEJ成立了七膳食服务公司，专门从事食物和膳食的送货上门服务。2000年9月，SEJ在东京市区启动了该服务。自推出之后，7年来七膳食服务的覆盖范围不断扩大。2007年夏，它实现了对北海道的覆盖。自此，七膳食服务覆盖了全日本。其中，七膳食必须解决阻碍其快速扩张的3个主要困难：产品种类、新鲜度和价格。从与顾客的互动中学习，慢慢扩展业务，七膳食通过提高销量、建立合作和制定合理的价格克服了这些困难。

成功的膳食服务需要提供丰富的产品种类满足重度用户的需求。产品种类有两个方面会大大提高成本：在特定日子增加产品选择，会增加新产品的开发和生产成本，同时却降低了每种食物的销量（需求稳定的情况下，规模效益会递减）。因时而变的产品种类，意味着七膳食无法得益于重复的成本效益，这也提高了它的新产品开发成本。2000年，当七膳食刚开业之际，SEJ只有大约8 000家门店。而2010年，SEJ在日本的门店数量超过了12 750家，全世界共有37 496家。十年间，SEJ的门店数量增加了近50%，这有助于SEJ提高其供应链的经济效益。

新鲜食物需要高效的生产和配送。SEJ规模效益的增加及其善于学习降低了生产成本。尤其是在温暖、炎热的季节或南部地区，冷藏运输是只有YTT具备的一个至关重要的运输能力。而YTT的冷藏运输能力恰恰弥补了SEJ为七膳食设计的商业模式。上门运送新鲜食物的成本很高，因此，七膳食与YTT结盟，便能从YTT不断扩张的服务网络和与SEJ成功合作的历史中受益。在产品的生产成本之外，七膳食每一笔运输成本是200日元，而产品的生产成本是500日元到2 000日元不等。七膳食为顾客提供两种服务：一是YTT的送货上门服务，二是消费者在SEJ任何一家便利店自取食物。

膳食服务的价格不能太高且质量不能打折扣。七膳食历经七年形成的规模经营，使其产品的性价比不断提高。七膳食选择与YTT合作，也是出于质量和价格的考虑。SEJ和YTT的长期合作让SEJ坚信YTT一定能提供高质量的专业运送服务。为SEJ运输一份膳食，YTT收取的费用大约是200日元，这个价格相对包裹运输来说已非常便宜。今天，七膳食已经拥有20多万用户，其中一半以上都是60岁以上的老年人，另外一半是没时间出去吃饭或喜欢七膳食的消费者。大约有一半用户选择在附近的便利店自取食物，这个数字略低于老年用户。不过，有许多人选择自取食物是因为他们享受这种灵活性，而且他们也可以跟店员互动。到便利店取食物时，他们可以四处看看，与SEJ店员聊天，这样他们不仅可以用其他产品补充自己的膳食，也可以通过与销售员聊天克服孤独。

7.结论

老龄化社会需要企业服务创新和更新商业模式，本章阐释了一家日企如何通过服务创新改变了商业模式。日本引领着所有工业化社会的衰老之旅。日企最早感受到人口变化带来的劳动力服务需求和供给的改变。在发展已有的商业模式概念之际，本章强调服务创新是一个开发利用银发市场机会更好的工具。服务创新是新商业模式开发的驱动力，本章说明了与顾客（SEJ和YTT）和商业合作伙伴（七膳食服务）互动的程度，以及随着时间的推移，抓住新兴机遇所需的技能和能力。

在社会变化及其人口变化方面，日本是领先于其他市场的陈列柜，这个领先市场为细心的观察者提供了重要的经验。希望构建理论来解释创新如何发生，以及创新的重要性的研究人员，需要关注这些市场的服务经济。我们认为动态能力和灵活的系统是隐性知识长期滋养的结果。由于我们不能精确地理解如何通过非正式的、无形的、隐性知识实现动态能力和创新升级，因此，"动态能力从何而来"以及"它们是怎样从隐性知识中产生的？"等问题已为更多的实证研究设置了议程。

以下这四个方面对商业和政府机构的决策者来说，特别有用，即基础设施和隐性知识、灵活的系统、创新战略以及公共问题的个人解决方案：

1.基础设施对老龄化社会新商业机会的开发非常重要。由于老年人活动较少，因而企业在提供居家或附近便利地点的服务和产品时需要付出更多努力。不过，仅仅借助零售店或停车场并不能满足这些新需求。因而，与消费者和供应链中的合作伙伴长期互动积累隐性知识，对创新和服务更新来讲，必不可少。SEJ的店员以及YTT的送货司机也投身于区域网络，与他们的"顾客"需求和行为高度一致。当企业考虑如何获得利益相关者的隐性知识时，区域政府或国家领导层应关注领先银发市场的变化，学习成功，避免失败。

2.SEJ便利店遍布世界的销售网络和YTT的货运系统是工业化国家的两个典范，因为它们表明了一个商业模式是如何处理"不牺牲规模与追求本土化和定制化"这一矛盾的。探索顾客新的、紧急需求有助于企业为顾客提供更大的价值。只有确保成交量足够大，这两家公司才能获得规模经济效益，他们也成功地整合了规模和多样性。

3.SEJ和YTT还表明追求创新是它们的战略核心，它们不断扩张的观念和业务展示出强劲的增长趋势。借助二者互补的服务和硬件平台，隐性知识和洞察力促进了商业模式的革新。

4.有时政府对社会问题的干涉是有局限性的，它通常没有以市场为基础的解决方案有效。不过，基于市场的解决方案追求的常常是经济利益而非公共利益。本章展现了以利益为导向的企业是如何在更新和扩张商业模式的同时，为关爱老年人提供组织基础的。

这4个方面的经验教训不仅对每个企业有用，也对面临银发市场到来的地区或国家非常有用。将隐形知识浸润到组织系统中，能够保证企业克服悖论，也就是说，通过引入新的服务和商业模式创新，企业能够更灵活地、成功地解决社会问题。

参考文献

1 R.A.D'Aveni, *Hypercompetition: Managing the Dynamics of Strategic Manoeuvring* (Free, New York, 1994)

2 D.Iacobucci, Services: What do we know and where shall we go? A view from Marketing, Advances in Services Marketing and Management, 7, 1-96(1998)

3 OECD, *The Service Economy, Science Technology Industry Business Policy Forum Series* (OECD, Paris, 2001)

4 A.Woefl, *The Service Economy in OECD Countries*, OECD Science, Technology and Industry Working Papers, 2005/3(OECD, Paris, 2005)

5 Ministry of Internal Affairs and Communications, *Statistical Handbook of Japan* (Statistics Bureau, Tokyo, 2007)

6 I.Nonaka, H.Takeuchi, *The Knowledge-Creating Company: How Japanese Companies Create the Dynamics of Innovation* (Oxford University Press, New York, 1995)

7 H.Chesborough, *Open Innovation: The New Imperative for Creating and Profiting from Technology* (Harvard Business School Press, Cambridge, MA, 2003)

8 E.von Hippel, Innovation by user communities: Learning from open-source software.MIT Sloan Manage.J.42(4), 82(2001)

9 P.Seybold, *Outside Innovation* (Collins, New York, 2006)

10 K.M.Eisenhardt, J.A.Martin, Dynamic capabilities: What are they? Strateg.Manage.J.21, 1105-1121(2000)

11 C.O'Reilly, M.Tushman, *Ambidexterity as a Dynamic Capability: Resolving the Innovator's Dilemma*.Stanford Graduate School of Business, Research Paper Series, No.1963(2007)

12 P.Reinmoeller, *Ambidextrous Organization* (Routledge, London, 2011 in press)

13 D.Teece, G.Pisano, A.Shuen, Dynamic capabilities and strategic management.Strateg.Manage.J.18, 509-533(1997)

14 V.A.Zeithaml, M.J.Bitner, D.D.Gremler, *Services Marketing: Integrating Customer Focus Across the Firm* (McGraw-Hill Irwin, New York, 2006)

15 C.Grönroos, A service quality model and its marketing implications.Eur.J.Mark.18, 36-44 (1984)

16 C.Grönroos, Strategic management and marketing in service sector.Manag.Serv.Qual.11, 150-152(2001)

17 L.Berry, M.S.Yadav, Capture and communicate value in the pricing of services.Sloan Manage. Rev.37, 41-51(1996)

18 L.L.Berry, V.A.Zeithaml, A.Parasuraman, Five imperatives for improving service quality.Sloan Manage.Rev.31(4), 29-38(1990)

19 L.Valikangas, U.Lehtinen, Strategic types of services and international marketing.Int.J.Serv. Ind.Manage.5, 72-84(1994)

20 M.Morris, M.Schindehutte, J.Richardson, J.Allen, Is the business model a useful strategic concept? Conceptual, theoretical, and empirical insights.J.Small Bus.Strategy17, 27-50 (2006)

21 R.E.S.Boulton, B.D.Libert, S.M.Samek, A business model for the new economy.J.Bus.Strategy21, 29-35(2000)

22 K.Chaharbaghi, C.Fendt, R.Willis, Meaning, legitimacy and impact of business models in fast moving environments.Manage.Decis.41, 372-382(2003)

23 S.Forge, Business models for the computer industry for the next decade. Futures25(9), 923-948(1993)
24 S.Shafer, H.J.Smith, J.Linder, The power of business models. Bus.Horiz.48, 199-207(2005)
25 J.Magretta, Why Business Models Matter. Harv.Bus.Rev.80(5), 86-92(2002)
26 J.A.Zackman, *Concepts of the Framework for Enterprise Architecture* (Zackam International, Los Angeles, 1996)
27 D.W.Mitchell, C.B.Coles, Building better business models, Leader to Leader, Summer29, 12-17(2003)
28 R.Amit, C.Zott, Strateg.Manage.J.22, 493(2001)
29 K.L.Kraemer, J.Dedrick, S.Yamashiro, Refining and extending the business model with information technology: Dell Computer Corporation. Inf.Soc.16, 5-21(2000)
30 M.Ogura, Delivering the Goods: Entrepreneurship and Innovation in a Japanese corporation, translated by David S.Noble, Tokyo: International House of Japan(2004)

第二部分

银发市场营销

第11章

零售业针对优质老年群体的现行战略

Gunnar Arnold，Stephanie Krancioch

摘要：人口变化使零售业面临着明确的挑战，即重新思考现有的零售概念，最好将老年群体纳入营销计划。本章作者首先分析了零售业的选址因素，选址是零售业成功的重要因素之一；接下来，调查了德国优质老年群体对特定业务类型的偏好，比如他们喜欢离家近的商店，而不是郊区的购物中心等；然后，探讨了因体能下降导致消费者对产品分类和包装设计需求变化的影响；最后，介绍了几个零售业日常实践案例，并对零售业未来发展趋势做了简述。

1.面临人口变化的零售业

零售业根据老年消费者的需求进行调整势在必行。原因在于，该领域不仅在某些方面亟须跟上人口发展的步伐，而且当前优质老年群体的潜力被低估了，这一囊括50岁以上的极其多样化的目标群体，他们有着不同的人口特征、价值取向、休闲活动和消费偏好。但无论老年人的休闲爱好、兴趣或消费习惯如何，我们必须考虑到老年人有一个共同的愿望，那就是在他们身体条件允许的情况下，尽可能通过零售店购物实现自给自足。德国优质老年群体的消费力对零售业也极具诱惑力。2005年，德国50~59岁的老年人人均零售消费约为24 000欧元，而60岁以上的老年人年均花费约为20 000欧元，比49岁的目标群体人均多消费1 000欧元。

人口变化对零售业的影响实质上是对商业机构位置选择等方面的影响。在购物的方便性和舒适性方面，老年人的需求绝对是和年轻人一样的，购物店必须容易到达，其设计也应该让消费者感觉舒适[1]。

老年消费者对零售业的一些具体愿望和需求包括[2]：

- 商店入口与地面一样高或电梯可以直达。
- 有放置购物车的安全地点。
- 不要设置十字转门。
- 市场里的走道要宽，且相互间隔不大。
- 购物车较浅且容易推动。

- 在老年人购物、人际交往和社会交往时给予帮助。
- 在视平线高度设置清晰的商品分区。
- 不要轻易改变产品的位置（产品总是放在相同的位置）。
- 价格标签容易辨认。
- 价格贴在商品上，而非货架上。
- 货架上设置放大镜。
- 冰柜和冰箱不要太深。
- 不需要弯腰或踮脚就能取到商品。
- 小包装和轻包装。
- 技术含量低（如：能够回收瓶子的机器）。
- 有休息的地方。
- 收银台有站立支撑架；不太忙碌的气氛。
- 在结账时可能将物品遗忘在购物车里。
- 打包和送货服务；设备安装等。
- 清晰易读的购物清单。
- 可以很方便地将购买的物品搬到汽车上。

2. 人口变化对选址和业务类型的影响

科隆大学贸易研究协会和BBDO销售股份有限公司开展的实证研究表明：2/3，即近67%的50～89岁的德国老年人通常在自家附近购物，一半以上（52%）的人常在步行范围内的市中心商业区购物；41%的调查对象常常光顾城外交通便利的购物中心，39%的调查对象常去的是购物中心（见表11-1）。

表11-1　**老年人经常光顾的购物场所**[3]

你经常去哪里购物？	受访者比例(%)	离家近且……(%)	离家近但……(%)
离家近的地方	67	–	–
市中心步行区	52	39	28
城外便利的购物中心	41	30	37
购物中心	39	29	38

注：n=1 370（重复回答/全部回答）。

尽管老年消费者经常在步行距离内的市中心（39%）、城外购物中心（30%）和购物中心（29%）购物，但在频率上，他们在自家附近的商场和较远的购物中心购物有很大差别。

在所有调查对象中，29%的人选择在自家附近购物，但不包括步行距离内的市中心；37%的人在自家附近购物，但不包括城外购物中心；38%的人在自家附近购物，但不是在购物中心。

在50～89岁年龄段的调查对象中，所有年龄群体对离家近的商店都有很高的市场认可价值（见表11-2）。尽管50～69岁的人群对城外购物的意向较高，但70岁的人群对城外购物的意向明显下降，70～89岁的人群尤其偏好在自家附近购物。总之，我们可以说，老年消费者喜欢在自家附近步行距离内的商店购物，他们对市中心步行距离内的商店、购物中心和城外购物中心的光顾频率随着年龄的增长越来越低[3]。

表11-2　**不同年龄群偏好的购物场所**[3]

购物场所偏好				
年龄	离家近的店（%）	城外购物中心（%）	购物中心（%）	步行购物区（%）
50～59岁(n=561)	67	42	43	57
60～69岁(n=450)	69	46	43	58
70～79岁(n=234)	63	38	31	39
80～89岁(n=53)	70	26	13	38

注：变量值四舍五入。

为了满足消费者的易达性需求，市场必须选在公共交通和道路网最佳的连接处。消费者想在居住或工作地点附近购物，并能在商店快速找到所需物品。

直到20世纪90年代中期，零售业仍然追捧“让客户转向”的理念，强迫消费者必须先经过非常规需求产品区（如纺织品、杂志和CD），再穿过饮料和腌制食品区，最后才到达新鲜食品区。

如今，零售业在这方面的态度发生了改变。如专卖店中心为了刺激顾客冲动购买，故意在多处布置服装店。于是，消费者的实际消费超出了预计1/3。不过，总体来看，由于消费者逐渐向更便利的购物中心转移，专卖店中心的销量下降就在所难免了。也因此，构建自助服务市场是大势所趋，消费者可以自己决定她/他浏览各区的顺序。对专卖店中心来说，这样的重组意味着它们需要对提供非常规需求产品的零售商进行分组。于是，他们按价位将服装店依次设置在同一地点，并在自助百货商店附近建一个折扣店和一个药店，这样就能保证消费者不需要走太远就可以买到其需要的所有常规产品[1]。

零售商对商店位置的选择通常与其业务类型密切相关。因而在选址时，零售商必须将偏好其业务类型的消费者考虑在内。图11-1表明，50岁以上的人群最常在折扣店（82.1%）和超市（80.2%）购物。在IFH的调查对象中，60.4%的人经常在百货商店购物，42%的人在专卖店购物。在调查中，25%的人自称经常光顾邮购商店，17.1%的人表示他们经常使用送货上门服务，超过13.8%的人经常在网上购物（见图11-1）。总的来说，优质老年群体青睐那些能满足其日常所需的业务类型，尤其偏爱那些离家近的商店；他们并不经常光顾那些提供长期必需品的其他业务类型。

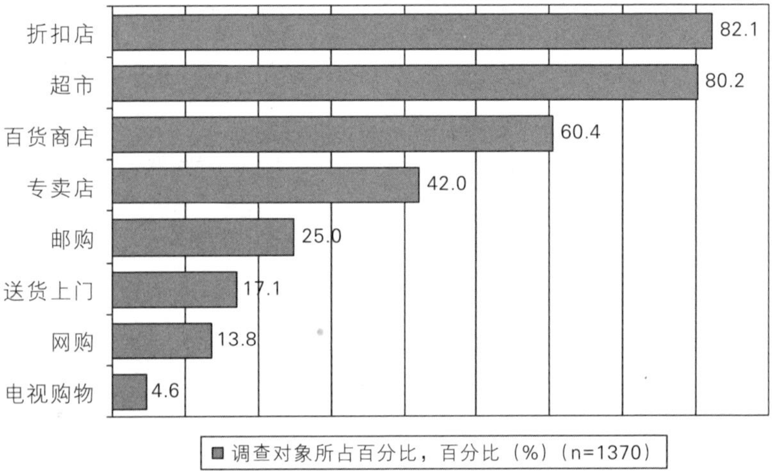

图11-1　调查对象对各类业务的访问比例（50~89岁）[3]

我们应该注意的是，50～69岁的老年人喜欢在百货商店和专卖店购物，但是70岁以上的老年人对百货商店和专卖店并不特别感兴趣。表11-3显示的是人们对各种业务类型光顾的趋势。这有力地表明，在超市购物和折扣店购物的老年人随着年龄的增加而减少。此外，很明显的是，使用送货上门服务的主要是70～79岁的老年人，但50～59岁的人群更喜欢网上购物和邮寄购物（见表11-3）。

表11-3　**不同年龄群体偏好的商业形式**[3]

不同年龄群体偏好的商业形式							
年龄	超市（%）	折扣店（%）	百货商店（%）	专卖店（%）	送货上门（%）	产品目录/邮购（%）	网购（%）
50~59岁(n=561)	80	84	62	40	18	31	23
60~69岁(n=450)	81	84	65	47	15	20	8
70~79岁(n=234)	85	78	59	73	20	21	5
80~89岁(n=53)	74	72	40	28	15	19	0

注：变量值四舍五入。

上述内容有力地表明，住宅区附近的位置未来将重获新生[4]。特别是小面积市场最有希望成为离家近的供应商，且它们在个人交往、提供好的咨询服务和人性化服务方面更有优势[5]。我们也已看到折扣店从外围区向居民区和市中心转移的趋势，购物中心也将逐渐落户市中心[4]。

3. 人口变化对产品分类结构和包装设计的影响

除了选址和店铺设计，零售业市场自身还有一个产品方面的问题。在此，对老年消费者来说，产品包装往往是令人头疼的问题。因为，随着年龄的增长，老年人的各种感知能力都在下降（如视觉和触觉），行动能力和力气也在衰退[6]。从这个角度看，产品包装往往不那么人性化[7]。欧洲纸箱和纸箱板制造商协会开展的研究证实，只有19%的60岁以上的老年人对产品包装满意；另一方面，83%的老年消费者表示，对他们来说，产品包装是其购买商品的决定性因素[8]。于是，包装就成为产品在售点能否获得成功的指向标[2]。为了让消费者感觉最舒适，企业首先要做的就是提供小包装产品。比如，一包10公斤装的洗衣粉对家庭使用来说是一大优势，但对老年消费者来说却是一个问题，因为他们受体能所限没办法将其搬回家[7]；另一个问题是复杂的密封技术使人很难将产品取出来[2]。因此，无怪乎36%的老年消费者表示，如果不能方便地打开某个产品，他们就再也不会买它了[9]。

产品包装的视觉设计也非常重要。因此，我们建议产品使用颜色较暗的包装，以免让人眼花缭乱。由于老年人的视力衰退，标志设计应该适当采用大号字体，包装颜色也应该避免老年人容易混淆的蓝色和绿色[2]。特别是老年消费者中有许多糖尿病患者，因此包装上的产品成分信息必须容易识别。鉴于此，包装上应该出现如下内容：

- 确切的价格。
- 过期日期。
- 成分。
- 使用方法（用量，制备）。
- 对特定目标群体的警示（过敏的人）。
- 安全条例和处理说明。
- 制造商和出厂信息。

然而遗憾的是，现有产品包装上通常没有这些信息，或只有英语说明，这就为母语不是英语的消费者造成了阅读困难。由于包装设计非常不好，导致购买错误的现象时有发生。这个问题不只发生在老年消费者身上，也常发生在赶时间的年轻人身上[7]。

出于这个原因，折叠箱制造商Edelmann开发了许多符合这些新要求的包装设计方案。从制造商的角度来看，这些包装设计包括浅显易懂的使用说明，名称和信息一目了然，背景对比度较高等。在CEay品牌之下，其提供了多种创新的包装类型，包括嵌入式手柄的滑动包装，用于手持带两翼的柱形包装，或自带开箱器的折叠箱等（见图11-2）[8]。

图11-2 Edelmann公司的包装设计[10]

另外，产品的包装设计与其分类选择密切相关，这也是由老年人非常确定的某些特征决定的。比如，对老年人来说，不仅先前提及的小包装产品对他们非常有用，而且有机产品对老年人也有很高的价值[7]。这一点由TNS Infratest的调查得到了证实，该研究确定50岁以上的老年人和有机产品有着极为密切的关系[11]，这是他们的文化、宗教和理想主义价值观使然。研究认为，有着多种价值观的老年人群的消费行为极为苛刻。高质量的饮食对他们来说非常重要，这一目标群体对贴着有机食品质量标签的产品信心也源于此[11]。

由于优质老年群体对价格非常敏感，因此从市场营销的角度来看，消费者有很大的品牌选择余地，特别是零售品牌。根据毕马威的调查，商标品牌的市场接受度在不断提高，并且它们不再仅仅局限于低价产品市场。相反，以有着相似产品分类的食品零售业为例，商标品牌可以作为消费者区分它们的标记[12]。此外，对老年人来说，产品使用的方便性也很重要。早年习惯冷冻食品的职业女性在年老时也会继续食用冷冻食品。出于这个原因，冷冻食品人均消费量在1983—2003年之间翻了一番（见图11-3）。因而，这一便利产品的蓬勃发展，也体现了零售业的发展潜力[13]。

但是，产品仅仅具有便利性对老年目标群体来说远远不够，健康饮食对他们来说也很重要，老年人对健康的重视程度已由民意调查机构Allensbach研究所的调查

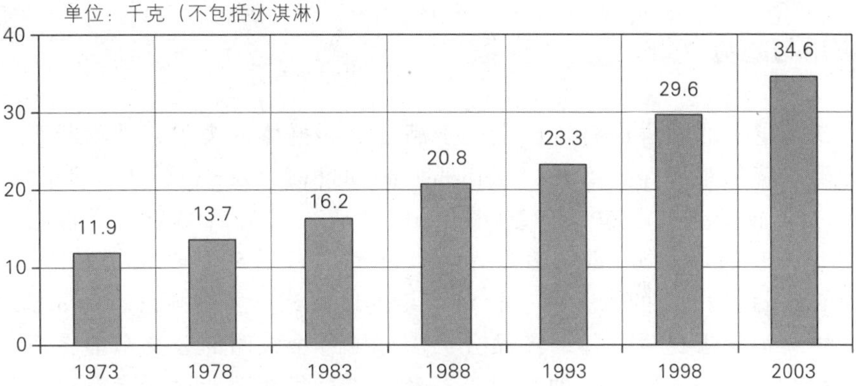

图11-3　冷冻食品的消费量[13]

证实，60~69岁的老年人对健康的重视程度最高（见图11-4）。

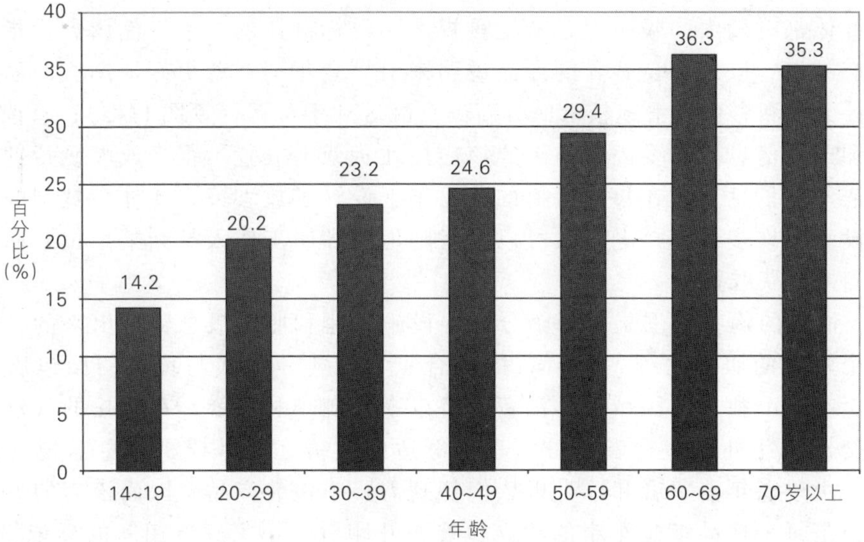

图11-4　不同年龄群体对健康的重视程度[14]

食品的便利性和有益健康早已不再矛盾[12]，从这个意义上说，优质老年群体喜欢像奶制品和富含维生素或微量元素的土特产就不足为奇了。因而，老年消费者对健康和功能食品的需求就为零售业提供了增长机会。2005年，含氟餐桌盐、健康水以及益生菌乳制品这类产品销量激增，增长率为16.8%。这一高增长率的背后多亏了新产品的成功推出和折扣店，特别是优质老年群体对健康和功能食品的使用频率不断增长。这一情况反映出老年人更注重健康、高质量的饮食，而价格相对来说不太重要[15]。

4.应用与趋势

越来越多的零售商将自己定位于满足老年群体的需求，并不断开发创新理念。除了萨尔布吕肯（德语：Saarbrücken）的SwissCoop和Glubus超市[4]，奥地利的Adeg连锁店新开了50多家Aktiv Markt商店，成为2003年的零售先锋。截至2009年，它的母公司Edeka追随Adeg，在德国开了50家“*世代超市*”。地铁集团在Galeria Kaufhof的未来商店针对老年群体测试其特殊概念，Otto邮购商店在目录中为消费者提供具体的产品分类。德国各个线路的公交车都将消费者带到位于Großraschen in Lusatia的德国第一家老年百货商店，该百货商店对其他特许经营店进行了规划[16]。Tengelmann集团也涉足了这一新领域，自从2006年Kaiser世代超市开业以来，其营业额增长了50%。在Kaiser世代超市的选址过程中，保证该区域大约57%的居民是50岁以上的老年人，而每家店的预计比例原本是56%，因此该店周围的老年人比例高于全国平均水平。该店对年轻的和老年消费群体都有极大的吸引力，特别重视老年目标群体的需求：使用大量指示牌区别产品组，以及颜色各异的产品说明来引导老年消费者更好地浏览产品；采用设计元素和彩色防滑地板来区分新鲜食品区和干货区（见图11-5）；易读性是价格和产品信息的重要因素，因此该店还在货架上放置了很多放大镜帮助老年人看清产品信息，还在集成座椅的购物车上设置了放大镜；此外，宽阔的走道两旁设置了许多铃铛，老年人可以随时随地地呼叫工作人员到某个位置回答他们的问题，获取帮助。

愉快的购物氛围是由每个分区的设施改建和照明概念营造出来的，除了这些个性化的服务之外，“Kaiser的集合点”的构建形式与传统的面包店恰恰相反。在这个独立的区域里，消费者可以享受咖啡和蛋糕，在轻松的气氛中与他人交流。此外，消费者还可以享用舒适的座椅、按摩椅、信息监视器和互联网。由于老年消费者和单身贵族们特别需要小包装产品，因而该店的另一个特色便是每个产品都是小小的独立包装，并印有“小家庭专用”的标记[17]。下面一个成功的例子，是英国Tesco超市计划开设的一个类似的商店。为了学习经营之道，Tesco特意将老年人送往柏林[18]。法兰克福大酒店的美食家还和老人们一起体会令人生厌的收银台的重新打包过程[2]。借助移动扫描终端——扫描仪，消费者可以自己输入价格，并得到一本奖励的优惠册，这会让我们想起邮票交易的小册子。此外，该店还提供周末打包和送货上车服务[2]。许多研究证明，排队结账是消费者最讨厌的事情[19]，收银区通常十分拥挤，满是顾客的压力和不耐烦，因而很多地方正在采用新的技术方案取消传统超市的收银区，这对所有顾客都有好处[20]。

带座椅的购物车

购物车上的放大镜

“Kaiser集合点”的按摩床

“小家电”产品标识

图11-5　柏林Kaiser“世代超市”[17]

5.结论

想要在优质老年市场获得成功，零售业必须为老年人提供方便的位置和便利的商店布局，产品分类和包装应该针对他们的特定需求。零售业也因此为食品和包装业等其他行业提供了良好的发展前景。通过提供特殊的服务和产品，零售店能够创造出差异化的产品特性和额外收益。如果零售业能满足老年消费者的所有需求，它也将对年轻群体产生极大的吸引力，因为年轻人不仅不会排斥这些改变，相反，他们还更加欣赏零售业的这些调整。

然而，德国目前仅有少数服务产品能够兑现它们对未来的承诺。在水果和蔬菜产品营销中，美国的零售连锁店不仅提供了诱人的购物氛围，还提供了专门针对老年消费者的产品。比如极为人性化的包装、完整的健康提示等。德国零售业也应该在“膳食方案”领域奋起直追，比如将“直接食用”产品整合到超市的产品分类中，这样不仅具有增值潜力，也能与其他超市产品有所区别[21]。针对老年人的烹饪、健康、区域性或季节性产品，还有特价商品的营销活动，都非常有利于这些柜台式超市和离家近的商店[20]。与老年人的需求同步，零售业服务和咨询类产品的作用将举足轻重[1]。

参考文献

1 B. Schoofs, Immobilien und Finanzierung 19,662(2006)

2 A. Reidl, Neue Verpackung 5,54(2006)

3 M. Preißner, A. Knob, Handel im Fokus 2,101(2006)

4 D. Rees, Lebensmittelzeitung 38,58(2000)

5 Wellness-und Energy Boom (Wellness and energy boom). *Rundschau für den Lebensmittelhandel* 3,36(2007)

6 C. Krieb, A. Reidl, *Seniorenmarketing– so erreichen Sie die Zielgruppe der Zukunft* (*Seniors marketing–how to reach the target group of the future*) (Ueberreuter, Vienna/Frankfurt, 1999)

7 M. Hens, *Professionelle Ladengestaltung für 50plus Kunden* (*Professional store design for50plus customers*) (BBE-Verlag, Cologne, 2006)

8 Die Best Agers im Fokus der Verpackungsentwicklung (Best-agers in the focus of packaging developments). *Neue Verpackung* 6,36(2007)

9 H. Krost, Lebensmittelzeitung 39,68(2004)

10 Edelmann Group, CEasy, *die Generation 50plus* (*CEasy, the 50plus generation*) (Edelmann Group, Heidenheim, 2007)

11 TNS Infratest, *Semiometrie– Die Zielgruppe für Biolebensmittel* (*Semiometrie, the target group for organic food*) (TNS Infratest, Bielefeld, 2007)

12 T. Kreimer, M. Gerling, *Status quo und Perspektiven im deutschen Lebensmitteleinzelhandel 2006* (*Status quo and prospects in the German food retail trade 2006*) (KPMG, Berlin, 2006)

13 SevenOne Media, *TrendReport–Die Anti-Aging Gesellschaft* (*Trend report: the anti–aging society*) (SevenOne Media, Unterföhring, 2005)

14 Institut für Demoskopie Allensbach, *Allensbacher Markt–und Werbetr€ageranalyse* (*Allensbach Market and Advertising Media Analysis*) (Institut für Demoskopie Allensbach, Allensbach, 2003)

15 Health and functional food. *Lebensmittel Prax.* 24,40(2006)

16 M. Martell, *Handel entdeckt über 50-Jährige* (*The retail trade discovers the over-50-yearolds*). http://www.stuttgarter-zeitung.de/stz/page/detail.php/1273025,2007.Accessed 11 June 2008

17 Kaiser's Tengelmann, Press release: *1. Kaiser's "Generationen-Markt" in Berlin!* (*1st Kaiser's Generation Market in Berlin!*) (Kaiser's Tengelmann, Viersen, 2006)

18 P. Sims, Tesco reveals Britain's first 'pensioner-friendly' supermarket–with magnifying glasses and seats on trolleys. www.dailymail.co.uk/news/article-1050195/Tesco-reveals-Britains-pensioner-friendly-supermarket–magnifying-glasses-seats-trolleys.html, 2008. Accessed 20 Feb 2010

19 I. Kober, Regal 2,112(2006)

20 Verschlafen wir nicht den Zug der Zeit (Let's not oversleep and miss the train of our time!). *Regal* 2,3(2006)

21 S. Biester, Lebensmittelzeitung 21,32(2007)

第12章

银发产品定价策略：仅仅满足需求不够，平衡价值传递和价值提炼是关键

Stefan Lippert

摘要：初看，银发市场为那些愿意并能够满足日本老年人需求的企业，提供了极具诱惑力的机遇。近几年，日本国内外企业都在竞相追逐这一新的市场机遇，而彻底理解银发人口的需求才是利用该机会的关键。不过，这只是该机会价值的一面。需要和需求不一样，而需求和赚钱的生意也不一样。为了赚钱，企业必须在价值传递和价值提炼之间实现平衡。价值传递相对容易：它要求企业进行市场研究，提供合适的产品和服务，一个高效的分销系统。而价值提炼则比较困难：企业必须为所有产品、区域和渠道制定和实施正确的价格。仅仅建立在人口统计和社会经济数据、消费者需求和购买力基础上的营销策略，往往过于简单、有误导性，有时十分危险。要想有效地利用银发市场，企业必须运用系统的方法为老年人开发产品，盈利地销售产品和服务。这就要求企业切实了解消费者的需求、产品对客户的价值、消费者的支付能力和支付意愿、价格弹性、收益和利润等，最好的方法便是采用专业的定价过程，包括定价策略、价格制定和价格执行。

1.引言

1.1 日本银发市场：初看是一个极具吸引力的机遇

快速增长的老年人口给营销带来了前所未有的挑战。几十年来，营销商一直都将营销重点放在15~40岁的消费者身上；在高端汽车、私人银行业务、房地产、奢侈品、休闲和医疗保健市场，有一些营销商也将40~50岁和50~60岁的群体作为营销对象，但对60岁以上人群的银发市场，几乎尚未涉足。有三个原因说明银发市场为什么颇具吸引力：

1.规模：当前，日本65岁以上的老年人占总人口的22.6%。按照这样的趋势（低出生率，寿命延长），到2055年，这个数字将增长近一倍，约为40%。2005年，日本人口高峰时的人口数量接近1.28亿，到2055年日本总人口预计将下降30%，不足9 000万。这些情况对商业影响极大。供需双方都将受到影响，对供应

方来说，劳动力将严重短缺。日本政府最新人口预测表明，2050年，1.3个工人中就有1个老年人，而2005年，是3.3个工人中有1个老年人。对需求方来说，国内市场总体明显萎缩（2055年将不足3 000万），但银发市场规模显著扩大——从目前的2 600万增长到2055年的3 600万。2012— 2014年间，由于婴儿潮一代渐渐步入65岁，每年老年人口将增加100万。到2015年，日本老年人口将占总人口的26%。日本很快将成为1/4人口超过65岁的“超高龄”社会[1]。

2.购买力：尽管面临着人口挑战，日本仍有可能保持全球经济强国地位。当前经济研究表明，即使到2050年，日本也将是全球GDP排名第五的国家或地区，仅次于美国、中国、欧盟和印度①。届时，国家的大部分财富将集中在少数人手里，而老年人则占据着这些财富的最大份额。关键的事实和数据如下：

- 2007— 2009年，婴儿潮一代的退休福利总额是50万亿日元。
- 680万婴儿潮一代占人口总数的5.4%，但他们持有的金融资产总值为130万亿日元，或者说国家金融资产总额的10%掌握在老年人手中，如果将退休福利算在内，这一数字将变成14%。
- 老年家庭比其他代际家庭拥有更多的金融资产。60 ~ 70岁的老年人，家庭成员人均金融资产是1 700万日元，70岁以上的家庭成员人均金融资产是1 500万日元，而50~69岁的老年家庭成员人均金融资产是1 155万日元[2]。

3.价值变动：过去，勤俭的老一代存钱让下一代接受良好的教育，也省出钱来照顾祖父母和其他年迈的家庭成员。现在，这种情况发生了很大变化。一方面，婴儿潮一代不再指望那些生活和工作离他们很远的孩子来照顾自己的晚年；另一方面，他们也不再为年轻一代省钱。领先的金融机构如摩根大通、高盛、野村证券等认为，未来人口变化一定有利于日本经济增长，当前老年公民的消费远高于其他年龄群体这一事实更加坚定了它们的信心。退休人员可以利用他们的积蓄（跟美国的退休人员一样），而60岁以上的工人几乎没有任何积蓄。这一趋势正在不断蔓延。2000年，退休人员的支出超出其收入的15%，他们当前的支出高于收入29%。这些数字也反映在消费支出上：日本老年人的消费超过了年轻一代，人均支出明显增长，直到70岁才有所放缓[3]。

初看，银发市场为那些愿意并能满足日本老年需求的企业，提供了极具诱惑力的机遇。近几年，日本国内外企业都竞相追逐这一新的市场机遇。

已决定进入高端零售银行市场的汇丰（HSBC），其目标直指中产阶级，尤其是那些享受退休福利并寻求更好金融投资建议的婴儿潮一代。

---

① 2007日本经济研究中心（以2000年的购买力为基准，单位：美元）。近来大多研究表明，“老年人、穷人和病人”等群体将占据大部分银发市场；参见F.Kohlbacher和A.Weihrauch《银发市场现象再现：房地产行业黄金时机?》，日本市场，2009年8月，pp. 13-15。

安联集团和其他国际金融组织已经通过向老年人销售可变年金（VA）进入日本的人寿保险市场；而日本的可变年金市场从2000年不足10亿美元暴涨至2008的500亿美元，直到金融危机袭来。

当老年人无法从每隔一个月发放一次的公共养老金系统获得额外收益时，野村证券向老年人出售一年支付六次股息的投资基金，第一年就筹集了600亿日元。

三菱信托银行关注的是遗嘱和遗产经营。由客户支付注册费和年度管理费，银行根据遗嘱的价值从中抽取1%。该银行还计划拓宽服务渠道，提供私人银行服务。截止到2008年3月，该银行大约有20 400份遗嘱合同，约占日本所有银行遗嘱储存和遗产规划总数的1/3（日本信托企业协会数据显示，日本遗嘱总量为61 000份，比2003年上涨了54%）。

国际投资者购买了大量高尔夫球场，然后重组成立新的企业（如Accordia高尔夫）。国内企业则专注于休闲、旅游、健身、健康、教育、娱乐和房地产等行业的机遇。特别是医疗保健市场为企业提供了非常诱人的投资机会。与1965年的4.4%相比，当前日本的医疗保健费用已达到日本国内生产总值的8%，并且40%以上的医疗保健费用都与70岁以上的病人有关。考虑到人口变化和人均医疗保健消费水平较低（仅为美国的一半），未来医疗保健市场将实现大规模增长[4]。在B2B方面，企业通过提供劳动力萎缩解决方案（如自动化、机器人等），将从人口变化中获利。

1.2　值得再看：价值传递和价值提炼

彻底了解银发市场需求是有效利用它的关键，我们称之为价值传递。然而，这只是价值的一方面，*另一方面则不仅要满足需求，还要赚钱。需要和需求不一样，需求和与赚钱也不一样。为了赚钱，企业必须在价值传递和价值提炼之间实现平衡。*价值传递相对容易：它要求企业进行市场研究，提供合适的产品和服务，并拥有高效的分销系统。而价值提炼比较困难：企业必须为不同的产品、区域和渠道设置并执行合理的价格。一些与银发市场相关的现实案例可以说明这一点：

- 你已了解退休的婴儿潮一代热衷于文化旅游，于是想开办一个交通便利的高端度假旅行社。假设你能够满足目标市场的需求：潜在客户需要哪些便利和建议？同样一条旅行线路，网上报价较低，你的消费者真愿意为你所谓的便利和建议掏更多钱吗？或者，他们采纳了你的建议却最终在线预订了旅行服务，那你该采用什么价位、价格结构和防御机制才能防止这种情况发生？

- 你想为退休人员提供金融规划建议并销售相应的产品。市场研究已经发现了巨大的需求，而且你已阅读了有类似需求预测的投资银行报告，但是，你不清楚巨大的需求背后是否有充足的购买意愿。那么，你能与那些当前免费提供低水平咨询建议的企业竞争吗？除了咨询服务之外，你的产品（如生命周期投资基金）有哪些真正对客户重要的特性？他们愿意花多少钱来购买？你的品牌能影响消费者的购买决定吗？如果你的价格提高2.5%、5%或10%时，消费者对该产品的需求会有什么变化？

• 你是高端家居用品制造商。你的日本首席营销人员建议改变产品规格以便更好地满足老年客户需求。特别是应该完善产品的操作设计方面。你喜欢这个想法，但你意识到这将增加产品研发、生产和操作成本。于是，你问营销人员是否可以提高价格以抵消附加成本，但他告诉你这很困难。你意识到银发市场需要特殊的产品，但他们却不愿意花更多的钱。你的营销人员给出的评估准确吗？如果你提高价格销量会下降多少?提高产品价格对收入和利润的总体影响有哪些？

银发市场的故事很精彩，但却不容易破解。在决定冒险进入银发市场这一未知领域之前，你应该对银发市场的支付能力和支付意愿有一个清晰、深刻的理解。

从长远来看，由于人口减少和人口老龄化导致储蓄和财富减少，这可能会影响消费者的支付能力。最近一项研究表明，第二次世界大战后人们生活水平持续提高的趋势即将结束。不管未来的GDP如何增长，未来20年社会储蓄将持续下降到几乎为零。储蓄率的下降对财富和经济增长有着直接的影响，如果新的储蓄被消耗殆尽，社会创造的财富也越来越少，结果就是可支配的资金大幅减少。我们可以用具体的数字来说明，1975— 2003年，日本的金融财富年增长率保持在5.5%，2003—2024年，日本的金融财富增长将出现轻微下降。因此，如果不采取有效措施（如向高收益资产大规模转移或大幅提高生产力），2024年日本家庭的平均财富将与20世纪90年代中期差不多[5]。①

然而，我们不应将这种悲观的长远观点与中短期观点相混淆。这里，问题不在于是否有充足的钱可以利用，而在于怎样提炼它的价值。如果65岁退休，老年人将面临长期的和前所未有的退休生活，男性大约为18年，女性大约为23年。长期的退休生活恰恰是银发市场不确定性的根源。那么，老年人会无视公共养老金系统的脆弱和家庭援助的缺失，成为大买家吗？这些问题都归结于支付意愿。

---

① 本研究认为，主要有三个因素导致储蓄下降：一是老年家庭数量超出最佳储蓄年龄的家庭数量，因此储蓄率自然就下降了。处于最佳储蓄年龄（30～50岁）的家庭数量除以老年（65岁以上）家庭数量的比例，自20世纪80年代以来长期低于1。二是代际储蓄行为的改变。年轻一代比老几代的储蓄少得多。尤其是对于1990年进入最佳储蓄年龄的1960—1970左右出生的群体来说，更是如此。这些家庭的可支配收入远远高于前几代群体，但他们的消费支出更多。三是日本家庭传统上是通过新的储蓄而非资产升值来积累财富的。最近的数据表明资产类的收益有轻微上升的趋势（如共同基金和人寿保险产品），但是抢眼的媒介报道称，日本家庭妇女追求的“套利交易”不是来自仍然占有50%以上的家庭资产的银行存款的低收益转移。对于深深根植于一个日本特定的风险文化以及20世纪90年代股票市场和房地产崩溃的痛苦经历的基本投资模式来说，未来10～20年内不太可能发生巨大改变[5,6]。

2.理解支付意愿：智取银发市场利润的关键

利润计算公式的三要素——价格、单位销量和成本中，价格是最有效的利润驱动力。对银发市场来说，由于基于需求定价的观点仍然盛行，我们不能夸大智能定价的作用。虽然理解银发客户需求并开发相应的产品和服务是成功销售必需的，但不足以确保企业盈利。

为银发市场服务，需要承担更高的销售成本，遵守更严格的消费者保护条例。在金融服务业，2007年秋季生效的日本新投资者保护法律，要求银行整顿针对老年人销售的投资信托基金（共同基金）和其他风险产品的做法。为避免受到监管机构处分，银行制定了针对七十多岁和八十多岁老年消费者事务处理的内部规则。例如，SMBC要求70岁以上的客户在购买可变年金时必须有一个家庭成员陪伴，而MUFG宣称他们为70岁以上的客户至少要解释两次复杂的金融产品风险。银行还计划增加售后服务，比如拜访老年消费者并为其说明投资产品的表现，或邀请他们参加投资会议等[7]。所有这些活动都有成本，但问题是银行（或保险企业）不清楚这些活动的收益是否足够高。

进一步来讲，银发产品或服务定价必须将具体的价值结构和目标群体的特质考虑在内，比如与相当复杂的寿险产品相比，60岁以上的客户大多会购买投资相关的可变年金。可变年金在整体萎缩的人寿保险市场一枝独秀（直到雷曼破产，目前（2010年3月）仍不确定该市场是否能够东山再起）。可变年金市场竞争非常激烈，而银行保险渠道提供的产品相当有限。银行要在充满挑战的市场中获得成功，除了在保险精算方面对金融风险进行严格的评估之外，还要从日本老年人的角度对产品特性进行精确的定量分析：哪些是老年人真正喜欢的特性，他们愿意花多少钱购买产品？图12-1充分说明了德国和新加坡两个国家同一年龄群体对产品价值感知的不同。

例如，投资安全对德国消费者来说非常重要，而新加坡人则更偏爱那些提款方便、收益高的产品。如果我们将支付意愿翻译成“愿意—去—支付”的话，那么在满足消费者具体的价值结构时，这两个市场需要的定制化、差异化产品就一目了然了。一个放之四海而皆准的方法并不奏效。我们可以不假思索地说，价值结构深深地根植于各国的精神文化历史。但令人费解的是，为什么很多国际企业依然忽视日本消费者的具体价值结构。

不管基于年龄的价格歧视是否取决于既定的业务状况（行业、产品种类、监管强度等），在缺乏管理或管理欠缺的行业，如旅游业，基于年龄的折扣活动在日本越来越普遍。尤其是火车票和度假包也根据年龄打折出售。在金融服务行业，领先的在线中介Kabu.com在2006年推出了针对50～60岁投资者的折扣项目，该企业大约30%的客户年龄都在50岁以上。2009年，电子产品零售商Bic Camera开始提供

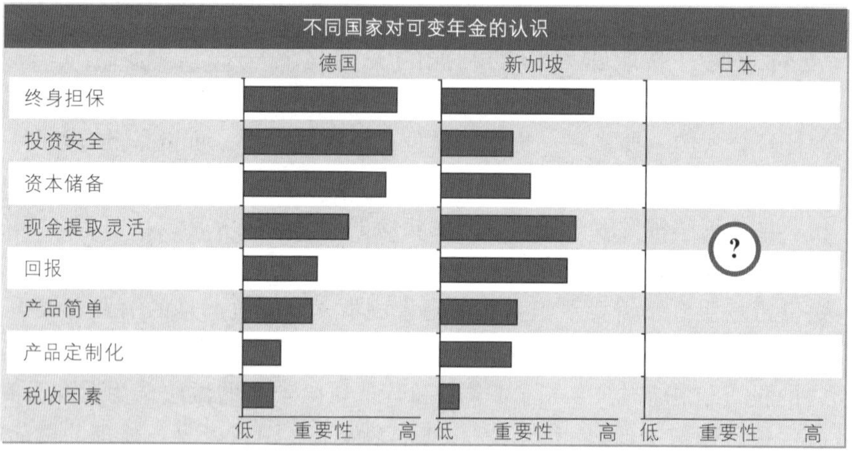

图12-1 不同国家对可变年金的价值认知差异

一个新的Anshin Raku Raku服务包，这是一项针对60岁以上消费者的电脑运输和组装服务，包括无条件件的电话技术支持服务。通常，这样的组合成本为21 000日元，但对老年客户，售价仅为9 800日元，折扣优惠超过了50%。在PC Depot，针对老年客户类似的服务包价格折扣是20%。

无论如何，银发产品的定价不能打折，折扣只是为了增加销量而不是盈利。在软件、制药或证券等成本固定的行业，订单销量越高，利润也越大。但在可变成本较高的行业（如汽车制造、手机或电视显示器），折扣就会极大地降低边际利润，而且在大多情况下，也会降低总利润。银发产品定价目标是赚取应得的利润，这就要求企业精确理解实际的支付意愿、价格-响应函数、税收函数和利润函数：

- 银发消费者愿意为产品或服务花多少钱？
- 如果改变价格或价格结构，需求会如何改变？
- 什么价格或价格结构能使收益最大化？
- 什么价格或价格结构能使利润最大化？

要回答上述问题，关键是一个结构良好的定价过程。如果对这些问题没有清晰、令人信服的答案，任何基于老年需求的商业计划都只是推测和善行，而非以利润为导向。

2.1 价格是主要的利润驱动力

假设银行针对银发市场出售的账户包价格是10 000日元，销量是100万个。单位可变成本（销售、后台办公处理等等）是8 000日元，每售出一个就会贡献2 000日元的边际效益。银行的固定成本是10亿日元。在这种情况下，银行想要获得10亿日元的利润，那么计算公式为：10亿日元利润=（10 000-8 000）日元×1 000 000个- 10亿日元（固定成本），那么当这四个利润驱动力——价格、可变成本、销量和固定成本各增加10%时，利润会如何变化？

根据上述公式，当其他条件不变时，价格增加10%（即从10 000日元提高至11 000日元），利润将增长100%，即从10亿日元变为20亿日元。而其他驱动因素的效果明显较低。当其他条件不变，可变成本、销量和固定成本分别提高10%时，分别带来80%、20%和10%的利润增长。这个简单典型的例子削弱了定价的关键作用，在单位边际效益较低的情况下尤为明显（见图12-2）。

……10%的增长	利润驱动日元 老的	利润驱动日元 新的	利润（日元） 老的	利润（日元） 新的	……将带来……的增长
价格（账户月费）	10 000	11 000	10亿	20亿	100%
单位可变成本	8 000	7 200	10亿	18亿	80%
销量	1 000 00	1 100 000	10亿	12亿	20%
固定成本	10亿	9亿	10亿	11亿	10%

读取方式：价格提高10%，产品价格涨至11 000日元。那么，在其他条件不变的情况下，将带来100%的利润增长，即带来20亿日元的利润增长。

图12-2　各个利润驱动力的影响

为了帮助决策者决定到底是提高价格还是降低价格，图12-3显示的是不同成本收益率下价格变化对利润的影响，表中的百分比代表销量必须增加（降价）或减少（涨价）多少才能保持成本收益率不变。银发市场营销商可以适当调整价格，只要对销量的预期影响略高/低于给定的百分比即可。例如：在成本收益比为0.75的情况下，如果降价10%，只有销量增加67%以上，才能增加利润；如果涨价10%，只要销量下降不少于29%，就能增加利润。

专业定价刺激边际效益增长可以直接增加利润，无需高额的前期投资或遣散费。相对于削减成本，价格优化为企业提供了三个机遇：一是赢得了时间，二是避免了额外的前期花费，三是对利润的影响更大。所以，关键问题是企业如何有效利用定价的利润增长潜力？

2.2　定价过程

“简单的”涨价是有风险的，而且大多也打不到预期效果。只是提高现有产品的价格或让销售人员用高价说服客户必定失败。银发市场营销人员必须采用有效的定价过程。定价过程是一个系统工程，包含组织规则、指导方针、想要采取的价格

价格下降比率（%）	成本收益率												
	0.95	0.90	0.85	0.80	0.75	0.70	0.65	0.60	0.55	0.50	0.45	0.40	0.35
	持续保持边际收益的销售增长率												
2.0	67	25	15	11	8.7	7.1	6.1	5.3	4.7	4.2	3.8	3.4	3.2
3.0	150	43	25	18	14	11	9.4	8.1	7.1	6.4	5.8	5.3	4.8
4.0	400	67	36	25	19	15	13	11	9.8	8.7	7.8	7.1	6.6
5.0		100	50	33	25	20	17	14	13	11	10	9.1	8.3
7.5		300	100	60	43	33	27	23	20	18	16	14	13
10.0			200	100	67	50	40	33	29	25	22	20	18.2
15.0				300	150	100	75	60	50	43	38	33	30
30.0							600	300	200	150	120	100	86
40.0									800	400	267	200	160

*读取：价格下降10%，成本收益率为0.75，销量增加67%。

价格增长比率（%）	成本收益率												
	0.95	0.90	0.85	0.80	0.75	0.70	0.65	0.60	0.55	0.50	0.45	0.40	0.35
	持续保持边际收益的销售增长率												
2.0	29	17	12	9.1	7.4	6.3	5.4	4.8	4.3	3.8	3.5	3.2	3
3.0	38	23	17	13	11	9.1	7.9	7	6.3	5.7	5.2	4.8	4.4
4.0	44	29	21	17	14	12	10	9.1	8.2	7.4	6.8	6.3	5.8
5.0	50	33	25	20	17	14	13	11	10	9.1	8.3	7.7	7.1
7.5	60	43	33	27	23	20	18	16	14	13	12	11	10
10.0	67	50	40	33	29	25	22	20	18	17	15.0	14	13
15.0	75	60	50	43	38	33	30	27	25	23	21	20	19
30.0	86	75	67	60	55	50	46	43	40	38	35	33	32
40.0	89	80	73	67	62	57	53	50	47	44	42	40	38

**读取：价格上升10%，成本收益率为0.75，销量下降29%，可保持边际效益持续增长。

图12-3　降价和涨价决策表

制定、管理和执行措施等。当企业提供的产品种类多，或每笔交易都要议价时，定价过程就至关重要。然而，由于价格决定过多，企业投入每个定价的精力必然很少。定价过程的精确定义是制定和执行价格，获得最佳的收益（见图12-4）。

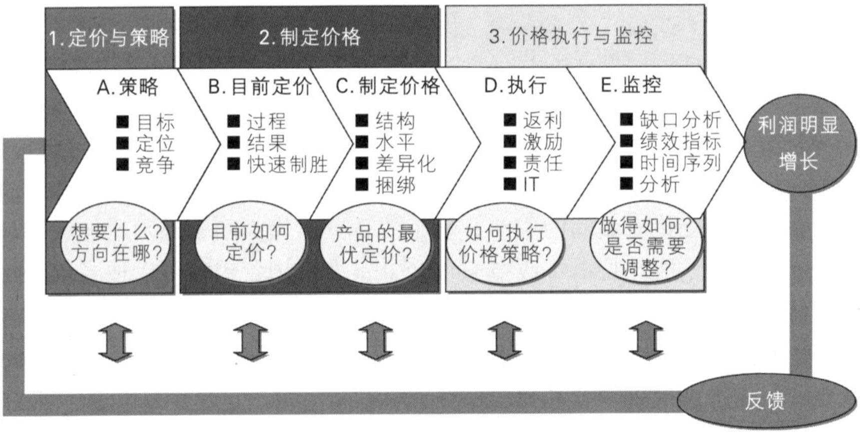

图12-4　定价过程的五个阶段

一个专业的定价过程通常包括五个基本步骤：策略、分析、决定、执行和监控。

2.3　定价策略

在新产品（或服务）推出前，就应制定好定价策略和愿景。定价策略通常在产品开发的早期形成，即产品概念和具体要求明确时就应制定。尤其是产品经理有责任在定价策略内为未来产品价格制定准则和框架。定价策略必须包括明确的市场进入策略（撇脂定价策略或渗透定价策略）、溢价潜力、生命周期以及区域差异策略等。同样，也必须为零部件、服务、设备等制定定价策略。

2.4　价格分析

为了制定定价策略和最优价格，收集相关数据并对其进行正确分析至关重要。这些步骤是定价过程的基本要素，企业应该使其结构良好，并作为标准。战略三角关系——银发消费者、产品和竞争者的信息应该非常完整，保证企业在定价时能够正确利用相关数据。定价时还需要回答的典型问题有：当前定价过程是如何成功的？最优的价格决定需要哪些数据和信息？都采用了哪些方法？价格在消费者购买决策过程中的重要性如何？从银发消费者的角度如何看待竞争状况和产品性价比之间的关系？

2.5　价格决定

价格决定是确定最优价格并最终被决策者批准。很显然，所有参与价格决定的部门都应清楚要分析的价格（清单价格、折扣价格、交易价格、有没有增值税等），为哪些产品定价，用什么配置，针对哪些渠道或区域等。

这里，基于价值的价值导向定价法就发挥了作用。附加成本定价法和基于竞争的定价法为企业提供了一个价格范围，但与老年客户的购买决定没有直接关系。例如，一对婴儿潮夫妇要买一款益智类的视频游戏，他们并不关心软件开发商的软件开发和分销成本。银发客户既不愿意也没有能力将极为复杂的建筑产品价格与医疗保险产品价格进行比较。然而，他们知道自己想要的和愿意支付的产品。因此，银发产品最好的定价方法是将顾客要求、产品价值及支付意愿考虑进去。为了理解和量化这些因素，间接的、多重变量方法得出的结果最准确。联合测量法特别有用。联合测量练习通过焦点小组或电话、网络访谈法，模拟的基本上是真正的消费者真实的购买决定过程。在联合测量中，消费者必须表现出对产品价格配置的偏好，因此我们应该避免使用直接的、价格诱惑等方法。购买决定是消费者对产品所传递的价值和产品价格之间的权衡。最高级的联合测量方法是自适应的，也就是说，电脑能根据之前的回答自动生成消费者真实的产品或价格对比数据。通过20~30组比较数据，我们就充分了解每个消费者的价值结构了。然后，我们对产品关键属性的相对效用进行比较，据此计算得出消费者对产品各个关键属性和产品整体的支付意愿。最后，通过总结消费者的偏好模式，就产生了一个个独特的消费群体。这种基于价值的消费者细分方法对银发市场新产品或服务设计极其有用。

此外，企业也应该将向上销售和交叉销售的潜力考虑在内。向上销售：标准产品和高端产品之间的最优差价为多少，能使总利润最大化？交叉销售：银发消费者对捆绑销售的产品反应如何？这一领域为敏锐的银发市场营销人员提供了巨大商机，尤其是对便利性要求高的行业，比如包括便捷入座选项和老年保险包（如旅行遣返保险等）的汽车包，对老年人来说极具吸引力。保险行业也是如此，多种保险单（如健康和人寿保险）可以打包出售，从极低的附加销售成本中获利。

2.6 价格执行

在确定了最优的价格水平和结构后，价格执行便是关键。价格执行需要一个运作组织、一个流程或目标导向组织、一个高效的IT系统，还有一个针对销售人员和客户的巧妙的激励制度。

定价组织在日本是个常被忽略的成功因素。一个专业的定价组织必须能为成功的定价过程设置架构，包括明确的责任、相关信息的可用性以及能从过去实践中汲取教训的结构化反馈系统。

明确的责任是所有定价问题的基础。在许多情况下，责任并不明确。它们依不同的定价任务和部门而定。通常，定价责任由集体而非个人承担。

在价格管理中，必须有一个明确的负责人对相关过程进行监管。过程负责人负责及时、正确地执行定价过程，还负责邀请相关专家参与定价过程及结果。考虑到负责人的作用重大，应该由不参与当前定价过程的企业员工担任。

企业的定价部门有利于（但不保证）正式定价过程的发展。企业高管及其对定价重要性的认识是有助于正式定价过程发展的更重要因素。如果不集中执行定价，企业就必须对定价过程进行明确的指导和监控。

2.7 价格监控

价格监控是提高利润的重要因素。企业必须不断检查价格执行情况并在必要时进行适当调整。日常统计数据和交易价格研究能够识别价格的逆向发展，有助于企业检查并调整价格，这些信息也可以作为初始定价的输入数据。价格监控需要回答的关键问题有：市场已执行了哪些价格？价格、收入和利润情况怎样？没有实现目标价格的区域和原因是什么？

3.结论

银发市场为各行各业提供了巨大的发展潜力，但它还有大量的不确定性和潜在的危险。仅仅建立在人口统计和社会经济数据、消费者需求和购买力基础上的营销策略，往往过分简单化、有误导性，而且在有些情况下非常危险。这对于一流的西方企业来说也是如此，日本合资企业失败的案例就有：沃达丰、家乐福、Preta Manger、易趣以及20世纪80年代的IKEA。当然，这些案例失败的原因各异——对区域经理招聘决策失误，没有合适的营业地点来获得规模优势和日本供应商的优惠，特别针对日本的产品设计和基础设施投入意愿不足，推出以美国为中心的服务模式等。后来它们“都遭受着严重的判断失误，采取错误的策略、缺少对市场动力和日本消费者特殊需求的理解”带来的后果[8]。需要注意的是，这些商业大都针对被营销人员研究了多年的年轻人群，对尚未涉足的银发市场具有极高的失败风险。因此，利用具有特定价值结构和特点的银发市场，需要系统的方法为老年人量身定做产品和服务，并获利。具体来讲，企业必须清晰、切实地理解客户要求、产品价值、支付意愿、价格弹性、收入和收益，才能在这个既充满诱惑又困难重重的市场获得成功，实现这个目标的最佳途径便是借助包含定价策略、价格制定和价格执行在内的结构良好、专业的定价过程。

参考文献

1 Cabinet Office, *White paper on aging society* (Government of Japan, Tokyo, 2007)

2 Dai-Ichi Life Research Institute, *Following the first baby-boom generation´s money: where the savings of the elderly go*, (Dai-Ichi Life Research Institute, Tokyo, 2005)

3 Financial Times, Deutschland, 4 June 2005

4 Japan Times, 4 Oct 2007

5 McKinsey Global Institute, *The coming demographic deficit: how aging populations will reduce global savings* (McKinsey and Company, Chicago, 2005)

6 B.P. Bosworth, R.C. Bryant, G. Burtless, *The impact of aging on financial markets and the economy: a survey* (Brookings Institution, Washington DC, 2004)

7 The Nikkei Weekly, 1 Oct 2007, p. 12

8 G. Lane, *Failed businesses in Japan*, Japan Inc 7/2007, p. 6

第13章

新宿京王百货公司：适应日本消费者价值观和行为变化

Nozomi Enomoto

摘要：自20世纪90年代初，日本一直是世界上人口老龄化最严重的国家。日本零售商面临着商业环境各种各样的变化——包括人口变化、经济全球化、信息技术发展，还有消费者的价值观和行为变化等。日本消费者的价值观和行为反映了零售业特征的转变，在这个转变过程中，百货公司是主力军。自20世纪90年代中期以来，新宿京王百货有限公司一直将老年人作为业务目标。本章通过探索老年零售商新宿京王百货公司，考察组织如何通过提取符合商业实践的重要因素来适应商业环境的变化。

1.引言

自1904年百货公司被引进日本，它们便一直向西方的百货公司学习，在日本独特的社会经济和文化环境中成长发展，在日本零售业长期居于主导地位。但1973年第一次石油危机之后，日本便进入了经济缓慢增长期，百货公司的销售额也随之下降。这暴露出传统百货公司固有的弱点，它们似乎无力应对竞争环境、消费者价值观和行为的变化，特别是在20世纪80年代之后，这种情况更加明显。再到后来，1991年日本经济泡沫崩溃之后，百货公司虽然努力重振销售业绩，但缺乏远见的缩编计划却让它们更加举步维艰，根本无法吸引顾客。

在这样的情况下，新宿京王百货公司到了发展的转折点。1996年，在与高岛屋百货公司进行了一场激战之后，新宿京王百货公司和高岛屋百货公司合并。在适应商业环境变化的过程中，新宿京王百货公司的战略创新在于始终将老年人作为目标群体，与其他竞争对手有所区别。下面章节将从日本零售业变化和转变因素的角度，通过探究商业环境、消费者价值观和行为变化来分析新宿京王百货所处的外部环境。

2.消费者价值观和生活方式变化的内在机制及影响因素

社会环境的变化，再加上经济全球化和信息技术的发展，在很大程度上影响着人们的生活方式和价值观的多元化。随着人们接触新信息和新知识，人们对各种思维方式也变得更加宽容。互联网和其他信息技术不仅渗透到人们多元化的生活方式和价值观中，也浸润着每个人的个人关系和沟通风格。1997—2006年，日本互联网用户数量从1 155万增加到了8 754万，互联网用户普及率从9.2%飙升至68.5%（[1]，P28）。当今社会，出于教育或就业原因，家庭成员彼此生活的距离甚远。举例来说，1985—2004年[2]，国外的日本留学生数量从14 297增至82 925。同样，1983—2005年[2]，在日本的外国留学生人数从10 428升至121 812。当人们接触全新的社会环境时，他们的信息搜寻和追求自我风格的动力也增强了；而在过去，人们对这些信息的接触通常十分有限，而且主要是被动接收。

人们对传统或习俗的需求减弱，表明了消费者价值观和生活方式的多元化。现代人们喜欢以自己的方式享受时间，非常注重休闲时间，而在过去并非如此。注重个人休闲时间就影响了人们对传统婚姻的看法。随着晚婚人数的增加，20多岁和30岁出头的未婚人数急增。1970—2000年，日本单身人数从18%增至54%，一半以上的女性在30岁时还未结婚，而40岁未婚男性人数从12%上升至43%。在日本，由于人们仍倾向于婚后生孩子，因此，结婚率下降导致人口出生率下降[3]。

法律和法规也影响着人口变化、消费者价值观和生活方式的多元化。比如，1985年颁布的《平等就业机会法》鼓励女性经济独立。当女性追求事业时，工作与孩子不能兼顾，因此生孩子的女性减少，也导致人口出生率不断下降。日本人口出生率下降的趋势一直持续到20世纪80年代末，2003年创下了第二次世界大战后的最低纪录，平均每名女性仅生产1.29个婴儿。20世纪70年代初，每年新生儿数量约为200万，2006年却下降到大约110万[3]。

影响消费者价值观和生活方式的其他环境因素是流行病的蔓延，如禽流感和食品污染。自然或人为灾难使人们更加关注疾病预防和食品安全，也促使消费者需要更多、更安全、更健康的产品。由于我们仅探究了几例多元化的价值观和生活方式如何影响或受自然环境和社会环境变化的影响机制，这些因素推动着消费者价值观和生活方式发生改变。虽然很难明确指出消费者价值观及其行为方式的影响因素及其重要性，但我们认同价值观、生活方式、自然和社会环境变化相互影响这一观点，这对长期推断商业环境来说特别关键。

图13-1显示的是日本社会的变革方式，及其社会、生活方式与价值观中相互影响的重要因素。

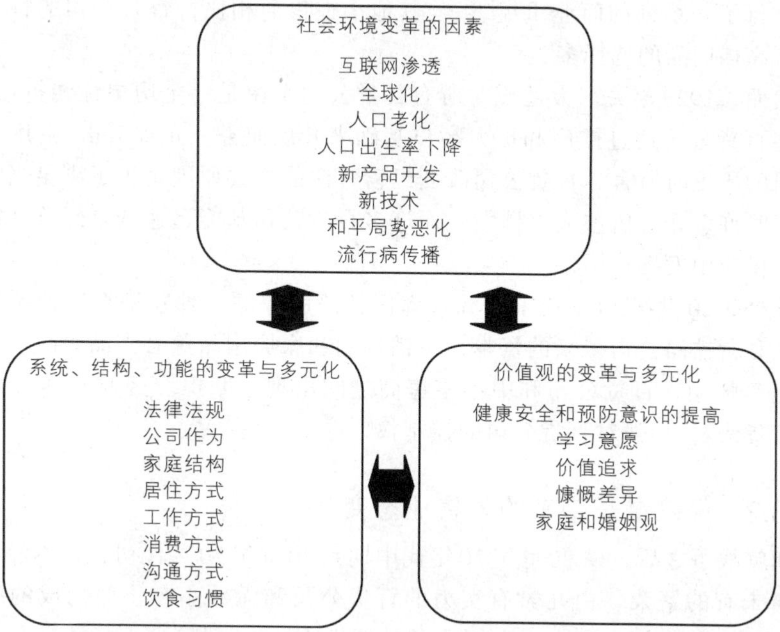

图13-1　日本社会的变革方式与一些重要因素的相互作用

资料来源：作者整理。

3.日本百货公司和零售业的转变

日本消费者价值观和行为反映出零售业特征的转变。第二次世界大战后早期，消费者需要的几乎都是日常必需品。然而，随着消费品生产和销售力度的增加，再加上零售业态的转变，导致消费者的需求状况发生了改变。消费需求的增长，带动了新的零售业态的发展[4]，百货公司就是日本位居第一的零售业态，在日本零售业发展中发挥了重要作用。在下面章节中，我们将从外部商业环境变化的角度，探讨日本百货公司和零售业的转变。

3.1　百货公司发展的早期阶段

与欧美国家的零售业相比，日本第二次世界大战前的分销系统——由数量繁多、小规模零售商组成的多级复杂系统——常常因结构弱、效率低和分销成本高而被诟病[5]。因而，百货公司的引进和发展对日本的分销和零售业有很大影响。存在已久的三越Gofuku-ten（三越商店）向西方的百货公司学习，于1904年宣布自己是一个百货公司，并更名为三越百货公司，早期主要针对富有人群。三越百货重组后，其他百货店——松坂屋百货公司、高岛屋百货公司和大丸百货公司也紧随其后，进行了一系列的商业重组[6]。与其他小零售商相比，百货公司的特点是规模大和最新高档商品的选择多[7]。

然而，1923年关东大地震对所有百货公司来说是一个历史性转折点[4]。当时东京一些百货公司通过推广和扩大客户基础来开展业务。正如Jinbo引用一些主要百货公司的历史时所言，百货公司改变经营方向的主要原因是为了满足当时的市场需求。当时许多零售店被大火摧毁，而许多百货公司却能迅速恢复经营并在公众日常必需品供应中发挥作用[6]。

此外，20世纪20年代末，源自郊区铁路服务的一种新型百货公司出现了——携着从私营铁路公司得来的资本，主销食品和家居用品等必需品。随着百货公司之间的竞争加剧，百货公司和中小零售商之间出现了摩擦。因此，1937年日本通过了《百货法》，加强对百货公司的控制权[6]。

3.2 经济增长带来的零售业态变化

朝鲜战争之后，从20世纪50年代中期到20世纪70年代初，日本经济一直享受着前所未有的繁荣。由几家有实力的百货公司和无数小零售商构成的战前零售系统复苏了。1956年，日本再次颁布了《百货法》[4]。尽管《百货法》是为了保护中小零售商的商业机会，但直到20世纪70年代初，百货公司一直保持着卓越的竞争力。比如从20世纪50年代到60年代中期，随着郊区人口的增长，火车站百货公司的数量迅速增加[6]。

20世纪60年代，随着经济快速增长，一种标准化大规模普及的消费市场出现了，大型零售商店也在这个时期得到了发展。这些新型的零售业态构成了现代分销系统的基础（例如大型的家电专卖店），它们通常没有传统的分销渠道，而是采取连锁店的形式。连锁店的显著发展，特别是综合性大超市的发展，震动了全国的零售业。1972年，超市的销售额超过了百货公司[8]。

1973年，第一次石油危机导致日本陷入经济衰退。与此同时，1973年颁布的《大型零售商店法》巩固了原有的分销和零售系统，影响了超市这一细分市场的快速增长。相反，大众消费市场却分解成许多细分市场，零售业变得更加多元化。那些以消费市场细分后的特定细分市场为目标的零售商数量迅速增长。此外，随着私人汽车数量的增长，人们的购物范围也扩大了。与郊区购物中心一起出现的是销售玩具和男装等商品的大型路边专卖店。20世纪70年代中期，便利店开业，随后便发展出包括自动取款机和送货上门在内的多功能服务[9]。与此同时，综合性大超市和百货购物中心采取市场细分战略，寻求差异化和可识别性。因而，新的零售业态和传统商业创新相继出现在20世纪70年代。

3.3 陷入功能不全的百货公司

除了1986—1991年泡沫经济时期日本百货公司获得短暂的复苏外，整个20世纪70年代、80年代和90年代它们的销售持续低迷。在此期间，日本百货公司的功能和系统缺点暴露无遗：包括文化展览、剧院、特别展览、游乐场以及吸引顾客的饭店在内的多功能结构。虽然"多功能"成为日本百货公司的特点，但它却是百货公司功能失常的根源[10]。我们也应指出日本百货公司另一个重要特点：使用临时销售人员的外包经营系统。该系统是在1953年由一个服装批发商为了提高竞争力而引入的，当时对批发商和百货公司来说非常有用：一方面可以避免商品滞销带来损失；另一方面可以将经验丰富的销售人员派到百货公司工作。正是百货公司看中了外包经营系统可以降低风险的功能，该系统随即风靡全国，因此百货公司的销售增长一直持续到20世纪70年代初[6]。但是，外包经营系统却最终导致了百货公司自身管理能力及综合管理能力的缺失——而且更重要的是，该系统限制了百货公司创造差异化和创新的空间。

20世纪90年代初，在经历了旷日持久的经济衰退和泡沫经济崩溃之后，实践证明了这些零售商疲弱的综合管理能力。为了削减成本，零售商在重建期间，减少并外化了百货公司的传统功能和经营范围，如扩大女装和医疗用品供应，淘汰家具、家电和体育用品。例如，1991—2001年，日本百货公司的女装销量从21.5%上升为总销量的25.3%，而家具销量则从6.0%下降至2.7%[11]。

此外，许多大型专业零售商——Bic相机、Yodobashi相机、Best Denki、Ostuka Furniture——开始在百货公司进行特许经营。城市百货公司如Kyoto Kintetsu，三越百货公司和Sukiyabashi Hankyu都将部分建筑转为特许经营租赁使用[10]。这些措施进一步降低了百货公司的管理和创新效力。此外，它们开创了相似的商品选择却牺牲了商店的特色。因而，当市场要求日本百货公司拥有较强的行政管理能力时，百货公司却通过外化商品交易缩小了管理范围。换句话说，日本百货公司已经偏离了自身独特的功能和创新。20世纪80年代以后，日本百货公司长期形成的惰性使它们根本无法应对竞争环境和消费者价值观及行为方式的变化。①

4.消费者价值观及行为方式的变化

第二次世界大战后初期，消费者需要的通常是生活必需品，但随着消费品生产和分销力度的增强，消费者需求也发生了改变。自1955年，日本经历了大约20年的经济快速增长期，市场在满足了人们对生活必需品的需求之后，开始转向满足人们的特殊需求[4]。不过，由于大众零售业的发展带来的产品外观标准化、规模化、

① 百货公司非核心业务的销量持续增长。我们从2010年2月Nikkei的预测中看出，表现最突出的当属Taka shimaya，它几乎全部由房地产支撑的非核心业务收入占到了其综合收益的71.8%，与当年同期相比增长了32.4%[12]。

消费市场的普及化，因而该阶段消费者的价值观和行为方式比较循规蹈矩。

1973年，石油危机的到来，使第二次世界大战后日本的经济繁荣戛然而止，很多消费者变得更有选择性，也开始追求个性的生活方式。与此同时，大众消费市场分解成无数个细分市场。20世纪80年代初，差异化的生活品质导向、时尚导向、精致消费等倾向非常显著，而这些导向的多样组合带来的便是消费需求的极端多元化[5]。与传统方式相比，年轻人更崇尚多样性。这些趋势扭转了四十多岁的男性和女性的观念，他们的婚姻观越发自由，传统“应该结婚”的思维定式渐行渐远[13]。没有孩子的家庭数量日益增加，越来越多的人独自生活。在老年人群中，也存在这种现象。但是，越来越多的消费者认为口碑是一种可靠的意见，他们经常通过互联网与家人和朋友交流[13]。

多种方法和调查研究揭示了消费者价值观和行为方式的特定趋势。比如，在空闲时间里，消费者喜欢享受更多的休闲服务，追求那些体现自己个性的生活方式和消费模式。因此，他们收集和搜寻生活方式信息的意识有所提高。20世纪70年代的主流观点“越便宜，越好”已不再是消费者最看重的问题[14]。

日本消费者历来被描述为“两极化”：不拘价格的高档购物导向和以价格为导向的普通商品购买。Shiozaki研究小组提出一个分析当前消费者行为模式的新框架，即通过在纵轴上设置价格的高、低，在横轴上设置商品特性的强、弱，将消费者行为模式分为四种类型：高档商品追随者、不拘价格的便利追随者、特定商品合理价格的追随者、价格追随者（即“越便宜、越好”）[14]。网民数量增长表明，消费者喜欢容易搜索到信息的社会环境。另外，即使将消费者行为模式分为四类，消费者也会依物品和购物场所而改变行为取向。尽管该模式没有显示各类人群的百分比和绝对数量，但一个明显的趋势便是消费者的价值观和行为都朝着多元化的方向发展。借助对可靠信息的搜索和收集，他们也会更加谨慎地采取购买行为。

即使是老年人，他们的消费方式也倾向于“越来越关心产品的声誉和其他人对产品的评价”或“高质量产品的价格是否合理”。举例来讲，2000年、2003年和2006年开展的研究表明，关心产品性价比的男性和女性消费者数量都在增加。同样地，希望拥有特定类型商品的老年人数量也越来越多，尤其是老年男性[15]。

根据日本央行的研究，青少年的个性化消费偏好更为强烈，近几年老年人的这一倾向尤为显著。影响老年人消费趋势的可能是人口变化引起的结构性因素，如人口老龄化，消费者价值观和企业努力的变化，以及老年护理保险制度的引入等。一般来说，从青年到中年，随着年龄增大，消费偏好逐渐下降，然后随着年龄增长消费偏好再逐渐增加。从长远角度来看待消费偏好，需要采用定群分析方法，打破年龄对消费偏好的影响、代际对消费偏好的影响以及经济周期对消费偏好的影响。因此，可以肯定的是，老龄化人口结构的改变正在平稳地提升他们整体的消费倾向[16]。

在不断改变的生活方式方面，经济保障较好的老年人希望“享受生活”，因而企业应将有购买力的“积极老年人”作为重要的目标消费群体。“第三产业活跃指数”的发展趋势表明，旅行社、健身俱乐部和酒吧正在高速增长。不断扩张的消费分销渠道包括便利店、药店、专卖店、购物中心，以及电视和网上购物。不过，野村综合研究所的一项研究表明，相对于其他消费群体，老年人更倾向于一站式购物（在一家店购买尽可能多的物品），而且老年人的消费半径较小[7]。这意味着，远距离的大型商店不适合老年人经常光顾。

因而，与20世纪60年代相比，70年代日本消费者的价值观和行为方式更多元化，也更注重健康、安全和放松。消费者也更有选择性，且对价值导向消费的态度非常谨慎。除了物理区域如消费半径之外，这些趋势在各个年龄的消费者身上都有所体现。

5.案例研究：新宿京王百货公司

于1964年开业的新宿京王百货公司（后文简称京王），是京王电铁公司的附属公司。它位于日本最繁忙的车站——拥有10条铁路和地铁线路的新宿车站。并且，新宿也是日本百货公司竞争最激烈的地区，这里有无数的商业设施、饭店和拥挤的办公室，也是几个主要百货公司的总部所在地。

京王50岁以上的顾客的消费占据销售总额的70%，且它的老年消费者比例高于其他百货公司。作为日本百货公司的先锋，京王拥有自己的会员系统，全年12个月给予会员折扣或根据预存金额发放优惠券。在京王刚开业时那些二十多岁或三十多岁的消费者，现在已是五十多岁或六十多岁的老年人了。至于会员卡持卡的人数，根据2004年京王的客户年龄统计，55～57岁年龄段的人数最多，大部分会员是五十多岁或六十多岁；在京王购物的大多是五十多岁、六十多岁或七十多岁的消费者，40岁和50岁的消费者数量增长明显，而五十多岁和六十多岁消费者购买的产品最多；2004年，京王73%的销售额都是由50岁以上的消费者贡献的[17]。

5.1　进一步细分老年消费者

当年轻人的服装和服饰经营吸引了女性消费时，中年和老年商品却常常一起售卖。但京王通过分析客户数据和其他研究成果发现老年女性消费者更为明确的消费特性和趋势，并根据老年消费者多元化的价值观和个人特征，将他们进一步细分为更小的群体：65岁以上、55～64岁、40～54岁三个群体，并将40岁以下的消费者划为另外一类。

京王发现，第二次世界大战前出生的一代即第一个群体（65岁以上），有着非常好的消费和储蓄态度，他们也买新东西，以第二次世界大战后的价值观享受休闲时光，但他们的消费仍需正当理由。针对这类人群，京王用充满智慧、创新的形象吸引他们。

第二个老年群体（55～64岁），是第一代婴儿潮，他们有着与年轻一代共同的价值观。他们有来自海外的信息和对旅游、放松的兴趣，虽然他们以真我为导向，但仍然比较保守。与老一代相比，这一代老年人更注重私人生活，不喜欢像勤奋的海狸一样将生命全部投入到工作中。他们看重个性和来自家人、朋友的口碑信息，这为企业带来了巨大的消费力。他们还对预防老龄化和健康老龄化的产品兴趣浓厚。京王相信，外观漂亮的优质产品对这代人来说更为重要，他们的国际化意识吸引着年轻一代。

第三个老年群体（40～54岁）出生在后婴儿潮时期，是企业的战略性目标群体。这一代人会毫不犹豫地购买国际化和年轻风格的昂贵的名牌产品。实际上，京王的数据表明，这群人的个人消费单价远高于六十多岁的老年人。

再就是年少的婴儿潮一代，他们不超过40岁并在年轻时尚领域打拼。在对每类老年人群研究的基础上，京王就有了清晰的代际特征概念。不过，对老年人群再细分是大分类下的子分类，这些子分类群体的特征重叠或不明显。

2006年秋，京王开始改造二、三、四层，这也是为期五年（2003—2007年）改造项目的一部分。下面是改造过程中，京王对每层客户类别的安排和相关选择。

6.客户类别细分

- A类：第二次世界大战前一代。
- B类：婴儿潮一代（最重要的目标人群）。
- C类：后婴儿潮一代（战略目标人群）。
- D类：年少的婴儿潮一代。

7.二、三、四层：有针对性地分类和女装楼层布局

- 四楼：主要目标人群为A（加上B、C类和A的女儿D类）。
- 三楼：主要目标人群为B和C（加上A类和D类）。
- 二楼：主要目标人群为D（加上B、C类和D的母亲A类）。

在女性专区（二楼到四楼），1995年京王对四楼进行了重新规划，方便五十多岁和六十多岁消费者浏览。举例来说，在对客户调查数据分析的基础上，京王发现旅行是排名居首的购买动机。因而，京王便将消费者的消费习惯和品味考虑在内，应用于商品选择、价格幅度及优质的客户服务等。结果，1995—2005年，京王四楼的销售额增加了7.8%。

京王改造四楼的目的是提高现有客户的满意度，因此，为了避免将老顾客一下子置入全新的、不熟悉的、强化了青春形象的楼层布局中，该楼层的地板布局保持原封不动。同时，京王对三楼进行了大胆的形象改造，这一改造十分重要，因为这个决定得到了广大消费者的支持。三楼改造目标是扩大战略目标群体的品牌支持（后婴儿潮一代），促进销售并增加最重要的目标群体——婴儿潮一代（B类）的品牌转移。因此，9

月改造后20天的销售数据表明，三楼销量增长了20%，四楼销量增长了10%[18]。

7.1　商品选择

为了使自己的商品种类和老年人多元化的价值观保持一致，京王专为老年人设计了一些商品（以老年服装为例，根据大小、颜色、设计进行细分等），京王还为老年人开发了自己的原创品牌，如京王的毛衣在日本的销量最高。2007年4月—9月的毛衣销量比2001年同期增长了7%。2002年，当京王将季节型泳衣改为运动型泳衣之后，泳衣套装销量在3年内增长了15%[19]。

1998年京王对女帽区做了改造，女帽也成为京王一个巨大的盈利产品，年营业额为3亿日元，成为日本销量最好的帽子。通过将帽子作为防晒方式或遮头发的时髦佩戴方式来营销，京王扩大了商品选择。1995年，京王建立了休闲鞋区，这也是日本百货公司在鞋子产品领域采取的第一个举措。受穿鞋问题困扰的消费者，可以很方便地从车站到达京王。针对各种脚型，京王都有相应的产品。京王提供的这些商品选择都是基于客户最看重的价值（如休闲、健康、放松、安全）。2001—2006年，京王运动鞋柜台的销售额增长了80%，2007年4月—9月的销售额比2001年同期增加了85%。此外，与2001年前半年相比，2006年4月—9月城镇休闲鞋的销售增长了40%，2007年增长了47%，这些商品在全国同类商品中销量最好[17]。图13-2是京王所有楼层和四楼的销售情况。

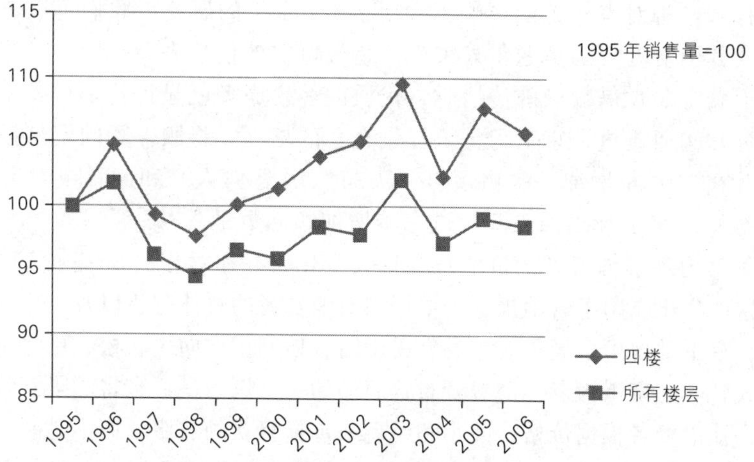

图13-2　新宿京王百货销售数据

资料来源：京王百货有限公司。

随着日本泡沫经济的破裂，1993年秋之后，日本的个人消费逐渐复苏，1996年底～1997年初实现了增长，随之而来的消费扩大使1997年4月的消费税从之前的4%上升到了5%[20]。相应地，京王1997年的销量下降恰是1996年消费膨胀的后果。2004年京王的销量下降是由于2003年“棒球冠军促销”和大规模的改造工程。很典型的是，日本铁路公司拥有很多商业部门，如交通运输、房地产、零售、旅游、休闲等。但是，因为有些铁路公司习惯使用自己的棒球队从体育场接送球迷，因而，该路线就会增值。与20世纪60年代相比，今天没有那么多铁路公司拥有自己的职业棒球队，比如当前就很少有铁路公司像阪神电气铁道公司一样仍然拥有自己的阪神虎队。作为一家铁路公司的京王公司，并没有自己的棒球队。但是，正是因为其与阪神百货（阪神电气铁道公司的子公司）的合作关系，当阪神虎队拿到冠军时，京王的销售额也增加了。

2003—2005年京王的销售增长是个特例，原因是这三年棒球锦标赛对销售的促进。特别是，2003年阪神虎队在18年里第一次夺冠，创造了全国上下球迷欢呼庆祝的一大社会奇迹。销售第一天进店的人数就达到了12万，通常则是7万。有趣的是，到四楼消费的中老年人也受到销售影响，明显表现出强烈的销售反应。

7.2 有效沟通和精准营销

Chen指出，日本消费者的一个特点是他们是世界上对产品和服务要求最苛刻的：完全健康、绝对新鲜的农产品，送货快等[21]。此外，日本消费者与邻里小商店的关系密切，这些小商店为他们提供了重要的社交机会。同样，百货公司也为消费者提供着社会生活中心以及与顾客保持密切关系等相似的功能。因而，日本商店和百货公司一般都是高度服务型的，满足客户需求是它们的首要任务[21]。一项研究表明，流行和广告对老年人的影响不大[22]。基于京王的研究，我们可以看出口碑传播对京王及其消费者特别是老年人来说，是最可靠的信息来源。因此，当有着多种价值观的消费者非常信赖口碑传播时，优质的客户服务就显得特别重要了。为了提高客户服务和沟通质量，京王为员工提供全套的培训，将服务顾问资格授予完成培训的人，并在2007年增加了购物顾问（从34人增至64人）和色彩顾问（从21人增至45人）数量，京王计划未来几年进一步增加顾问数量。

京王努力理解消费者的价值观和行为变化，并在对相关知识和信息分析的基础上，将这些变化应用于营销规划。根据它对消费者的总体分析以及对京王消费者的特别分析，京王发现更多老年人想要享受生活，他们正在向更轻松、更注重健康和美的生活方式转变。京王为老年消费者布置商品的一个例子是，它将一半女装楼层都布置成商品，让消费者根据价格、大小和颜色来选择喜欢的衣服，而不是品牌。为了满足“消磨时间”这一消费者价值观（如旅行、事件、文化追求等在百货公司日益普及），京王注重消费者追求的价值及目的（例如，用于放松或旅行的商品）。在泡沫经济崩溃之后的重建期间，游乐场设备和体育用品等曾和其他商品一起减少的产品，又回到了京王，这就创造出一个三代购物场所。因而，京王的策略并非创造新价值或趋势，而是通过预测客户想要什么和需要什么，满足客户需求。京王通过与70 000名日常消费者沟通、收集并分析信息，在信息分析基础上进行假设和验证，将验证结果整合运用到实际中。因此，京王改造就是根据5年计划或10年计划完成的。

京王在商品布置方面的努力与其对信息系统的高效利用密切相关，这也是京王针对老年目标群体进行市场营销的动力。1996年，京王导入了数据库信息系统，也正是在这个时候，它的业务目标开始转向老年人。据京王百货有限公司销售规划总监Hoksaka所言，通过对消费者和商品信息数据交叉分析，分析产生的新数据库正是京王关心的积极影响，如每个消费者的特点、什么时间、针对谁、发送什么形式的直邮，以及基于数据分析的措施执行结果和反馈等。2009年10月，在由用户群体主办的国际会议上，京王就作为采用先进数据库的代表性案例被介绍给了全世界[23]。

7.3　陷入经济衰退之后

本书第1版出版后，经济衰退和金融危机使百货公司的处境更加糟糕，尤其是那些对商业环境变化反应较慢的百货公司。到2009年，百货公司的销售额已经连续下降了13年[24]。高档商品的销量业绩极差，如手表和珠宝，还有年轻人服装等商品。此外，像优衣库和H&M等新兴的时尚低价的女装卖场的出现，吸引了百货公司的年轻消费者。2008年，全国百货公司销量少于上一年，占所调查的227家百货公司总销售额的95%。2008年排名第一的卖场是东京三越百货（-6.1%），排名第二的是伊斯丹新宿店（-6.6%），排名第六的是高岛屋总部（-7.9%），它们也是销售额较前年下降最严重的几家百货公司[25]。京王也面临着同样的问题，图13-3是2006年之后京王的销售情况，以1995年的销售额为基准，设为100。

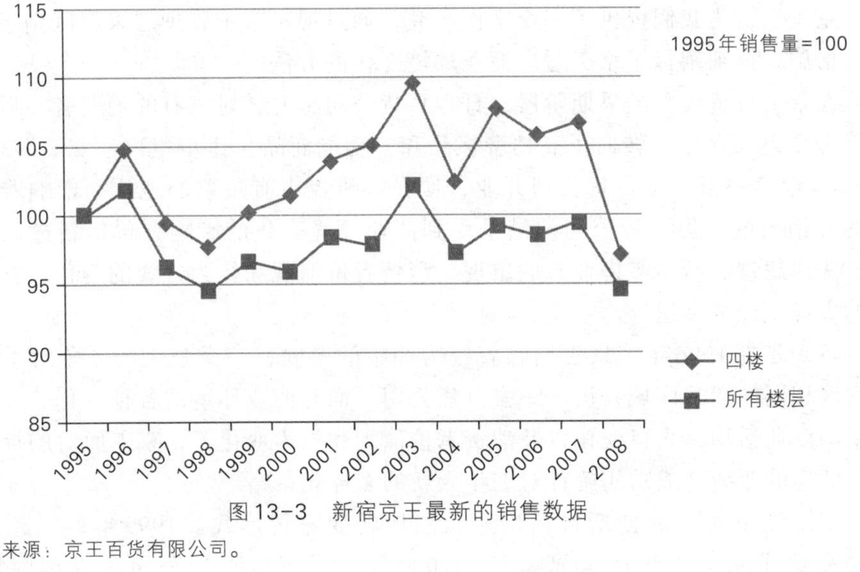

图13-3　新宿京王最新的销售数据

资料来源：京王百货有限公司。

但是，当我们分析京王四楼时，其销售额的降幅小于其他楼层，也小于食品以外的产品类别，而四楼的战略目标恰是老年人。表13-1是与2007年相比，2008年京王的销售下降情况。

表13-1 **与2007年相比，2008年新宿京王百货公司的销售下降情况**

总计	-5.2%
服装	-7.7%
食品	+2.7%
贵重物品(艺术品、珠宝、手表等)	-14.6%
4楼	-4.9%

资料来源：京王百货有限公司。

尽管2008年京王开展的老年营销结果并不十分显著，但是它凭借着稳定、持续的努力，最终于2009年9月，京王在一座新的购物大厦——三井购物公园拉拉港新三乡开设了第一家卫星批发商店[26]。结合原来的老年定位营销策略，卫星批发商店对京王来说又是一种新的商业形式。新闻和电视媒体对卫星批发商店进行了报道，而京王针对老年人的营销策略开始在目标消费者中蔓延，并成为它的优势。

8.讨论

京王百货为我们提供了一个案例研究，通过揭示京王管理层采取区别于竞争对手的措施，详细阐释了京王适应商业环境变化的方法。

在京王百货成立的早期阶段，日本百货公司主要针对富有的消费者。后来，它们慢慢变得大众化，转向了高档奢侈品和多功能商品，让步租户，安装游乐设施。自1904年第一家京王百货公司开业，便在零售业占有重要的地位，影响着日本复杂的分销系统。但百货公司的销量受到商业环境变化的影响，包括新进入的竞争者、法律法规、新型零售业态的出现、消费者价值观和行为方式的变化，特别是最近的大规模经济衰退等。

特别是在1996年，京王面临着极为严峻的考验，一个强大的竞争对手在东京新宿区相同的竞争区域开设了一家百货公司。面对商业环境的各种变化，如竞争对手新的商业活动，人口变化以及消费者价值观和行为变化等，京王面对的挑战在于克服低迷的业绩并成功实施针对老年人新的多样化策略。

京王竞争对手的创新包括快速激烈地转变零售形式。1999年，三越百货将南楼租给了家具零售商大冢家具。2002年，小田急百货公司将内部附属建筑HALC租给BIC相机，其销售表现和之前在此经营的家具一样低迷[11]。2005年，三越百货改造为三越百货奥尔科特杂货店。2008年4月，三越百货和伊势丹百货合并，成立了日本最大的百货公司集团，并在三越伊势丹控股公司名下进行综合经营。

相比之下，京王尝试提高内部而非开发外部的独特方法。具体来讲，京王更侧重于现有客户，而非开拓新的消费者，并识别和评估其固有的资源和资产。20世纪60年代，京王不是像伊势丹和新宿高岛屋百货店一样突出世界最新的顶级奢侈时尚品牌，而是做了三代消费规划，并实施了一项长期的、渐进的改造工程。因此，京王的“不变的创新”，恰恰是与其他百货公司的实质区别。

京王与那些提供进口奢侈品和高档商品的百货公司有所区别。它通过（1）针对不同老年群体的分级制度；（2）努力提供少量的一系列价格合理的休闲和时尚商品；（3）将婴儿潮一代作为重点关注人群，将后婴儿潮一代作为战略性第二目标群体。

京王在摆脱金融困境并修正老年目标群体策略方面的决定，恰是其对消费者重新审视并将消费者作为基石的一种渐进尝试。京王在应对环境变化和消费者价值观多元化方面采取的措施，反映了它对会员和店内日常评论的顾客数据的消费趋势分析。实际上，这些数据库有助于京王假设、制定策略并对满足顾客需求的理论进行验证。

很自然地，客户服务为消费者和京王提供了可靠的信息，也支持了京王的理论假设。

通过检视京王在严峻的商业环境中努力经营的过程，证明了三个非常重要的基本策略：一是对目标群体进行分类；二是持续关注消费者个人需求；三是将知识和信息应用于市场营销规划。这些策略正是京王百货针对老年消费者，通过客户数据分析，在实践中检验假设，长期收集信息并对消费趋势分析的结果。京王的一个尝试是假设消费者非常注重旅游、休闲、健康、安全，对该店进行了布局。此外，整个建筑每层楼的布局和配置都是基于这一假设的行为结果，即老年人更喜欢一站式购物且他们在楼内的购物半径更大等。这些方法是京王百货实现三代消费的制胜点。

京王的做法有效弥补了百货公司缺乏灵活性的不足。20世纪70年代末，百货公司这种不灵活的缺陷就已暴露出来，在应对市场变化和消费者摇摆不定的价值观和行为时尤为明显。京王的做法也有效对抗了百货公司综合管理能力的缺失，自20世纪90年代初日本百货公司综合管理能力的缺失就已十分明显。只有拥有明确的目标和精确瞄准的顾客，百货公司才能通过增强向心力来提高自身的综合管理能力。此外，京王努力通过提供全职销售人员的资格管理体系而非外包经营来改善服务质量，确保响应客户需求，灵活应对消费者价值观和行为变化。重要的是，一旦目标确定，京王就在逻辑上整合所有创新和努力。

尽管当前经济衰退的趋势仍在，但京王通过第一家提供商品原始布置的卫星批发商店，证明了其老年营销策略的潜力。

9.结论

本研究对新宿京王百货公司如何适应商业环境变化的方式做了评价。京王是老年零售商的代表，它展示出适应商业环境变化是企业调整业务的重要因素。当企业就商业环境做长期设想时，尤为重要的是将消费者的价值观、生活方式，以及自然和社会环境变化及其相互影响考虑在内，进行零售商战略分析。虽然日本消费者价值观和行为方式的多元化反映了零售业的转变，但它们也是商业环境变化的主要因素，也是造成百货公司弱点的主要因素，虽然很常见，但缺乏整合管理实践和创新着实限制了百货公司对竞争环境变化的响应能力。

为了应对强大的新竞争对手，京王不得不适应商业环境的变化。因而，京王重要的内部创新包括从长远角度识别现有客户的价值和特点，努力提高服务和沟通质量。京王实施的有些策略恰恰与竞争对手的做法相反，因此京王在商店规模、资源、速度、等级、创新方法、目标群体的范围、价格、分类等方面有着独特的经营之道。具体来说，中等规模、常规资源、兼顾三代人的老年目标方法、价格合理的大量商品选择、长期的渐进式变化和无形的创新都是京王努力开发出来的。另外，京王的这些战略和它的努力合理地交织成为一个整体。因而，在京王，一个清晰的目标客户愿景及合乎逻辑的综合战略增强了它的向心力。所以，京王就拥有了应对外部商业竞争环境变化的灵活性，当然也具有应对消费者多元化价值观和行为方式的灵活性。

附录

1970年，日本成为一个“老龄化社会”，1994年成为一个“老龄社会”。目前，它是世界上老龄化程度最高的社会。在老龄化时代，无论是日本的公共部门还是私营部门，还有许多方面仍不完善。本案例的研究目的就是检视组织应对商业环境变化的能力，特别是零售商对老龄社会需求的适应能力。

本项研究选择了30家零售商，每个零售商都在向利基业务和优质服务转变，以某金融研究中心对中小型企业分析之后产生的定位地图为基础[27]。

我们选择企业的标准是（1）正在迎合核心的老年消费者；（2）认识到了商业环境的内部和外部形势；（3）已经实施了创新。本研究包括以下几个方面和研究方法：

• 从社会经济和文化角度，对不断变化的商业环境进行全面分析和说明，主要根据政府的统计数据和说明，还有广告和金融研究机构的研究数据。

• 结合商业环境的变化，以及相关市场营销、零售部门和百货公司的研究参考，探索零售业传统的商业实践。

• 对百货公司的内部功能和系统在应对外部商业环境变化时的效力和适应能力进行检视，这一点通过京王百货公司案例研究得到了证明。

• 2007年10月底—2008年1月，通过面对面访谈、电话访谈和在线交流等方式与下列人士进行了沟通：京王百货公司公共关系部高级经理进藤祥子，以及高岛屋有限公司营销与销售促进副经理安田洋子。

• 2010年2月与京王百货公司公共关系部高级经理进藤祥子进行电话跟踪采访和在线沟通。

• 2007年8月—2008年1月，开展实地研究，包括百货公司的店面布局、选择、客户、服务等，并和以下百货公司进行沟通：伊势丹百货公司（新宿区）、庆应义塾百货公司（新宿区）、三丰百货公司（日本桥区）、小田急百货公司（新宿区）、西姆百货公司（池袋）、高岛屋百货公司（日本桥区）、东武百货公司（池袋）。

• 京王百货有限公司提供数据分析。

参考文献

1 Ministry of Internal Affairs and Communications, White Paper.Information & communication statistics database, 2007

2 Ministry of Education, Culture, Sports, Science and Technology, Japan (2008) http://www.mext.go.jp/b_menu/shingi/chukyo/chukyo4/019/gijiroku/08011108/004.pdf#search=1806676464.Accessed 17 Feb 2010

3 National Institute of Population and Social Security Research (2008) http://www.ipss.go.jp/ syoushika/, http://www.ipss.go.jp/syoushika/seisaku/html/a2.htm.Accessed 18 Jan 2008

4 H.Meyer-Ohle, *Innovation and Dynamics in Japanese Retailing: From Techniques to Formats to Systems* (Palgrave Macmillan, New York, 2003)

5 M.Miura, *Introduction, in Nihon ryûtsû sangyô-shi* (Dobun-kan, Tokyo, 2002)

6 M.Jinbo, *Hyakkaten no Nihon-teki tenkai to mâkettyingu, in Nihon ryûtsû sangyô-shi* (Dôbun kan, Tokyo, 2002)

7 H.Takei, K.-I.Kudo, T.Miyata, Y.Ito, *Adaptive Strategies for Japan's Retail Industry Facing a Turning Point: Rebuilding Corporate Strength to Respond to Change with Agility*.NRI papers, no 110 (Nomura Research Institute, Tokyo, 2006)

8 K.Tateno, Sûpâ no Nihon-teki tenkai to mâketyingu, in *Nihon ryûtsû sangyô-shi* (Dôbun-kan, Tokyo, 2002)

9 H.Kim, *Konbiniensu-sutoa no Nihon-teki tenkai to mâkettyingu, in Nihon ryûtsû sangyô-shi* (Dôbun-kan, Tokyo, 2002)

10 K.Miyazoe, *J.Market.Distribut.*Ryûtsû Kenkyû.61 (2005)

11 Y.Asakura, A.Ôhara, *Zenkoku hyakkaten no tempo senrhyaku* (Dôyu-kan, Tokyo, 2003)

12 Nihon Keizai Shinbun, morning edition, 17 Feb 2010

13 Nomura Research Institute, Seikatusha ichiman-nin ni miru nihonjin no kachikan, shôhikôdô no henka [Changes in Japanese values and consumption behaviors as seen in 10,000 questionnaires] (2004) http://www.nri.co.jp/news/2003/031215/031215.pdf.Accessed 15 Feb 2010

14 J.Shiozaki, H.Nitto, N.Kawazu, *Daisan no shôhi sutairu [The Third Consumption Style]* (Nomura Research Institute, Tokyo, 2005)

15 J.Shiozaki, *Taishû-ka suru "IT shôhi." Chiteki Shisan Sôzô* (Nomura Research Institute, Tokyo, 2007)

16 Bank of Japan, *Why Has Japanese Private Consumption Remained Firm?* (Research and Statistics Department, Japan, 2006)

17 Nikkei Sangyô Shôhi Kenkyûsho, 2007-nen ritaia dankai shijô o nerae (from Nikkei shôhi keizai seminar 29 January).Nikkei Shôhi Mainingu, 2006

18 Seni Torendo [Fabric Trend], Nov–Dec.Tôre Keiei Kenkyû-sho, 2006

19 SC Japan Today, *Kenshô 2007-nen mondai.Shin-shijô to naruka dankaisedai mâketto* [Is the baby-boomer generation creating new markets?] (Nihon Shoppingu Centâ Kyôkai, Tokyo, 2006)

20 Bank of Japan, Monthly report of recent economic and financial developments (The Bank's View, Bank of Japan, Japan, 1998).http://www.boj.or.jp/en/type/release/teiki/gp/gp9812.htm. Accessed 25 Feb 2010

21 M.Chen, The Japanese distribution system in transition, in Asian management systems: *Chinese, Japanese, and Korean styles of business*, chap 19, 2nd edn. (International Thomson Business Press, London, 2004)

22 M.Sugihara, *Chiiki ni okeru jinkô-kôreika to kôreisha no seikatsu-ishiki: Takasaki-shi shigaichi-riyô-kôreisha ni taisuru mensetsu chôsa*.Chiiki seisaku kenkyu.Takasaki Keizai Daigaku Chiiki-seisaku Gakkai, vol 6, no 4, 2004

23 It media Co.http://www.itmedia.co.jp/enterprise/articles/0910/27/news016.html.Accessed 19 Feb 2010

24 Nikkei Ryutsu Shinbun p.5, 12 Feb 2010

25 Nihon Keizai Shinbun, morning edition, 12 Aug 2009

26 Keio Co.http://www.keio.co.jp/company/stockholder/business_report/pdf/2009cyukan_ir.pdf.Accessed 25 Jan 201

27 Chûshô Kôko, *Shinia shijô ni chûmokusuru chushôkigyô no Senryaku to kadai* [Strategies and challenges of small-and medium-sized enterprises in the senior market], Chûshô Kôko report no 2004-3 (Chûshôkigyô Kinyûkôko Sôgô Kenkyûsho, Tokyo, 2005)

第14章
英国重要的老年细分市场：低价追逐者与积极开拓者

Lynn Sudbury，Peter Simcock

摘要：尽管老年消费者对营销商的重要性已尽人皆知，但在英国，针对消费者的态度、价值观和行为方面的实证研究相对较少，而且我们常将老年消费者与其他群体同等看待。一项对50~79岁成年人（n=650）的社会人口、健康和身体、社会心理、心理和行为等一系列变量的广泛调查，证实了老年消费市场不是同质的。相反，通过数据分析，研究者构建出英国第一个老年消费市场综合细分模型。本章简要地介绍了在消费者行为等一系列变量上具有显著差异的两个主要细分市场，也探讨了这两个细分市场对营销的影响。

1.引言

在192个国家中，英国60岁以上的老年人口比例排名第17位[1]，英国女性人口平均寿命是81.5岁，男性是77岁[2]。英国的退休年龄是60岁或65岁，年龄中位数是39岁[2]。但老年病学专家（如英国老龄化纵向研究）、决策者（如新的工业标准结构规定）、慈善机构（如关注长者）、学者[3]和从业者（例如silversurface.net，SAGA）一致认为：应该将50岁作为研究、政策和目标市场的起点。（出生于1947—1964年）婴儿潮一代的退休给英国带来大约2 000多万人口的老年市场[4]。

人口寿命的增加，再加上好的营养和先进的医疗，英国健康人口的寿命增长不低于人口寿命的增长[5]。此外，也有些群体特别是婴儿潮一代塑造了现代营销，因为企业曾被迫关注这个日益增长的年轻、富有、需求完全不同于上一代的消费市场[6]。婴儿潮一代年轻时形成的消费模式一直持续到老年，英国50~64岁的消费者是美容美发、保险、海外度假、酒精饮料（特别是酒）、家用电器、汽车、女装，以及从蛋糕、饼干到新鲜水果和蔬菜等一系列杂货商品消费最多的人群[7]。尽管企业发现婴儿潮一代是个明确的市场机会，但它们仍然不愿意将老年人作为目标人群[8]，一个原因可能是企业缺乏有效、可靠的研究来构建营销策略。

2. 老年市场细分

根据年龄将所有老年人划为一类，会导致企业忽略这一重要市场的关键细分群体。事实上，Moschis[9]认为，任何消费市场都不能与老年细分市场相提并论，因为随着年龄增长，老年人的生活方式、需求和消费习惯变得不一样。美国率先对老年市场细分模型进行了研究，并从早期以实际年龄对老年市场划分的研究中得出几种更复杂的细分方法，包括Towle和Martin[10]基于购买风格、人格特质、自我概念测量和人口统计变量的六分法；Lumpkin等人[11]是通过对服装的购物导向和生活方式因素的研究，形成基于生活方式的六分法模型[12]；Leventhal[13]的模型将购买力、婚姻状况和健康等因素考虑在内；最后，针对美国老年消费者最全面的细分模型，是由George Moschis和同事在乔治亚州立大学成熟消费者研究中心提出的老年生命周期模型[9]。老年生命周期模型基于各种社会、心理和生物物理变量，提出了四个独特的分类。不过，这些模型的一个共同弊端是很难识别这些细分市场的人口统计学差异，并且，正如Ostroff[14]指出，对老年消费市场最好和最有用的剖析，需要整合包括人口统计学数据在内的多种变量。

美国还有一组模型是基于特定的产品类别，如Morgan和Levy[15]从保健品和食品分类对老年人进行细分，根据非处方药将老年人分为五类[16]，根据服装将老年人分为四类[17]，还有两项研究为老年旅游业和旅游市场细分提供了思路[18，19]。毫无疑问这些模型在特定情况下非常有用，但是这些模型明显的局限是它们基于特定的产品类别，因而其适用性无法超越这些类别。

与美国形成鲜明对照的是，英国对老年消费者细分研究甚少。事实上，英国当前只有一个学术成果，正是Tynan和Drayton[20]提出的名为“Methuselahs”的潜在重要细分，但是该研究的时间及其世代效应意味着该模型对当前老年市场细分的价值有限。

因此，当前英国显然需要一个新的、全面的以实证研究为基础的老年市场细分模型，本研究目的就在于提供这样的细分模型，用于指导企业制定实用的营销策略。这项研究包括：与实际年龄和自我感知年龄有关的社会人口统计、工作状况、收入水平、婚姻状况和后代；生活方式问题包括健康、运动、社交和休闲活动、媒体使用等问题；还有其他一系列现有的与社会老年学和心理学、社会心理和消费者行为相关的问题。（可向作者索取包括实际规模和数据分析方法等精确的研究方法细节）。通过将自填问卷发放给按年龄配额抽取的样本人群，最终回收了50～79岁的有效问卷650份（平均年龄为62岁），这也很好地反映出英国该年龄段人口的年龄结构。

本研究产生了5种细分类型，它们在一系列变量上具有显著差异。下面我们将介绍差异最显著的两个细分市场，它们占据了英国2/3以上的老年市场。

3.积极开拓者（30%）

积极开拓者是实际年龄和认知年龄最年轻的老年细分市场，他们的平均实际年龄和认知年龄分别为46岁和56岁。由于1/4以上的积极开拓者家中还有成年子女，并且一半以上都有孙辈，因此他们的空巢率最低，相对比较富裕。与其他三个老年细分群体相比，积极开拓者是与家庭成员接触最频繁的人群。虽然他们相对比较年轻，但只有一半人比较健康，这表明他们大多有一些小的健康问题。他们中一半以上的人喜欢有体能挑战的活动，1/3的人中等活跃，而且他们也是去国外度假最多的人群。这类人群常使用杂志和互联网，但对收音机的使用率较低。

顾名思义，积极开拓者是迄今为止最具有冒险精神的人群（愿意尝试新品牌），与其他细分人群相比，他们对市场趋势很内行（有强烈的市场和购物信息分享倾向）。积极开拓者的营销和消费主义态度最积极，物质主义水平较高，对信贷的态度也很积极，尽管他们不信任老年折扣品，但对价格不特别敏感。

4.低价追逐者（38%）

低价追逐者是年龄最大的群体，他们的实际年龄平均为70岁，认知年龄平均为61岁。低价追逐者是最不富裕且大多已经退休的人群。尽管年龄较大，但他们自我感觉相对健康。不过，在爱好和休闲方面，他们是老年消费者中最不活跃的人群。资料显示，低价追逐者对电视媒介的使用最多，其次是广播、报纸和杂志，使用最少的是互联网。

尽管低价追逐者年龄最大，但绝不是最怀旧的人群。快乐和开心对他们而言无足轻重，他们更看重的是归属感，这是他们比其他群体看望朋友次数更多的原因，他们与家庭成员的关系也很紧密。尽管这个群体受年龄增长造成的负面影响最小，但他们一系列心理因素得分却是中等水平——这就是他们坚定沉着的体现。

虽然低价追逐者在物质主义和冒险方面属于中等水平，但他们身上也体现出高于平均水平的市场趋势，并有着相对积极的营销和消费态度。或许由于他们的收入有限，因而他们喜欢讨价还价。也正因为低价追逐者对价格高度敏感，所以他们对老年折扣品的态度最积极。相对而言，他们是不太反对信贷的人群。

5.本模型的优点

该细分模型证实了英国老年消费者并非同质化。相反，通过该模型，我们可以识别出五类老年细分群体，他们在一系列重要的评估标准方面差异巨大。该模型有许多优点：第一，它不是基于猜测和推断得出的，而是基于英国现有最大的老年人消费行为实证研究得出的。第二，它是最全面的研究，因为该研究运用了一系列生物物理、社会学和心理学变量，而这些变量在老年医学著作中已被证明与老年人密切相关。因此，该模型有着坚实的理论基础。此外，加上社会人口学、媒体使用和消费行为变量，该模型对营销实践非常有用。第三，该模型得出的消费者细分不局限于特定的产品或产品类别。第四，该模型符合有效细分的标准，正如[21]该模型划分的市场细分是可衡量、可接近、规模大、有区别的。

另外，与本章前面提到的老年人细分模型相比，本模型有很多优点。首先，与Towle和Martin的模型相比，本模型更全面。与本研究相比，Towle和Martin[10, 12]的两个模型样本较小，并且他们在消费行为、心理、社会人口、健康和媒介利用等方面使用的测量方法较少。重要的是，他们开展的这两个研究只使用了实际年龄，并没有尝试测量样本的认知年龄。不过，尽管本模型与Towle和Martin提出的模型有一些区别，但二者得出了一些相同的细分结果（"积极的退休者"与"低价追逐者"、"年轻的保障者"与"积极的先行者"）。其次，Moschis[9]的老年生命周期模型选取的样本比本研究的样本更大，也测量了实际年龄和认知年龄，但他在研究老年人的生理、心理和社会老龄化、心理和消费者行为方面使用的变量较少（只有136项，而本研究则有165项）。虽然Moschis的研究更全面，但令人惊讶的是，他的研究和本研究得出的细分类别仅有一个是相同的（境况不佳的支出者和低价追逐者），原因可能是两个研究测量的变量不同，也或许是美国和英国老年人在态度和消费行为方面根本不同。

6.管理启示与应用

明确具体的细分市场，就为以老年消费者为目标的企业提供了营销决策的出发点，企业的产品策略应该根据细分市场的认知年龄、婚姻状况、健康和收入情况而有所不同。例如，年轻充满活力的英国老年人群到国外度假较多，也比低价追逐者更健康，因此，可以针对第一个细分人群开展积极的休闲活动、海外度假、探险度假，针对第二个细分人群开发国内度假、悠闲的消遣活动、有助于老年人行动灵活的辅助产品。

同样，定价政策应根据模型提供的上述观点制定，它不仅与收入有关，还与老年人对价格的敏感度、对信贷和老年折扣的态度有关。过去商业研究大多强调年轻人和老年人的价格敏感差异，而没有像本研究一样探讨老年市场的价格敏感差异。比如，尽管低价追逐者年纪（生理年龄和心理年龄）最大也最不富裕，但他们并不像我们通常认为的那样反对信贷。因此，尽管低价追逐者可能是老年市场中可支配收入最少的人群，但企业也不应自动将他们从高端消费目标人群中排除，因为企业可以通过提供合理的信贷方式帮助他们分摊消费成本。

依照本研究结果，我们也应修正传统对老年折扣的假设。正如我们所预料的，低价追逐者对老年折扣的态度相当积极，这部分消费者可能是退休的空巢老人，并且绝大多数是和18岁以下的孙辈一起生活的祖父母。由于有许多暗示他们不再年轻的人和物，因而他们对老年产品促销的态度很积极。低价追逐者已欣然接受针对他们的折扣，并且尽可能利用老年促销活动。事实上，折扣甚至让他们感觉占了便宜。

相比之下，营销商不能想当然地假设年轻的和较富裕的积极开拓者对老年折扣和促销态度不积极，因为根据我们对这群人的定义，不积极的态度俨然会破坏他们的青春形象。因而，这部分人群对老年折扣虽然持不确定的态度，但并不完全反对。企业需要谨慎地针对这部分人群开展折扣营销，因为他们更喜欢用邮件和电话沟通。鉴于他们使用互联网最多，因此，在线老年折扣非常适合他们。这样做，可以最大程度降低他们对年轻自我认知年龄的影响，也不必因为公开购买老年折扣产品而承认自己很老。

企业可以通过年龄、价值观、态度和心理等一系列相关信息来改进目标市场、定位策略和广告策略。比如，归属感对低价追逐者至关重要，因此，在广告中呈现一种传统社会现象对他们非常重要，尽管这对积极开拓者不特别有用。此外，为了提高效力和效率，企业需要调整媒体策略，接近低价追逐者的最好渠道是电视和印刷媒体，对于积极的开拓者，虽然相对来说他们也是电视的重要用户，但用互联网进行宣传对他们来说可能更有效。

最后，由于本模型实际上并不针对特定的产品或行业，因此它具有其他模型没有的优点，但这也意味着它可能不适合所有的产品类别，因而在将其用于特定产品和营销实践时，还需要专门的营销研究，深入地了解消费者的态度和行为。不过，该模型的确为我们提供了英国老年人在观点、态度和看法等很多方面的见解。

7.结论

本章阐述了英国最大的知名老年消费者实证研究，这项研究通过对50～79岁老年人配额抽样，抽取了650名样本人群，使用了老年学和营销文献中提及的与老龄化及行为相关的一系列变量。研究得出五种老年细分人群，本章介绍了其中两个。该模型克服了先前老年市场细分研究的局限性，填补了对不同年龄老年群体的研究空白。研究证实，英国老年市场并非同质化，本模型符合有效细分标准，细分结果是可衡量、可接近、大规模、有区别的。本模型对以老年消费群体为目标的企业有一定的实践意义。

参考文献

1 United Nations Department of Economic and Social Affairs, Population Division, *World Population Ageing 2007*(United Nations Department of Economic and Social Affairs, Population Division, NY, USA, 2007)

2 Office for National Statistics, *Social Trends*(Government Publications, London, 2009)

3 L.Sudbury, P.Simcock, Understanding older consumers through cognitive age and the list of values: A UK perspective.Psychol.Mark.26(1), 22–38(2009)

4 Employers Forum on Age.*Age information and research*(2009).http://www.efa.org.uk/

5 Academy of Medical Sciences, *Rejuvenating Ageing Research*(2009).http://ac medsci.ac.uk/p.99html

6 K.E.Thompson, N.S.Thompson, *Advertising to Older Consumers: Theory into Practice*.Paper presented at the Academy of Marketing Conference, Kingston University, 2007

7 Office for National Statistics, *Family Spending–A Report on the Expenditure and Food Survey*(Government Publications, London, 2008)

8 P.Simcock, L.Sudbury, The invisible majority? Older models in UK television advertising.Int.J. Advertising 25(1), 87–106(2006)

9 G.P.Moschis, Gerontographics: A scientific approach to analyzing and targeting the mature market.J.Consum.Mark.10(3), 43–53(1993)

10 J.G.Towle, C.R.Martin, The elderly consumer: One segment or many? Adv.Consum.Res.3, 463–468(1976)

11 J.R.Lumpkin, B.A.Greenberg, J.L.Goldstucker, Marketplace needs of the elderly: Determinant attributes and store choice.J.Retail.61(2), 75–105(1985)

12 P.Sorce, P.R.Tyler, L.M.Loomis, Lifestyles of older Americans.J.Consum.Mark.6(3), 53–63(1989)

13 R.C.Leventhall, The aging consumer: What´s all the fuss about anyway? J.Consum.Mark.8(1), 29–34(1991)

14 J.Ostroff, *Successful Marketing to the 50+ Consumer*(Prentice-Hall, New Jersey, 1989)

15 C.M.Morgan, D.J.Levy, *Segmenting the Mature Market*(Probus, Chicago, 1993)

16 B.Oates, L.Shufeldt, B.Vaught, A psychographic study of the elderly and retail store attributes. J.Consum.Mark.13(6), 14–27(1996)

17 D.Mumel, J.Prodnik, Grey consumers are all the same, they even dress the same – myth or reality? J.Fashion Mark.Manag.9(4), 434–49(2005)

18 E.M.Lieux, P.A.Weaver, K.W.McCleary, Lodging preferences of the senior tourism market. Ann.Tour.Res.21(4), 712–28(1993)

19 M.C.Sellick, Discovery, connection, nostalgia: Key travel motives within the senior market.J. Travel Tour.Mark.17(1), 55–71(2004)

20 A.C.Tynan, J.Drayton, The Methuselah market.J.Mark.Manag.1(1), 75–85(1985)

21 P.Kotler, G.Armstrong, *Principles of Marketing*(Pearson, New Jersey, 2004)

第15章

银色力量：老年市场开发策略

Sue Tempest，Christopher Barnatt，Christine Coupland

摘要：本章探索了劳动力市场和商业市场中“银发力量”的重要性。企业需要探索每个老年人及其广泛的社会背景，包括他们的直系家庭构成和代际关系，以充分了解银发市场的潜力。本章首先驳斥了社会对老年人的刻板印象，引入一个老年细分模型。接下来，作者将分析的框架延伸至每个老年消费者之外来评估未来家庭的范围。未来家庭在做购买决策时，老年人的作用越来越大。作者为企业探索老年客户开发策略提出了一个财富和健康细分模型，并用未来家庭的分类及代际动力引发的问题对其做了补充。作者利用这一模型向21世纪老年家庭组成的错误假设发出挑战。相应地，这一模型也能对不同社会背景的老年工人和消费者进行细分，为现在和未来寻求利用银色力量的企业提供一些有用的工具。

1.引言

2007年6月，YouTube邀请79岁的网络名人“Geriatric 1927”为它的英国网站提供启动视频；一个月之后，NASA（美国国家航空航天局）成立了一个座谈小组，小组成员都是从登月舱可靠性测试和维护团队退休的工程师，NASA请他们为负责2020年宇航员从月球返回的工作人员提供建议；2个月后的9月23日，美国劳动部庆祝第五个“国家雇佣老年工人周”。正如本书所论证的，老龄化人口的持续增长使“老年人”渐渐成为消费力量的偶像，也成为重要的知识来源和必不可少的劳动力。

本章首先探究了劳动力市场中银色力量日益增长的重要性。不过，银色力量在市场中的作用更为重要。这样做时，本章首先驳斥了传统观念，接着引入了一个老年人细分模型。接下来，我们将分析的框架延伸至每个老年消费者之外来评估未来家庭的范围，在未来家庭中，老年人对购买决策的影响越来越大。

2.老年工人

随着人类寿命增加，工作和退休之间的严格区别已站不住脚。世界老龄人口数量预计将从2000年的0.5亿增长到2050年的2亿[1]；欧洲人口年龄中位数将从2002年的37岁升至2050年的52岁；2050年，美国60岁以上的人口数量将占总人口的27%，其中包括100万百岁老人[1]。新兴经济体也会受到人口老龄化的影响。到2030年，发展中国家65岁以上的人口将是发达国家的两倍[2]。越来越多的人将成为世纪老人，关于世纪老人的长寿研究表明人们“越健康，越长寿”，在这一群超高龄同生代中，30%的人的思考能力甚至没有显著下降[3]。

人类寿命和终身健康人口的普遍增长，使我们不得不重新评估工作和退休的区别，并修正对老年工人的刻板印象[4]。有时我们认为老年工人（50岁以上的老年人）的适应能力较差，不擅长学习新技术和技能，并且对新科技敬而远之[5]。如果老年人自己从精神上和感情上脱离了劳动力大军，这些刻板印象就会应验。实际上，如果老年人将这种社会刻板印象内化吸收，不再接受训练或进步而妄自菲薄，这对老年人来说非常危险[6]。

政府对老年人劳动参与率低非常担忧，老年人劳动参与率低可由经济活跃人口和非经济活跃人口的抚养比率得到证明，政府也有理由重视这一情况。有证据表明许多老年工人不知不觉就离开了劳动力市场。例如，2005年，OECD对美国的就业率统计显示，15~64岁劳动力人口中男性的就业率是80.5%，女性是67.9%；而55~64岁人口就业率男性跌至65.7%，女性为48.2%[7]。年龄歧视最常见，大约23%的人多多少少受到过各种形式的年龄歧视[8]。不管是企业重组、职位晋升或是发展和培训机会，老年人遭淘汰的风险最大[7]。在欧洲，这些情况已得到了机会均等和反年龄歧视相关法律的关注，这在美国已受到多年重视。由于发达国家年轻人口比例下降，企业也日益重视人口变化，一场“人才大战”蓄势待发，这也促进了社会关于老年工人最佳角色和部署的讨论。像IBM、Bosch和NASA等组织已制订了促进代际间知识分享的计划，如让退休人员“重新参与”到特定项目中，或鼓励代际间的学习交流等[9]。所有这些都表明，人们逐渐认识到社会对老年人根深蒂固的刻板印象不仅没用且非常多余[4]。

挑战陈规的第一步，我们认为需要在老年工人的财富和健康基础上，认识到老年工人的多样性，这一理念也得到了美国国家老龄理事会的研究支持。并且它们认为，未来的退休年龄将受到国民储蓄和健康衰退状况的影响[10]。图15-1是基于财富和健康的细分矩阵图，将老年工人分为四个象限。

在财富和健康细分矩阵的左下象限，我们可以看到，最困难的是那些健康状况和经济状况都不好的老年人，他们的工作能力有限，大都依赖救济金生活。研究表明，健康状况不佳的工人通常比身体健康的工人退休早[11]。他们的财富和健康状况呈现出恶性循环的下降趋势，因为富裕人群能够拥有更好的住房、饮食和健康的生活方式[10]。

财富和健康细分矩阵的左上象限是健康状况较差但有经济保障的老年人，他们或许不需要为了赚钱而工作，但他们为了保持社交或思维活跃而有继续工作的愿望。

财富状况	健康状况差	健康状况好
有经济保障	**富裕/不健康** 不需要工作 且受身体限制无法工作	**富裕/健康** 不需要工作，但能胜任工作， 这类老年人或许期望工作
无经济保障	**贫穷/不健康** 必须工作（或依靠救济的人）， 但受身体限制无法工作	**贫穷/健康** 有工作欲望的老年人（或依靠 救济的人），且能够胜任工作

图 15-1　老年工人财富和健康细分矩阵

这些老年工人在就业时可能需要科技或其他辅助产品。也许，健康状况不佳恰是这类老年人自谋职业的一个推动因素[11]。

财富和健康细分矩阵的右上象限是健康状况很好且有经济保障的老年人。即使这些老年人的财力可以支撑退休生活，他们也会选择继续工作，可以减少工作时间和按照自己的方式来工作。最幸运的这类老年人会因高水平的职业成功，成为宝贵的人力资本。越来越多拥有宝贵知识的老年工人被用人单位当成“顾客”来对待。事实上，这也表明：“最有能力的工人也是最睿智的消费者，他们时刻在寻找最合适的雇佣交易[9]。”

最后，财富和健康细分矩阵的右下象限是健康但没有经济保障的老年人。因此，一方面他们的身体健康能够工作，另一方面如果没有救济金或者已有的积蓄不能保障较高的生活质量时，他们不得不工作。这些工人会一直工作到传统的退休年龄，如果条件允许的话，在退休年龄之后他们还可以继续工作。

正如老年人财富和健康细分矩阵所强调的，老年人健康和财富的不同使我们必须抛弃对老年人的偏见。反过来，如果企业希望最大程度地利用老年人力资本，就必须针对老年人开展更多定制化的雇佣活动。在英国，这种雇用老年人的现象已经出现，比如Asda、IBM、Capital One和B&Q等企业已开始为老年工人制订职位保留政策和创新退休方案。

3.作为老年消费者的老年工人

以财富和健康标准细分老年人，已不再是个激进的或不寻常的命题。令人惊讶的是，很多企业似乎忘记了经济领域对工人的统称是“顾客”。因而，任何对老年工人的有效划分，都应该与其对老年消费者的划分一致。

现有营销文献大多在老年人异质性及老龄化不改变性格的事实基础上，强调对老年消费者划分存在的困难。但是，在尊重老年人个体多样性的同时，我们认为企业要时刻谨记作为消费者的老年人也是基于财富和健康划分的老年工人。因此，我们提出了图15-1的扩展图，即基于财富和健康的老年消费者细分矩阵图，如图15-2所示。

财富状况	健康状况差	健康状况好
有经济保障	**帮助型老年人** 不必工作，身体不好 寻求改善生活质量，并能为护理和其他照科买单 对生活辅助和独立生活助手有需求	**智慧型老年人** 不必工作，身体健康 追求品质体验 对奢侈品、休闲用品、定制品和高端品牌有需求
无经济保障	**依赖型老年人** 必须工作（或依赖于救助）的老年人，但身体不好，不能工作 寻求好方法，提高生活质量	**接济型老年人** 需要工作，身体健康 寻求价值与自我释放

图15-2　老年消费者的财富和健康细分矩阵

在我们对图15-2的老年消费者细分模型的具体含义思考之前，值得强调的是理解老年人对经济的影响以及其他老年消费者细分模型的重要性。在美国，50岁以上的老年消费者的消费几乎占了住房、食品、交通和健康市场消费的50%。即使老年消费者数量不断增多，经济实力不断增强，但大多企业仍在继续为年轻人营销和设计产品[12]。

有效利用老年市场机会的企业取得了巨大成功。比如英国的Saga（萨迦）公司，专为老年人提供休闲和服务产品，它们“做正确事情”的理念在这个人人惶惶不安、后信贷紧缩世界里让人感到安心。据报道，随着老年人对旅行度假活动的兴趣倍增，过去13年里预定尼泊尔徒步旅行的老年旅行者（大多是60～79岁）增长了近十倍[13]。而且，不仅只有较年轻的老年人具有市场潜力，针对养老院世纪老人的一项研究发现，27%的高龄老年人也喜欢看MTV音乐频道，15%的高龄老年人爱玩视频游戏，4%的高龄老年人会用iPod[3]。因而，老年市场机会并不局限于金融服务、休闲和娱乐、医疗和消费产品。2008年，一位91岁的老人成为获得剑桥大学博士学位年龄最大的人[14]。现有某些产品或许会意想不到地适用于老年消费者。比如，我们可以用Nintendo Wii游戏为老年人提供运动休闲。这自然表明，将老年消费者局限于任何年龄或任何市场都将铸成大错。

企业被指责无视老年消费者的原因很多，其中一个是营销人员还没有完全意识到银色市场的潜力。但是，随着媒介对全球人口老龄化报道的增多，这个理由越来越站不住脚。企业缺乏对老年消费者关注的其他原因还有：老年人不是独立的细分市场，或人们常常误解老年人，包括对他们的信念和生活方式的误解等[15]，还有我们通常认为老年人是如此同质化，以致给企业如何关注老年消费者带来了挑战[16]。

众所周知，人们年龄增长的同时性格不会改变太多。这意味着老龄化人口将更加多样化[17]，为老年消费者细分带来了挑战。许多试图探寻有效的老年细分方法的人，往往倾向于简单地以年龄为基础来划分[16]，或将出生时间差不多、有着相似态度和信仰的老年人归为一类。但这些方法使用的态度、兴趣和能力指标过于粗糙。我们认为，最有用的老年消费者细分方式，至少需要首先将人们日益认可的财富和健康等重要因素考虑在内。

4.内化型与外化型老年消费者

图15-2的财富和健康细分矩阵把老年消费者再细分成四类——依赖型老年人、帮助型老年人、智慧型老年人、接济型老年人。我们相信，该分类可作为零售商、制造商和服务商有效的市场目标。图中，我们强调了在将健康状况不佳的老年人作为消费者时，企业需要给予他们内化关注，同时给予那些健康状况较好的老年人更加外化的关注。

老年消费者更依赖经验而非有形商品[18]。然而，对健康状况欠佳的老年人来说，他们内化关注的是更好的生活和保持健康。当然，我们需要谨慎地描述老年消费者以免过于消极，因为实际上老年人不一定不健康。比如在美国，只有5%的老年人（55岁以上的）生活在养老院，而只有12%的老年人有慢性疾病[19]。不过，像行动力、视力或听力等健康方面的变化确实能改变老年人对产品和服务的需求[12]。

坐标图上方——有“经济保障”的老年人，对企业来说必然是最具市场潜力、最有诱惑力的商业机会。智慧型老年人的购买力较强，他们也有经济保障且身体健康。对这类老年人来说，生活就是为了更长寿。因而，他们选择高端设计且有品牌差异的产品和服务来追寻高质量的体验和美。这类老年人的外在关注是由专业度假公司Activities Abroad研究发现的。研究显示，这类老年人喜欢假日活动，通过假日活动他们能扩展视野，到自身的舒适地带之外获得新体验，还能发展新的社交关系等[13]。在审美方面，这些老年人对设计领导者如阿玛尼和古驰专为老年人设计的、让他们看起来更美[20]的眼镜的需求不断增长，这反映出设计和形象对重视外在形象的老年人非常重要。

帮助型老年人有经济保障，但健康状况欠佳。这一类老年人可能经受着各种能力的衰退（如视力或听力下降）或各种慢性疾病。他们注重借助产品或服务来提高生活质量，寻求更好的优质护理和技术创新产品来缓解病情并提高独立性。他们更注重产品的功能性而非审美性，也有经济能力购买较好的产品和服务。在美国，辅助生活产业（从洗衣服务和美食外卖到家庭热线医生等24小时服务）是一个快速增长的行业[20]。

在财富和健康细分矩阵中，位于底部的两个细分市场是不太富裕的老年人，他们更加关心产品价值，但也可以根据健康状况将他们分为外化或内化型老年人。由于经济没有保障，因此接济型老年人没有太多的可支配收入，如果他们仍忙于工作的话往往没有空闲时间。不过，由于他们身体健康，因此他们将寻求外化的值得花钱的休闲机会。英国的阿斯达连锁超市（沃尔玛所有）就为这类老年工人提供了工资相对较低的超市助理岗位，还提供了让老年人离开英国去西班牙过冬的“贝尼冬假”等。在价格公道的美容产品方面，联合利华就利用它的多芬品牌为五十多岁的老年人开发了ProAge等一系列女性美容产品，这些产品的营销在一定程度上归结于社会态度向“年龄有限，美丽无限”转变，而不再将年龄看作是“一个需要改进的缺憾”[21]。

最后，图15-2的财富和健康细分矩阵底部左侧象限是依赖型老年人，由于这类老年人没有经济保障或工作能力有限，他们的生活大多依赖救济金或国家。在这里，那些能够帮助和提高老年人独立生活能力的产品和小器具提供商，可能存在一些商业机会。在美国，交互服务公司AOL已与国家老龄理事会合作推出网上服务，专为老年人获取各联邦、各州的福利信息提供一站式服务。这种在线服务涵盖近千种项目如金融帮助、医疗保健、营养、能源、法律和运输服务等[22]。但是，由于这些老年人负担不起私人保健服务或昂贵的辅助器械，因此这类老年消费者面临着被许多企业忽略的危险。也就是说，针对这一巨大却囊中羞涩的老年消费市场的预算健康产品，以及灵敏性、视力或行动受限的人容易使用的有价值产品的销售机会仍在不断增长。

5.老年消费者带来的挑战

所有企业必须开始思考自己的目标消费群处于财富和细分矩阵的哪个象限，以及在不久的将来去哪里寻找他们。在一定程度上，这受到老年工人的雇主——企业行为的影响。为了与老年消费者建立关系，企业必须更加关注老年人的多样化需求，从产品和服务的角度审视它们对老年人需求的满足程度。

令人欣慰的是，有证据表明至少有企业已开始根据我们讨论的路线思考它们的产品和服务。年龄包容性或无年龄限制设计是老年人获得更多产品和服务的途径之一。其中，将老年工人需求融入产品设计的公司是富达投资集团，当该公司发现了老年人将网站作为重要的顾客交互界面后，就开始为它的在线老年产品和服务设计更好的导航。改进措施包括字体增大和链接易点击等[12]。另一个以老年消费者需求为目标的公司是OXO，该公司创建的初衷是和Smart Design（斯马特设计公司）联合开发“易握”系列的厨房小器具，这些产品非常容易握持、扭曲和挤压，且设计非常时尚。该公司秉持通用设计理念开发了350多种产品，吸引了大量消费者[12]。食品公司和药品公司利用医学优势正在开发功能性食品，以控制糖尿病、关节炎和心脏病。GE有着“早期健康”的卓越眼光，即未来医疗保健应为消费者提供早期症状诊断和疾病预防。GE和英特尔联合营销并开发家用健康科技，目标是利用在线互动，医生为病人提供疾病预防、药物依赖性、睡眠窒息、心血管疾病、糖尿病和个人健康监控等远程服务。预计2012年，远程医疗和家庭保健市场将增至77亿美元[23]。

还有其他一些科技公司也开始关注具有功能内化需求的老年消费者，并尝试满足那些追求时尚美等外化需求的老年消费者。比如，丹麦公司开发的超轻助听器，还没有一只蝴蝶重，塞进耳朵后就隐形了，使用者可以通过程控提高嘈杂环境中语音的清晰度[20]。

上面提到的这些发展传递出一个潜在的趋势信号，即医疗保健行业和其他行业产品设计的界限将越发模糊。上述例子也表明，很多针对老年消费群体的辅助产品开发恰是满足健康状况不佳的老年消费群体内化需求的产品。在我们财富和健康细分矩阵图的另一面，服务商如Saga holidays（萨迦假日公司）等成功地为外化、健康的老年人开发了服务产品。不过仍有一些健康的老年人还在费力地按着手机的小按键，阅读小屏幕上的小字，还没有企业开发或重新设计适合他们的手机产品。我们相信，第一个专为老年人而非年轻人开发的大众市场电话、电视和电脑的企业一定会做得很好！

6.具有不同社会背景的老年消费者

我们希望本研究提出的财富和健康细分矩阵能为开发老年消费策略的企业提供参考价值。我们也认为任何从个人层面对老年消费者细分只是对老年市场潜力和市场地位的片面理解，因为任何基于个人的细分模式都将消费者从其社会背景中分离了出来。

为了充分认识老年市场的现在和未来，企业需要深入了解老年消费者的直系家庭构成和代际关系等更广泛的社会背景。当前老龄化研究的很多文献都忽略了这两个因素。然而，只有关注老年消费者广泛的社会背景，企业才能够制定明智的策略，在银发市场中获得竞争优势。接下来的章节将为大家提供一种未来家庭的产品分类，并检视老龄化国家面临的代际发展动力及挑战。

7. 未来家庭

每一个充满优先权竞争的家庭环境都购买和使用着许多产品和服务。随着人口老龄化，家庭性质也发生了改变。人口寿命的延长，传统的核心家庭渐渐让位于混合家庭，由老年人构成的更多样化的混合家庭就出现了。更为复杂的代际混合家庭为企业提出了许多问题：这个产品或服务是为谁设计的？哪类消费者拥有购买决策权？

我们认为，老年人对购买决定有着重要影响的家庭类型如下：

• 退休者一起生活的家庭：在这样的家庭中，老年人与其他老年人居住，这些人通常是老夫妇或同居者，他们大都因孩子长大离开家而变成空巢老人。这些单身同居者或同性老朋友、老亲戚共同居住的家庭会更加普遍。企业当前的老年营销策略更倾向于关注老夫妇，因为传统老年家庭的购买决策都是夫妻双方共同做出的，哪怕是双方妥协后的决定。近来，休闲企业已开始针对这类家庭中的敏锐型老年人，鼓励他们优先选择自己的生活方式来享受生活，“花孩子们的遗产”。

• 独自生活的退休者家庭：这是一类丧偶、离婚或未婚的老年人家庭，这种家庭特点是老年人独自生活。尽管这类老年人与外界保持联系可能会受到健康和财力的影响，但他们也有广泛的朋友和家庭关系网。这样的家庭特征是个人化的购买需求和决策，也能通过我们的老年工人财富和健康细分矩阵进行精确划分。

• 与父母一起生活的退休者家庭：这类家庭是老年人和很老的依赖型父母居住在一起。随着非常老的老龄人口比例不断增加，父母依然健在的五十多岁老年人口也不断增多。那些不太富裕的老年人或那些能维持日常生活的老年人或许希望亲属住在家里。但是，即使在老年之家，我们也可以看到家庭动力的变化。事实上，Henderson[20]断言：“父母和孩子很可能在同一家养老院生活。”在这样的家庭中，企业需要同时考虑到年轻的老年人和辅助型或依赖型老年人的需求。

• 与青少年一起生活的退休者家庭：由于人们组建家庭的时间越来越晚，再加上将当前和过去家庭关系中的孩子们聚在一起的混合家庭的出现，与青少年一起生活的退休者家庭类型将越来越普遍。到了传统领取退休金年龄的老年人渐渐会发现，他们正和青少年、依赖型学生或年轻人生活在一起。这就给包括营销家庭产品在内的企业提出了一些有意思的问题。例如，在退休者-依赖型青少年的混合家庭里，水壶和电话到底是为谁设计的？

上述最后一点表明，随着包含老年人家庭数量的增长，企业越来越多地需要思考它们正在开发的产品或服务的真正使用者是谁。在此，市场机会可能存在于满足一个屋檐下生活的两代、三代或甚至四代人的家庭需求。

那么，企业可以采用“通用设计”方法为不同体力的人群开发产品，造福所有人。例如，惠而浦Duet洗衣机和干洗机就是建在一个可以存储衣服的底座上，使用者不需过分弯腰便能存取衣服，使用机器；增大的洗衣机机门和角篮使所有人——年轻人和老年人都很容易使用[24]。

在工作场所，老年工人就成了老年消费者，因而雇主在规划工作场所时，需要了解老年家庭的多样化组合。比如，苏格兰开展的一项关于雇主对老年工人的态度和实践研究表明，雇主对老年工人的总体态度是“由于老年雇员没有什么家庭义务，因此他们有更多、更灵活的工作时间”[6]。这样的态度很明显是基于对21世纪老年家庭的错误假设，即老年人不需要照顾年迈的父母和年少的孩子们。如果我们对这种错误观念听之任之，必将削弱企业的人力资源战略及其商业模式的可行性。

8代际议程：从节省者到挥霍者再到债务者

本章摘要所述的最后一点是我们在思考银发市场的潜力之际，不应忘记代际交流。然而颇具讽刺意味的是，当许多企业渐渐从人口老龄化现象中看到商机时，媒介上却有一些迹象，即在西方银色市场到达转折点之际，有一些机构通过开发银色市场追求一股“淘金热”。在商业和战略中，时机就是一切。我们从市场细分资料中了解到，同生代在消费和储蓄态度上并不一样。我们很少关注同生代的态度差异对代际财富和代际交流的影响，当前研究银色市场潜力的文献却又忽略了代际交流，政策制定者往往只关注短期的政治目标。不管怎样，代际交流对开发银色商业战略且希望实现商业计划的企业来说，至关重要。

例如在西方，经历了大萧条或战后朴素岁月的那代人亲自见证了社会生活的普遍困难，因而他们对经济非常谨慎。于是这代人也就成为“从来不借给别人钱也从来不借别人的钱”的储蓄者。他们在自己的经济能力范围内生活，且对经济的谨慎激励着他们更加节省，为自己和家庭储备资金。对工作的人而言，许多人第一次渴望成为家庭的所有者。对这代人来说，死后将一座房子或资产等遗产留给孩子，是他们生命成功的标志。实际上，如果我们回到1997年，那时75%的老年消费者都没有债务[17]。但最近几年，曾经占统治地位的储蓄者渐渐让位给了挥霍者。

婴儿潮一代（出生于1946—1964年的人）和之后出生的人一般比较富裕，因为他们一直享受着第二次世界大战后相对繁荣的就业期（抛开周期性波动），以及他们从储蓄者那里已经继承到或即将继承到的财产。这代人的人生态度是“从来没有这么好的生活，我们一定要好好享受它”。那些炫耀性消费水平极高的当前工作的人群——挥霍者，是当前大多银色营销的目标对象，他们当前的挥霍恰恰掩盖了他们正在给下一代人制造麻烦的事实，这也将削弱未来银色市场的潜力。让这代人引以为豪的是花留给孩子们遗产的同时还享受着退休金福利，也许他们留给孩子们唯一的遗产就是“债台高筑”，让孩子们有效地继承他们的抵押贷款或信用卡账单。

当前劳动力中几代人的命运截然不同。在知识经济时代，大部分人在高等教育上花了很多时间，他们参加工作的时间较晚，考虑到他们可能继承代际遗产，他们也将承担一些后果，即刚参加工作便债台高筑，而且他们也不太可能享受到退休金待遇。代际发展动力表明，当这代人无法依靠挥霍者的遗产时，下一代人更可能是债务者，因为他们一出生便债务重重，根本不可能继承到资产或用自己的资产来释放资金，他们甚至连拥有自己的住房都很困难，这是房价通货膨胀或资产贬值造成的，因为婴儿潮一代早已通过抵押房产兑换现金来保障他们的高消费，这也因此改变了房产的供需平衡。

很明显，代际问题与文化相关。不过，在针对银色市场开发全球战略时，如果企业想充分理解未来家庭以及塑造未来家庭的力量的话，它们需要谨记目标国独特的代际发展动力对其产品和服务的影响。这就要求企业学习西方企业，并长期关注经济快速发展的亚洲和拉丁美洲的代际问题。举例来讲，自称“世界的本地银行”的HSBC已经研究得出一系列报告，提供了全球主要市场的老龄化社会、家庭和退休等正在发生的质的变化等详细信息，这些信息强调了理解家庭和代际问题对产品和市场开发的战略重要性。

9.结论

本章我们从三个方面扩展了有关老年人和商业战略的辩论。首先，我们提出了将老年工人作为老年消费者进行细分的依据，并且对老年工人和老年消费者的细分都是基于财富和健康细分矩阵；其次，在思考银色市场的潜力时，我们认为应避免孤立地看待老年工人和老年消费者，至少应在一定程度上将有特定需求的老年消费者置入家庭环境和更广泛的需求中去考虑；最后，我们建议企业在没有将代际动力纳入银发战略的长期规划之前，切勿跳上飞奔的“银色淘金热”马车。

虽然本研究是建立在西方框架基础上，但我们认为在家庭基础上构建的财富和健康细分矩阵及后续对老年工人和老年消费者情况的思考及代际动力，与所有国家规划银色战略的企业都有直接关系。不同国家老年人生活的家庭构成和代际动力因素明显有着不同程度的差别和独特性，这就要求企业在不同国家开发银色战略时采用不同的方法。不过，重点在于我们已认识到家庭构成和代际动力是银色战略开发的关键因素，这一点全球通用。

老年人并非都是相同的，我们将老年人这样划分也毫无意义。但我们从“老年人可以作为老年工人，更不用说作为消费者”这一不言自明的命题就得出不能对老年人进行有效细分的结论也是不准确的。我们生活在一个年轻人不需要思考而营销商、媒体会替他们思考的世界。而且，只要营销商和媒体说服年轻人相信自己与他人不同，年轻人貌似都会欣然接受。

遗憾的是，对营销商和媒体来说，老年人可不是那么买它们的账。与年轻人相比，老年人在许多方面，不只是经验、智慧，还有许多情况下他们经受的健康、灵活性和行动折磨程度促使他们作为消费者做出的决定是出于比年轻人更个人化和更实际的考虑。也就是说，我们认为老年人的这些个人化和实际考虑，在很大程度上源于其自身的财富和健康状态，并且老年人的这些考虑早在家庭背景和广泛的代际群体行为之前就已经形成了。如果企业将上述这些因素都考虑在内的话，那么它们对老年工人和老年消费者的细分将更实际、可靠，且除此之外，该细分也将成为现在和未来利用银色力量的企业非常有用的工具。

参考文献

1 United Nations.Demographic and Social Statistics. http://unstats.un.org/unsd/demographic/. Accessed 15 Aug 2008

2 P.Hewitt, Global aging and the rise of the developing world.The Geneva Pap.Risk Insurance, 27(4), 477-485(2002)

3 T.Allen–Mills, 100 not out.Sunday Times 17 June, 20(2007)

4 S.Tempest, C.Barnatt, C.Coupland, Grey advantage: New strategies for the old.Long Range Plann 35(5), 475-492(2002)

5 W.C.K.Chiu, A.W.Chan, E.Snape, T.Redman, Hum.Relat.54(5), 629-661(2001)

6 W.Loretto, P.White, Hum.Resour.Manage.J.16(3), 313-330(2007)

7 W.Loretto, S.Vickerstaff, P.White (eds.), *The Future for Older Workers: New Perspectives* (The Policy Press, Bristol, 2009)

8 Age Concern.www.ageconcern.org.uk/AgeConcern/job-losses-release-210109.asp.Accessed 14 Nov 2009

9 M.Leibold, S.Voepel, *Managing the Aging Workforce: Challenges and Solutions* (Wiley, Germany, 2006), p.213

10 N.Cutler, J.Financ.Serv.Professionals55(2), 52(2001)

11 J.M.Zissimpoulos, L.A.Karoly, Labour Econ.14, 269(2007)

12 C.Pak, A.Kambil, Over 50 and ready to shop: serving the aging consumer.J.Bus.Strateg.27 (6), 18-28(2006)

13 J.Knight, A husky sled? Well, that's one way for Grandad to broaden his horizons.The Times 15 Sept, 2(2007)

14 W.Longbottom, 91-year-old war veteran becomes oldest person to collect PhD from Cambridge University, Daily Mail, 19.07.2008

15 A.Alexander, IRI study shatters baby boomer shopping myths; September 11, vol.4, p.49 (2006).http://www.drugstorenews.com

16 R.Ahmad, Int.J.Mark.Res.44(3), 337(2002)

17 R.C.Leventhal, J.Consum.Mark.14(4), 276-281(1997)

18 G.Moschis, C.Folkman Curasi, D.Bellenger, Cornell Hotel Restaur.Admin.Q.44(4), 51(2003)

19 P.Weisz, Brandweek37(4), 28(1996)

20 C.Henderson, The FuturistNov, 19(1998)

21 Unilever 'Beauty has no age limit'. http://www.unilever.com/brands/hygieneandwelbeing/beautyandstyle/articles/beautyhasnoagelimit.aspx.(Accessed 30 Sep 2010)

22 AOL Time Warner, AOL announces first ever on-line service to provide older Americans with one-stop access to federal and state benefits(2010), www.timewarner.com/corp/newsroom/pr/0,20812,668786,00.html/28.01.10

23 GE, GE and Intel team up on home health(2010) www.gereports.com/ge-and-intel-team-up-on-home-health-tech/29/01/10

24 T.Purdum, The age of design: baby boomers serve as the common denominator for consumer durables manufacturers, August, 2002.http://www.industryweek.com.Accessed 11 June 2008

第16章

迎合老年消费者的客户服务需求

Simone Pettigrew

摘要：老年消费者独特的客户服务偏好，是热衷该市场的有远见的营销商的竞争优势来源。作者通过研究超市、理财规划和医疗保健行业，来证明面对老年人衰退的身体和认知能力、不断缩小的社交网络，为老年人提供个性化关注的重要性。本章特别强调企业必须让老年客户与服务人员建立有意义的人际关系，这一策略对企业招聘、培训和保留那些真正关心老年客户利益的员工有一些启发。

1.引言

老龄化带来的一系列生理变化，会影响个人的市场行为。本章感兴趣的是这些生理变化对老年消费者服务需求的影响。当商品和服务提供商通常关注产品与服务对老年消费者身体的适应能力时，很少有人注意到这一交换过程中的人际互动因素。本章将展现老年人独特的服务偏好，这对希望为老年消费者提供优质客户服务并将自己区别于竞争对手的供应商来说，有一定的实践意义。客户服务被定义为支持公司核心产品的服务，而发生在产品交换过程中的人际互动是客户服务的重要组成部分。

下面，我们将简单介绍一些与年龄相关的生理和社交变化，然后给大家展示澳大利亚开展的一项老年人服务偏好研究，并讨论这些变化对希望为老年消费者提供优质服务的企业的影响。

1.1 功能变化

与年龄相关的身体功能衰退在老龄化过程中不可避免。但一个人经历这种功能衰退的强弱程度在于基因遗传和生活方式，有些特定的身体变化一般会随着年龄的增长而出现。例如，大多数人在40多岁和50多岁时视力开始下降，体现为晶状体不断增厚、硬化和瞳孔不断缩小，这些使眼睛更难精确识别物体[1]。年龄增长还伴随着听力损伤，听力损伤是认知功能丧失的重要方面，因为它和智力特别是记忆力下降密切相关[2]。

身体行动能力也会随着年龄的增长而下降，主要由肌肉质量和肌肉力量的下降引起[3]。身体行动能力下降使老年人容易摔倒，这个问题很严重，因为摔倒会使老年人永久残障，甚至死亡。因身材矮小，女性随着年龄增长会损失更多肌肉力量和行动能力[4]。

随着这些功能改变，人们的认知加工能力也在变化。认知加工速度降低是由年龄增长导致大脑神经中枢衰退引起的[2]，结果是任意时刻老年人关注特定刺激的能力下降，在执行同样的原本没什么挑战性的脑力劳动时，愈加困难。因此老年人很难吸收新信息，尤其是当新信息和老年人不熟悉的刺激一起出现时，老年人更加无能为力。所以，当新信息和老年人原来掌握的信息不一致时，他们更难改变原有的信念[5]。此外，对老年人来说，他们也更难想起信息来源，因而他们更容易受到重复广告的影响[6]。

1.2　社交变化

以上讨论的身体和生理变化影响着个人的社会地位。日益衰退的行动能力、视力和听力缩小了老年人的交际圈，使其建立新关系也变得更加困难。此外，随着年龄的增长，配偶或朋友去世的可能性也更高，因此与年轻人相比，老年人更可能独自生活而且社会关系网较小[7]。综上几个原因，随着年龄增长，老年人孤独感倍增。孤独能导致老年人情绪低落，特别是在老年女性当中，这种情况更加明显[8]。由于精神状态和身体健康关系密切，健康感知水平低的老年人会更加抑郁[9]。因而，抑郁与老年人身体健康状况恶化有直接关系。而且由于身体健康状况恶化使老年人更难开展社交，因此通过身体健康和孤独的关系。抑郁也间接地影响健康。年龄增长带来的心理变化影响着老年人的思维方式，以及他/她与他人的互动能力。

2.理解老年消费者

老龄化带来的功能和社交变化影响着老年人对产品的态度及随后的购买决策[10]。大量关注老年消费者的市场研究集中于他们对产品的态度及其在购买行为中的体现，很少有研究关注这些态度是如何随着老年人身体和社交特点的改变而改变的。这些研究设计通常是横断面研究，因为它们关注的是同生代之间的差异，而非同生代的内部差异。后面这个问题，即与年龄相关的身体和社交变化如何影响老年人的偏好和选择，是当前研究仍未涉足的潜在领域。未来这方面的研究会更加重要，因为后来的老年同生代与当前老年同生代生活经历不同，他们的行为也不一样[11]。

老年消费者行为研究关注的是具体的产品类别、产品属性和广告效果等。比如研究证明老年人对服装、汽车、肉产品和金融服务等不同产品的态度也不相同。由于老年消费者在应对“老年专用”包装时面临困难，包装作为一个产品属性也受到了研究关注[12]。

大多数老年细分研究发现老年人和年轻人在很多方面都很相似，即使有所不同，通常也是程度不同而非性质不同。比如，老年人的商店忠诚度较高[13]，喜欢较小的品牌[14-16]。与年轻消费群体相比，他们倾向于逃避自助服务技术[17,18]，他们对价格不太敏感，也有较高的产品质量期待[19,20]。据报告称，老年消费者比年轻人更喜欢感性广告，特别是那些具有怀旧诉求特征的广告[21,22]。

在关注产品和促销之际，却鲜有实证研究关注老年消费体验的客户服务方面。虽然老年消费者研究文献提出许多客户服务主张（如招聘和保留老年销售人员，人际互动要避免态度傲慢，谨慎提供折扣避免引起老年人反感等[12, 20, 23, 24]），但这些建议通常不是从实证研究数据得出的，而是研究者根据老年人在衰老过程中功能和社交变化可能产生的需求，凭直觉判断得出的。针对老年消费者购物体验的客户服务研究经常这样做，一是因为消费过程中只有这一个因素，二是因为后果报告限制了与客户服务相关的具体结果。这些研究的共同发现便是老年消费者特别感激工作人员的帮助[25]。

尽管市场研究忽视了老年消费者服务偏好研究，但由于医疗行业对接受医疗服务时老年病人的体验做了大量工作，因而健康文献为我们提供了一些这方面的见解。尤其是护理文献为我们提供了大量老年病人生理和社交要求方面的资料，以及服务环境中病人的这些要求是如何转化为具体的需要的[26-28]。这些研究强调我们必须将老年人当作具有特殊需求的特殊群体，并积极应对和移情老年人的个性化需求，努力排解老年人在不同决策阶段的困惑，这些困惑皆是由他们的认知速度降低或疾病导致的[29]。

由于缺乏老年消费者及其服务偏好的实证研究数据，我们对老年消费者服务偏好的理解大多来自服务背景研究，因为这些服务交换过程中有极为丰富的人际互动。健康和金融服务行业是这方面研究最多的行业，因为它们很多产品都是为老年群体开发的。尽管未来需要开展老年客户服务期待和偏好方面的研究工作，来填补人际互动形式、老年人最看重和最欣赏的其他客户服务形式的文献空白，但它们也必须从本研究中汲取经验。以下部分是澳大利亚老年人对“老年友好”商业认知研究结果的概述（参见[30]的背景简介），该项目研究发现了多个行业老年人认为最重要的服务体验。

3.老年友好服务商

老年友好指南项目是由澳大利亚积极老龄化基金会承担，并在西部澳大利亚社保局老年人利益中心的资助下开展的。项目目标是指导管理人员如何使产品变得更加“老年友好”。研究关注澳大利亚50岁以上的人群，包括30多个焦点小组和两个电话调查（n=1300，n=505）。该研究的第一阶段开展了大量焦点小组访谈和大型调查，明确老年人认为非常重要的行业，因此这些行业将从实施老年友好客户服务战略中受益最多。这些行业包括超市、金融服务和保健行业（主要是全科医生和医院）。这些行业中，有关对老年消费者特别重要的服务提供方面的研究，将在焦点小组和两个小规模电话调查中进行。项目研究结果为这些行业或其他关注老年市场行业的营销商提供了重要见解。虽然这些研究结果与澳大利亚营销商有关，但美国、英国开展的大部分研究都与老年消费者有关的这一趋势，说明在这些社会背景之外开展的任何研究，都有助于我们深刻理解消费者老龄化这一国际现象。

3.1　超市

杂货店是消费者到老也会经常光顾的零售场所，去杂货店购物也是一种体力消遣，购物者只需要一定的力气和灵活性即可。为此，先前研究认为店铺陈列和空间布局等一系列问题——如停车通道、座椅和室内温度等——对老年消费者非常重要[31-33]，研究也强调了结账等候时间和服务人员态度等服务关怀方面[11，34，35]。

本项研究支持了老年人这些优先考虑的事项，并强调了客户服务元素的重要性，如服务人员的举止和随叫随到、为老年人提供寻找产品的帮助，并根据老年人不同的身体能力提供多种交付选项等[36,37]。其中最重要的是服务人员与老年消费者愉悦地互动的能力，几乎所有（99%）接受调查的澳大利亚老年人都认为这是他们逛超市时看重或非常看重的方面，这反映了购物对孤独老年人的社会互动作用[38,39]，焦点小组参与者认为他们期望与店员进行真实互动，而非机械应答，老年人认为店员表面的问候只是他们受到的培训使然。虽然老年人意识到几乎没有与店员深入聊天的可能，但认为店员问候时应该看着他们的眼睛，结账时进行一些友好的谈话，这些都是他们认为合理的服务要求。

通常老年消费者会有很多身体限制，90%的调查对象认为店员应帮助提供产品的位置，这也是他们认为重要或非常重要的服务。有人建议超市雇一个“好客的人”，给予老年消费者最好的帮助。他们感觉，相对那些不关心和以牺牲客户服务换取利润的超市来说，这样的超市更有吸引力。

对很多老年人来说，逛超市很耗体力，特别是当老年人寻找换了位置的商品或第一次购买某商品时，这种身体不适感更强烈。焦点小组参与者认为消费者只需在超市转一圈且不需回到先前过道就能找到商品。他们发现，在超市常常很难找到店员了解商品位置，或者他们需要从很高的货架上将商品拿下来。与年轻人相比，老年人身高下降，这意味着货架商品与普通消费者一样高的话，对老年人就不方便。还有个问题是，老年人在取高层货架上的物品时存在跌倒危险。此外，深底冰柜也给老年人带来了困难，有些焦点小组参与者说害怕跌落冰柜而不能恢复身体平衡，他们很担心这些状况下的人身安全和尊严。因而，他们认为超市应该提供专门的工作人员，帮助老年人寻找产品位置并获取产品，保障老年购物者的利益，提高客户服务，弥补商店给老年人造成的实际困难。

82%的调查对象认为多种交付选项的可用性是重要或非常重要的，包括超市应该提供送货上门服务以减少老年消费者搬运沉重的购物袋的困难。当超市不反对提供送货上门服务时，提供这一服务的超市就具备了令人称赞的“老年友好”基础。

3.2 理财规划师

全球范围内理财规划行业愈发重要，因为政府认识到人口老龄化使老年人必须经济自筹而非依赖退休收入。澳大利亚理财规划师对老年人特别感兴趣，因为55岁以上的老年人收入占全国可支配收入的25%，他们几乎掌握着全国40%的财富[40]，而他们的收入和资产组合使其成为财力最雄厚的细分市场。因此，不仅理财规划师对老年消费者十分感兴趣，老年人也对金融服务特别感兴趣，因为他们必须谨慎地管理剩余岁月里的收入。理论上，这本意味着双方应该互利互动，但事实并非如此。理财规划师和客户之间信息传递的专业性使二者很难有效沟通。这就意味着理财规划师必须具有良好的人际交往能力，对客户感知能力和身体限制非常敏感。特别是理财规划师必须将含义复杂的专业术语以通俗易懂的方式来表达，也必须有能力帮助客户去看待未来的自己，从而让老年人憧憬他们能够受益于延迟的报酬，这是健全的理财规划中必不可少的方面[41]。

对客户的认知技能的必要依赖指理财规划师应该考虑到与年龄相关的限制对个人感知刺激和信息处理能力的影响。Kennet 等人[42]的一项关于美国理财规划师及其接近成熟市场的方法研究发现，理财规划师非常注重开发、推广对老年市场有用的金融产品，但总体缺乏对老年人特殊服务需求的理解。Kennet 建议理财规划师应有针对老年人身体和社交变化的策略。比如，他们建议文件使用大号字体，建筑内外有合适的通道，提供送货上门服务，雇用老年工作人员与老年消费者保持联系等。

以上研究提出的建议都得到了澳大利亚本项研究的支持[43,44]，并再次强调了客户服务方面老年人与企业工作人员的互动。对受访者来说，他们最看重的是客户和规划师建立的关系质量。96%的参与者认为与理财规划师建立相互信任并保护客户尊严的工作关系是重要或非常重要的。焦点小组参与者交流了一些可怕的经历，有人沦为不道德的理财规划师的牺牲品，导致经济陷入困境。他们希望理财规划师打心底里为他们的利益考虑，以免相同的事情发生在他们身上。

此外，调查对象还担心理财规划师对信息传送量和传送方式的决策能力，94%的受访者认为这方面的服务重要或非常重要。参与者认为，鉴于客户的知识水平和智力不同，灵活的沟通方式是理财规划师必备的素质。有人认为，理财规划师还应该能够通过图表和文字提供信息，满足具有不同学习能力的客户的沟通需求。这种灵活性应以体贴的形式提供，因为焦点小组参与者坚定地认为，老年人不应因缺乏对理财规划原理的理解而被轻视。

3.3　医疗保健行业

世界人口老龄化为医疗保健行业带来了巨大的发展潜力，人口趋势和医疗保健行业对客户服务重要性的认识，使老年病人的客户服务需求在医疗保健行业得到了比在其他行业更多的关注。

年龄增长使老年人对医疗保健服务的使用更多，因此医疗保健服务对他们来说愈发重要。据澳大利亚统计局估计，65岁以上的人均医疗保健支出比年轻人高4倍[45]。如下事实说明老年人对医疗保健服务的依赖程度：大约40%的65岁以上的澳大利亚老年人每两周就要看一次医生[46]。

4. 全科医生

众所周知，医疗保健消费者都非常关心医师个人的沟通技能[26,47]，老年人也不例外，先前研究已确定医患关系是老年病人评价医生满意度最重要的指标[31]。由于病人没有能力评价护理的技术质量，因此病人通常将医生对他们的态度作为衡量护理质量的标准[48,49]。对医师来说，必须保证他们满足病人对医患关系的需求，这会影响病人对其护理质量的感受，继而会影响病人遵照医嘱和其他行为建议的意愿[47]。

澳大利亚本项研究也支持了相关文献强调的医患关系[50,51]。97%的参与者认为，关怀备至的照料与良好的沟通能力在医生与病人的交流中重要或非常重要。许多情况下，老年病人与医生讨论病情时感到难以启齿，而且很难表达清楚，医生富有同情心的行为对发现病人的各种症状非常重要。医生对病人的悉心护理体现在医生会花多少时间认真聆听病人的担忧（94%的人赞同）。焦点小组参与者认为，医生通常分配给每个病人的诊疗时间很短，对有的病人来说，他们感到很紧张且不能集中思想，这妨碍了他们与医生的有效沟通，特别是当病人感觉症状或病情难以启齿或很尴尬时，沟通无效的情况会更严重。

研究对象认为另一个非常重要的客户服务是提供信息。97%的病人认为，医生应该努力使药品信息容易被老年病人理解。特别是当他们身体不舒服时，老年人很难吸收并记住信息。焦点小组参与者认为，病人喜欢医生为他们写下药物指导或病况信息，以免病人混淆或到家之后忘记。同样，90%的病人需要服务成本的详细信息和任何他们能用的折扣信息，80%的病人希望医院能提供预计的等候时间，对生病的老年人来说，仅仅坐在等候室都会感到非常煎熬和难受，如果他们知道了等候时间，就可以在精神上做好应诊准备，或者如果等候时间过长不能忍受的话，可以另作安排。

5.医院

与医院相关的研究发现，消费者对医院的要求与对全科医生的要求相近，即与护理者建立令人信任的关系是老人们优先考虑的事项[52]。在医院环境中，与护士的关系比与医生的关系更重要，因为病人在治疗过程中与护士的接触比较多。住院病人的依赖性很高，他们常常感到无助并渴望从那些关心他们身体需要的人那里获得同情。焦点小组参与者表示他们喜欢医护人员向大家介绍自己，能叫出病人的名字，表现出同情和友好的态度，并且让病人在尴尬或难以启齿的情况下放松。该研究结果与其他老年病人就医体验的研究结果一致，即以认可和尊重的态度对待病人是影响病人满意度的主要因素[27, 53, 54]。

调查中，我们也发现了病人的一些服务偏好，即病人喜欢那些花时间了解他们的医护人员，哪怕是很少的时间。当病人们了解到医护人员需要花时间照料许多病人和他们在医院工作的压力之后，焦点小组参与者对医务人员表达了一个愿望，即不要总是行色匆匆，花点时间确保他们熟悉老年病人的病情。老年人经常吃很多种药，因此对医务人员来说，认识到病人同时服用多种药物的负作用很重要，而只有当医务人员花时间去了解病人的服药史之后才能做到这一点。

医院的客户服务体验从办理入院手续就开始了，这对老年病人来说是个非常重要的互动，因为他们紧张、痛苦。有人建议许多医院应改进入院手续过程，以免老年人等待太久。有人注意到病人入院和入病房的信息相同，因此建议病人信息收集过程更合理（呈流线型），以免重复。

6.对服务传递的影响

现有的与老龄化相关的身体和社交变化知识，以及上述的消费者研究概述，为我们提供了老年消费者对客户服务需求偏好的见解。这些服务偏好能被欣赏老年市场价值、实施老年策略的营销商利用。老年消费者极为珍视客户服务，说明老年人希望个人需求得到真正的理解和关心。老年人感激那些花时间了解他们和真正关心他们利益的人。在这个意义上，老年人的需求与其他细分市场的需求并无二致，只是他们对个性化关注的需求更深刻而已，因为这些需求一定程度上源于他们经历的与年龄相关的身体和社交变化。老年人不断衰退的感知能力和知觉处理能力要求信息输入和其他沟通方式适应他们的特殊需求。同样地，伴随老年人不断增长的孤独感而生的是更多的个性化互动需求，来弥补他们日渐萎缩的社会关系网。

为老年人提供合适和个性化的服务，初看似乎是一项成本高且资源集约的负担。但是，随着婴儿潮一代持续步入老年细分市场，他们将经历与年龄相关的身体和社交变化。因而，营销商必然将对实现产品老年友好的各种方式兴趣倍增。此外，高度差异化的客户服务有助于营销商努力吸引注重这一方面的其他细分市场。新一代较为富裕的老年人通过将成本转嫁到愿意花高价钱享受卓越服务的老一代消费者身上，促进企业提升服务质量。

老年人喜欢真诚和真正关心他们需求的服务人员，这对招聘、培训和保留员工有一定启发，企业应该根据对老年消费者的移情能力来选择工作人员。这在某种程度上要求企业招聘那些更了解老年人需求的老年工作者。客户服务培训应包括问候老年人的方式，恰当的身体和语言行为，保护老年消费者尊严的方式，决定怎样和什么时候帮助老年人，避免老年人长时等候等方面。对有的行业来说，为服务人员提供有效传递信息的方式指导也非常有用，比如在什么情况下，需要用口头或书面方式，甚至是画图的形式为老年人提供信息。保留员工也非常重要，因为老年消费者已和他们经常打交道的服务人员建立了关系。

7.结论

以老年人为目标群体的营销商，需要理解该细分市场对个性化关注的强烈愿望。人际互动对老年消费者来说特别重要，因为他们的身体和认知能力日渐衰退，孤独感日益增长。不断下降的行动能力、视力和听力让老年人在很多消费情境中感到无助，因为这些环境要求查找、比较、选择和搬运产品的身体熟练性。同样，社会关系网的缩小让老年人极度依赖与产品和服务提供者的互动并以此获得人际接触。组织于是就有了通过提供卓越的客户服务区别于竞争对手的机会，来认识和满足老年消费者对体力帮助的更高需求，帮助他们实现与提供他们经常购买的商品和服务的人员建立人际关系的愿望。针对老年消费者的客户服务也因此应该是友好且彬彬有礼的互动，哪里有需求哪里就有服务，信息传递速度符合老年消费者的信息处理速度等。这样的方法能为企业提供老年人非常看重的差异化源泉，也将吸引那些注重服务质量的其他细分市场的消费者。

鉴于所述的澳大利亚研究结果和其他国家其他行业的研究结果高度一致，本章提出的客户服务建议很显然也适用于其他文化和产品环境。全世界老龄化过程的共同特征及其对市场行为的影响表明，如果所有营销商都能考虑改善客户服务过程来更好地满足老年消费者的身体和社交变化需求，必将得到很好的回报。

参考文献

1 C.Stuen, E.E.Faye, Generations27(1), 8 (2003)

2 H.Wahl, V.Heyl, Generations27(1), 39 (2003)

3 M.J.Daley, W.L.Spinks, Sports Med.29(1), 1 (2000)

4 M.M.Samson, I.Meeuwsen, A.Crowe, J.Dessens, S.A.Duursma, H.Verhaar, Age Aging29, 235 (2000)

5 G.E.Rice, M.A.Okun, J.Geronotol.49(3), 119 (1994)

6 C.Yoon, G.Laurent, R.Gonzales, A.H.Gutchess, T.Hedden, R.Lambert-Pandraud et al., Mark. Lett.16(3/4), 429 (2005)

7 M.Bondevik, A.Skogstad, West.J.Nurs.Res.20(3), 325 (1998)

8 P.Tiikkainen, R.L.Heikkinen, Aging Ment.Health9(6), 526 (2005)

9 F.M.Alpass, S.Neville, Aging Ment.Health7(3), 212 (2003)

10 C.Cole, G.Laurent, A.Drolet, J.Ebert, A.Gutchess, R.Lambert-Pandraud, E.Mullet, M.I.Norton, E.Peters, Market.Lett.19, 355 (2008)

11 G.P.Moschis, *Marketing to Older Consumers*(Quorum Books, Westport, CT, USA, 1992)

12 S.Fairley, G.P.Moschis, H.M.Meyers, A.Thiesfeldt, Brandweek38(30), 24 (1997)

13 N.J.Miller, K.Soyoung, J.Small Bus.Manage.37(4), 1 (1999)

14 H.Evanschitzky, D.M.Woisetschlager, Adv.Consum.Res.35, 630 (2008)

15 P.G.Patterson, J.Serv.Mark.21(2), 112 (2007)

16 M.D.Uncles, A.S.C.Ehrenberg, J.Advert.Res.30(4), 19 (1990)

17 D.H.Dean, Manag.Serv.Qual.18(3), 225 (2008)

18 F.Simon, J-C.Usunier, Int.J.Res.Mark.24, 163 (2007)

19 G.P.Moschis, A.Mathur, Mark.Manage.2(2), 40 (1993)

20 H.N.Tongren, J.Consum.Aff.22(1), 136 (1988)

21 T.S.Gruca, C.D.Schewe, Mark.Res.4(3), 18 (1992)

22 P.Williams, A.Drolet, J.Consum.Res.32, 343 (2005)

23 J.Johnson-Hillery, J.Kang, W-J.Tuan, Int.J.Retail Distrib.Manage.25(4), 126 (1997)

24 K.Tepper, J.Consum.Res.20, 503 (1994)

25 C.Pak, A.Kambil, J.Bus.Strateg.27(6), 18 (2006)

26 M.R.Bowers, J.E.Swan, W.F.Koehler, Health Care Manage.Rev.19(4), 49 (1994)

27 T.Koch, C.Webb, A.M.Williams, J.Clin.Nurs.4(3), 185 (1995)

28 M.Rantz, N.K.Davis, R.A.Tapp, J.Nurs.Care Qual.9(3), 1 (1995)

29 J.N.Doucette, Nurs.Manage.34(11), 26 (2003)

30 Positive Aging Foundation of Australia.The age friendly guidelines project (Positive Aging Foundation of Australia, Perth 2002) http://www.community.wa.gov.au/NR/rdonlyres/5C473211-F8E6-42FA-9C98-8492435B1351/0/DCDRPT Agefriendlyguidelines200309.pdf. Accessed 11 Jun 2008

31 M.Morrison, T.Murphy, C.Nalder, Health Mark.Q.20(3), 3 (2004)

32 G.P.Moschis, Am.Demograph.18(9), 44 (1996)

33 B.Oates, L.Shufeldt, B.Vaught, J.Consum.Mark.13(6), 14 (1996)

34 D.R.Goodwin, R.E.McElwee, Int.Rev.Retail Distrib.Consum.Res.9(4), 403 (1999)

35 C.Hare, Int.J.Retail Distrib.Manage.31(5), 244 (2003)

36 S.Pettigrew, K.Mizerski, R.Donovan, Australas.J.Aging23(3), 142 (2004)

37 S.Pettigrew, K.Mizerski, R.Donovan, J.Consum.Mark.22(6), 306 (2005)

38 H.Myers, M.Lumbers, J.Consum.Mark.25(2), 294 (2008)
39 L.C.Wilson, A.Alexander, M.Lumbers, Int.J.Retail Distrib.Manage.32(2), 109 (2004)
40 Access Economics, *Population Aging and the Economy*(Commonwealth of Australia, Canberra, 2001)
41 P.T.Gibbs, Eur.J.Mark.32(11/12), 993 (1998)
42 P.A.Kennet, G.P.Moschis, D.N.Bellenger, J.Serv.Mark.9(2), 62 (1995)
43 S.Pettigrew, K.Mizerski, R.Donovan, J.Financ.Serv.Mark.7(4), 341 (2003)
44 S.Pettigrew, K.Mizerski, R.Donovan, Australas.J.Aging23(3), 144 (2004)
45 Australian Bureau of Statistics, *Australian social trends 1999-Health-Health Status: Health of Older People*(Australian Bureau of Statistics, Canberra, 2002)
46 Australian Bureau of Statistics, The Health of Older People, Australia (Australian Bureau of Australia, Canberra, 2004)
47 D.H.Thom, B.Campbell, J.Fam.Pract.44(2), 169 (1997)
48 E.Babakus, W.G.Mangold, Health Serv.Res.26(6), 767 (1992)
49 M.Peyrot, P.D.Cooper, D.Schnapf, J.Health Care Mark.13(1), 24 (1993)
50 S.Pettigrew, K.Mizerski, R.Donovan, Australas.J.Aging23(3), 146 (2004)
51 S.Pettigrew, K.Mizerski, R.Donovan, Aust.J.Prim.Health11(3), 38 (2005)
52 S.Pettigrew, Aust.J.Prim.Health12(3), 52 (2006)
53 I.Ekman, B.Lindman, A.Norberg, Heart Lung28(3), 203 (1999)
54 C.S.Jacelon, Qual.Health Res.13(4), 543 (2003)

第 17 章

提高老年人晚年生活质量的商业策略

George Moschis，Simone Pettigrew

摘要：随着世界人口老龄化，全球企业都要迎合老年消费者的需求。本章强调理解老年人晚年生活幸福的影响因素非常重要，为营销人员提出一些策略帮助消费者实现晚年生活的幸福目标。开发幸福感提升策略，需要转变理念，这就涉及一个既注重利润又能提高消费者幸福感的更全面的营销方法。

1.引言

世界人口老龄化表明企业将与越来越多的老年人打交道。当然，你可能会问："为什么理解老年消费者的幸福这么重要?"本章说明了这一认识对企业的重要影响。我们关注晚年生活幸福的重要前提是消费者在早期生活中能够培养甚至接受一些能够提升晚年生活满足感的习惯。在这种情况下，企业就能帮助消费者提高终身健康。本章强调幸福感提升策略的开发需要转变理念，这就涉及一个既注重利润又能提高消费者幸福感的更全面的营销方法。

企业可以利用本章提出的策略帮助消费者健康老龄化。本章第一部分关注的是有助于提高晚年幸福的因素，包括对全能老年消费者理想特性的分析，找到这些因素之后（基于先前的研究)，第二部分关注的是企业应实施策略来（a）帮助老年消费者强大起来和（b）让年轻人为提高晚年幸福做好准备。

2.提高晚年幸福的因素

社会科学领域对"生活满意度"和"幸福"等概念给予了极大的关注，所以我们了解了许多有助于晚年生活幸福的因素。比如，先前研究发现的一些被广泛研究过的生活满意度决定因素包括身体和情感健康、独立生活、精神、职业、社会关系，还有各种心理状态（如压力、乐观、自尊）等很多方面[1]，却忽视了消费活动和生活满意度之间的关系。我们对早期生活阶段的消费活动、技能和知识是如何影响老年人消费活动及这些消费活动对提高老年人幸福的作用知之甚少。

通过对市场营销学、老年学和其他社会科学领域学科知识的回顾发现，晚年生活满意度和健康其实都是与人们在年轻时期做的选择有关。这一观察结果也表明，个人对其生活有很多控制权，特别是在长寿和健康方面[2]。了解提高晚年幸福的因素有助于人们在生命历程中做各种决定，使人们随时做好应对这些需求的准备。已有很多研究证明非消费因素对个人健康的影响。在这里，我们讨论的重点是健康与消费相关的思想、行为之间的关系。具体来讲，我们研究了保健、财务、可自由支配和不可自由支配消费活动方面所做选择的影响，以及这些选择如何影响晚年幸福。

2.1　影响身体和情绪健康的选择

健康是影响一个人快乐和幸福的最重要因素。由于与衰老相关的疾病逐渐增多，人们晚年更加担忧健康。当人们遇到像中风等危及生命的事件后，健康通常就成了人们关心的首要问题。特别是对不富裕的人来说，一想到晚年健康状况可能恶化会使他们想到自己可能会成为别人的负担。在成熟消费者研究中心开展的全国调查中，我们发现62%的婴儿潮一代和3/4的他们的父母在一定程度上非常担心致命的身体损伤[1]。

而好消息是，未来的健康状况在一定程度上是可控的，寿命也一样，这对高龄老人来说也是如此。我们每天做的决定都会影响现在和未来的健康状况、寿命和幸福。人们能控制很多为身体做的事情，包括吃什么和参与的体力活动等。根据身体功能老化评估锻炼身体的效果时，已有知识表明中度和经常运动能延缓衰老并延长寿命。当塔夫茨大学研究者对养老院卧病在床的老人实施抗阻（重量）训练之后，他们（有的已经90多岁）能独立行动了。同样地，我们还了解到一些情况：心脏有问题的老人入住养老院后，通过锻炼他们不仅战胜了虚弱的体质，甚至有些老人80多岁时还能跑马拉松[3]。运动可以促进激素生长，增强免疫系统，帮助身体机能更有效地运转。据国家老年研究院多年研究长寿问题的科学家所说，运动可能是唯一可控的最重要的活动，也使人受益最多，甚至超过节食。

虽然通过锻炼和饮食形成健康的体魄对阻止和逆转衰老很重要，但更重要的或许是提高影响寿命的情感健康能力。身心相互影响的证据非常多，例如压力可能引起致命的健康问题，并且60%～80%的压力症状需要看医生。情绪健康指（a）一个人没有影响身体健康的负面情绪，如紧张、焦虑、自怜（低自尊）、抑郁症，并（b）拥有积极的情绪，如乐观、高自尊、热情、有生活目标等。正如成熟消费者研究中心的研究表明，心理状态是消极而非积极的人往往健康问题更多，消极的心理状态还可能缩短寿命。相较之下，像乐观和良好的自我感觉等积极情绪能促进心理健康。

2.2　财产

虽然健康是长寿的必要条件，但对最佳的晚年幸福来说是不够的。财富资源也影响人的整体生活满意度。不过，西方国家许多研究表明，以积累财富为人生目标不会让人更快乐，甚至会对健康产生负面影响。但如果对金钱的态度正确、管理得当来实现人生目标，那么财富就有利于个人提升生活满意度和健康。充足的财富有助于提升人们的生活满意度，主要体现在四个方面。

首先，一个人不用担心晚年因缺钱而成为家庭成员的经济负担，婴儿潮一代及其父母日益认识到长寿的“成本”。那些退休时没有足够积蓄的人，尤其是婴儿潮一代，非常担忧他们退休后的生活质量，而婴儿潮一代的父母虽然资产更多却还担心积蓄不够而在经济上依赖别人，这样的经济担忧严重削弱着一个人的情感健康。

其次，充足的财富可以让人们做自己喜欢的事情，并能够让他们避免参与那些不喜欢的活动或生活方式。我们知道，每个人都希望晚年快乐，但由于经济资源有限，他们因缺钱不得不无限期地工作，这就使他们理想的退休生活方式受到了限制。

再次，充足的财富可以让一个人更好地控制他/她的环境，包括对人的控制，从而提升自我价值感和幸福感。同样地，人们也有经济能力帮助家庭成员或为他们买礼物，从而更好地控制亲属现在和未来的行为。

最后，钱可以买到安心且不用担心成为自己所爱的人的负担。如果说提升幸福感不仅可以通过获取或拥有给我们快乐的东西实现，还可以通过消除或减少厌恶情绪来实现的话，那么金钱确实可以帮助人们减少负面情绪并提高生活质量。其实，人们担心的很多事情在某种程度上都是可控的，只要他们负担得起。例如，许多人因为担心个人及家庭安全、健康和日常琐事而失眠，而财富充足的人们就不太可能担心这些，因为他们可以用钱来减少这些担心，比如搬到一个更安全的社区，接受更好的保健服务，并花钱雇人做家务和护理服务（如清洗和准备餐点）等。正如成熟消费者研究中心的研究表明，在这些事情上，社会经济地位较低的人们往往更加焦虑。

2.3 可支配的消费活动

生活满意度的第三个来源是个人能够自由选择他或她的生活方式。当人们从活动中体验到对身体和环境的控制感时，会感到更快乐。一方面，我们可以通过饮食和健身计划控制自己的身体；另一方面，对特定产品的购买和消费能力同样也能体现我们对情绪的控制感，因为这些消费活动可以帮助我们“医治”像抑郁和无聊等不良情绪。正如我们在研究中发现，一些人在实施了饮食和锻炼计划之后，他们表现出了更高的生活满意度。忙碌的生活方式包括参与各种活动特别是社交活动，比如参加成人教育班和志愿服务等活动，都能提高一个人的生活满意度。参与这些活动可以给人成就感和他/她对环境的控制感，这两者都是通过各种角色设定的，如学生、志愿者角色或工人。

中老年拥有大量休闲时间和活动。人们的享乐欲随着年龄的增长而下降，但与年龄无关的是经济状况较差的人一直都心事重重。中晚年生活对大多数人来说，他们的乐趣多是学习新东西，如培养新爱好或上课。成熟消费者研究中心发现80%的婴儿潮一代和60%他们的父母都想学做新事情。

2.4　对信息的利用

在生活中，令老年人沮丧的是寻找有用的信息。但缺少获取有用信息的能力看似并不是信息资源的可用性或可达性问题，相反，老年人感到沮丧的部分原因是缺乏对信息来源的信任，还有部分原因是老年人对可用信息的使用能力有限。

总之，有助于提高老年人幸福感的消费行为包括：做出关爱身体和心理的正确决定、积累财富资源、有能力参与有趣的提高自我的活动，具有做出正确购买决策的能力。老年人在这些方面的不足产生的负面情绪会削弱老年人的生活满意度。

3.企业如何提高消费者的幸福感

我们认识到人们应控制自己的生活并规划更长远和充实的生活，但企业提高老年人幸福感面临的挑战是如何帮助人们修正人生每个阶段的消费习惯。企业制定提高晚年幸福感的指导方针的基本前提是：不论年龄大小，只要人们有兴趣并愿意马上行动。人们必须愿意采取措施建立能促进并提高终身生活质量的相关消费资源。

本部分提出一些提升年轻人和老年人幸福感的建议，在这个过程中我们讨论了企业如何帮助人们提升幸福感并增加利润，也为企业推广这种生活方式并提高消费者的幸福感提供了指导。

前文所述研究结果的主题是人们一般能控制自己的健康和生活，这表明我们需要制定策略来延长寿命并提高生活满意度；这也表明，我们需要终身实施这些策略。这些幸福感提升策略适用于任一生命阶段，我们将其分为两大类：（a）帮助人们提高生活质量的策略，及（b）避开损害生活质量体验的策略。

上文所述的是与消费相关的第一类策略，包括：

- 培养预防保健习惯，特别是那些可能从父母那里“遗传”下来的潜在健康问题。
- 为老年生活积累充足的财富资源。
- 培养一些兴趣和消费习惯来促进积极的生活方式。
- 参与教育活动，提升能力，学习新技能，使自己在劳动力市场具有竞争力。
- 培养消费活动中的爱好和兴趣，它们能挑战智力，对抗衰老。

另外，帮助人们避开生活中对长寿和健康不利因素的策略包括：

- 做好准备承担照顾年老家庭成员的责任，并从自身利益出发做出消费决策。
- 学会避开那些强迫性的，对身体、情绪和财富有破坏性的消费活动。
- 培养提升与消费决策相关的消费技能和知识，并学习识别欺诈性商业行为。

通过开发产品和服务帮助消费者实施这些预防策略，企业将有效利用新兴的老年市场。企业尤其需要与老年人沟通解释产品如何帮助他们实现漫长而幸福的晚年生活。

前文所述信息表明我们帮助年轻人做好晚年生活准备的同时，也帮助老年人拥有更好的生活期望。这两种方法并不矛盾，但对它们的使用和效果取决于个人所处的生命阶段。

3.1 帮助年轻消费者做好晚年生活准备

消费者越早实施健康策略，也就越容易坚持，且效果越好。因而首先，医药公司、医生和保险公司应鼓励消费者在能承受的价格范围内进行预防保健，包括（a）确认病人的健康问题和某些发生率较高的疾病，（b）理解这些疾病的发展规律和病情发展的后果，以及（c）主动与病人和他/她的家人分享这些信息。再者，包括保险公司在内的医疗保健品供应商通过鼓励“消费者”经常体检和参加那些可能阻止或延迟健康问题产生的活动或行为，会对消费者产生重要影响。在这里，营销商可以借助网络清单、产品包装和印刷广告等手段帮助消费者进行“个人审计”。在社会营销方面，潜在营销信息应帮助消费者理解运动就像进食和工作一样是每个人的义务活动，而不是像看电视一样的自由活动。

这些策略对金融服务机构来说也有很多影响，特别是金融机构应该细分老年市场并根据细分市场的需求和资源，审慎地向目标市场传达合适的服务和信息。金融机构应该评估不精通投资的消费者的晚年生活目标，并帮助他们理解储蓄的各种原因，在不同的生命阶段教育他们。最后，金融机构也应为老年人解释最有可能实现这些生活目标的金融工具，让他们拥有更舒适的退休生活。

3.2 提高老年消费者的生活质量

老年消费者的需求、心态、生活方式和消费习惯等信息构成了企业的策略基础。具体来讲，有效的商业策略应该为有能力的企业带来更高的客户满意度，提高老年消费者的幸福感，为企业创造更多利润。虽然这些策略建议看起来对企业接触任何年龄群体都有效，但它们对成熟消费群体中较老的消费者可能更有效。

能够理解那些最近经历了或正在转换新角色或生命阶段的消费者的企业，在满足这些消费者的需求、实现利润方面可能更有优势。此外，希望拉拢竞争对手的消费者的企业也想吸引那些最近经历了或即将经历重要生活转折的消费者（例如退休、丧偶），因为他们在生活转折过程中很可能产生新需求。生活转折事件呈现出营销机遇的原因在于消费者需要购买产品和服务来缓解转变和适应新的变化。由于消费者尝试适应生活变化，他们很可能会重新评估优先的消费事项，并对特定产品和品牌产生或增强需求。不管消费活动变化是否反映了消费者努力应对压力变化或是对变化的压力释放反应，营销商理解那些容易使消费需求改变的情况，是它们吸引新客户、巩固老客户的好时机。

成熟消费者研究中心开展的多项研究，还有各类学术刊物发表（从1996年到本书出版）的多篇研究结果表明，压力是“生活转折事件”和消费模式变化的连接机制之一。因此，针对最近经历了生活转折事件的人开展营销的企业必须理解它们正在帮助压力之下的人们。机遇存在于如何减轻消费者的焦虑，而不只在于提供符合他们新需求的产品。此外，企业还需要以一种贴心的方式来做这些事。比如丧偶的妇女或许期望服务商（例如、医生、银行家、律师）在为她们提供基本服务之外，还给予情感上的支持。那些理解生活转折事件对情感影响的营销商，最有可能建立起更强大的忠诚客户基础。

这个方法为压力管理课程、帮助人们应对压力的网站、压力管理书籍和定位于减压方法的产品提供了机会。尽管市场上已有缓解压力的药品，明智的产品开发者和营销商还会关注那些减压产品，如休闲椅、草药茶、牛奶和大豆产品、不含咖啡因的饮料，以及缓解压力的假期和健康俱乐部服务等。市场营销信息帮助消费者形成压力应对策略，使他们能够有效应对压力并解决造成负面情绪的问题。

老年消费者的思考方式、感觉方式和行为方式综合影响着他们对产品和零售产品的反应。营销商需要理解即使一个人处于特定年龄段，但他或她不一定跟同龄人的想法一样，所以营销商需要对客户年龄和老龄化方面的心态差异保持敏感。

这或许是一个重要的营销传播信息：广告商应该推销那些使观众感到振奋的正面形象，而非取笑中老年人。消费者对那些拥有生活掌控感的产品信息反应更积极，不喜欢那些让自己感觉是笑柄的信息。

医疗保健专家有大量的机会去努力识别老年人抑郁症的迹象和症状，并鼓励和支持客户寻求帮助，这成为提升老年人晚年幸福解决方案的一部分。随着人口老龄化和更多人认识到医疗保健的好处，人们对提升老年人情绪健康的保健服务如心理治疗的需求将越来越大。

4.结论

生命早期所做的决定与我们如何衰老密切相关。我们一生对商品和服务的选择在某种程度上决定着体验的生活数量和质量。尤其是生命早期选择的健康生活、积累财富、参与提高身心健康的活动对晚年生活的影响重大。当这些要素不足时，我们的生活满意度会受到不利影响。

人口老龄化为营销商提供了独特的产品和服务开发机会，来帮助消费者幸福生活。这一过程包括开发对消费者生活质量产生积极影响的策略，以及开发帮助消费者避开损害当前和未来生活质量的生活经历的策略。前者包括设计开发多种刺激大脑的产品（例如游戏、软件和书）或服务（例如教育电视节目和技能发展课堂），后者包括提供财务规划或谨防诈骗性商业行为的信息等。

理解每个人晚年经历的角色转变及其对消费模式的影响，是有效营销策略的重要组成部分；同样重要的是理解实现幸福和健康晚年生活的多种途径，以及通过设计、分销和促销有助于消费者积累健康老龄化所需的身体和精神资源的产品来完善这些途径。通过这些努力，营销商在构建业务并盈利之际，也将在老龄化社会幸福感提升中发挥重要作用。

参考文献

1　G.P.Moschis，A.Mathur，Baby *Boomers and Their Parents：Surprising Findings About Their Lifestyles，Mindsets，and Well-Being*（Paramount Books，Ithaca，NY，USA，2007）

2　J.W.Rowe，R.L.Kahn，*Successful Aging*（Pantheon Books，New York，NY，USA，1998）

3　G.P.Moschis，*Marketing to Older Consumers*（Quorum Books，Westport，CT，USA，1992）

第18章

银发广告——日本电视广告中的老年人

Michael Prieler，Florian Kohlbacher，Shigeru Hagiwara，Akie Arima

摘要：在企业的营销管理和广告创作中，选择合适的代言人并恰当地表现他们极其重要。老年电视观众感受到的企业广告描述他们的方式影响着企业形象和购买意向。本章认为，尽管1997—2007年间，日本电视广告中老年人的数量有所增加，但这些广告对老年人的表现仍不具代表性，对老年妇女更是如此，这一研究结果与世界各地的研究结果一致。研究还发现，电视广告在表现老年人时，大多赋予了老年人非常重要的角色。总体而言，本研究不仅增加了日本的视角，也是第一项历时性比较研究。我们还发现，使用老年代言人最多的产品类别是金融/保险和房地产/住房广告。最后，针对日本消费者的一项调查结果探究了日本电视广告中的老年人现象及日本人对老年人的态度。尽管内容分析揭示了电视广告对老年人代表性严重不足这一事实，但调查结果显示，消费者并不认为电视广告中出现的老年代言人过少，绝大多数调查对象否认了不想在电视广告中看到老年人这一观点。本章还探讨了这些结果对广告研究和实践的影响。

1.引言

在企业的营销管理和广告创作中，选择合适的代言人并恰当地表现他们极其重要，因为老年电视观众感受到的企业表现他们的方式影响着企业的整体形象和消费者的购买意向[1]。本研究揭示了消费者与广告中的模特进行比较对企业造成的潜在负面影响[2]，研究表明那些与消费者自我概念一致的广告对消费者形成品牌偏好和购买意向更有效[3]。因此，在营销环境中，企业如何选择以及选用什么样的形象代言人来恰当地表现老年人非常重要，甚至会影响到企业的社会责任（CSR）。因此，世界各地出现大量电视广告中的老年人形象研究就不足为奇了（详细回顾参见Prieler等人[4]）。

本章研究的是日本商业电视广告对老年人①代言人的使用②，老年人是怎样被表现

---

① 与日本广告公司对老年人的界定保持一致，本文将老年人界定为50岁及以上的人。

② 关于日本电视广告中的老年人这项研究是一项大型研究项目的一部分，在此感谢Yoshida Hideo Memorial Foundation对该项目的支持。

的，这些表现在多大程度上反映了日本社会的现实，以及一些差异存在的原因。我们之所以选择日本，是因为日本不仅是世界人口老龄化程度最深的市场，还因为日本在老年市场营销领域的研究不足。本章内容结构如下：首先探讨的是日本电视广告中的老年人形象；然后分析使用老年人的广告与老年产品之间的关系，以及哪些产品的广告使用了老年人，我们将研究结果置入全球环境来讨论，以检测研究结果是日本独有的现象还是与世界其他地区一样；最后介绍一项消费者如何看待日本电视广告中的老年人的调查结果，并与先前研究相比，总结得出调查对象对电视广告老年代言人的态度非常肯定。

2.电视广告对老年人的表现

内容分析的结果是：在人物电视广告①中，人物年龄分布不均（见表18-1）。很明显，15～34岁年龄组出现的频次最高，接下来是35～49岁的年龄组；50～64岁和65岁以上的年龄组在日本广告中出现的数量最少，0～14岁的年龄组也是如此。值得注意的是，1997年和2007年电视广告的人物年龄分布情况惊人地相似。不过也有一个例外，即50～64岁的年龄组出现的频次从13.7%增长到了21.4%，增长了56.2%。同样，65岁以上的年龄组也增长了32.6%。我们应理所应当地将这些增长的原因解释为人们对银发市场的兴趣倍增使然，尤其是50～64岁的年龄组，已成为日本企业重要的目标消费群体。

表18-1　**日本商业电视广告和人口普查中的年龄分布**

年份	0~14岁 %(n)	15~34岁 %(n)	35~49岁 %(n)	50~64岁 %(n)	65岁以上 %(n)
电视广告1997[a]	19.3(238)	66.3(820)	37.9(469)	13.7(169)	4.6(57)
电视广告2007[b]	19.8(242)	64.2(783)	39.3(480)	21.4(261)	6.1(74)
人口普查1995[c]	16.0	28.2	21.9	19.4	14.6
人口普查2005[c]	13.8	25.1	19.3	21.7	20.2

[a]出现人物的广告数量=1 236。一个广告可能出现多个年龄组。

[b]出现人物的广告数量=1 220。一个广告可能出现多个年龄组。

[c]人口百分比数据来自日本总务省的人口普查数据[5, 6]。

这些研究结果不仅告诉我们1997—2007年间电视广告发生的变化，还告诉我们日本商业广告青睐的年龄组。通过与人口普查情况比较，就能更好地理解各年龄组在广告中出现的频率参差不齐的原因（见图18-1）②。有些结果显而易见：15～34

① 与那些没有出现任何人物的广告相对应。

② 由于电视广告中人物的年龄分布比例超出了100%（因为不同年龄组的人物可能出现在同一则广告中），因此，2005年人口普查和2007年电视广告中的人物年龄分布不完全具备可比性。

岁和35～49岁年龄组出现的频率过高，在人口普查中比在电视广告中实际增长更大的65岁以上的年龄组（虽然名义上是38.4%），却在日本电视广告中代表性不足。

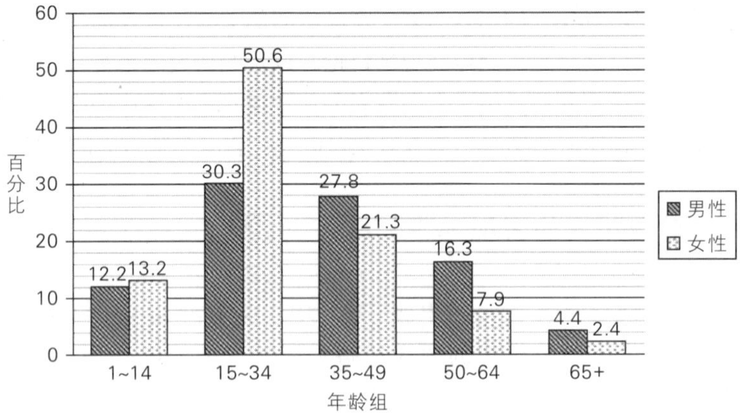

图18-1 2007年日本商业广告中人物年龄（由于广告中婴儿的性别难以区分，因此男女性别比例不包含婴儿）和性别分布图（男性和女性广告比例包含所有广告人物（N=1 220），即一个广告可能包含男性、女性和各年龄组[4]）

2.1 性别比例

电视广告中不同年龄组的性别比例也存在差异（见图18-1）。2007年的电视广告中，1～14岁年龄组的男性（n=161）略高于女性（n=149），而15～34岁年龄组的女性（n=617）明显高于男性（n=370）。在35岁以上的年龄组中，这种情况发生了较大改变，男性（n=339）开始主导日本的电视广告，而女性（n=260）则处于次要地位，这种情况尤为明显地体现在50～64岁的年龄组身上，男性出现（n=199）的频次是女性（n=96）的两倍多，65岁以上年龄组也是如此，男性（n=54）很明显地高于女性（n=29）。鉴于日本社会女性人数远远超过男性的实际情况，广告中人物性别比例失调这一现象更值得深思。这种情况也出现在50岁以上和65岁以上的年龄组，50岁以上的女性和男性比例超过了1.18：1，65岁以上女性与男性比例则超过了1.36：1（数据来源于日本总务省[6]）。

鉴于1997年和2007年电视广告中的性别比例高度一致，在此就不赘述1997年的研究结果了。但值得一提的是老年人在电视广告中出现的情况：男性人数剧增，而女性人数则明显下降。50～64岁年龄组女性人数略微增加（从5.8%，n=72到7.9%，n=96），这与同一年龄组的男性人数增长比例不一致（从9.0%，n=111到6.3%，n=199）。同样，65岁以上女性人数下降（从2.8%，n=35到2.4%，n=29）的同时，同一年龄组的男性人数却在增长（从2.9%，n=36到4.4%，n=54），这就导致所有人物电视广告中女性出现的频次较低。由此可以看出，1997—2007年老年女性实际人口数量下降与电视广告中老年人数上升的总体趋势是相悖的，对此，我们需要进行深入的调查研究[7]。

2.2　老年人的角色

虽然电视广告对老年人的代表性不足，但更重要的是了解老年人在电视广告中的实际形象。他们是一个重要角色、次要角色/辅助角色，还是作为背景角色出现的呢？1997年，69.2%（n=144）出现老年人的电视广告赋予了老年人重要角色，这一比例与2007年的比例接近（69.9%，n=214）；1997年，老年人是次要角色的广告比例为35.1%（n=73），2007年这一比例为34.6%（n=106）；1997年和2007年将老年人作为背景角色的广告都不多：1997年为25.5%（n=53），2007年仅为11.4%（n=35）。这些结果表明，尽管老年人在广告中出现的数量不多，但他们在广告中大多被赋予主要角色，也因此是重要角色。

2.3　产品类别

下列产品类别的广告含有老年人的比例很高：房地产/住房、分销/零售、金融/保险、服装/时尚或附属/个人用品（见表18-2）。相比之下，家居产品、出版物和汽车等产品的广告很少甚至不使用老年人。

表18-2　**各类产品广告中老年人所占比例**

1997		2007	
50~64岁年龄组在商业广告中的比例 %（n）	65岁以上年龄组在商业广告中的比例 %（n）	50~64岁年龄组在商业广告中的比例 %（n）	65岁以上年龄组在商业广告中的比例 %（n）
房地产/住房 35.1（13）	分销/零售 13.7（10）	金融/保险 41.7（20）	服装/时尚、饰品/私人物品 15.8（6）
服装/时尚、饰品/私人物品 21.2（7）	房地产/住房 10.8（4）	分销/零售 38.8（26）	材料 11.1（1）
金融/保险 19.0（12）	食品/饮料 6.4（19）	房地产/住房 31.3（15）	精密仪器/办公用品 9.8（4）

不过，广告中老年人数量不代表真正以老年人为目标对象的广告数量。如果老年人是广告的目标对象，我们就能通过体现这一点的广告主张很清晰客观地判断出来，或者也能够从产品根本不适用于其他人的事实中判断出来，比如老年尿布、助听器、假牙产品和消除皱纹的面霜等。可以清楚地看出，极少有针对50～64岁（1997年只有3例，2007年只有9例）和65岁以上（1997年有10例，2007年有13例）年龄组的广告。

2.4 调查对象对电视广告中老年人的态度

我们对15～65岁的日本人开展了关于他们对电视广告中老年人的态度调查，调查结果的反应非常集中。对于电视广告中老年人数量是否太少的问题，调查对象的态度趋于否定。换句话说，虽然内容分析得出日本电视广告对老年人的数量代表性不足，但大多数调查对象并不这样认为，或者他们没有感觉到这一点。关于以老年人为目标对象的广告数量是否增加的问题，多数调查对象同意这一观点（45.1%）。这表明，调查对象也意识到了日本电视广告中老年人数量增长这一变化。最后，多数调查对象（62.9%）否认他们不想看见含有老年人的电视广告。这个结果表明广告公司未来或许应该在广告中大量使用老年人。不过有意思的是，同意这一说法的老年人比例仅比年轻人高一点点。因此可以说，老年人既不太愿意看到电视广告中的老年人，也不认为电视广告中老年人的数量已经足够多了。

3.讨论

总的来说，我们发现电视广告中的老年人数量特别是老年女性的数量代表性普遍不足，广告中老年人的数量逐渐增加，主要出现在房地产/住房和金融/保险等产品类别。此外，调查表明内容分析的一些结果或许有不同的影响且与我们预期的不一致。

先前所有研究几乎都认为电视广告对老年人的代表性不足[4, 8-10]，在我们的研究中，1997年50～64岁的年龄组（电视广告中的13.7%与实际人口的19.4%）和65岁以上的年龄组（电视广告中的4.6%与实际人口的14.6%），以及2007年65岁以上的年龄组（电视广告中的6.1%与实际人口的20.2%）的情况与先前研究结果一致。乍一看，日本电视广告对老年人代表性不足看似与该国传统的尊老习惯有些矛盾。但是，即使日本社会仍然秉持尊老的传统，也与日本电视广告中老年人数量较少没有必然联系，因为尊老并不等同于将老年人视作完美的形象（因为广告是充满各种"美丽"形象的世界）。不过，尊老确实可以创造一个更正面/重要的老年形象，正如广告中表现的老年人角色。与其他国家的广告通常将老年人作为次要角色或背景角色相比[11, 12]，本研究发现日本老年人在日本电视广告中大多是重要角色[13]。另一与日本电视广告中老年人形象相近的国家，正是在很多文化传统方面与日本极为相似的韩国[8, 14]。除了文化共性之外，我们也可以用这两个国家电视广告中出现的名人数量（50%以上的电视广告）来解释这一现象[15, 16]。

老年人在电视广告中出现比例较小的原因，一个可能是老年人将自己归为比自己小5～10岁的年龄组[17, 18]，这导致即使是针对老年人的广告也会使用年轻的模特。实际上，现有研究结果表明，老年人不见得希望用老年人来代言自己，而是希望用比自己小10岁左右的年轻模特[19]，换句话说，他们希望广告使用与他们感知年龄接近的模特，而不希望广告采用与他们实际年龄一致的模特。这正如我们先前所探讨的，广告采用与目标对象感知年龄一致的模特或代言人会更有效，因为消费者自我感知年龄会与他们感知到的广告模特或代言人的年龄产生共鸣，这影响着老年人对广告信息的反应[20, 21]。我们的调查结果也证实了这一点，即与年轻人相比，大多数老年人不太喜欢看到电视广告中的老年模特。

此外，还有一些研究表明广告公司认为老年模特会使产品疏远年轻的消费群体[19, 22]，有些研究[23]认为并在一定程度上表明年轻人对老年人做广告的产品不感兴趣，广告中老年人对产品的使用会限制其他群体对产品的使用。与这些研究结果恰恰相反，我们的研究表明（年轻人）人们并不排斥电视广告中使用老年模特。

尽管电视广告对老年人的代表性不足，但1997—2007年电视广告中老年模特的数量明显增长了，增长得如此明显以致调查对象都感觉到了。增长原因或许是企业和广告公司对包括婴儿潮一代（dankai sedai）在内的50岁以上年龄组的兴趣增长使然。但1997年和2007年该年龄组实际人口数量增长与电视广告中老年人数量增长不一致。使用老年人做广告是锁定老年目标群体的唯一方式，这得到了与日本广告公司访谈结果的证实。我们可以认为，许多没有出现老年人的广告其实也是以老年人为目标对象的。

本章主要研究的虽然是日本电视广告在营销方面对老年人的代表性不足，我们也应提到最后一个方面。如前文所述[9, 10]，我们发现电视广告对老年女性代表性不足，这一结果涉及了（老年）女性在社会上和媒介上的普遍形象。与男性相比，女性的媒介形象看起来必须很年轻、漂亮。当然，广告并不是这些媒介形象的创造者，但却反映了这种社会趋势，并强化和塑造了这种女性媒介形象。西方研究者通常认为这是一种性别歧视，即赞美年轻女性而忽视老年女性[11]，这一解释似乎在日本社会环境中更可行，因为研究已证实了日本电视广告对年轻和漂亮女性的偏好[24]。

在产品类别方面，尤其是房地产/住房和金融/保险产品使用了大量的老年模特，日本这两类产品都是针对老年人的。老年人是改造现有房屋或购买新（额外）房屋的目标群体。与其他国家相比，日本针对老年人的金融/保险产品广告不太常见，但却有许多保险公司以希望拥有新保险产品或改善当前保险状况的老年人为目标对象。

4.结论

本章的研究一方面证实了先前的研究结果，比如电视广告对老年人的代表性不足，特别是对老年女性的代表性不足等。同时，我们的研究也产生了一些新结果。我们是第一个用英语对日本进行研究的项目，也是世界上第一个对1997年和2007年两年电视广告进行比较研究的项目，这些使本研究产生了一些新的、有意思的结果，比如从1997—2007年，老年人在电视广告中出现的数量不断增加。另外我们证明了必须结合社会环境来看待电视广告对老年人的代表性不足这一现象。比如，一方面，日本老年人（当被描述时）在广告中是以主要角色呈现的，这体现出了他们的重要性；另一方面，调查结果表明调查对象貌似没有注意到电视广告对老年人代表性不足这一现象，并且从消费者的角度来看，这样的代表性不足并没有对他们产生任何负面影响。

过去十年，日本电视广告发生了很多实质性的变化，尤其反映在老年模特数量上。日本广告公司已认识到老年人正在成为非常重要的细分市场，已做好准备应对这一变化。但电视广告仍有许多领域应有所改变，包括对老年人总体代表性不足，特别是对64岁以上老年人的代表性不足。电视广告对老年女性代表性不足的情况不仅没有改变，甚至更加严重。鉴于（老年）女性是日本消费市场重要的消费群体，广告公司未来必须重新考虑这个领域，这并不是一个简单的问题。正如引言所述，对老年人的扭曲表现最终将影响企业及形象。毕竟，老年人对经济发展日益重要，这不仅在日本，在全球许多国家都是如此。因此我们强烈建议广告研究者和从业者审慎、系统地对待这个问题。

附录

电视广告内容分析

研究样本是1996年以来在大东京地区播放的广告数据库。为了选取有效样本，通过系统抽样，抽出28天的广告样本，平均分布于两年（1997年和2007年）的工作日。最终选取出1997年1 495条、2007年1 477条广告，总计2 972条广告样本。在这些广告中，1997年有1 236条人物广告，2007年有1 220条人物广告。

消费者调查

由Yoshida Hideo纪念基金会发起的研究，允许我们参加日本消费者生活和电视广告年度综合调查，这项调查于2008年6月在大东京地区展开，针对15~65岁的日本人，回收有效问卷720份。

参考文献

1 T.A.Festervand, J.R.Lumpkin, Curr.Issues Res.Advert.8(2), 203 (1985)

2 M.L.Richins, J.Consum.Res.18(1), 71 (1991)

3 J.W.Hong, G.M.Zinkhan, Psychol.Mark.12(1), 53 (1995)

4 M.Prieler, F.Kohlbacher, S.Hagiwara, A.Arima, Keio Commun.Rev.31, 5 (2009)

5 Ministry of Internal Affairs and Communications, Census 1995.http://www.stat.go.jp/english/data/kokusei/1995/1513.htm

6 Ministry of Internal Affairs and Communications, Census 2005.http://www.e-stat.go.jp/SG1/estat/ListE.do?bid/000001005118&cycode/0

7 M.Prieler, F.Kohlbacher, S.Hagiwara, A.Arima, *Gendered Portrayals of Older People in Japanese Television Advertising*(DIJ Working Paper 09/2.Tokyo, 2009)

8 B.Lee, B.-C.Kim, S.Han, Int.J.Aging Hum.Dev.64(4), 279 (2006)

9 M.M.Lee, B.Carpenter, L.S.Meyers, J.Aging Stud.21, 23 (2007)

10 P.Simcock, L.Sudbury, Int.J.Advert.25(1), 87 (2006)

11 A.Roy, J.Harwood, J.Appl.Commun.Res.25(1), 39 (1997)

12 L.E.Swayne, A.J.Greco, J.Advert.16(1), 47 (1987)

13 S.Hagiwara, M.Prieler, F.Kohlbacher, A.Arima, Media Commun.59, 113 (2009)

14 F.S.Ong, H.K.Chang, J.Bus.Policy Res.4(2), 1 (2009)

15 S.M.Choi, W.-N.Lee, H.-J.Kim, J.Advert.34(2), 85 (2005)

16 M.Prieler, F.Kohlbacher, S.Hagiwara, A.Arima, Keio Commun.Rev.32, 5 (2010)

17 N.Stephens, J.Advert.20(4), 37 (1991)

18 S.Yamasaki, "*Toshigata shinia" māketto wo nerae!*[*Targeting the "Urban Type Senior" Market!*](Nihon Keizai Shimbunsha, Tokyo, 2005)

19 A.J.Greco, J.Consum.Mark.6(1), 37 (1989)

20 C.Chang, J.Advert.37(3), 19 (2008)

21 S.van Auken, T.E.Barry, Asia Pac.J.Mark.Logistics21(3), 315 (2009)

22 I.Szmigin, M.Carrigan, J.Prod.Brand Manag.9(2), 128 (2000)

23 M.B.Mazis, D.J.Ringold, E.S.Perry, D.W.Denman, J.Mark.56, 22 (1992)

24 A.Arima, Sex Roles49(1/2), 81 (2003)

第19章

广告公司：广告运作过程最脆弱的部分

Chuck Nyren

摘要：今天的广告业需要小小的变革，如果你想将银发市场作为营销目标，就必须将才华横溢的40多岁、50多岁和60多岁的男性和女性纳入团队，其中包括撰稿人、平面艺术家、制片人、电视导演和创意总监。如果你计划将婴儿潮一代作为一级、二级或三级市场来实施营销战略，却把希望寄托在二三十岁的人身上，那么你将丧失对广告活动至关重要的天然敏感性。

1.引言

你可以不分昼夜地分析市场营销材料，阅读不计其数的婴儿潮一代市场营销书籍，参加世界范围内的广告和营销大会，并汲取专家说的一切。但是，如果你没有因人设岗，那么必然会发生商场上该发生的一切——失败和平庸。

反之亦然。如果你的产品或服务是针对一二十岁的年轻人，而你的广告代理公司和创意团队全是由50多岁和60多岁的人组成的——我想那时你会非常、非常担心。

五年多时间里，我一直在写作、咨询、谈论与婴儿潮一代相关的广告。没过多久，我就意识到，读者、客户、与会者提出的后续问题都需要从历史中寻找答案，他们的问题通常是“为什么广告公司和媒体常常忽略和边缘化50岁以上的市场”或“为什么我的广告公司告诉我，没有必要将50岁以上的人群作为广告目标？因为无论是否针对他们做广告，他们都会购买产品，不是吗?”

这一切问题的答案是大多数广告公司对这个群体不感兴趣，或没有能力针对这个群体开发重要的、成功的广告活动，原因如下。

1.1 美国广告创意发展简史

从19世纪末到第一次世界大战（WWI），只要有胆量、气魄和说服力，任何人都能进入广告业，也因此广告业扩展到不同的地区、文化和种族。虽然有许多大大小小的广告公司可以选择，但很多企业还是自己创作广告，且大都使用今天所谓的媒体策划机构。

铁路的扩张使消费品和杂志/期刊覆盖全国成为可能，并使市场全国化。1910

年底，广告成为一个非常重要的行业。

战争阻碍了广告业的发展——之后，随着美国迅速从战争状态切换到消费经济，企业获得了巨大的经济利益，而花掉这笔钱最有吸引力的和最合理的方式便是把它们放在广告上[1]。大公司因实力强大，有能力开展重大的广告活动，故它们收获颇丰。

正如大多数商业一样，广告权力很快掌控在白人、新教徒、受过常春藤教育的人手中。民族、文化和宗教的多样性受到了威胁。如果你是犹太人、天主教徒、爱尔兰人、意大利人，就必须压制或隐藏这些信息。很快，女性也开始被边缘化了。

与此同时，为了获得自保，广告业总部落户纽约。这就是我们所谓的广告业的开端，现在称之为“麦迪逊大道”。

第一次世界大战后的时代精神是“致富”，因此，这使希望实现这一梦想的人创作的广告毫发未损，因为最好的广告都是被那些为自己做广告的人创作的——这是常识。

20世纪20年代是第一次以年轻人为目标细分市场的广告时代。当然，年轻的撰稿人和艺术总监被指派为这些年轻客户服务。

当时涌现出一些有实力的、有才华的女性，其中一个就是由智威汤逊公司辛辛那提办公室总裁Stanley Resor招聘的Helen Landsdowne。不久，他们结婚了。

其办公室转到纽约和智威汤逊重组后，Stanley Resor被任命为董事长，而Helen Landsdowne则迅速成为广告行业里最优秀的撰稿人之一。这是第一位率先针对女性开展营销活动的女性，即便这不是什么新鲜事，但也非同寻常。所以有人说，Helen Landsdowne是智威汤逊成为世界最大的广告公司（并保持了30年）的主要原因。

不过，在智威汤逊的几十年里，尽管Helen Landsdowne经常向重要客户提案和竞标，但作为重要客户的首席撰稿人，她仅仅是“纸上谈兵”（无法实践），因为当时的商务礼仪不允许女人做执行。

在经济大萧条和二战期间，广告的时代精神使中产阶级名噪一时。“致富”的感受并不是那么好，随着无线电和洪水猛兽般廉价杂志的涌现，每个美国人都是英雄。机智的广告公司不断巩固阵营，搜寻和发掘各种各样、有不同实践背景的人才。

20世纪20年代，女性仍然被边缘化，但却有一些女性逆流而上，BBDO的Jean WadeRindlaub便是一个很好的例子。她为坎贝尔汤和通用磨坊食品公司开展的广告活动直指母亲和中产阶级，她为银发社区（这是真的）做的战时广告，描绘了与丈夫和儿子告别的妻子和母亲，就是那些留守家园的人的“封面女郎”。Jean WadeRindlaub女士也创造了被誉为广告行业最卓越的调查部——也就是现在的焦点小组原型。

二战之后，Jean WadeRindlaub做到了副总裁，但直到20世纪50年代中期，Jean Wade Rindlaub女士才被任命为BBDO的董事会董事，成为这一重要的广告公司董事会的第一位女性。

后二战时代给广告业带来了更多变化，广告的时代精神从歌颂中产阶级价值观转向赞美“向上走”——一种“攀比”心态。

虽然这种心态可以追溯至上世纪20年代，但其却为20世纪50年代带来了一场混乱的方法论革命。强行推销、基于事实的科学广告，与创意、软性推销方法发生了冲突。而最好的广告虽让人感到不舒服，却有效地整合了科学和艺术。

随即，全国各地的犹太人、天主教徒、妇女开始被“正式”安排到位高权重的岗位，下面是从20世纪50年代初至60年代中期，一些多产的和有影响力的创意人员，他们都名列20世纪100位优秀广告人的榜单（包括排名）：

比尔·伯恩巴克（No.1）是第一个非常成功的广告人，他于20年代开创了犹太人广告创意先河，发起了奥尔巴赫百货商店、大众、安飞士汽车租赁、生活谷物和其他许多广告活动。在这里，我们引用比尔·伯恩巴克的话：

广告不是一门科学，它就是说服，而说服是一门艺术。

研究可以使你发现过去。

逻辑和分析会使创意程式化并干涸。这就像爱情——你越分析它，它就消失得越快。

李奥·贝纳（No.3）是一位来自美国中西部的文案和创意总监，只有他后来将职业生涯迁移到了“麦迪逊大道”。20世纪50年代和60年代，他和他的团队创造了今天仍被认可的广告典范，包括快乐绿老虎、托尼、皮尔斯伯里步兵和查理的金枪鱼。

大卫·奥格威（No.4）仍被许多人认为是迄今最伟大的撰稿人。在美国广告业的全盛时期，奥格威先生提升了哈撒韦衬衫、壳牌石油、西尔斯、荷航、美国运通、IBM、史威士进补、劳斯莱斯和非凡农场等企业的品牌形象。这里引用奥格威先生的一些语录：

我发现，相当一部分营销主管越来越不愿意自己做判断；他们太过依赖研究，并且他们对研究的使用就像醉汉使用灯柱：只是支撑，而非照明。

今天我们在电视上看到的许多乱七八糟的广告，都是广告委员会的产品，广告委员会可以批判广告，但我们绝不允许他们创作广告。

罗瑟·里夫斯（No.5）信奉全面研究，并提出独特的销售主张（USP），即注重产品独特品质的技巧。他的成功案例包括“M & M只融在口，不融于手”。罗瑟里夫斯说：

比方说，你的小公司拥有1 000 000美元，突然你的广告不奏效，销售业绩下降，一切都依赖于这100万，你的未来取决于它，你的家人依赖它……现在，你想从我这里获得什么？精细的文案？还是想看到该死的销售曲线停止下滑并开始向上

爬升呢？

雪莉·波利考夫（No.24）在大部分职业生涯中隐藏了她的犹太人身份。作为Cone & Belding Foote的唯一女撰稿人，波利考夫女士将伊卡璐带到了新高度。她想出“她想……或者她不想……？只有她的理发师知道”，以及“金发是不是真的更有趣？”伊卡璐的产品销售增长了4倍。波利考夫女士对研究嗤之以鼻，她更倾向于本能创作。

伯尼斯·菲茨-吉本（No.62）是Macy's、Wanamakers和Gimbels的广告经理，凭借着独特、优雅的文案和创意方向，伯尼斯·菲茨-吉本成为20世纪50年代中期收入最高的女广告创作人。

随着婴儿潮一代和最年轻的沉默一代达到法定年龄，20世纪60年代的文化革命对广告业产生了深远的影响。广告业的大门开始对所有种族、文化和背景的人敞开，女性事业蓬勃发展。不管你是谁，只要有胆量、有才华，你就可以在这个行业立足。“麦迪逊大道”也放松了对广告业的控制。大、中、小型广告公司的广告创作质量几乎没有区别。

接下来的20年里，随着跨国广告公司的发展，广告真正成为一个全球化现象。此时，美国中西部、西部和世界各地开始出现许多伟大的广告“运动”。也是第一次，广告的“黄金时代”（20世纪80年代）在另一个国家——英国绽放。

但是，与每个时代的广告相伴产生的，都有一个盲点、一种偏见。随着20世纪60年代的开放性而来的，是一个新的时代精神：“变年轻”，这一精神贯穿了20世纪80年代。当时最大的市场就是婴儿潮一代（包括前后几年出生的人），广告公司都积极地招兵买马，把自己的权力和影响力交给20多岁的创意人员。毕竟，（如果我可以重复无数次的话）最好的广告都是为自己创作的。你凭什么不雇用年轻人为年轻人创作广告活动？他们本能地了解自己的市场。

20世纪60年代早期的广告公司虽然常常将少数族裔和妇女排除在外，但它们总是有一个很好的年龄结构，这就是他们的多样性。虽说创意部门常常有年轻人，但并不全是年轻人，或不主要是年轻人。

在我的演讲中，当我缓缓地播出这些顶级创意人的年龄的幻灯片时，总会引起台下一片惊叹。我说道：“许多广告历史学家都认为自己职业生涯最旺盛的阶段，是在20世纪50年代初期到20世纪60年代后期。那么，当最具创造力的时候，他们多大？”

- 比尔·伯恩巴克：49
- 大卫·奥格威：49
- 罗瑟·里夫斯：50
- 雪莉·波利考夫：52
- 伯尼斯·菲茨-吉本：66
- 李奥·贝纳：68

记住：这些年龄还只是他们创作阶段的中间年龄，有很多广告是在这些年龄之后创作的。事实上，一些最成功的广告案例就产生于他们职业生涯的后半期。而且，他们喜欢与各个年龄段的人打交道。里维斯在他52岁时说：

不，我不认为68岁的撰稿人可以为孩子们写文案，即使他富有创造力，即使他的想法新鲜有趣。但，他可能会是个很好的外科医生。虽然他的广告可能不如麦迪逊大道联谊会想看到的那种新鲜、夺目，但他可能写出产生5倍销量的广告。这就是游戏的重点，不是吗？

你可以质疑里维斯先生的观点。但是，令人震惊的是，直到20世纪70年代，广告业依然有68岁的广告创意人员。今天，有人问到底是老年人还是年轻人从事广告创意更好，那么，我将再次引用“不，我不认为一个68岁的撰稿人可以为孩子们写创意……”

里维斯先生55岁就退休了，这也成为“麦迪逊大道”街头巷议的话题，大家都在争论和猜测他为什么这么做，也有人好奇他为什么这么年轻就退出广告业。

如今，情况略有不同：

广告业是出了名的和年轻人、疯狂的想法、野外聚会、打破常规的东西联系在一起的，行业平均年龄远低于30岁……广告公司属于创意产业，也属于人类感知管理产业。因此，有趣的是，虽然很多公司为了创意而讲求战术，但却常忽略能形成更大潜在竞争优势的员工多样化和无年龄歧视政策（Paula Sartini）[2]。

问题是，广告的时代精神没有变——仍然是“变年轻”。广告业也不总是时代的弄潮儿，相反其常常落后于时代。特别是当我们拥有复杂的细分市场和接近目标消费者的新方法时，广告常常适得其反。

摘自《多元化的商业案例》[3]：

……越来越多的欧洲公司都采用了员工多样性和平等策略，不仅有道德和法律的原因，还出于他们期待传递的商业利益。而一个最重要的利益是：一群素质更高的员工、更大的创造力、更强的营销机会（欧盟就业指导委员会）。

摘自我的书——《向婴儿潮一代做广告》[4]：

今天的广告业需要一个小小的变革。如果将银发市场作为营销目标，你就必须将才华横溢的40多岁、50多岁和60多岁的男性和女性纳入团队，其中包括撰稿人、平面艺术家、制片人、电视导演和创意总监。如果将婴儿潮一代作为一级、二级或三级市场来实施营销战略，而你却把希望寄托在20多岁和30多岁的人群身上，将丧失开展重要的广告活动所需的天然敏感性。

你可以不分昼夜地分析市场营销材料，阅读不计其数的婴儿潮一代市场营销书籍，参加世界范围内所有的广告和营销大会，并汲取专家说的一切。

但底线是：如果你没有因人设岗，那么必然会发生商场上该发生的一切——失败和平庸。

但我的广告代理公司说，无论如何，50多岁的人总会购买产品……

当然，“他们”会购买产品。但是，你能保证他们一定会购买你的产品而不是竞争对手的吗？广告机构正在“一笔勾销”你的潜在目标市场，因为他们不知道如何针对婴儿潮一代做广告，就跟我不知道如何接近青少年或年轻人一样，他们在椅子上扭动、挥拳、滑行以及突然咔哒咔哒摇动那些我认为是操纵杆的东西。（Chuck Nyren）

在本书第二版上市不久，广告时代出版商Rance Cain的专栏借鉴了我的一些言论。这里摘录两条：

摘自《婴儿潮一代红利》[5]：

……可悲的是广告业务总是无法触及富于购买力的婴儿潮一代。年轻的广告人认为老年人固执己见，因此他们觉得让老年人改变品牌的广告尝试是浪费钱……一个黄金时段的电视节目观众年龄大多在34~49岁之间，在此期间投入的广告每分钟要比针对55岁以上的老年人多赚30%。然而，50岁以上的消费者在商品和服务上一年的花费就超过了1.7万亿美元……

广告公司喜欢把自己当成创意的最后堡垒，但在很多方面它们却是广告创意中最僵化的部分。睿智的广告主意识到广告公司若再不改变势必阻碍企业的发展，下一步他们将不再使用广告顾问①（雷恩兰斯）。

摘自《你要知道谁是老板——消费者》[6]：

……对世界上所有的广告制造者（广告主和广告公司）来说，储备了解消费者的人，无论是已参透网络空间奥秘的年轻人，还是那些能体现不同种族和文化多样性的混合人群，甚至是老年人，是的，就是那些了解将占领我们市场的富于生命力和购买力的婴儿潮一代的老年人，都有重要的意义。

如果广告业务的目标是重新获得品牌的控制力，我们就必须理解“老板”不仅是一个35岁的美国白人，他或她，可能是老年人、黑人、亚裔或拉美裔……（克雷·恩兰斯）

我在写这些文字的时候，一封电子邮件进入了收件箱，这与我每周收到的邮件没有太大区别。摘录内容如下：

我知道您正在接洽与婴儿潮一代业务相关的一些企业，随函附上我的简历，我想知道是否有广告公司愿意接受这一潜在的老年市场，或者说您是否知道有哪些广告公司投身于婴儿潮一代市场？

我一直在思考这个问题，而且毫无疑问的是很多婴儿潮一代（a）都明白年龄歧视，和/或（b）会很纳闷为什么最大的广告主或广告公司却不“明白”。

我已经向前100名广告公司提交了简历，但都石沉大海。基本上我认识的人都告诉我，这些广告公司只招聘年轻人。

---

① Italics are mine.

这位先生的简历（他是一位平面设计艺术家/创意总监）令我印象深刻，其内容包括15、20和30年前知名的、成功的国内和国际广告活动。他拥有广告公司所需要的对50岁以上消费者市场的敏感性，因为他曾在这些人20多岁和30多岁的时候为他们做过广告，当时他也是其中一员，当然他也本能地知道这些人关心的问题以及如何接近这个成熟市场。

但，没有广告公司录用他。

1.2 今日广告：难道广告公司只接受经验丰富的老年创意人员吗?

我的另一张演示幻灯片也常常让人震惊。我谈到了大卫·奥格威："大卫·奥格威是在多少岁写出他的第一个广告的?"有一点要记住，许多人认为他是迄今最伟大的撰稿人。在20世纪最伟大的广告人名单上，他排名第四，很多人认为他应该排第一。"

"那么那个时候他多大？他是一个天才少年吗？13岁？16岁？18岁？21岁吗？"

答案是：大卫·奥格威写第一个广告时，是在39岁，在接下来的25年里，他积极参与广告创作活动，在另外的20年时间里提升广告执行能力。

在这里，我有一个革命性的想法：广告公司应该寻找那些40岁、50岁、60岁从未从事过广告工作的人。

在最近出版的《年长的大师和年轻的天才》这本书中，大卫·格兰森对各个领域著名艺术家的创造力进行了分析[7]：

实验创新者伴随着试验和错误，在他们生命的最后渐渐到达事业巅峰。相比之下，概念创新者常常在年轻时，就通过新想法取得突破性进展。格兰森阐述了为什么米开朗基罗、伦勃朗、塞尚、杰克逊波洛克、弗吉尼亚·伍尔夫、罗伯特·弗罗斯特、阿尔弗雷德·希区柯克这些艺术家是实验大师，而维米尔、梵高、毕加索、赫尔曼·梅尔维尔、詹姆斯·乔伊斯、西尔维娅·普拉特和奥森·威尔斯则是概念性创新天才①。

婴儿潮一代正在走完其人生的第一部分，他们中的很多人都准备追求新的职业，他们将回到学校，学习新技能，追寻自己的梦想。对新的企业家来说，人口最多的年龄群体就是婴儿潮一代（或年纪再大一点的人）。他们感觉自己仿佛正要开始激动人心的、创新的、多产的生活。有许多书籍和上百篇文章都是有关"第二职业"的婴儿潮一代。我再列举两段话：

摘自《婴儿潮一代踏上新的中年事业征程》[8]：

据作者马克·弗里德曼所说，这些人（婴儿潮一代出生的人）可能是改变美国

---

① http://www.davidgalenson.com/,摘录于出版商的图书介绍。

人工作和退休性质的革命的一部分。他们不是在中年就退出劳动力队伍，而是开始从事第二职业。“他们不是从工作中解脱出来，而是要自由地工作；他们不是为了有保障的退休生活而存钱，他们是在谱写职业生涯的新篇章。”弗里德曼在他的新书《再来一次》中这样写道[9]（Teresa Mears）。

摘自《婴儿潮一代是经验丰富的专业人士》[10]：

他们是美国第一个大众广告市场和公关人员的梦想：近7 800万婴儿潮一代与广播、电视同龄。作为孩子的他们是早餐谷类食品和婴儿食品的第一代消费者；作为成年人，他们是潮流的引领者。但是，当他们开始度过18~49岁的年龄阶段之际，他们又作为这个国家最成熟、最老练的公关专家创造着一个新的领域……一向精明的公关公司现在又要打破老套的公关模式……聪明的公司已经预见到，有着良好商业背景的经验丰富的专业人士将席卷公关市场。这些受人尊敬的从业者不仅能够给予记者和编辑应有的尊重，他们还拥有高效、专业地为他们提供服务的能力。

正是婴儿潮一代的能力帮助他们确立了卓越的智力形象，使他们成为公关行业的最佳人选。凭借熟练的能力实施这些公关战略，他们被称为伟大的公关从业者。请记住，高管们都喜欢有人和他们一起运筹帷幄，规划和管理他们的组织，从而使自己在市场上脱颖而出，成为赢家。（Anna D.Bank）

但究竟有多少广告公司愿意雇用40多岁、50多岁，甚至是60多岁的新手？面试时，或者你可以带着很棒的作品——可能来自不同领域，或者你是“回到大学”学习广告课程之后初出校门的新生，或者你是有着卓越的职业生涯但却从未接触过广告的才华横溢的艺术家……

而最后你会被客气地请出门。

到底有多少想做有创造性的事或意欲进入广告业的婴儿潮一代，现在开着自己的广告公司？对此，我怀疑没有任何人想过这件事。在大卫·奥格威三十周年的职业生涯到来之际，他给工作人员发了一份备忘录[11]：

有公司会聘请这个人吗？

他38岁，失业，大学退学，曾做过厨师、推销员、外交能手和农民。他对营销一无所知，也没写过任何广告文案。他自称对广告职业感兴趣（在他38岁的时候），并准备上班……我怀疑，美国是否有公司愿意聘用他。

大卫·奥格威是在写他自己。

2.三个成功的活动，其中一个也许会犯众怒

在广告公司营销总监和一些有远见卓识的人士的压力之下，有些情况正在发生变化。50岁以上消费者的市场正逐渐受到广告公司的重视。

遗憾的是，针对50多岁消费者的创意并非如此。大多数针对婴儿潮一代的广告活动笨拙、无用，因为这些广告一边轮番挥舞着20世纪60年代和平的象征符，

一边是发霉的床褥、迷幻的音乐，或者它们将50多岁的人表现成只关心打高尔夫或海滩晒太阳时不需要尿尿的、微笑的、乏味的、盲目的豆荚人（译者注：如果两个人非常相似，就可以说他们像一个豆荚里的两颗豌豆），或认为婴儿潮一代是如此无能，以至于当他们面对电脑时会将一张白纸按到屏幕上“打印”。

最近有三个广告活动非常出色，它们都采用了相反的方法来接近目标市场，而且都获得了成功。多芬的Pro Age广告活动历史复杂，先是从多芬的Dove Real Beauty广告活动孕育而来，后又慢慢在欧洲和美国创建和培育起来，该广告由富于审美性的、商业可用的50多岁的女性裸照构成。表面上看，这是一个纯粹的创意，没有任何事实或研究支撑。

或者它本就如此。

佳洁士Pro-Health的广告，乍一看，似乎很简单、平淡无奇：一张产品包装图片和两栏牙膏对健康、美丽的好处（更多的是健康的好处）。其中一列是佳洁士Pro-Health的好处，另一列（选中的选项较少）是“普通牙膏”的好处。这种广告纯粹是基于事实的、没有创意的、在感情上与目标市场没有联系的硬性推销。

或者它本就如此。

为什么多芬的广告活动如此成功？难道说仅仅是因为它看似不道德地使用了50多岁的女性裸照来推销产品的粗鲁行为？它做的其实比这更好。

虽然它看起来是一个纯粹的“创意”，但该广告活动却是一个彻头彻尾的研究结果。对婴儿潮一代（和年纪大一点的）女性来说，40岁之后比40岁之前过得更好。

虽然总有一小部分女性在晚年时才会过得好，但大部分婴儿潮一代女性在40岁以后就已过得很不错，这已成为时代风气。此外，围绕该主题也有一些重要研究、大量文章和一些书，其中一本便是Marti Barletta所著的《黄金时期的女性：如何赢得挥霍者婴儿潮一代的心灵、思想和商业》（Kaplan Business，2007）。

这里从我的书——《向婴儿潮一代做广告》中摘录了一些[4]：

与大众认为的恰恰相反，婴儿潮一代绝不相信他们仍是青少年或青壮年……

婴儿潮一代正在悄悄重新定义年龄对于他们的含义，这个新定义中包含着年轻的态度。但是，婴儿潮一代真正的转变，不是慢慢归于平静，而是开始发力……

在你认为自己年轻和你认为自己不老二者之间，差别很大。这种“昼夜”区别可能会让很多专家困惑，但它绝不会让婴儿潮一代糊涂……

婴儿潮一代不再想过20或30岁，他们只是希望“享受当下”。他们并不想自己像年轻人或30多岁的人一样成为营销和广告活动的对象。

事实上，婴儿潮一代的女性是真实年龄的革命者，她们大多非常有权力感，充满活力，随时准备展现自我。虽然可能会少一些皱纹和疼痛，但如果问一位40多岁的女性是否想再过一次20岁和30岁，她们肯定会说：“不用了，谢谢。现在的我比以往任何时候都快乐、有成效。”……

因此，如果一家广告公司告诉你，“我们以19~35岁的年轻人作为目标群体，

也可能影响婴儿潮一代"，非常可悲地，他们就失去了当前最大、最有潜力的细分市场……

该项广告活动成功的第二个重要原因与创建和发展这项活动的两个人有关：Shelly Lazarus（生于1947年）和Annie Leibovitz（生于1949年）。Shelly Lazarus女士是奥美全球（活动营销机构）的CEO，是一位声名卓著的首席执行官（据我所知，特别是这次广告活动让其声名远扬）。Annie Leibovitz女士的职业生涯漫长而多变，很难一言概之，但她的创意却更多，Annie Leibovitz女士理所当然地被誉为婴儿潮一代创意者的典范。

让我们来谈点实际的：你可能找不到比Shelly Lazarus更好的人来开展广告活动，你可能也请不起Annie Leibovitz做艺术总监。但是，如果你针对的是50多岁的女性，难道你不认为：寻找、雇用与Lazarus和Leibovitz有着相似业务和创意敏感性的人是个好主意？

在演讲中，我播放了一篇来自"广告时代"的文章的引言和图片——在假设的情景中，只有一个中年蹩脚演员可用。最后，我意味深长地说道：

有一个演讲，我很喜欢，是白丽莎·桑德斯为"广告时代"撰写的，出自灵智大洋的大卫·琼斯之口（38岁）（摘自忽视研究相信直觉[12]）：

琼斯先生对"研究和预先测试行业进行猛烈抨击"，接着，劝听众要毫不犹豫地这样做，并引用英国喜剧演员李维斯的"真理"，即"96.2%的统计数据都是编造的"。同是英国人的琼斯先生认为，一些最受欢迎的广告并非基于研究或焦点小组的研究结果；相反，它们往往来自创意总监对消费者喜好的一种直觉。他引用了宝洁反复使用委婉语来消除由欧洲竞争对手阳狮国际制造的Charmin卫生纸危机的例子，"公关人员仅冒了一点险，不需要研究依然成功地消除了危机"。

并且，通过强调前面提及的内容，最后他给创意人员的建议是创意要"相信直觉"，广告正在迅速变化，不冒险也存在风险，即使是可怕的冒险。（Lisa Sanders）

我没有异议，我喜欢这段话。

但是这里仍有一个问题，那就是将婴儿潮一代作为目标市场时，你必须有足够的胆量追随直觉，这就需要50多岁的创意人员的直觉。

针对20多岁的目标人群开展营销活动时，相信直觉再明智不过。直觉会告诉我："嗯……嗯……等一下！我知道了！我明白了！我们可以找到20多岁的男孩、女孩或两者，让他们的头发竖立，做一些纹身，穿上鼻环，头上戴着iPod听嘻哈音乐，然后让他们举起产品！好啊！他们一定会买的！他们一定会买的！"

创意人员及其凭直觉创作的广告活动被称为"冒险"还可以忍受，但是以特定人口为目标时，广告公司愿意用这种普通意义上的"冒险"精神，雇用创意直觉最好的人吗？

因致力于为客户的产品创造"爱"而闻名的盛世长城广告公司，在为Pro-Health做牙膏广告时违背了其自创的创意原则。表面上，它平庸的USP（独特的销售主张）与情感没有实际的、直接的联系。而且，你也可能会认为这种直白的、毫无创意可言的广告活动不会有太大效果，但是：

首次亮相后的三个月，佳洁士Pro-Health牙膏成为过去十年美国推出的最成功的牙膏……研究发现，2/3的佳洁士Pro-Health购买者通常用的是其他品牌的牙膏，其中大约25%的人表示他们使用的是佳洁士主要竞争对手——高露洁的牙膏……Pro-Health成功的秘诀是什么？恰是针对那些将牙齿健康放在第一位的消费者……看到佳洁士Pro-Health广告的人，40%~50%的人都有购买意向。（C.von Hoffman）[13]

这个结果我并不惊讶。在广告活动推出的6个月前，我就了解到佳洁士要针对婴儿潮一代推出一款牙膏。但他们并不承认是针对婴儿潮一代（谁愿意说自己针对的是老年人?），这就对了。在这之前的两年，我曾在2005年的一本书中写道[4]：

下面是“麦迪逊大道”提供的一个思路：多年来，少年和青少年从来没有注意过牙膏广告，但在过去十年左右，牙膏开始被研发、制造、销售给儿童和青少年，而四十多年前牙膏只卖给成人。于是，佳洁士开始以家长为诉求对象，声称儿童使用佳洁士牙膏可以减少龋齿，这意味着牙药费会比较少。

我们作为孩子，关心这个吗？真的不关心。

然而，如果看今天的牙膏广告，你会感觉人们刷牙刷到三十岁时，突然间他们奇迹般地变成了七十岁，开始只买假牙清洁剂。（我想，在“麦迪逊大道”另类的宇宙世界里，这就是为什么所有老人失去牙齿的原因——他们在后面的40年都没有刷牙。）

那么，我应该买什么样的牙膏？有什么建议吗？我有1万亿美元储蓄和300亿美元现金，我可以随心所欲地消费。然而，我在牙科走廊闲逛，手在口袋里叮叮当当摆弄着几万元零钱，上下打量，从一边到另一边，但我不知道该买什么。

广告公司告诉我，我要去买些东西。但是我想，不管我是否买你的产品，都与你没有关系，因为我只是要买东西……

你可以考虑另一个宇宙，并且对我来说它也不是特别差：

嗯。这是什么牙膏？我好像听说过它，看到过它的电视广告，也看见过平面广告。广告人物跟我的年龄差不多，她谈到了牙齿护理，谈到了口香糖，谈到了牙齿，谈到了怎样保持牙齿健康、强壮。她有漂亮的笑容，但不会让我失去理智，也不会让我感到无措，也不会让我感觉像在浴室里找眼药水一样看不清。产品盒子看起来不像是圣诞树的装饰品，也许我会买它。（Chuck Nyren）

还有更多：或许这不是一项发自肺腑的活动，但它却与婴儿潮一代产生了共鸣。因为当他们还是儿童时，就看到过这样的广告。然而，它也不是一项复古活动。盛世长城不想用20世纪50年代的字体和排版将其做成怀旧风格的广告，恰恰相反，广告的背景色是金属蓝，清新、现代的设计，很简单、实际，它告诉了我们想要知道的东西。

由于这两个活动都运用了创造力和研究，因而它们大获成功，它们只是对风格和方法进行的不同组合而已。如果多芬广告仅放上一张产品图片，并列出成分和好处，会有怎样的效果？或者，佳洁士Pro-Health的广告仅仅是婴儿潮一代在刷牙，效果又是怎样？

我认为这样做都不好，而这两个代理公司做得都很好。

最近针对婴儿潮一代成功的广告活动是金佰利Depend品牌的广告：

成人内衣不再沉默[14]。新的电视广告中，普通男女开着无伤大雅的性别差异玩笑，如男性与女性谁开车开得更好，到底是男性还是女性主宰着世界……精心设计的电视广告吸引着婴儿潮一代，如果他们自己不用Depend，作为父母照顾者的婴儿潮一代也会使用。

这则电视广告的创意很有意思。这没有什么好惊讶的，因为它是由奥斯卡奖获得者埃罗尔·莫里斯（1948年出生）导演的，是一个婴儿潮一代针对婴儿潮一代所做的广告，原则便是要有趣、自由、有吸引力。

不过，让我感到困惑的不是这个活动本身，这个广告活动本身非常好、非常有效。但是为什么它的创作对象不能是一款新的汽车？洗衣皂？烤豆？Gender-specific剃须刀？铝箔纸？智能手机？或是其他除了一些老年疾病之外的任何产品？

然后就是这个我们再来看一下：

仅按指导使用[15]……上周某天晚上，经过随机选择得出，NBC晚间新闻在30分钟的节目时间里播出了17个广告，其中12个广告（按顺序）分别是：非处方抗过敏药西替利嗪；加钙纤维素；止痛助眠的综合药Advil PM；处方过渡镜片（“只要有光，视力就健康”）；思力华药物吸入器（用于慢性阻塞性肺病）；降低血清胆固醇的脆谷乐；拜耳阿司匹林（有效预防心脏病）；处方过敏药OMNARIS鼻喷雾剂；男士染发剂（让我们帮头发花白的老父亲拥有一个约会！）；抑制绝经后女性骨质流失的Boniva（由女演员莎莉·菲尔德代言）；ThermaCare暖包（用于缓解肌肉和关节痛）；甲磺噻脒（抗消化性溃疡药完成后，缓解胃灼热和胃酸倒流）。

反对的声音：如果五十多岁的人看到的都是针对他们的产品或服务广告，他们很快就会发呆、难受、脾气暴躁。

真正的问题：市场营销和广告人员需要抓住的是未来20多年婴儿潮一代将消费数十亿美元与其年龄无关的产品这一事实。牙膏、电脑、衣服、指甲油、食品、运动器材、趾甲剪等任何（差不多所有）产品如果以婴儿潮一代为目标，只要你带着对他们的敬意和健康利益去做广告，他们便会感激你，并考虑购买你的产品。

着眼于大局：我们希望广告公司能够看到这些，并明白如果不雇用50多岁的人为产品或服务开展广告活动，将坐失良机。

3.婴儿潮一代聪明的大脑

过去十年高科技的进步，带来了测量大脑工作方式的新手段。《科学新闻》和

《纽约时报》探讨了针对较老的老年人和较年轻的老年人的大脑的研究。

摘自《衰老的大脑向情感优势转变》[16]：

年龄增长预示着情绪日渐稳定，伴随着对负面情绪控制的平和过渡，人们更容易获得积极情绪……前额叶皮层内侧区是大脑的有意识思维区，主要影响老年人的情绪反应……相对而言，50岁以下的人更容易感到负面情绪而非积极情绪，因为年轻人的情感活动控制中心在扁桃体，这是一种能预先自动暗示恐惧反应的大脑结构……大脑情绪系统的渐进重组，源自人们在寻找生命意义的过程中积累的个人经验。(布鲁斯鲍尔)

《老年人的大脑真的很聪明》[17]：

当老年人在鸡尾酒会上再也记不住他人的名字时，他们会认为自己的脑力下降了。但是，越来越多的研究表明这种假设是错误的。相反，研究发现，衰老的大脑只是吸收更多的信息并过滤掉冗余信息，这通常有益于其长期健康。

《如何训练衰老的大脑》[18]：

过去几年，科学家们对大脑如何衰老进行了深入研究，并证实大脑会在中年时期继续生长，甚至中年以后还在生长……大脑由于经历了中年期，因而对中心思想、大局的识别能力更强。如果大脑的状态良好，它可以帮助主人建立识别模式路径，因此，老年人比年轻人能更快地看到事物的重要性甚至是解决方法。近来这些与年龄相关的大脑功能差异研究，给了广告主更多向广告公司施加压力的理由，促使他们雇用更多年龄多样化的创意人员。

4.结论

创意人员将其感知产品或服务的方式呈现给潜在的消费者，这是成功广告的精髓。*创意人员的多样性及创意的多样性，是攻克50岁以上消费者市场的方法。*

在人口同质化的国家和市场，关注年龄的多样性更是广告成功的重要因素。

参考文献

1　S.Fox, *The Mirror Makers: A History of American Advertising and Its Creators*(University of Illinois Press, Chicago, 2007)

2　P.Sartini, *Managing age diversity in the advertising industry.*MarketingWeb.com, 4 Sep 2006

3　Directorate-General for Employment, Social Affairs and Equal Opportunities, *The Business Case for Diversity: Good Practices in the Workplace*(European Commission, Luxembourg, 2005)

4　C.Nyren, *Advertising to baby boomers*(Paramount Market Books, Ithaca, NY, USA, 2005)

5　R.Crain, *Boomer boon*, Advertising Age, 2 Apr 2007

6　R.Crain, *You know who's boss-consumers.*Advertising Age, 30 Apr 2007

7　D.Galenson, *Old Masters and Young Geniuses*(Princeton University Press, Princeton, USA, 2005)

8　T.Mears, *Boomers embark on new midlife careers.*Miami Herald, 11 Aug 2007

9　M.Freedman, *Encore, Finding Work that Matters in the Second Half of Life*(Public Affairs, NY, USA, 2007)

10　A.D.Banks, *Baby boomers make seasoned PROs.*American Chronicle, 29 July 2007

11　Ogilvy & Mather Agency, *David Ogilvy-Biography*(Ogilvy and Mather, Manhattan, 2000). http://www.ogilvy.com/history/media/biography.pdf.Accessed 13 June 2008

12　L.Sanders, *Ignore the research and trust your gut*, Advertising Age, 2 Nov 2006

13　C.von Hoffman, *Crest Pro-Health toothpaste launch has P& G smiling.*Brandweek, 23 Oct 2006

14　Bob Moos, *Adult underwear no longer being given the silent treatment*, Dallas Morning News, 23 May 2009

15　Joseph P.Kahn, *Use only as directed*, Boston Globe, 6 Apr 2009

16　B.Bower, *Older but mellower: aging brain shifts gears to emotional advantage.*Sci.News 169 (25), 24 (June 2006)

17　Sara Reistad-Long, *Older brain really may be a wiser brain*, New York Times, 20 May 2008

18　Barbara Strauch, *How to train the aging brain*, New York Times, 29 Dec 2009

第20章

Web 2.0对50岁以上老年人的重要性

Dick Stroud

摘要： Web 2.0对老年人有何重要性？本章将回答这个问题，并为组织利用Web 2.0改进其与老年市场的在线互动提出了建议。本章分析了有史以来网站创建和使用方式的区别，以及Web 2.0技术应用的机遇与风险；详细讨论了社交网络和网络视频这两个Web 2.0技术的热门应用。作者认为，这两个应用虽然都与年轻人有关，但它们本质上是“无年龄限制”的，因而它们也适合老年网络用户。本章还描述了未来社交网络和网络视频可能的发展，及其对以老年网络用户为目标的组织的渠道策略的影响。

1.引言

毫无疑问，过去几年Web 2.0一直是个热门话题。奇怪的是，虽然它非常引人注目，可它仍是一个飘渺、扑朔迷离的研究课题。对许多组织来说，Web 1.0的微妙之处在于，当它还没有克服进化到下一阶段的复杂性时，便已为企业带来了足够多的挑战。

当把所有术语和炒作从Web 2.0剥离后，我们为组织找到了一个激动人心的新方式组合，即组织应该以理解和与用户沟通作为Web战略的核心。

一个很少被问及且几乎没有答案的问题是：“Web 2.0对老年人有何重要性?”本章将回答这一问题，并为组织利用Web 2.0提高与老年市场的在线互动提供了建议。

2.什么是Web 2.0?

大多数人都同意Web 2.0这一术语进入公共视野是在2004年O’Reilly Web 2.0媒体大会之后，这也是公众关于Web 2.0达成的唯一共识。自2004年以来，已有无数关于Web 2.0角色及其重要性的定义和主张。

为了使争论越辩越明，Tim O’Reilly提出如下定义[1]：“Web 2.0是企业在迈向互联网平台并尝试理解这一新平台的成功规则之际，引发的一场计算机行业的商业革命。”

虽然这一定义十分简洁有力，但缺少组织在自身的在线环境中对Web 2.0理解和利用的具体要求。

这一定义贡献较大的是Fidelity Finance[2]。为了理解两代网站之间的区别，需要将网络分成两个部分：第一部分是网站的体系结构，这些是创建网站的工具和技术；第二部分是网站的应用（即为个人或组织提供价值的部分）。当我们研究分析老年人是如何使用网站时，将网站分成这两个部分十分重要。

2.1　Web 1.0和Web 2.0的区别

表20-1和表20-2总结分析了这两代网站的体系结构和应用程序的特点，此分析说明了Web 2.0区别于传统网站的特性，以下章节将探讨新一代网站“无年龄限制”的特性。

3.Web 2.0是“无年龄限制”的吗？

在营销方面首次使用“无年龄限制”的是作者Stroud[3]，他在形容针对所有消费者的营销活动时使用了该词。

当我们评估创新的市场营销渠道及相关的实现技术时（如Web），了解它们是否对年轻人和老年人都有吸引力或是否局限于较窄的年龄群体，至关重要。

网站可用性权威Jakob Nielsen对Web 2.0网站的用途问题已有定论。正因为网站用途决定了它对老年人的效力，因而他的观点十分重要。以下是他最担心的三个方面[4]：

• 界面复杂使用户难以理解。这一点可由新的Web 2.0开发工具——AJAX不需加载整个页面便能更新网页的方式来说明。虽然这意味着网页的更新速度更快，但它可能使用户困惑或不清楚发生了什么事情。Nielsen对100个由AJAX创建的电子商务网站进行测试发现，购物者往往注意不到购物车的信息更新，这不是由该技术的固有缺陷造成的，而是由开发者使用方式不当造成的。

• 用户极少参与内容创建。由用户创建内容的著名案例是亚马逊书评，这是亚马逊在网络时代之初（1996年）推出的一项网络服务。Web 2.0很容易实现网站的内容分享功能，而且成本很低。虽然所有网站都有这样的特性，但并不意味着它能被用户利用，这就导致许多网站本就稀缺的“用户内容空间”价值更为有限。这原本是一项用户利益，却为用户造成了困扰。

• 聚合应用导致品牌混淆。提供多种信息的网站（如谷歌地图和BBC新闻）模糊了网站自身的品牌标识。更重要的是，聚合多种服务的行为降低了网站的可用性，因为“聚合”的服务质量肯定没有主站高。

表 20-1 **两代网站的架构特征分析**

架构特征	意义
Web 1.0	
以HTML代码编程为主	网站格式语言较老，为非商业应用创建
硬编码静态链接	网站创建后，网站各区之间的连接是“硬件”
内容获取路径单一	网站设计预置的导航路线数量限制了用户访问
定制化有限	大多网站无法响应用户的特定要求
多媒体只是一个“附件”	多媒体并非网站不可或缺的组成部分，它仅能使用户体验音频和视频内容，是一个附件
Web 2.0	
内置多媒体	将视频和音频融入网站的组织结构
界面适应用户	界面根据用户不同行为做出响应
链接更少，更多可控元件(即滑块、标签、菜单和窗口小部件)	网站导航使用多种设计技术
使用多种技术创建(AJAX，Flex，Flash)	使用大量技术来创建网站(即无需重新加载整个页面，AJAX就可以使设计师更新部分网站页面)

表 20-2 **两代网站的应用特征对比**

应用特征	意义
Web 1.0	
网站用户被动消费内容	用户没有响应机会，也无法为网站提供的信息增值
用户与网站之间的沟通渠道单一	网站应用价值受站主提供的信息限制
Web 2.0	
用户创建、提炼和分享内容	网站“用户”可以提供信息,从而增加网站内容的价值
是一个社区，而非孤独的体验	应用程序之间的交互并不局限于网站和单一用户
通过整合多渠道的数据扩大应用范围，即所谓的“聚合”服务	应用程序功能并不限于网站所有者提供的资源

Nielsen主要担忧的是组织对Web 2.0功能的使用不足和滥用，任何降低网站可用性或使其变得更复杂难以被用户使用的行为，都会给老年人造成麻烦。

Nielsen[5]和Fidelity[6]研究了老龄化对老年人网站使用速度和错误率的影响，研究结论如图20-1所示。该图表明与有着相同互联网使用经验的年轻人相比，一位65岁的老年人在网站使用上要多花60%的时间和多发生50%以上的错误。

由于样本容量较小，也很难对比研究个人的互联网使用经验，因此我们应将这种线性关系作为指导而非绝对的原则。毫无疑问，在浏览网站时，与年龄相关的认

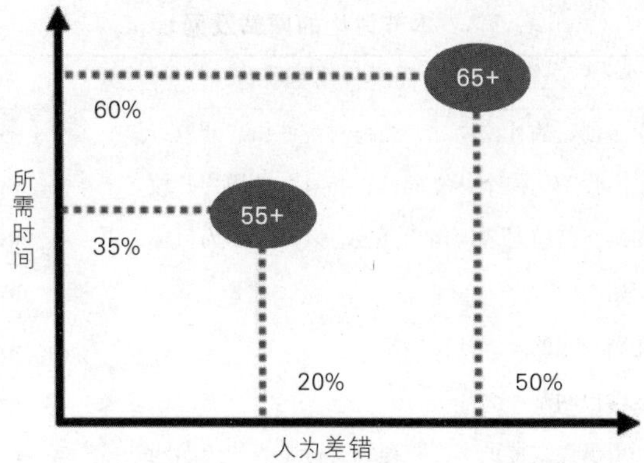

图20-1 网站使用时间、人为差错与用户年龄之间的关系图

知能力衰退会使那些互联网使用经验丰富的老年人发生更多错误和花费更多时间。

那么，"Web 2.0是无年龄限制的吗？"这一问题的答案是什么？

人们的生活方式和背景决定着对Web应用程序的使用，而不是年龄（即Web 2.0是无年龄限制的），我们将在"社交网络"和"结论"部分展开深入探讨。

设计者对Web 2.0工具的使用方式影响着网站的可用性，也影响着老年人对网站的使用。这意味着Web 2.0的体系结构并不是无年龄限制的，这没有内在原因，而是网页设计师既缺乏了解也丝毫不关心老年人的生理衰老对网站使用的影响。

接下来，本章探讨的是Web 2.0最重要的、使用率最高的两个应用及其与老年人的关系。

4. 社交网络

只要一提起Web 2.0，"社交网络"一词肯定紧随其后。

社交网络与先前的texting（SMS）有许多相似之处，当成年人很好奇年轻人为什么每天花大把时间往手机里输信息时，人们对MySpace（聚友网）和Facebook（脸书）吸引大量访客的能力也存在同样的困惑。2010年1月，MySpace和Facebook拥有170万（美国）独立访客[7]。表20-3中是本节提及的网站的网址及简介。

社交网络的巨大访问量反映了它们的受欢迎程度，但这些网站也有严格的商业理念。Rupert Murdoch这样一位原不投资于dot.com时代的人，却因其对社交网络重要性深信不疑而收购了MySpace，并于2007年11月进入日本市场。微软也深信社交网络的商业潜力，它购买Facebook的股份就证明了这一点。

表 20-3 **本节讨论的网站及网址**

网站简介	网址
一个主要针对美国大学生创建的社交网站，当前对各地用户开放	www.facebook.com
鲁伯特·默多克新闻集团收购的一个社交网站，并对各地用户开放	www.myspace.com
美国创建的一个社交网站，当前对各地用户开放，以青少年为目标人群	www.bebo.com
全球最大的在线就业网站	www.monster.com
由企业资助的针对婴儿潮一代的美国社交网站	www.eons.com
针对美国祖父母的社交门户网站	www.grandparents.com
嵌入了社交网络功能、用于查找提供家庭护理和支持服务的美国网站	www.care.com
针对50岁以上人群的英国门户网站	www.funkyfogey.com
免费的、可为过世家人和朋友进行纪念的英国网站	www.gonetoosoon.co.uk
为祖父母提供服务和产品的英国门户网站	www.begrand.net
隶属于John Lewis集团，是英国第一个使用社交网络功能元素的超市网站	www.waitrose.com
日本最大的社交网站	www.mixi.jp
Mobage - town是一个提供游戏和虚拟化身的手机门户网站，和主要针对日本年轻人的社交网络	www.mbga.jp
Twitter是一个为用户提供微博服务的社交网站(称为Tweets)，用户可以发送和接收多达140个字符的文本帖子	www.twitter.com

就像所有与Web 2.0有关的事情都令人捉摸不透一样，社交网络的定义也众说纷纭。但是，说明社交网络是什么和它是做什么的最有用的方式，便是详细介绍它的组件功能。Danah Boyd最早提出的许多概念就做到了这一点，参见表20-4[8]。

表 20-4 **社交网站的组成**

社交网站组件	目的
配置文件	配置文件是个人用来描述其年龄、性别、位置、兴趣和其他变量的页面，还可能包含照片、声音和视频等丰富的内容
人际网络	加入一个社交网络网站后，用户可以识别并联系其他成员，包括根据交换内容的类型设置联系人的“特权”
信息传送	大多数社交网络都有这样一个机制，即用户能够发送消息并将内容附给朋友，这样的网络对注册会员来说相当于电子邮件
内容分享	内容分享像交换消息和文本内容一样简单，且很有可能包括给网站添加照片和视频的功能；网络用户甚至还能创建自己的博客和维基百科
内容增值	越来越多的社交网络网站正与内容和小部件 (计算机代码模块) 供应商合作来丰富用户的配置文件

社交网络的成功依赖于会员贡献与传播意愿，站长构建网站风格、提供功能、创建内容并设置规则，但网站的长期成功取决于会员活跃的持续程度。

“老顽固们一窝蜂涌向Facebook”是2007年8月《商业周刊》刊出的一篇文章标题[9]，这其实是对社交网络向无年龄限制演变的一种有趣的描述方式。媒体曾将MySpace和Facebook比喻为青少年和年轻人的游乐场，而与这一流行看法相反的是，使用这两个网站最多的却是35～54岁的用户，大多数Facebook的美国用户年龄都在35岁以上。

只有那些将50多岁的人看成是一样的、对技术恐惧的人才会对这些数字感到惊讶。一个人的年龄与其网络使用的关系极为复杂。比如，50多岁人群的互联网使用率最低，这在欧洲、日本、美国的确如此。

但是，如果我们使用社会经济学来分析互联网，就会产生一个更复杂的、与年龄不太相关的结果[10]。在英国，AB阶层平均年龄为55～64岁，他们对互联网的使用比C2DE阶层所有年龄群体都多；C1s阶层所有年龄群体和老年群体之间仅有几个百分点之差；只有16%的65岁以上老年人使用互联网，但他们在互联网上花费的时间比其他任何群体都要多。

美国企业家们已经认识到了老年社交网络市场巨大的商业潜力，Monster.com创始人Jeff Taylor推出了网站Eons.com，这相当于50多岁人群的Facebook。该网站刺激了婴儿潮一代社交网络的发展，几乎所有网站都在努力抓住美国7 600万婴儿潮一代的消费力。

很显然，这些“XX类”网站很少成功的原因在于用户年龄是这些网站与其他用户联系的唯一事物。其实，用生活方式对用户分类要远胜于用年龄分类。一个更有趣的可持续发展的商业模式是网站将社交网络当作驱动力，而非主要用途。Grandparents.com就是这种新型网站的代表，它提供社交功能使祖父母们的生活更轻松；另一个例子是Care.com，它利用社交网络改进了老年人查找护理资源的过程。

英国也有一些针对50多岁市场设计的论坛和社交网络，Saga及其50connect.com访问人数最多，其次是一系列小公司，如Funkeyfogey、Gonetoosoon和Be-Grand。与这些定位于年龄的网站相比，更有意思的是拥有大量老年消费者的一些在线品牌，也开始使用社交网络功能，比如英国最大的超市之一Waitrose，最近重新推出了包含论坛、剪贴簿和配置文件等所有社交网络功能在内的网站。

在日本，Mixi是全球领先的个人门户和社交网络。该公司建于1999年，是一家以青少年为目标群体的就业网站。公司于2006年上市，2007年7月的市场估价为20亿美元。

据《日本时报》报道[11]，2009年5月，Mixi公布了财务收支状况，并预测其利润较上年同期将下降15%，这也是自上市后该公司利润首次下降。另外，它的页面访问量和注册会员增长速度已渐渐放缓。

针对这些问题，该公司紧随Facebook的战略，向第三方和新应用开放了它的PC和移动平台。

Mixi拥有1 700万用户，活跃用户比例很高，他们大多用手机访问网站，Mixi的用户大多是女性，将近90%的用户年龄在40岁以下。

“如果你想与日本年轻人打交道，就必须有一个移动电话。”Forrester市场研究公司高级分析师Jonathan Browne这样说[10]。鉴于此，新进入日本市场社交网络的竞争对手是手机而非电脑，如“Mobage-town”（手机游戏城）完全是靠手机打入日本市场的。

这并不意味老年人只能用电脑访问社交网络。老年人对手机的使用率也非常高，专为老年人设计的手机也将促使更多老年人使用手机访问各大社交网站（例如屏幕大、分辨率高、按键大的NTT DoCoMo新手机）。智能手机，尤其是苹果公司的iPhone，将进一步促进移动电话对各类社交网络的访问。

4.1 社交网络将如何发展?

下面是社交网络在日本和其他国家的发展方式：

• 社交网络将成为一种应用程序商品。显而易见，大部分50多岁的人群未来将使用社交网络功能。不同于时下按年龄划分的网站，企业对社交网络的大规模使用，缘起社交网络成为网站利益/行业/公司/活动的一部分。许多零售业、旅游业、医疗保健业、消费电子行业的大型网络文化公司，也正在考虑如何使用社交网络提高用户的关注度和网络效应。

• 社交网络存在“开放”压力。Facebook，MySpace和Mixi都是“有围墙的花园”，意味着用户和信息访问之间的沟通仅限于注册会员，这就与电子邮件和Web的“开放性”大相径庭。有些公司正在开发更开放、更容易访问的平台，允许个人数据与其他网络共享，更容易与其他Web服务商互动。例如Facebook为搜索引擎提供它的会员资料，非会员可以根据用户资料找到会员。

• 社交网络功能将更简单、价格更低。第一代社交网络需要定制而且创建成本很高。这种情况正在改变，新一代Web软件公司为用户提供更便宜的站点创建工具，并将企业网站嵌入现有的网络平台中。提供这些工具的公司主要有Affinity Circles，Social Platform，Joomla and Ning。

• 社交网络仅限于“时间有限”的用户“社交”。顾名思义，它对所有人使用社交网络的数量、时间都有限制。毫无疑问，虽然我们对MySpace，Facebook和Mixi的成功解释得很“时尚”，但人们对在线社交的时尚性需求转瞬即逝，他们将很快转移至下一个更“酷”的技术创新。当AOL被迫将仅仅购买了24个月的Bebo以远低于850万美元的购买价出售时，就已经得到了教训。

不论未来的社交网络将如何发展，持久的成功取决于为客户带来实实在在的利益，与年龄无关。

Twitter的发展对全世界的社交网络影响重大，但它依然在不断发展，这对许多老年人来说是个谜，为什么那么多人在不断地编写和阅读140字的消息。

2009年，美国Twitter用户量为1 200万，2010年增长至18亿，其中大部分是女性。

据Pew互联网[12]预测，约有10%的45～64岁的美国互联网用户使用Twitter，用户平均年龄是31岁，用户数量增长最快的是50多岁的人群，Twitter成功的主要原因是这个应用程序对消费者和企业都极具吸引力。

4.2　网络视频

Avenue A | Razorfish公司（美国最大的互动机构）首席创意官认为，网络视频是最激动人心的新数字技术。为什么？

GIF和JPG图像以相同的方式丰富了纯文本，而视频则为网站的沟通和娱乐能力提供了新方式。尽管网络视频革命才刚刚开始，但其在互联网上的影响力已不可小觑。大约一半的互联网流量都是由电视节目、YouTube视频和Web动画构成的，未来24个月，网络视频将占互联网流量的90%。

4.3　网络视频的规则为什么改变了？

多种技术发展使大众市场拥有了创建和观看网络视频的体验。

首先，创建和编辑视频的摄像机和软件成本大幅下降。Al Gore获得奥斯卡奖项的有关全球变暖危机的纪录片——*"难以忽视的真相"*就是用标准的苹果Keynote、编辑软件和一台摄像机完成的，总成本不到4 000美元。大多数Web视频制作团队已缩减至两个人——一人担任记者/访问者，另一个担任摄像师/编辑。

第二个发展是宽带的普及，全世界现在有4.2亿用户以宽带速度访问互联网。

据OECD[13]统计，日本宽带用户数量位居世界第二（3 100万），仅次于美国。用户的网络视频和宽带需求是一个良性循环，人们受观看视频的需求驱使接入宽带，这反过来又增加了视频观众和视频资源的供应。

最后，网络视频成功的决定因素——成本和制作的简便性从根本上得到了改善：

• 虚拟主机。目前有100多个网站提供免费视频托管服务，2007年以来，视频网站数量增加了一倍。目前世界上最大的视频网站YouTube，有100多万条剪辑视频。除了美国用户之外，日本构成了YouTube最大的用户基础。2007年，索尼在日本推出一个名为"eye Vio"的视频分享服务，通过"eye Vio"，用户可以上传和分享视频。尽管索尼正在考虑将其推到日本市场之外，但eye Vio依然以日本市场为主。虽然YouTube实现了全球覆盖，但索尼提供的视频服务非常独特，其中最重要的便是索尼能够提供"最接近DVD质量"的高品质视频，这一点远在YouTube之上。

• 搜索。借着“全球搜索”的发展势头，谷歌正在改进它的视频搜索能力。谷歌的视频搜索过程会处理包括视频、图片、新闻、网站在内的所有内容，为用户提供一个单一、完整的搜索结果。

• 观看。Adobe的Flash播放器已成为YouTube和MySpace等主要网络视频网站的默认播放软件。Adobe预测，世界99%的发达市场可以查看Flash Player的内容，这意味着绝大多数PC都能使用该软件播放视频。

4.4 网络视频是无年龄限制的

组织必须避免先入为主地认为网络视频只适合年轻人，与老年人无关。有个事实可证明这一点，即美国YouTube用户的平均年龄不是十几岁，而是39岁。

表20-5是美国网络视频用户的年龄分布情况，从表中可以看出，所有年龄段的网络视频使用渗透率变化非常小，也许各个国家的情况略有不同，但我们没有理由认为所有地区对网络视频的消费存在年龄差异。

表20-5 **美国看过网络视频的互联网用户统计**

年龄范围	看过网络视频的各年龄段人群比例
12~17	70
18~24	74
25~34	74
35~54	71
55+	64

资料来源：ComScore Video Metrix April 2009.

4.5 网络视频带来的挑战

可以说，网络视频正在引起网站设计及其使用方式的重大改变，其影响远超Web诞生之后的其他任何发展。下面是有利于组织适应这一革命性变化的指南：

• 网络视频真实存在，它不会消失！组织必须有计划地利用网络视频，确保消费者观看与其品牌和营销活动相关的视频——而不是竞争对手的视频。

• 与其他传播媒介相比，网络视频只可用于增加企业重要价值的应用，我们必须反对将网络视频当作“花瓶”或将其滥用的情况。

• 必须将用于其他通信技术的质量标准用于网络视频，因为网络视频的新奇价值稍纵即逝，Web用户会忽视或厌烦那些品质差的视频。

• 网络视频需要剧本创作技巧，而非文案写作技巧。一个2小时的故事脚本通常只有大约8 000字对话，这意味着一个2分钟的视频必须少于150个口语单词。

判断网络视频的有效性不能仅凭简单的网站分析，因为观看视频的来源很多，不仅限于通过网站观看。网络视频可以作为e-mail营销活动的一部分进行推广，通过推送RSS源，用户可以通过YouTube和索尼的eyeVio观看。

我们还必须理解网络视频的知识产权。YouTube发现很难阻止人们加载和播放不属于它的视频素材。如果网络视频公司使用音乐和演员，几乎百分之百地会出现版权问题。这种情况也适用于Mochila和Brightcove等网站市场的视频。为了使网站的内容合法，网络视频确实给组织增加了额外的负担。

4.6　网络视频将如何发展?

快速发展的网络视频为企业创造了新的、激动人心的机遇。但令人遗憾的是，大多组织很难成功地利用这些新机遇。以下是对网络视频未来发展趋势的一些预测：

• 网络视频将成为高清（HD）视频。Adobe最新版本的Flash Player和英特尔的新芯片都为播放高清视频进行了升级，日本的eye Vio用户已经看到高清视频的潜力了。

• 以视频为主、文字为辅的新一代网站正在涌现，人们对特定视频播放器的需求会消失，因为视频正在成为网站的核心。

• 移动电话将与收看网络视频的设备变得同等重要，或相差不会太多。智能手机特别是iPhone的巨大成功，为我们提供了一个易于使用的视频观看设备。

2010年网络视频可能会到达临界点，它将成为网站的必需服务而不再是可有可无的额外服务。

5.结论

以上这些结论不特定于任何国家或地区。发端于美国的Facebook和MySpace——社交网络的市场领导者，已成为在欧洲、大洋洲和日本都有分公司的全球企业。

针对50岁以上消费者市场的社交网络，虽然最早出现在美国，但现在几乎所有国家都有各自版本的社交网络。网络视频的演化路径与YouTube异曲同工，虽然世界各地有许多相似的视频公司，但Youtube仍然是全球最大的网络视频公司。

Web 2.0对网站应用和功能的扩展能力对老年人和其他群体同等重要，Web 2.0能够让用户体验到更丰富的内容，还有远超Web 1.0技术的精湛应用。遗憾的是，我们也只是刚开始认识到这些技术的负面作用，对老年人来说，用创建这些应用程序的工具创建出来的网站使用起来却更难、更复杂。

当前我们认为网络视频和社交网络都是独立的应用程序，它们未来将演变成网站结构不可或缺的组成部分。这两个应用程序本质上都与年龄无关。由于网络视频能够解释复杂的、视觉的和情绪问题，因此它对网站设计的方式影响最大。与文本和图像相比，不同视频格式的内容分布将更加均衡。

负责建设和运营这些新的Web 2.0网站的人员，特别是网页设计师，必须理解生理衰老改变了老年人与这些应用程序交互的方式。否则，Web 2.0丰富和简化老年人网络体验的能力将带来适得其反的后果。当我们理解Web 2.0网站无年龄限制设计面临的挑战时，营销商和设计师必须掌握一些新技术。与Web 2.0一样，HTML5和Apps也具备提供全新的无年龄限制功能的潜力。不过，也和Web 2.0一样，这些技术也有敌视和疏远老年人的危险。

参考文献

1 T.O'Reilly, Web 2.0 *Compact Definition: Trying Again*(2006).http://radar.oreilly.com/archives/2006/12/web_20_compact.html.Accessed 2 Jan 2008

2 A.Chadwick-Dias, M.Bergel, T.Tullis, in *Senior Surfers 2.0: A Re-Examination of the Older Web User and the Dynamic Web*.Universal Access in Human Computer Interaction.Coping with Diversity (Springer, Berlin, 2007), p.868, doi10.1007/978-3-540-73279-2_97

3 D.Stroud, *The 50-Plus Market: Why the Future Is Age-Neutral When it Comes to Marketing and Branding Strategies*(Kogan Page, London, 2006), ISBN-10: 074944939X

4 J.Nielsen, *Web 2.0 Can be Dangerous...*(2007).http://www.useit.com/alertbox/web-2.html. Accessed 2 Jan 2008

5 J.Nielsen, *Web Usability for Senior Citizens*(Nielsen Norman Group, Fremont, 2002) http://www.nngroup.com/reports/seniors/.Accessed 13 Jun 2008

6 T.Tullis, Older Adults and the Web: Lessons Learned from Eye-Tracking, in *Universal Access in Human Computer Interaction.Coping with Diversity* (Springer, Berlin, 2007), p.1030, doi10.1007/978-3-540-73279-2_115

7 Comscore, *Social Networking 2010*.http://www.clickz.com/3636504.Accessed 1 Mar 2010

8 D.Boyd, N.Ellison, Social network sites: Definition, history, and scholarship.J.Comp.Mediated Commun.13(1), 11 (2007).http://jcmc.indiana.edu/vol13/issue1/boyd.ellison.html.Accessed 10 Jan 2008

9 A.Ricadela, *BusinessWeek*, 6 Aug 2007.http://www.businessweek.com/technology/content/aug2007/tc2007085_051788.htm.Accessed 2 Jan 2008

10 R.Worcester, *Just Who Does the Internet Reach?* (Ipsos, London, 2007).http://www.ipsos-mori.com/content/just-who-does-the-internet-reach.ashx.Accessed 13 Jun 2008

11 Mixi faces challenges as competition grows, The Japan Times, 24 June 2009.http://search.japantimes.co.jp/cgi-bin/nc20090624a2.html.Accessed 1 Mar 2010

12 Pew Internet, *Twitter and Status Updating*, Fall 2009.http://www.pewinternet.org/~/media//Files/Reports/2009/PIP_Twitter_Fall_2009web.pdf.Accessed 1 May 2010

13 Directorate for Science, Technology and Industry, *OECD Broadband Statistics: Total Broadband Subscribers by Country*(Organisation for Economic Co-operation and Development, Paris, 2009).http://www.oecd.org/sti/ict/broadband.Accessed 1 Mar 2010

第三部分

银发产业挑战及对策

第21章
老龄化商业：多样化银发市场的十大成功策略

Hiroyuki Murata

摘要：近几年越来越多的日本企业开始致力于为老年人或婴儿潮一代开发新产品和服务，但大多以失败告终。原因之一便是许多企业视野狭隘[1]，它们将老年市场与婴儿潮一代市场等同看待。然而，在现代经济环境下，今天的市场性质已不同以往，婴儿潮一代虽然数量巨大但并不足以说明其就代表大部分老年消费者。本章提出了对婴儿潮一代市场或老年市场的看法，以及成功地服务于该市场的见解。

1.引言

近几年，日本越来越多的企业致力于为老年人或婴儿潮一代开发新产品和服务，但大多以失败告终。一个原因便是它们的视野狭隘[1]，许多企业将老年市场和婴儿潮一代市场等同看待。然而，在现代经济环境下，婴儿潮一代虽然数量巨大但并不足以说明他们就代表大部分老年消费者，因为当前市场的性质已不同以往。

影响婴儿潮一代购买决定的重要因素有哪些？答案因人而异，但下列五种变化是影响他们购买决定的主要方面（见图21-1）：

- 衰老带来的身体变化
- 个人生命阶段的变化
- 家庭生命阶段的变化
- 代际品味变化
- 时代或潮流变化

当然，还有其他一些影响因素。即便如此，仅通过这五个因素我们就很容易看出婴儿潮一代的决定过程极其多样化。他们作为消费者表现出的行为也将与其决定过程一样多样化。这是因为，那些50多岁的人（所谓的领先婴儿潮一代）较之其他年龄段的人群更可能面临上述五种变化。

这五种因素的影响程度因人而异，每个因素的重要性也会因产品、服务及个体的不同而不同。作为消费者的婴儿潮一代的差异是如此之大，以致我们可以将婴儿潮一代市场称为“多样化的微观市场集合体”，这也是二战后经济高速增长以来，日本婴儿潮一代市场最显著的变化。

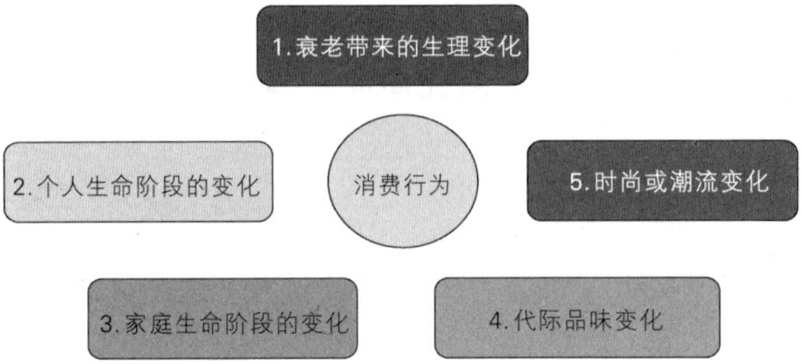

图21-1 影响50+群体消费行为的五个重要因素

在另外两个因素的影响下（见图21-2），婴儿潮一代的消费行为会更加多样化。第一个因素是经济成熟度。随着人们生活水平的提高，商品或产品极大丰富，给了我们更多的选择，并提高了我们的期望和需求。于是，产品供应商努力为消费者提供更多的产品，并进一步提高我们的期望，恰恰是这种互动关系使婴儿潮一代的消费行为变得更加多样。

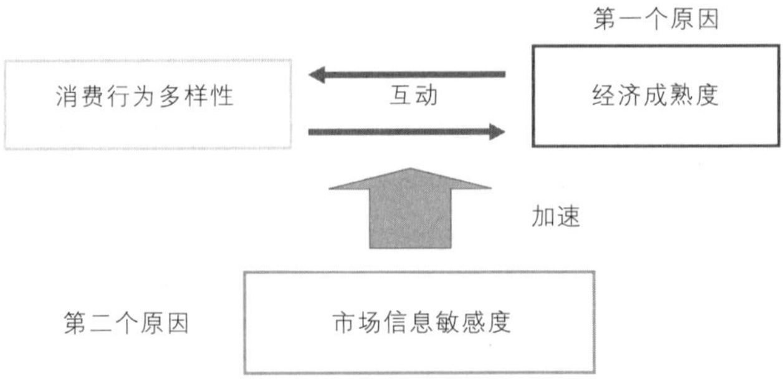

图21-2 50+群体现代消费行为多样化的两个原因

另一个改变当今市场属性的因素是信息社会的出现。以2002年为例，日本宽带上网费用仅为18美分/100Kbps，是全世界宽带价格最低的国家；而美国则以2.86美元/100Kbps成为发达国家宽带价格最高的国家（见图21-3）。

由于宽带成本低廉，目前日本超过50%的50多岁的老年人都是互联网用户，40%以上的60多岁的老年人拥有一部手机（见图21-4）。随着信息获取途径的增加，消费者的选择和期望也随之增长。因而，我们生活在一个经济成熟的时代，也生活在一个信息时代的市场中。这两种现象仍在不断发展，并将使婴儿潮一代市场更加多样化。

此刻，面对这些挑战该怎么做？必须拓宽看待目标顾客的视野，拥有足够的适应能力来面对这一多样化的市场。这两点才是走向成功的关键。

1-6是对国际上部分国家宽带费用的比较（DSL费用）

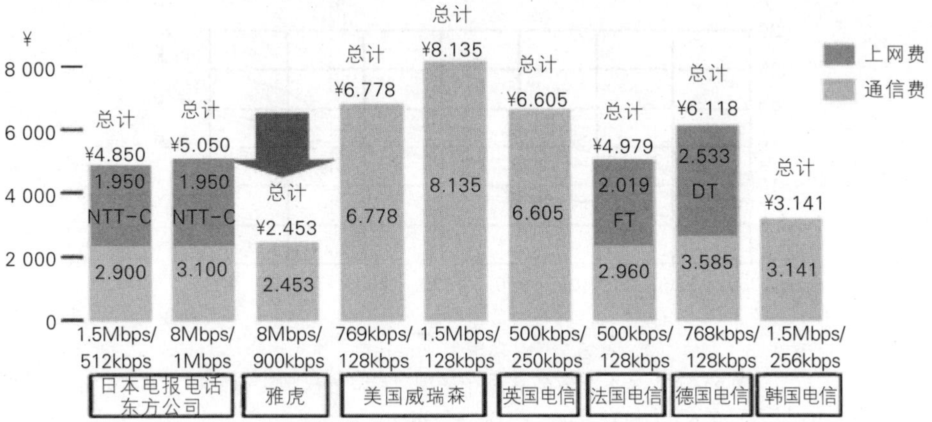

说明：

●假设互联网上网时间是24小时/天，一个月30天。

●2002年2月外国宽带费用都用2002年2月1日的TTS费率转化。

图21-3　日本是世界上宽带上网费用最低的国家

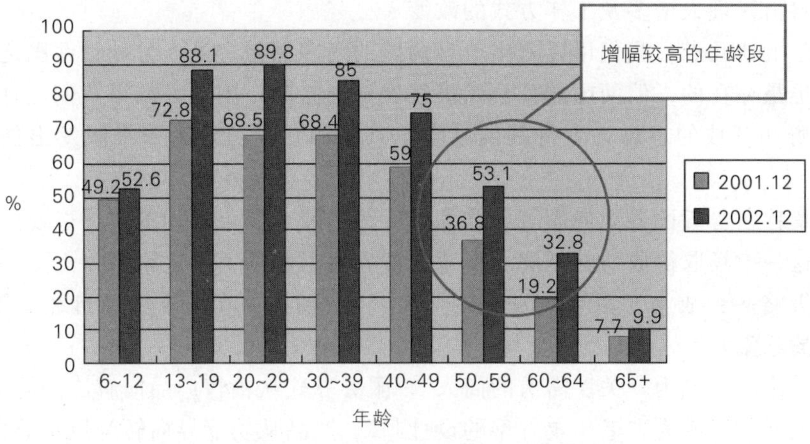

图21-4　各年龄段的互联网普及率

为了理解这一多样化市场的适应能力，参考美国市场的发展或许对日本会有所帮助。与日本相比，美国是一个更加多样化的国家，因而美国应有更强的适应能力来应对多样化。由于美国和日本的市场状况非常相似，美国一些先进的商业案例可以为我们提供见解和灵感。尽管美日之间还存在很多差异，但我们还是能看出在美国和日本等发达国家中，它们的现代经济在下列几个方面是相通的：

- 人口老龄化带来的人口变化（见图21-5）
- 商品极大丰富

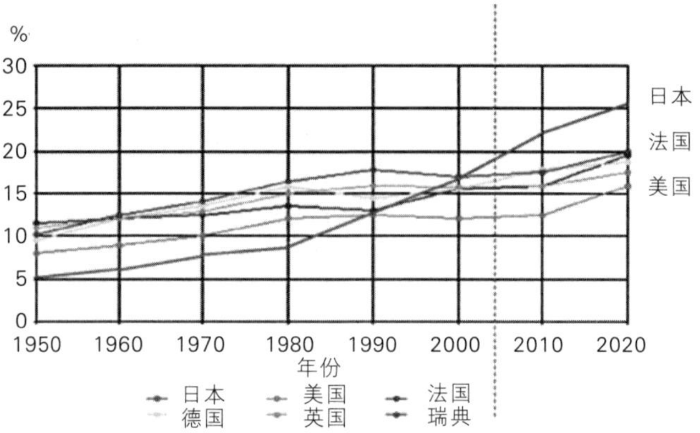

图21-5 各个国家的老龄化比例（65+群体的人口比例）

资料来源：日本人口普查局，联合国世界人口展望（1996）。

- 由制造业向服务业转变
- 与生活方式相关的疾病（如糖尿病、肥胖症）增加
- 信息技术融入日常生活
- 自由代理人增多及工作方式的改变

基于上述几点，我们可以看出美日两国的诸多相似之处。另外，两国之间的差异当然也是存在的，但两国的社会经济发展日渐趋同。因此，如果我们能怀着更广阔的视野和开放的思想去看待其他国家，必能相互学习并为未来激发出创造性的策略。

本章旨在告诉读者如何理解婴儿潮一代市场或老年市场的本质，以及所在国家如何在这一市场取得成功的见解。本章，读者将了解如下十大策略[2]：

- 策略一：成为“需要的发现者”，饱和市场仍存在需求（不自在、不满意、不方便的感觉）。
- 策略二：成为“关注需求的商人”，服务方式从销售产品向解决问题转变。
- 策略三：成为“老年友好型的设计师”，产品从功能导向转为风格导向。
- 策略四：成为顾客家中的“庇护寺”，服务提供的场所从商店转移至顾客家中。
- 策略五：成为“私人管家”，借助高科技实现大规模定制并保持高质量。
- 策略六：为退休人员创建替代工作场所的“第三场所”，因为每天无处可去的退休人员增多。
- 策略七：在服务中安排“智力体验夏令营”，体验式学习对终身学习来说有更大的吸引力。
- 策略八：成为“商业联络人”：“小微企业”——私营小型公司将不断增多并且需要销售支持。

• 策略九：利用“智力纽带”作为服务的吸引力：智力刺激使居民区产生化学反应和吸引力。

• 策略十：关注“松散型-紧密型大家庭”：个体与群体之间的界限日益模糊。

本章提供了创业或改进现有商业模式方面的信息，也对如何成功地服务于一个多样化市场的十大策略做了总结。

本章关注的主要是日本市场。尽管所举案例中的企业仅来自美国和日本，但我相信对其他发达国家的读者也会有帮助。因为这些企业通过实施这些策略已大获成功，因此，我们可以直接将这些策略应用于发达国家。

2. 十大策略

2.1　策略一：成为“需要的发现者”，饱和市场仍存在需求（不自在、不满意、不方便的感觉）

也许你会觉得当前大多市场都已饱和。你确定吗？事实并非如此，健身俱乐部市场就是一个很好的例子。20世纪90年代，美国和日本健身俱乐部的发展进入稳定时期。特别是在日本，人口老龄化及人口出生率的降低，使健身俱乐部行业开始在老年人或婴儿潮一代中发掘新市场。它们的努力获得了一定的成功，但这些俱乐部新会员的数量增长似乎到了极限。许多传统的健身俱乐部却坐失了这一目标群体中无数的潜在客户。

名为“Curves”的女士健身俱乐部便是一个成功的例子。自1992年成立于得克萨斯州韦科郡，Curves便开始了疯狂的扩张，目前在全世界已拥有10 000多家特许经营店，几乎占据了健身俱乐部数量的1/3。Curves会员的平均年龄为50岁，她们大多从未参加过任何健身俱乐部。这其实毫不奇怪，因为上百万美国妇女，特别是中老年妇女对传统的健身俱乐部根本不感兴趣；她们不想在男性面前减肥锻炼；也非常排斥传统健身俱乐部满是器械缺乏人情味的环境；还有，她们也不愿意花大量时间锻炼。

而Curves的成功就在于，通过提供一种完全有别于传统健身俱乐部的新服务，化解了女性的种种担忧：在Curves，女士们不必担心会遇到男性，因为它是“女性专用”的俱乐部；Curves还开发了原创的健身器材，使上年纪的女性更容易使用；同时，它还为会员提供一项不超过30分钟的短时训练计划。

Curves的另一个创新是允许会员们以小组锻炼的形式代替个人单独锻炼；另外，有别于传统健身俱乐部将器材靠墙布置，Curves的健身器材是环形朝里摆放的，会员们在锻炼的同时能看到彼此并相互交流，这些创新理念使Curves在不同年龄段的女性中都颇受欢迎。

本案例表明，在任何看似饱和的市场，你总能发现有无数客户对现有的产品和服务不满。那么，你首先要做的便是去发现这些消极反应（不自在的感受、不满意、不方便）。其次，如果你有一些能够满足这些感受的想法，那么这些想法就可能转化为新的成功的商业模式。

当你研究那些深受老年市场欢迎的产品或服务时，你会发现，这些产品或服务能够缓解现有市场的一些负面因素。在日本，Alico公司一款名为“Hairemasu”（意为“您可以申请”）的医疗保险产品获得了空前的成功，因为这是第一款50岁以上的任何人都可以购买的人寿保险产品。该保险产品减轻了老年人对今后患病时财产安全的担忧。据说Kao的“KenkoEcona”食用油很健康，因为它不像其他食用油那样在你的体内储存脂肪。这款产品受到关爱健康的人群追捧，尤其是那些身患糖尿病或高血压的人群。

日本最大的手机运营商NTT DoCoMo开发的“Raku-Raku”手机成为最畅销的老年手机。老年人不喜欢用手机，因为它们的按键太小、屏幕太窄。而Raku-Raku通过重新设计，使手机实现“老年友好”，解决了手机的这些问题。

需要补充的是，在2005年，Curves日本公司在作者的倡导下成立。在过去短短的两年半时间里，Curves已在日本开设了640多家分店，这意味着令人难以置信的成功，也证明了我的策略。

2.2 策略二：成为“关注需求的商人”，服务方式从销售产品向解决问题转变

如今消费者的选择太多。许多老年人想要化解他们的不满时，却不知作何选择。请回答：当你背痛时你会向谁求助？

“背轻松”正是美国一家专为背痛的人群提供一站式服务的专卖店，其核心理念是为顾客提供预防背部和颈部疼痛的解决方案。进入商店，你会看到床、枕头、办公椅及其他为背部提供支撑或使背部舒适的产品。该店的产品分类是基于消费者需求而非传统的产品线，这便是“背轻松”的显著特点。你可以称之为专为背痛人士设计的主题商店，店里还常常有背痛咨询师为顾客提供咨询服务，你还可以坐到椅子上或躺到床上试试感觉如何。

其实，“背轻松”不是为了销售产品，而是通过其产品来销售“缓解背痛的亲身体验”。并且，他们提供的服务远远不止这些，他们还为信誉良好的诊所或按摩理疗师提供信息，必要时，他们还会为消费者提供非本店销售的产品信息。“背轻松”凭借其专业的知识和合理的建议，在顾客心中树立起背痛专家的地位。

2002年7月，日本大阪梅田阪急百货新开了一家“Refre-Pit Ainee”女性美容天地。在这里，你能享受5种不同的美容方式（按摩、足部护理等）、美容沙

龙、美妆室以及咖啡厅等，所有这些服务都是各自领域里响当当的名牌。这里已成为追求美丽的女性“一站式服务”的首选。这里的店铺，只有服务，没有产品。

“Refre-Pit Ainee”女性美容天地还有一个特点，即它们对服务的选择是根据客户的需求（比如希望变得完美或具有环保意识）而非产品（比如女士服装或男士服装）来定的。这些例子表明，围绕单一主题，根据客户需求提供服务，将获得持续的价值增长，基本的关注点应是客户需求，而非产品。

2.3　策略三：成为“老年友好型的设计师”，产品从功能导向转为风格导向

青春消逝，身体变老，但我们却从未失去时尚品味。然而，大多为老年人设计的服装或产品一点儿也不时尚，而且他们的选择余地也不大。从现在起，老年产品必须格调优雅，弥补因年纪带来的身体不便；它们也必须从功能导向转为风格导向。不过，当我们探讨“真正的风格”时，我们讨论的并非是用料或表面上的设计风格，而必须是将使用者（在这里指老年人）需求考虑在内的具有真正风格的产品。

名为“金色小提琴”的在线商店便是这种策略的一个范例，它的手杖跟我们常见的不一样，被设计成女性时尚搭配的一部分，就像她们的鞋子或包包一样。另一个对老年人具有极强吸引力的产品是老年寄宿所，它为55岁以上的人群提供了探险学习。这一年龄限制并非歧视，而只是一种积极信息，即通过户外探险，老年人仍有很多要学的东西。

日本女性内衣厂商华歌尔创办了两个新品牌：针对40~60岁女性的“金华歌尔”以及针对60岁以上银发女性的“Gra-P”。“金华歌尔”品牌提供了一系列让绝经女性敏感肌肤感到舒适的时尚内衣。“Gra-P”品牌则提供了一系列精心设计的内衣，饰以蕾丝花边或其他镶边，并精心选材来确保衣物的弹性，使老年女性的肩膀及身体其他部位感到舒适。

针对老年人的产品/服务商也应当是聪明的“老年风格设计师”，他们应该以巧妙的方式克服衰老带来的不便，也需要专业的销售技巧，这样才能使老年人感觉自己的需求得到了尊重与关心。如果你对那些成功满足老年人生理及心理需求的产品进行研究，就能感受到销售人员对老年人的爱。换句话说，销售人员在向老年人推销产品时如果缺少爱，便无法获得成功。绝不要把老年人仅仅当成拥有大量时间和金钱的消费者而忽略他们的需求和利益。

向老年消费者销售产品的真正智慧在于对他们怀着真实的爱、尊重和感激，最好不要玩弄他们或使诈。你必须将最适合你自己长辈的东西提供给老年人，这才是让他们高兴的关键。

2.4 策略四：成为顾客家中的“庇护寺”，服务提供的场所从商店转移至顾客家中

“出租丈夫”是当前在莫斯科是一项非常流行的新业务。城市离婚率高居不下，许多女性过着独居生活。租来的“丈夫”可为这些单身女性从事各种体力劳动，比如修家具等。

在美国，类似的服务由“杂工先生”提供，他们承接各种零活儿，主要服务独居的老年人，他们提供从木工到清理排水沟等各种服务，在“杂工先生”之前也有公司提供类似的服务，但大多不成规模、不成体系，服务水平也不高。

“杂工先生”努力提供可靠的、高质量的专业服务。特别是，他们还制定了标准化的服务菜单，规定了服务内容，并对每类服务的质量明码标价，还为货车配备了必要的工具和材料。员工们逐个拜访客户，通过交流赢得客户的信任。通过这些努力，他们将这种高度碎片化的劳动密集型产业转化为新型的、系统的、提供专业技术的服务产品。

尽管DIY根植于美国文化，但许多人年纪大了之后就放弃了自己动手。于是，他们需要的不是DIY商店，而是DIY代理服务。在日本，一种新型的计算机故障解决服务（横川问答）在老年人群中慢慢流行起来。

现如今，宽带上网服务费用低廉，越来越多的老年人开始使用电脑。但是，他们没有受过良好的训练，对科技也缺乏了解，因而他们在面对不断出现的新型计算机病毒和其他故障时无计可施。因而，一对一电脑技术支持服务的市场需求在不断增长。

在这类业务中，一旦你取得了客户的信任，便能经常拜访他们，这非常有利于和客户建立稳定的关系。无论何时他们遇到困难，你将是他们咨询的第一人。在日本，我们将这类人称为“庇护寺”（原意指古时收容难民的寺庙）。

你应当成为老年人所需服务的第一个“庇护寺”，由于老年人身体较弱，倾向于待在家中，因此“庇护寺”必须上门服务。而当客户开始跟你交流其他问题，不一定是业务问题时，这便是一个好兆头，这必将增加你的业务机会。

2.5 策略五：成为“私人管家”，借助高科技实现大规模定制并保持高质量

许多老年人都希望尽可能自己独立生活，但即便如此，日常生活中他们还是感到很不安。“灯塔山山庄”位于马萨诸塞州波士顿一处历史悠久的地区，是专为生活在这里的老年人提供必需服务的会员制机构，他们了解并成功地满足了客户需求。

灯塔山毗邻波士顿市中心，18世纪时是一片高档居民区，如今该区9 000位居民中，大约14%的人口年龄都超过了60岁，而且大多数人都希望能在这里安度晚年。“灯塔山山庄”提供的“山庄管家”服务颇受欢迎，会员只需拨

打一个电话，就可以要求山庄管家购买日用品、提供交通、清洁或其他日常家庭服务。

随着社会的老龄化，人们对管家服务的需求与日俱增。许多老年人需要老年专属服务。然而，提供这些时间和劳动密集型的服务成本通常很高。Les Concierges便是解决这一商业成本问题的范例。位于旧金山的Les Concierges公司提供类似高档酒店的管家式服务，例如购买紧俏的门票、预订餐厅等。他们的客户最初仅限于富人圈，因为享受这些服务至少需要3 540美元的会员费。1990年，Les Concierges引入了一个新的商业模式，即它与雇主签订合同并为其雇员提供私人管家服务，雇主为其雇员享受到的服务埋单。服务的内容包罗万象，从员工父母生病到安排居家旅行，面面俱到。

日本也有类似的商业形式，即代理公司利用某一公司提供的设施和服务为该公司的员工安排预约及其他事情。不过，与Les Concierges私人管家最大的不同在于，Les Concierges的私人管家为员工提供的是真正的定制化服务。

他们是如何做到这一点的？正是他们将训练有素的专业服务人员与自有的IT系统相结合，将这一切变成了可能。Les Concierges开发了一套IT系统，能够根据客户以往的服务记录来分析每位客户可能的需求。多亏了这套个人信息数据库，Les Concierges的服务人员才能与500万注册客户中的每一位进行高效沟通。

日本骏河银行也在努力将自己打造为“管家式银行”，他们为客户提供各种金融服务，并对客户的日常生活予以支持。他们还专门提供了名为“网络管家”的服务，在该行开户的客户能够在线查看账户余额、信用卡消费额度、贷款余额、借记额度，必要时还可以通过电子邮件方式进行咨询。这样的服务的确提升了客户的信心，但银行要兑现其真正的私人化服务承诺，还须加倍努力。

高素质员工与IT系统相结合，使服务商能够将一种小规模、以人为本的“私人管家”服务转变为一种大规模、高收益、高科技的服务，并通过推广过去仅限于富人的服务，成功地扩大了市场。

2.6　策略六：为退休人员创造替代工作场所的“第三场所”，因为每天无处可去的退休人员增多

如今，老年人并不认为自己老不中用。因此，在日本和美国，去所谓的“养老院”或“老年之家”的老年人越来越少，一方面他们不喜欢这些暮气沉沉的地方；另一方面许多退休的老年人一心渴望与社会交往，他们寻找着工作场所的替代地。

星巴克凭借“第三场所”的概念取得了巨大的成功。所谓“第三场所”，指的是既非居住地（第一场所）也非工作地（第二场所）的地方。位于芝加哥的

Mather Cafe' Plus作为一种新型咖啡店，深受这些老年人的欢迎，被称为“老年星巴克”。

它们成功的原因是什么？因为，它们不会让你感觉这是老年人来的地方；同时，它们还提供了许多响应老年人不同需求的计划和想法。

当你走进Mather Cafe' Plus，物美价廉的饮品或食物会吸引你常来坐坐。店内气氛相当时髦，与俗气的老年俱乐部毫不沾边儿。在餐馆的隔壁屋子里，他们提供了计算机和运动等40多种课程，在课堂上你可以结识新朋友。店里的服务员也会热情地招待你，即便你是一个人去，他们也会陪你聊天或把你介绍给其他客人。

最值得注意的是Mather Cafe' Plus的盈利并非只是通过向老年人出售咖啡。他们的成功源自自建的服务结构。首先，他们为老年人提供了一个聚会和见面的场所；然后，顾客可以利用该店提供的许多活动；Mather Cafe' Plus还提供其他服务，例如他们会听取顾客对菜单的建议，并开设了专为顾客提供各种信息的免费电话咨询服务，如给顾客推荐勤杂工服务或提供家庭看护费用信息等。这一电话服务在其经营中发挥了重要作用，因为客户提供的信息有助于他们了解老年人的潜在需求，并帮助他们提升客户服务质量。

在日本许多城市，一种名为“Super Sento”的日式公共浴场成为深受人们欢迎的休闲去处，尤其受到老年人的青睐。在这里只需花600日元（折合5.75美元），便能享受十种洗浴服务（喷射水流浴、芳草浴、温泉、户外石浴、桑拿浴等）。除了洗浴服务外，还有其他一些场馆，如餐馆、按摩中心、理发店、韩式洁身馆等。Super Sento已成功地建立起不靠洗浴服务盈利的商业模式。许多老年人平日里都在Super Sento浴场度过，提高了这些场所的利用率。

2.7 策略七：在服务中安排“智力体验夏令营”，体验式学习对终身学习来说有更大的吸引力

如今，许多老年人都在寻找享受学习的机会，简单的休闲娱乐对他们来说远远不够。在今天的服务业社会中，人们的案头工作似乎越来越多，互动式或体验式的学习机会却越来越少。结果，今天的教育大多变得非常被动和单向。如果企业将智力体验与像旅游一样的休闲活动结合在一起，便能够为人们提供有别于传统服务商提供的令人兴奋的学习体验。

例如，为美国老年人提供学习体验的“老人寄宿所”，其计划不仅包括课堂学习，还包含真实的户外体验。它们提供的计划都是基于能够刺激老年人智力兴趣的主题。老年寄宿所会为每个团队安排一位营造友好氛围的负责人，并为志同道合的人提供相识的机会。这就是它们拥有大量回头客的原因。

另外一个例子是“老年暑期学校”，即那些想体验校园生活的老年人可以在学

院或大学待上数周。他们不仅能参加各种讲座，还可以探索大学校园，并与志趣相投的人结为朋友。这一计划吸引了许多厌倦传统观光游的老年人。

在日本，有一些像Club Tourism旅行社提供的Club Tourism服务或东日本旅客铁路公司提供的成年人假期等旅游服务，为参加者提供了在旅行中通过真实的户外体验而学有所获的机会。

参加者通常可以参与制订旅行计划，再由旅行社安排并销售他们的旅行计划。这样，客户就能体验到他们想要的东西，这种形式对双方都有利。任何一种形式的老年人“智力体验夏令营”必须做到如下几点：

- 拥有能够遇到志趣相投的人的机会
- 拥有通过参与讲座和真实的体验而学有所获的机会
- 活动专题应有专业或学术内容
- 负责人必须是该活动专题的专家并能营造友好的氛围
- 允许顾客制订自己的计划
- 旅行活动不应成为老年人的一种身体负担
- 价格合理，使老年人能再次参与

此类计划获得成功的另一关键因素是，所有参与者对某一活动主题有着相同程度的兴趣。还有重要的一点是，旅行社应事先公布计划的详细情况，并对该计划进行充分的解释说明，以保证参与者能够选择适合自己的计划。

2.8　策略八：成为“商业联络人”：“小微企业”——私营小型公司将不断增多并且需要销售支持

“快乐的退休生活”在过去是一种理想的生命阶段，即依靠积蓄安享晚年。然而，时代变了，越来越多的人希望在退休后继续工作[3]。实际上，退休人员很难找到工作。相反，越来越多的老年人/婴儿潮一代开始创建“小微企业”，通过做自己真正喜欢的事情赚钱。“小微企业”通常是一个或两个人所有的小型公司，多数情况下它们不像传统公司那样拥有自己的销售人员，于是就出现了一种专门支持“小微企业”销售活动的新型服务。

“Le Tip”是一家会员制商业俱乐部，会员们是彼此的销售员。几乎所有会员都是自由职业者或个体户。在周会上，会员们交流最新的消息，相互提问，交换信息，并承诺为其他会员联系客户等。为确保这些活动对会员们的业务有所帮助，该俱乐部有着严格的规章制度，会员之间始终如一地培养着强大的互助精神。

另一个为小微企业提供宝贵支持服务的杰出范例是“高科技联系人”，这是一家人力资源机构，它通过一张覆盖1 500多个独立顾问或小微企业的信息网络，为需要外部支持的小微企业提供服务。

在日本，利用退休劳动力的趋势正在加强。有许多人都希望创建一个小微企业，但他们通常缺乏服务的销售能力，需要他人帮助。成功支持其销售活动的关键在于充分了解小微企业所有者的背景，这样，代理人才能将需要销售支持的小微企业和寻求解决方案的人群联系在一起。我将代理人的这种新功能称为“商业联络人”，其必须具备以下条件：

- 深刻了解使用其服务的“人”的背景
- 具有识别、信任和协作等多种能力
- 完善的操作章程，并能为用户提供明确的利益
- 建立一个每位用户能够利用每个销售网络的系统

“商业联络人”一个可能的来源是退休的商业主管。在日本，一家名为“直接力量”的日本公司就是一家帮助小微企业的代理机构。“直接力量”由大公司的退休主管组成，担任的多是小企业的咨询师或大学的指导员。这些人并非为了谋生而工作，而是利用自己的能力和经验，享受工作。

2.9 策略九：利用“智力纽带”作为服务的吸引力：智力刺激使居民区产生化学反应和吸引力

人类寿命增长的同时，人们的生活水平也在提高。一方面，越来越多的老年人希望在退休之后接受智力刺激；另一方面，老年房地产市场及高等院校之间的竞争日趋激烈。如果一所院校能够和居民区合作，它们将为老年人提供一种颇具吸引力的新体验。有望在不久的将来，我们能看到退休社区智力联系的增加，智力纽带将发挥比老年人的家庭、地区或工作联系更重要的作用。

拉塞尔村庄位于马萨诸塞州牛顿郡，是一个毗邻学院的老年住宅区。该村庄坐落在拉塞尔学院校园内，有一个内部教育机构。学院与社区的合作使居民们可以在学院学习，老年居民可以像正式的学生和教职员工那样使用学院的各种设施，社区还为老年人提供了和学院青年学生一同学习的机会。

学习是最好的脑力活动，如果你重视学习，你将获益颇多。拉塞尔村庄刚一开放，210间教室就座无虚席，还有110多人排队等候。居民的平均年龄为83岁，却几乎没有人卧床不起。每个人都非常享受这里的生活，学院的青年学生也很感激能聆听这些老人们的建议和经历。越来越多的人都慕名而来。

日本第一家学院合作社区在本人倡导下于2008年7月落成，名为“Club Encourage Mikage”，坐落在神户市Mikage高档居民区，同日本著名的私立大学关西大学建立了合作关系。社区提供218间独立起居室及60间理疗室。每天，老年学员们乘坐大巴前往学校，在那里，他们和年轻的大学生一同学习历史、哲学、音乐。通过与学生们互动，老年人接受智力刺激，这有助于他们保持思维敏捷。我相信这个项目将成为日本应对人口老龄化的诸多创新方案之一。

正如孔子所说，“学而时习之，不亦说乎？”是否利用智力纽带是区分老年居民区的关键。下列几点对这类住房产品来说非常重要：

- 允许居民参与学校开设的课程
- 居民和学生、教员一样，能够使用学校的设施
- 尽可能为居民提供与年轻学生交流的机会

2.10　策略十：关注“松散型-紧密型大家庭”：个体与群体之间的界限日益模糊

年老时，我们最担忧的莫过于独居的安全问题。没有子女的老人会选择生活在提供全方位服务的CCRC（连续护理社区），但是那些有子女的老人通常会选择住在子女家庭附近。在大城市，一种新的模式——“松散型-紧密型大家庭”越来越多（老人和子女家庭分开居住，但距离很近）。他们经常三代同堂并举家外出。

此外，另一种“大家庭”随着人口老龄化正在出现。在退休社区，许多状况相似的老年人住在一起，彼此互相扶持，就像联系不太紧密的大家庭一样。例如，在新罕布什尔州的一家名为“Kendal at Hanover”的CCRC，居民们成立了一个非营利性机构来参与CCRC的规划与运营，他们塑造了社区的结构和社交生活、文化生活、学习生活。他们决定所有的管理细则，对居民如何加入社区、如何与当地合作，以及其他管理政策等都做了明文规定。

日本这样的一个例子是静冈县Nakaizu-cho的“Life HouseTomodachi-Mura”，这里绝大部分居民都是独居女性，年龄在60岁左右，大多数人能够独立生活。与普通公寓不同的是，这里有许多公共空间和公共设施。在这里，你既能独立生活，彼此尊重隐私，又能通过各种活动陪伴彼此。即便你真的老态龙钟，在这里你也不会感到孤独或不安。

其他城市也有类似的例子，比如千叶县Katsuura-cho的“DenenSeikatsu-kan”，神奈川县大和市的“Co-operative House Shalom Tsukimino”以及兵库县芦屋市为多代家庭准备的“Ashiya 17℃”。

在这种新的“松散型-紧密型大家庭”里，如何保持稳定、友好的关系呢？关键在于管理者能否将诸多个体融合成一个整体，这就对管理者提出几点要求：

- 制定支持此类大家庭的规则
- 建立一种既能使每个成员保持联系又拥有私人空间的制度
- 协调当地城镇与此类大家庭的关系

许多人选择住在一起，排忧解难。然而，住在一起却又会产生独处时没有的问题与烦恼。理想的情况是，和他人生活在一起，彼此尊重，却又保持个体的独立性，必要时又能相互帮助，团队中个体的多功能使这一点成为可能。在“松散型-紧密型大家庭”中，每个成员都有机会相互学习。

3.结论

与其他群体相比，由于老年人或婴儿潮一代的数量众多，许多企业都倾向于将它们等同看待。恰恰相反，本章认为老年人或婴儿潮一代市场其实是一个“多样化的微观市场集合体”，这一市场不同以往。本章通过考查美国和日本成功的商业案例，详细阐述了各个微观市场的构成以及满足此类市场需求的策略。

策略1~5会给你一些应对多样化消费行为的启示；策略6~8会给你一些应对多样化消磨时间方式的启示；策略9~10会给你一些应对多样化生活方式的启示。

有些读者也许会有这样的疑问：本章提到的十大策略非常有趣，但为什么要将这些策略局限于老年市场呢？这些策略对其他的年龄群体有用吗？能否认为无年龄限制的策略或跨代设计是最好的方法？

对这些问题我的回答是“有对有错”。如果你说这是“无年龄限制”或“永恒”的市场，那就太草率了。正如我在引言中所说，人们的消费行为极其复杂，年龄的确是一个非常重要的因素，但是，仅仅根据年龄我们无法获得消费者的全部信息。

例如，Curves俱乐部的会员平均年龄是50岁，但这并不意味着女性一到50岁就会自动加入Curves。而这些女性之所以选择Curves，是因为她们对传统的健身俱乐部无爱，她们想在没有男性的地方省时省心地瘦身。因此，构成每个微观市场的因素是“价值”，而非年龄。

本章作者村田裕之（Hiroyuki Murata）教授是日本及国际业界公认的老年事业先行者。他与550多家企业合作，开发了不同的创新产品和服务，包括Curves日本——世界上最大的女士健身俱乐部；Raku-Raku电话——日本最热卖的老年手机等。现是日本仙台市东北大学长者国际研究中心（SAIRC）教授，他既是企业家、生产商、老年病学专家，同时也是多本畅销书的作者，他最新的著作是《父母70岁时必读》。

参考文献

1　H.Murata, *Seven Paradigm Shifts in Thinking About the Business of Aging: Breaking the Barriers in a Diverse Market(in Japanese)*(Diamond Corporation, Tokyo, 2006)

2　H.Murata, *The Business of Aging: Ten Successful Strategies for a Diverse Market(in Japanese)*(Diamond Corporation, Tokyo, 2004)

3　H.Murata, *Retirement Moratorium: What Will the Not-retired Boomers Change? (in Japanese)*(Nikkei, Tokyo, 2007)

第22章

无年龄限制的消费者之旅

——消除品牌与银发顾客之间的障碍

Kim Walker

摘要：没有人愿意因选择或使用特定的产品或服务而觉得自己老。因此，基于年龄的产品或定位对老年消费者缺乏吸引力，尤其是对婴儿潮一代而言。这些精明的、生活经验丰富的消费者期望购买的任何产品都与年龄无关。这就要求消费品企业微调或彻底改变产品开发、营销和售后策略，以适应老年人生理衰老的无情影响。

本章论证了企业和品牌实施无年龄限制策略的原因及方法。通过3个不同的案例，作者介绍了SilverAudit™。SilverAudit™是一种独特的方法，它通过检测与老龄化15种影响相对立的150个顾客的消费体验，测量和监控产品或服务无年龄限制的程度。

只有使产品、服务和整个消费体验无年龄限制，企业才能理解、测量并最终消除产品、服务与老年消费者之间的障碍，开启消费力巨大的老年市场。

1.引言

企业高管在思考老年消费者对业务的影响时，常见问题或许是"我该从哪里开始呢？"他们有时会贸然得出需要做重大改变或开发新产品的错误结论。但其实，第一步非常简单：那就是他们必须明白老年友好的顾客体验是怎样的，以及整个消费体验过程中可能存在的障碍。要做到这一点，需要运用系统的方法跟踪与消费者体验相关的衰老的生理影响。

通过严密的方法，我们能够识别并消除障碍，发现改善的机会。Dick Stroud[2]在《50+市场》[1]一书中有力指出，未来是"无年龄限制"的，他将"无年龄限制"这一概念定义为"营销理论实践减去与老龄化和消费者年龄相关的一切假设、预感、陈词滥调、伪科学、谬论"。营销商必须在留住日益壮大的老年消费者大军的同时，招募新的品牌用户，这意味着企业必须重新调整产品、服务和沟通方式来适应所有的消费者。而这就是"无年龄限制"将成为强制性营销标准的原因，也是我们创建SilverAudit™[3]程序来帮助客户识别、测量与监控它的初衷。

2.业务选择

“没有任何东西比无知的行动更可怕”——歌德

正如本书从始至终所言，人口老龄化如此势不可挡，对明智的公司而言，“常规业务”并非其最佳选择。一旦接受人口老龄化这一事实，营销商只有两个行为选择：

- 开发满足老年消费者需求的新产品和服务，或
- 调整现有的产品和服务满足老年消费者不断变化的需求

2.1　选择1：开发满足老年消费者需求的新产品和服务

毫无疑问，这一领域充满机遇，当我们提及银发市场时大多数人都会直接想到这一点。退休住房、辅助设备、特殊营养需求等都为企业开发新产品和服务提供了机会。但需要谨记的是，如果企业把人口老龄化的商业潜力仅限于开发老年产品，就像是为30岁以下的人群提供婴儿尿布、玩具一样幼稚！

另一个问题是，企业对产品研发成本的投资回报考虑也减缓了它们冒险进入银发市场的决策过程。

2.2　选择2：调整现有的产品和服务满足老年消费者不断变化的需求

简而言之，50多岁的顾客大都不想要那些能识别出他们年龄的产品。这些消费者依然我行我素地吃喝、旅行、娱乐、接受教育和“成长”，因此关键是企业必须懂得如何做才能在消费者变老时也保持它们的产品和服务与消费者有关。理解消费者这些需求并将其完美地整合在产品当中，这就是“无年龄限制”的基本定义，这几乎对所有消费品企业来说都势在必行。

总之，尽管选择1可行且重要，但选择2却为企业和消费者提供了最好的机会。

3.无年龄限制业务的原则

无年龄限制的原则，支配着（1）产品研发和设计：通用设计（第8章），（2）营销思考：永恒营销，（3）销售与服务：永恒销售与支持，和（4）顾客沟通：包容性沟通。这些都体现在表22-1中。

上述每点都是企业总体目标的重要组成部分，我们必须小心避免思想狭隘、“只见树木不见森林”。

表22-1 **无年龄限制的必要性**

通用设计	永恒营销	永恒销售与支持	包容性沟通
产品和服务设计符合年轻人和老年人的实际和情感需求，不明显偏向某一群体	涉及市场营销的各个方面（如包装、售点、网页设计等）	销售和服务过程、产品和包装使购买变得更容易	确保老年人不被歪曲老年人、年轻人的信息疏远或媒介选择忽视

一个广告语说得好："广告是杀死坏产品的最快方式。"意思是说，如果你的产品不适应市场或没有竞争力，广告及随后的消费者体验将会扩大这些缺点，最终"杀死产品"。同样地，一个很棒的产品，即使营销做得很好但缺乏与消费者沟通的话，也注定失败。鉴于此，当我们看待"无年龄限制"业务时，不仅要谨慎地对待产品、销售、沟通原则，更重要的是还要全面地看待从消费者产品认知到售后服务的整个顾客体验过程。

4.顾客老龄化-心理年龄+生理年龄

老年消费者大多都有一定程度的人格分裂，即一方面他们不想被别人当成老年人来对待或考虑，但另一方面又希望公司确保产品和服务能被他们使用。老年消费者的这种矛盾心理便是营销商面临的主要挑战。从本质上讲，这是一种否定。

欧洲相关研究发现，一般来讲，50多岁的人认为自己比实际年龄小13岁[4]。2009年，针对亚太重点市场的SilverPoll[5]调查中，当被问及"你对实际年龄的想法和感受"时，许多人感觉比实际年龄小。位居榜首的是日本人，55%以上的50多岁的日本人感觉自己比实际年龄小5~10岁。紧随其后的是澳大利亚人，46%的澳大利亚人也有这样的心理（见图22-1）。从根本上说，大多数人都倾向于否认生理衰老给他们造成的影响，直到不能再伪装。

正因如此，营销商需要以一种"不显老"的方式来应用通用设计原则，OXO[6]就是这样一个有趣的例子。OXO最初针对关节炎病人的手型设计了一系列厨房用具。现在，他们仍秉持"易用原则"制造了大量产品。所有人都喜欢使用OXO的产品，因为它们既实用，看起来又很酷！

与老一代老年人相比，"新一代"50多岁的消费者工作时间更长，心理和身体更为积极，并积极响应那些让他们感觉年轻、看起来年轻的产品和服务。

但是，尽管我们的人生态度可能永远年轻，但生理衰老在所难免，这对所有社会群体来说毫无二致。不论是人们对阅读眼镜的需要（调查发现这是老年人面对的最普遍和最苦恼的事情）[5]，还是一个"复发"的足球旧伤、健忘、难以听清或嗜睡等，每个人迟早都会不同程度地经历这些衰老的影响。

美国最新研究表明，人体在27岁时就开始衰老[7]。因此，尽管我们可能会否认自己变老，但不可否认的事实却是每个人45岁以后，都会经历一些身体、认知或感官的衰老影响，而且随着年龄的增长，这些问题的发生率和强度都会增加。

那么，企业如何才能让老年人在不“感觉”老的情况下，满足他们的需求呢？企业必须理解老年人的这些生理变化，重塑顾客体验，并使这种体验看起来是企业正规产品和服务的一部分——使顾客的体验无年龄限制。

理解这些衰老影响并测量与这些影响相对立的整个顾客体验过程，是企业创建无年龄限制体验的基本出发点，也是与50岁以上的消费者市场保持联系的关键（有些情况下将打开巨大的潜在市场），也有助于企业维系年轻消费者市场的联系和吸引力。

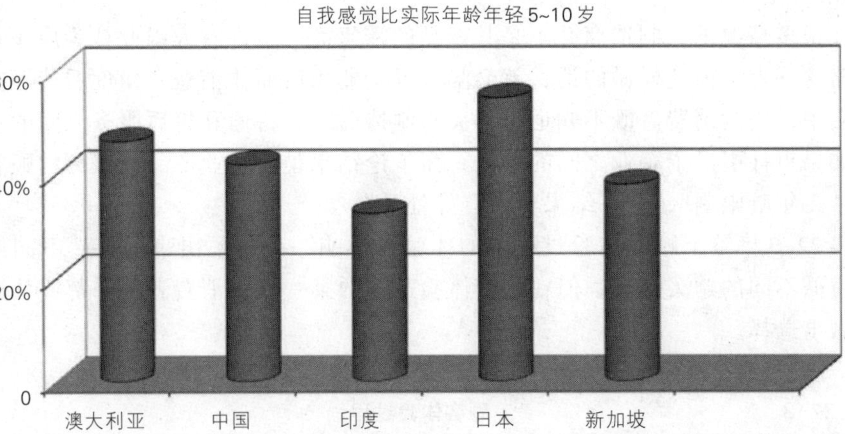

图22-1　亚太地区各个国家的自我认知年龄（170 000位50+ SilverPoll调查对象，2009年1月）

5.顾客体验过程

为了测量产品或服务无年龄限制的程度，我们必须全面理解衰老的两个关键影响，即在总体理解老年人心理的情况下，理解顾客体验过程和衰老的生理影响。但是，在消费者的整个购物过程中，我们应该从哪些方面开始测量这些“体验”呢？

为了获得一些线索，我们首先参考Synovate[8]市场研究公司表22-2中的数据（基于德国、日本和美国消费者及其主要的消费类别研究）。该表格对我们原本知道的一些衰老影响进行了量化。消费者购物决策受到很多因素的影响，在消费者购物体验之旅的不同阶段，这些因素的影响程度也不相同。比如“企业主导的广告营销和促销活动”（39%），包括了所有形式的付费广告和促销方式；“过去的体验”（28%）在产品选择初期对消费者的影响较大；口头/网上搜索（37%）和其他细微信息在消费者对产品的“积极评估（积极考虑购买该产品）”阶段影响较大；而在销售点，商店/代理/经销商与消费者的互动很关键（43%）。

表22-2 **对竞争对手和新客户来说，消费者决策过程最具影响力的接触点（有效百分比）**

	顾客过去的体验	企业主导的广告营销和促销活动	以消费者为导向的口碑营销、个体研究	商店或代理商的体验
产品知名度	28	39	21	12
积极考虑购买该产品	10	26	37	26
购买	5	22	31	43

这意味着要想全面评估顾客体验过程，我们必须考虑到消费者整个购物过程的接触点。

在很多情况下，制造商并不是其产品的零售商，也许有人因此认为应该在评估中忽略这一点，但这样做的话，就会陷入以企业角度而非消费者角度看待顾客体验的圈套中，因为消费者既不知道也不关心制造商、零售商和售后服务之间的责任划定。如果审计引发了企业之间的争论，而争论结果是让企业产品或服务的顾客体验更加“无年龄限制”，这一结果对谁有好处？

表22-3将整个顾客体验过程中的体验或影响一一列了出来。虽然不同产品和服务遵循不同的购买路径，但在顾客体验过程的某一点，消费者几乎都要从这些要素中做出选择。

表22-3 **顾客体验过程**

传播方式	在线	产品	零售	电话销售/支持
广告	搜索	设计	进入使用途径	销售
创意	帮助	说明	环境	售后
媒体	网站	包装	设施	交付
直邮广告	购物	信息	洁净	反馈和投诉
事件营销		使用	舒适度	
赞助		打开	标识	
公关		操作	照明	
间接沟通		关闭	售点	
		定价	结账	
		保修	产品位置	
			销售人员	
			氛围	

注：SilverAudit™：Silver Group 与 Dick Stroud合作开发。

我们还必须整体看待顾客的购物体验过程，从最初消费者的产品认知（口头、营销沟通），到消费者对产品的调查研究阶段（上升至搜索引擎和在线沟通），然后到消费者去实体店或网店选择产品，一旦购买，消费者就将商品带回家开始使用，最后还要考虑到售后服务，如联系供应商反映问题或咨询等。上述每个阶段都会影响消费者对品牌或企业的看法。

6.衰老的影响

截至目前，我们实施这一评估过程与年龄无关。在某种程度上，消费周期也遵循着相似的路径，我们要做的便是在不可避免的生理衰老影响中将该路径提取出来。

将它们应用于顾客体验过程之际，SilverAudit™ 确定出15种衰老影响（见表22-4），并将它们分为认知影响、生理影响、感官影响。

表22-4　**生理衰老的15种影响**

认知	生理	感官
影响信息处理能力的问题：	外貌和骨骼变化一样，会影响我们的外表和行为：	五种感官灵敏度下降：
复杂性	灵活性	视力
理解力	消化能力	清晰度
	柔韧性	明度
	体型	听力
	神经末梢	过滤能力
	头发	音量
	颜色	嗅觉
	说话音量	味觉
	更年期	触觉
	皮肤	
	色素沉着	
	皮肤弹性	
	力气	
	体重和尺码	

注：SilverAudit™：Silver Group和Dick Stroud合作开发。

7.测量并监控无年龄限制

大多数公司仅评估衰老特定的生理影响与消费者特定的沟通方式之间的相互作用，很少有公司针对衰老的所有生理影响对顾客体验过程进行系统、有规律的评估，主要原因是缺少一个评估程序。如果系统地对顾客体验过程进行详细评估，不仅能够识别出企业急需采取行动的领域，还有助于构建一些标准和范例，使其他企业在经营中可以应用这些标准，学习这些范例。

帮助企业理解并消除其与50岁以上消费者市场的潜在障碍，对亚太、欧洲和美国的企业来说都是一个问题。

SilverAudit™[3]由Silver Group[9]和Dick Stroud[2]合作开发，该程序运用在线工具对无年龄限制因素进行测量，给与15种生理衰老影响相对立的150个体验接触点打分。

虽然企业并非与所有的顾客体验或衰老影响有关，但理论上必须测量的2 250个数据将为企业无年龄限制程度提出一个综合意见。首要任务便是选取相关的体验和影响组合，保证选择恰当的评估参数并去除无关的参数，这是本程序的“简报阶段”。紧接着就是“评估阶段”，在评估阶段，我们采用5分制打分系统尽可能接近顾客体验，1=难以接受，5=完美。然后，将分数必要时连同评论和解释一起输入在线系统（最终报告通常含有图片说明）。最后，就进入了“分析和报告阶段”，检查输入的数据，组合可用的参考意见来说明问题，然后形成一个简洁、附有优先行动和建议的测评报告。

8.案例研究

理解生理衰老和顾客体验过程二者相互作用的最好方法就是借助三个完全不同的小案例。我们将评估一家旅馆、一部家用无绳电话、一支牙刷购物体验的无年龄限制程度。

我们对每个案例的审查都始于网络搜索，对旅馆的审查以拨打预订电话开始。在整个体验过程中，我们严密关注这15种影响以便打分并输入在线工具。我们针对特定事项的一系列问题打分，打分范围是1~5分。如果产品或服务的整体平均分达到3.5分及以上，我们就认为它们达到了无年龄限制的可接受水平，企业目标应该是具有可持续发展潜力的4分。

出于为客户保密的需要，我们不便公布这些企业的名字，但我们用输出结果说明了通过审查生理衰老和顾客的接触点，可以详细地分析出企业应该采取什么行为才能实现无年龄限制。

8.1　案例一：旅馆

有家大连锁旅店想知道如何与富有的老年消费者更好地联系，图22-2是旅馆网站的SilverAudit™输出结果，主要的观察指标得分如下：

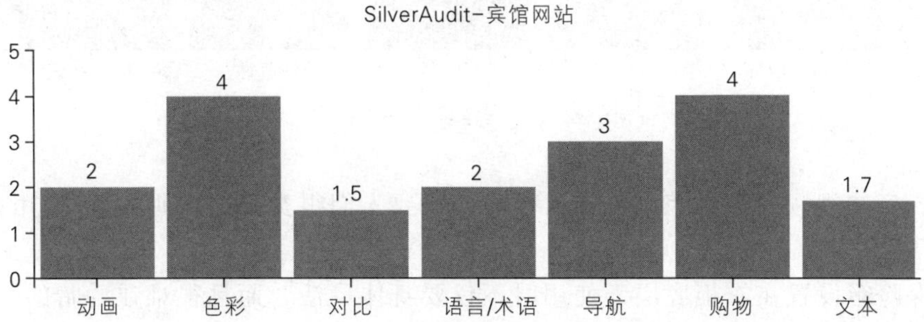

图22-2　宾馆网站评估结果

• 旅馆网站页面内容太多，这不仅使顾客分心，也使网页看起来过于复杂；由于内容杂乱、链接太近，容易导致眼睛-鼠标协调能力差的老年人误点；只有一半网页不需翻页就能浏览，老年人可能看不到下面一半网页上的重要信息。(导航=3分)

• 主要插图是由鼠标控制的一系列动态图片，老年用户很难操作。因此，宾馆最好采用视频或静止的、可点击的放映方式进行改进。(动画=2分)

• 网页没有为老年人设置放大工具。(外观=2.3分)

• 特价房间及其价格的详细信息分别显示在不同页面上，比较它们需要很好的记忆力。改进建议是宾馆网页最好能提供一个并排比较功能。(对比=1.5分)

• 大部分网页的颜色对比度都不错，但访客信息页面却被设计成蓝色渐变。有时，黑字在蓝黑背景下，会降低颜色的对比度，难以阅读。(文本=1.7分)

• 文字描述过多：特别是对那些母语不是英语的人来说，阅读大段文字是一种折磨。文字内容应假设人们对目标国有所了解，侧重于介绍旅馆附近的地方——特别是对老年游客有吸引力的地方，比如说博物馆、美术馆、音乐厅等。(语言/术语=2分)

图22-3是旅馆房间的评估结果，从宾馆前台到房间的体验过程中，我们发现电梯里灯光昏暗，很难看清升降按键，只有按下按键才能显示楼层数字；另外到了目的楼层后，一块写着白字玻璃板的房间指示牌嵌在米黄色墙上，不仔细看的话很难发现，也很难看清上面的指示信息。(指引标识=1.5分)

宾馆房间也有一些明显的缺陷，比如老年人需要更多光线，可床边却没有阅读灯，这是个很大的疏忽；而且床边的灯光控制设备太复杂，使用时还需查看说明；

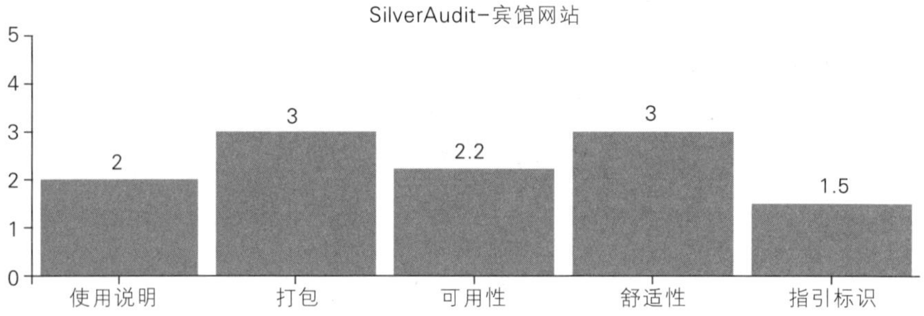

图22-3 宾馆客房评估结果

另外，音频视频的远程控制也让人困惑，需要人们很费神地去研究。(使用说明=2分)

保险箱设置在衣柜底层，使用时不仅要身体灵活，而且很难在昏暗的灯光下操作。

卫生间没有防滑设施，所有水龙头虽然都是易握把手，但浴室把手非常大（不易握住)，这对老年人来说简直就是噩梦。洗浴用品虽然都有标签（洗澡中不戴眼镜的人常抱怨)，但一旦去掉盖子，就要费力、耐心地挤出想要的东西。(可用性=2.2分)

教训

总体来说，旅馆顾客体验过程的SilverAudit™得分为3.2，基本上可以接受。虽说旅馆在新的管理规定下进行了整修，但很明显设计者忽略了老年消费者的需求。老年人视觉衰退意味着公共区域、电梯、私人房间的照明和引导标志很重要；复杂的照明和音频视频控制也需要简化，不需要客人特别研究就能使用；此外，旅馆浴室必须采用杠杆把手和防滑地面，保证“老年友好”的同时又非常安全。

8.2 案例二：家用无绳电话

接下来的例子是一家世界领先制造商的家用无绳电话，我们选择在英国最好的超市连锁店购买，期望它能获得很高的分数，确实它也做到了。

但是该超市却不完美，它的引导标志还有很大的改进空间，也应该提供休息座位，货架的产品位置也不好。不过总体来说，它已经做得能让人找到了。

抛开该产品是世界知名品牌的事实不说，该案例表明企业应该如何严格对待设计（包装上含有“通用设计”标志)，不过他们在其他方面做得还不够好。

比如，产品说明似乎是从工程师的角度而非用户的角度编写的，信息缺乏层次和逻辑，有太多令人费解的专业术语。任何购买过苹果产品的人都知道，这家科技公司不仅能满足律师要求，也能传递一种顾客友好的“产品打开”体验。其他观察指标包括：

• 使用说明像是对产品功能的解释（购买须知）而非产品的使用说明——即消费者购买产品后想了解的东西。包装盒内的各种物件技术含量太高，且不配套。(使用说明=1.7分)

• 产品包装就是毫无关系的商标和事实的混乱组合。(包装=2.8分)

• 去掉专业术语和技术性语句可以很大程度上改进网站。(互联网=3.1分)

• 极其缺乏网上在线保修支持，我们很难找到网页的顾客服务区，咨询过程加上复杂的保修程序需要花费一个多星期的时间。(保修单=1分)

教训

如图22-4和图22-5中的分析结果所示，基础产品很好，但产品包装和使用说明使客户体验过程令人失望。

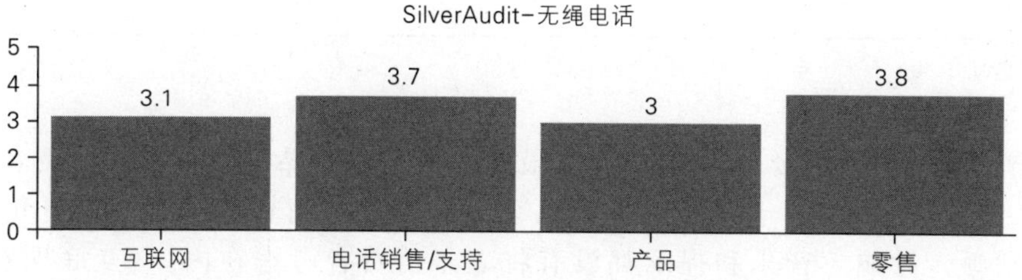

图22-4　无绳电话得分总览

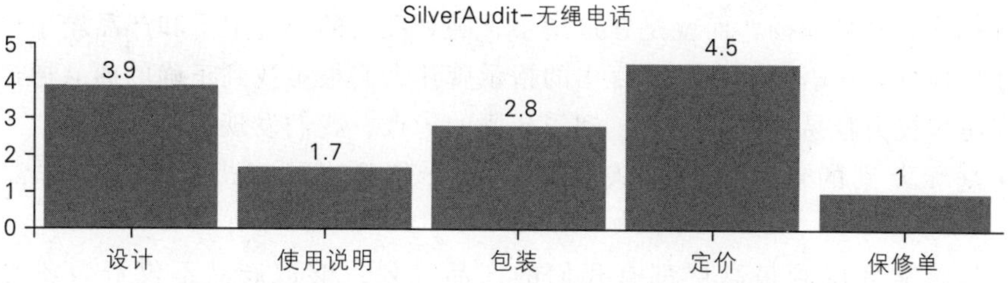

图22-5　无绳电话——包装与使用说明得分

单就该产品的设计和功能来说，产品是一流的。但颇为讽刺的是，要让它成为真正的无年龄限制产品，仅需做很小的改动或只去掉那些不必要的、令人费解的说明和陈述，从长远看这实际上为企业节省了很大一笔费用。本案例说明，全面审查整个顾客购物过程对识别老年市场看似很小的潜在障碍非常重要。

8.3　案例三：牙刷

第三个也是最后一个案例，是我们在中国香港一流的超市连锁店购买一只一流消费品营销公司的牙刷。根据表22-5中的输出结果，其Silver-Audit™得分是凄惨的1.8分。我们很容易看出本产品在“顾客体验”和“老龄化影响”方面都很失败。

表22-5 **SilverAudit™程序对牙刷的评估为可怜的1.8分**

	认知	生理	感官	
沟通方式	1.7	—	—	1.7
互联网在线	1.5	—	—	1.5
电话支持	1	—	—	1
产品	1.7	1.9	2.4	2
零售	2	2.2	2	2.1
	1.6	2	2.3	1.8

©Silver Group

该产品得分为什么这么低？首先最重要的是，产品网页对老年消费者基本没用，它很明显倾向于年轻市场且几乎没有提供对消费者购买决策有用的信息，动画、导航、音乐和提示都没有将老年消费者考虑在内。（互联网在线=1.5分）

我们对零售店考察发现了很多与老年消费者相关的问题。在寸土寸金的香港，超市过道狭窄臭名远扬，而就是在过道中，随处乱放的POS架子和产品箱子更是让顾客寸步难行。双语提示和漏洞百出的指示牌让人们很难找到正确的商品通道，但这些都还是较为容易克服的部分，到了牙刷的售点，我们发现：

- 毫无差别的产品陈列让人难以抉择。有趣的是，儿童牙刷却非常容易识别。
- 从货架底层到最高层都有我们的产品陈列，够取产品不仅费力还要身体灵活。
- 包装上微小的产品图解和说明让人难以读懂这些复杂的产品详情。（零售=2.1分）
- 测试客户服务热线时，我们发现当好不容易进入长时间的自动信息系统（该系统是“公司的”而非“品牌的”，自相矛盾）后，最终却被告知“服务只在早上九点到下午五点开放”，一点都不顾客友好。（电话支持=1分）

教训

如果从衰老的生理影响角度看待这份审计得分报告，根据认知（1.6分）、生理（2分）和感官（2.3分）等方面较低的平均分，我们就能理解消费者的困惑和过度复杂的购物体验了。很显然，为了使消费者购物过程实现无年龄限制，该品牌还有很多工作要做。

9.结论

与先前老一代不同，如今的老年消费者在思考、行为方面很可能表现得比他们的实际年龄要小。因而，针对他们开展基于年龄的营销必然困难重重。但不管他们对年龄的态度和自我概念如何，生理衰老是残酷的。为了保证这些经验丰富的老年消费者忠实于品牌和企业，购物过程必须是无年龄限制的——而不只是优先考虑年轻人。

生理衰老影响所有顾客的购物接触点，企业应对生理衰老方面的接触点进行重新评估。

SilverAudit™案例研究强调了一流企业是如何犯下这些基本错误的，这些错误造成了老年消费者和产品、服务之间的障碍。不管是忽视了良好照明和浴室防滑地面的重要性的旅馆，还是提供了难以理解、复杂的使用说明的科技制造商，亦或是在很多方面将老年消费者排除在外的牙刷营销商，每个公司都有要改进的地方。

企业如果没有预见到老龄化这一基本人类现象并相应地调整业务，将有很大风险失去这个大规模、日益增长的、富有的消费群体：一个终身抵制歧视性商业实践并彻底改变商业实践的消费群体。如果这些人感到这是（或即将是）一个问题，他们将勇敢地发出自己的声音！鉴于以上原因，品牌无年龄限制已成为共识。世界上第一个测量、监控无年龄限制程度的SilverAudit™程序，是专门设计出来帮助企业理解、测量并最终消除产品和服务与老年消费者之间的障碍的。

通过使产品、服务和整个顾客购物过程实现无年龄限制，企业必将开启银发市场巨大的消费力，先发制人，解决消费者对现有产品和服务的不满。

参考文献

1 The 50-Plus Market By Dick Stroud.http://www.the50plusmarket.com/index.htm

2 Dick Stroud.20+30 Consulting.http://www.20plus30.com

3 SilverAudit™.http://www.silvergroup.asia/SilverAudit

4 Berlin Aging Study.University of Michigan and the Max Planck Institute for Human Development, Berlin.516 people between the ages of 70 and 104

5 SilverPoll™.An online survey across 6 Asia Pacific countries between 23/12/2008 and 8/01/2009.170,000 samples.http://www.silvergroup.asia/blog/SilverPoll-reveals-regional-differences.php

6 OXO.http://www.silvergroup.asia/blog/Profit-From-Design-For-Older-Users.php

7 When does age-related cognitive decline begin? Department of Psychology, University of Virginia.http://www.neurobiologyofaging.org/article/S0197-4580(09)00021-9/abstract

8 Synovate PAX tracks media, prosperity and influence in 11 countries across Asia Pacific and three countries in Latin America.http://www.synovate.com/pax/

9 Silver Group.http://www.silvergroup.asia

第23章
德国银发市场的探索与发展

Carolin Eitner，Peter Enste，Gerhard Naegele，Verena Leve

摘要：德国的银发经济思维模式正在转变，人们日益关注老年人的商业潜力和经济实力。老年人购买力的大幅提高、消费意愿和需求差异增大，以及不同年龄消费需求改变的实证证据，使我们有理由凭借新的“年龄敏感”产品和服务寻求经济增长和就业的内在刺激，促进它们发展、壮大。实际上，今天的银发经济产品和服务极为多样化，绝不只是“社会的”细分市场。除了卫生经济之外，银发经济还影响着移动与IT等多个行业，这为德国银发经济和未来发展提供了思路。

1.引言

德国社会当前积极讨论着人口转变给社会带来的挑战。在讨论过程中，人们关于银发经济，特别是老年产品与服务开发方面的思维模式发生了根本转变，人们开始越来越多地关注老年人的商业潜力和经济实力。产品和服务商过去并不把老年消费者看成经济实力强、挥霍无度的目标群体，但现在他们的这一看法已经发生了改变。那些曾将“老年产品”或“老年服务”如老年代理、老年护理产品或特殊休闲和旅游产品（针对老年人）看作银发市场的观念一去不复返，那些服务和产品曾是公共和独立的非营利组织（尤其是当地政府和慈善机构）传统社会服务的一部分。实际上，今天的银发经济产品和服务极为多样化，绝不只是“社会的”细分市场。除了卫生经济之外，银发经济还影响着移动与IT等多个行业。

对老年消费者的这一“新看法”与多方面的、经验观察到的世代效应或（行为）水平提高有关，尤其体现在老年人的收入、教育背景、职业资格、社会融合等方面[1]。与此同时，它们为实现新的老龄化概念——“积极老龄化”提供了重要连接[2]，“积极老龄化”在德国生机勃勃。相较以往，如今的老年人可以利用很多潜力和资源形成更大的社会和个人优势，比如在劳动力市场、教育、志愿服务、社会和政治参与、经济领域等。这也是“第五次老年调查报告”的核心信息之一，并再次受到了致力于提升老年人形象的德国联邦政府开展的“第六次老年调查报告”的关注[3]。

本章将人口老龄化的影响考虑在内，为我们提供了德国银发经济发展的见解。除了人口发展之外，我们还探讨了老年人的收入状况、消费需求和消费行为。根据所选的细分市场，我们概述了德国银发经济如何努力提高老年人的生活质量并将老年人融入社会。最后我们指出了未来德国银发经济研究与实践方面必要的发展。

2.人口变化

人类寿命的延长与持续的低出生率从根本上影响着人口老龄化。2008年，德国人口出生率约为1.38%，低于人口自然出生率的1/3。因此，老年人越来越多，儿童越来越少。在1871年，新生儿的预期寿命不超过40岁，这个数字持续增长，到目前新生男孩的预期寿命已为77.2岁，新生女孩的预期寿命为82.4岁。据有关人口预测，人口预期寿命还会增加，2060年，男性将达到85岁，女性则达到90岁[4]。

相较之下，人口出生率长期低下并将持续下去。于是，每年新出生的人口数量将从当前的大约68.5万减至2060年的46.5万，移民对人口数量影响很小，可以忽略不计。2003年以来，德国人口数量一直在减少，其人口总量预计还会急剧下降。目前，德国有8 200万居民，这一数字在2060年将下降到6 500万~7 000万[4]。

人口数量的改变导致人口结构发生了深刻的变化，这是所谓的“三重老龄化”在起作用：（1）老年人口比例增加，（2）老年人口绝对数量增加，（3）高龄人口（80+）比例和数量增加[5, 6]。2008年，德国大约1/5的人口是65岁以上的老年居民，而到2060年，1/3的人口都将超过65岁。与此同时，根据预测数据，20岁以下年轻居民数量将从2008年的19%降至2060年的15%。数据显示，老年人（65+）数量将会从目前大约16.5万增加到2060年的22万左右，其中大约14%的老年人将超过80岁[4]。

特别是经济辩论将这一人口老龄化现象（甚至今天还会部分）描绘成一个恐怖的场景（社会的威胁）。除了人口老龄化对社会保障体系和劳动力市场的负面影响[5]，其他已经形成和正在形成的负面影响是对消费品的个人需求、经济增长与就业的影响，这主要是由于人口老龄化导致私人产品和服务的消费者数量下降。生命阶段中的变化及其对老年人消费模式和消费需求的影响，也与经济增长密切相关。即便如此，只要家庭数量和家庭结构影响消费品的个人需求，我们就必须否定“消费者越少，消费就越少，就会导致就业率下降和经济低迷”这一隐含的直接关系。我们必须指出很长时间以来，单户家庭数量一直在增长，未来还将继续。而且我们还必须记住，家庭结构的重构，甚至家庭数量和家庭质量的影响扩大，也源自老年人消费需求层次及消费结构体现的消费需求变化[7, 8]。

3.德国老年人的收入和消费情况

直到20世纪80年代，老年人一直被视为低收入群体，因此对他们消费习惯细致的研究很少。在德国银发经济思维模式改变的同时，这种看法也发生了明显改变。无数研究证实，过去几年德国老年人的整体收入状况有了明显改善[3, 5]。但老年人的收入状况并不相同：有些老年人仍然经济活跃时，有些老年人却已退休；当大多数50～59岁的老年人仍然住在家里，或至少和孩子住在一起时，有些老年人却已是两人家庭或单人家庭[8]。一方面，许多长期待业的老年人只有很少的退休金，而另一些老年人的财富却越来越多，非常富裕[5]。不管怎么说，平均来看今天的老年人确实比以前的老年人富足[3]。

3.1　老年人的收入状况

1993—2003年，德国西部老年家庭收入明显增加。如果我们将65岁以上老年人的收入与50岁以下的人的收入做对比，未来趋势就更为明显了。当老年人收入增加时，年轻人的收入就会减少。总体来说，我们甚至发现在德国西部收入明显集中于中老年群体[9]。过去常常因老年贫困影响平均收入水平的超高龄人群，他们的收入也有明显的增加。在同一时期的德国东部，由于工资相对较快的增长及养老金的调整，老年人的收入增加更多。不过，德国西部和德国东部的老年人在可支配收入方面仍有很大差距[9]。

3.2　老年人的消费和储蓄行为

2009年，德国的个人消费支出大约是13.41亿欧元，与2000年的11.5亿欧元相比提高了14%[10]。

近年来，含有老年人（65岁以上）的家庭个人消费远远超过了平均水平。2007年，55～65岁的老年群体每月2 137欧元的消费支出略高于平均消费水平（全国平均消费水平为每月2 067欧元）。与此同时，其消费支出增长速度远高于收入增长速度。换句话说，他们消费支出的增长是以牺牲储蓄为代价的[9, 11]。

收支抽样调查结果显示，老年人在租房和能源方面的开支增加，普通家庭在这方面的支出仅为33%，而70～80岁老年消费者在这方面的支出为38%，80岁以上的老年人在这方面的支出为43%。与年轻消费者相比，老年人在健康和身体护理、休闲、娱乐和文化方面的支出都高于平均水平。在所有消费支出项目中，娱乐和文化服务、旅行的成本最高[4]。

4. 德国的银发经济

4.1 为什么银发经济是个新的社会经济和政治经济活动领域？

银发市场的活动领域构成了与人口老龄化相关的经济抱负和经济期待的出发点，因为这些期待恰恰可以平衡上述恐怖的场景。鉴于老年人购买力的极大提高，与老年人差异化相应的消费意愿和需求异质性的增强，以及与年龄相关的消费要求改变的证据都使我们有理由凭借新的“对年龄敏感”的产品和服务，来寻求经济增长和就业的内在刺激，并促进它们的发展壮大。专家认为，银发经济对宏观经济的恐怖场景是一种建设性驳斥。今天，我们认为（就好像它已被证实），从老年人和不同经济主体的共同利益来看，银发经济是德国一个值得探索和开发的行业。银发经济将为双方实现双赢：一方面，银发经济能够帮助老年人提高生活质量；另一方面，银发经济可以促进经济增长并创造新的就业机会。以下几个方面能够支持这一假设[3, 8, 12, 13]：

• 很长一段时间以来，消费品和服务市场提供商很少关注作为消费者的老年人，这主要是由“老龄”一词的消极含义及社会对老年人的负面刻板印象造成的。但是，老年人越来越反对这一看法。

• 当前一代老年人越发热衷个人消费，而且他们有着其他年龄群体日益稀少的储备——时间。

• 老年群体日趋多元化（年龄差异化），因此，他们的消费意愿和需求也极为多样，他们的这些消费意愿和需求可以通过差异化的产品和服务来满足。

• 老年人未来在质量观念和参与的可能性方面将更挑剔、更严格。

• 除了健康和社会融合需求之外，老年人还非常注重生活质量、独立性、人身安全，而银发市场为所有这些领域都提供了良好的出发点。

• 从经济角度来看，最显著的变化就是老年家庭数量的增加。我们必须牢记，对个人消费品和服务的需求不只在于人口数量，也在于家庭数量。换句话说，人口变化诱发的人口下降导致个人需求下降，不仅可以通过人口变化得到更多补偿，还可以通过社会结构变化带来的更多小家庭或单户家庭得到弥补。

• 尽管有些经济行业（后文我们会深入分析）已经开发出满足老年人需求（如舒适、质量和管理方面）的好产品和服务，但事实上，大多德国企业仍没有将银发经济作为战略性活动领域进行积极探索。

最近几年，德国才在银发经济领域推出了一些政治举措。在这方面，我们有必要指出，先锋模范是北莱茵-威斯特法伦州。1999年，为了刺激老年服务和产品发展，北莱茵-威斯特法伦州第一个发起银发经济联邦倡议。倡议目的是通过发展银发经济来提高老年人的生活质量，同时带动就业[14]。与此同时，其他邦州、区域和地方纷纷效仿北莱茵-威斯特法伦州，虽然各州在倡议内容和跨行业合作程度方面的优先事项设置有所不同。这里我们需要提到的有石勒苏益格-荷尔斯泰因、梅克伦堡前波莫瑞、下萨克森、莱茵兰-普法尔茨、不来梅和巴伐利亚等邦州。在区域和地方层面的银发经济发展倡议中，也有几个银发经济举措值得一提，如哈根、多特蒙德、杜塞尔多夫（北莱茵-威斯特法伦州）和曼海姆（巴登-符腾堡州）等城市，最后做出反应的是德国联邦政府[15]。2008年，联邦家庭、老人、妇女和青年部、联邦经济产业和技术部联合发出名为“老龄化经济因素”的倡议，鼓励企业为老年人开发推广创新产品和服务。该倡议及其发展是在联邦政府“第五次老年调查报告”调查结果的基础上，调查报告关注的是“老年人对经济和社会的（经济）发展潜力”，专设了银发经济一章[3]。

“老龄化经济因素”倡议有两个目标：第一，提高老年人的生活质量；第二，促进银发经济增长和就业[16]。为了实现这两个目标，这些倡仪者提供了多种活动，比如提供银发市场及相关领域的经济信息，密切关注企业、协会和老年组织或银发经济问题事件等。另外，在与柏林国际设计中心的合作中，这些倡仪者举办了通用设计旅游产品展览，一共展出了50多个用于改善所有年龄群体生活质量的产品。

4.2　银发经济包括哪些领域?

总之，我们不应将银发经济视为一个孤立的经济行业，应将其看成一个涉及众多行业的跨行业市场，以下经济领域都属于银发经济行业[3, 12, 13]：

- 住院护理和门诊护理的IT应用
- 越来越依赖IT技术的智能生活，住房改造和生活支持服务
- 越来越依赖IT和市政的促进老年人独立生活的领域
- 老年科技相关的卫生经济，包括医疗技术和电子医疗技术、视听辅助技术、口腔保健和整形技术
- 教育和文化领域（这是对老年人更高的教育水平和更多的空闲时间的响应）
- IT和媒体行业，特别是与其他细分市场相结合的细分市场，如健康、提高独立性和安全保障领域
- 服务机器人，特别是与促进健康问题严重的老年人独立生活相结合的领域
- 人口流动和促进人口流动方面，如汽车交通安全领域
- 娱乐、旅游、文化、沟通和娱乐行业
- 健身和健康领域（是对“年轻一些的老人”更高的健康意识的响应）
- 服装和时尚领域（除了别的之外，可用来“记录”社会的融合）
- 日常生活辅助服务和其他家庭服务
- 保险覆盖，特别是与年龄相关的风险覆盖领域
- 对人口变化敏感的金融服务，特别是在资本保护、财富保值和储蓄动用咨询领域

接下来我们将对其中一些银发经济活动领域进行详细分析。

4.3 银发经济活动领域：旅游

银发经济旅游业在吸引老年目标消费群体新客户方面做得特别好。德国老年人退休之后，空闲时间很多，而且大多数情况下他们也有经济能力利用这些时间。老年人的消费行为也表明：他们将大部分积蓄花在了旅游上[17]。

如今大约30%的游客都是60岁以上的老年人。因此，有人推测，随着同生代相关的旅游活动越来越多，未来老年人的旅游行为也会增多。如果我们来分析旅游强度①的话，2008年，76%的德国人至少外出旅游了一次[18]，这与1972年的49%相比，真是一个巨大的飞跃。其实，这一增长归因于老年人旅游强度不成比例的增长。目前，77%的60～69岁的老年人和65%的70岁以上的老年人选择每年旅游一次（1972年：41%和30%）[19，20]。如果我们进一步分析家庭旅游消费支出，会发现主要收入者是65～70岁的老年人的家庭在包办旅游上的花费是消费预算的4%或75欧元（2007年），这一数字远高于2.6%或55欧元的平均消费水平[11]。

尽管如此，旅游市场也要考虑到目标群体的异质性。老年人的旅游意愿极为不同，这取决于老年人的生活方式、年龄和行动的灵活性。但他们也有一些区别于年轻人的共同旅游偏好：老年人进行旅游规划时，交通方便、宜人的气候、宁静、有医疗保障等是他们选择目的地的必要条件。总的来说，我们可以看出老年人优先选择高档住宿和内地旅游的趋势。因而，对老年人来说，德国是一个非常受欢迎的度假胜地。2007年，37%的60～69岁的老年人选择国内旅游，而70～79岁的老年人选择国内旅游的比例高达50%[19]。如果德国老年人出国旅游的话，他们多倾向于邻国或南欧地区，与15%的总人口选择在欧洲之外旅游相比，只有10%的老年人，愿意到欧洲之外旅游[17]。

一个越来越明显的趋势是，老年旅游业和养生相结合，涵盖了疾病预防、养生、保健、康复或治疗之旅在内的所有产品和服务领域，这些领域是对老年人需求的积极响应[17]。为了给那些行动不便的老年人提供全方位的服务、迎合更重要的目标群体需求，旅游业必须规划无障碍、低障碍的设施。

经验表明，自由市场和慈善机构都在老年旅游市场有所经营，福利机构和商业旅行社合作的混合组织形式，在提供辅助假期等产品和服务的开发推广方面颇有优势[21]。因此，区域和跨区域的联合与合作行为是许多银发经济领域的成功因素。

4.4 银发经济活动领域：生活

即使老年人的身体和健康状况非常差或行动极为不便，让他们在家里尽可能

---

① 旅游强度指某类人口中一年之内每次旅游时间至少为5天的人数比例。

长时间独立生活，是德国老年政策或照顾老年人的最高准则。最重要的是，绝大多数老年人强烈希望在自己家中独立生活。因此，德国非常重视住房条件和住房设计，这些与老年人的生活质量和社会参与关系密切。在德国，只有不到4%的65岁以上的老年人住在养老院等地方。根据实证研究结果，只有在他们没有能力独立生活时，老年人才会去这些地方度过余生[5]。即便需要陪护，大部分（约68%）老年人仍希望在自己家中得到陪护[22]。在家里独立生活有诸多好处，德国法定的长期护理保险因此基本上都是以促进和维持独立生活为目标。但根据以往的经验，如果参保的是那些很老的老年人或独居的老年人，这个目标就很难实现。在德国，大约40%的65岁以上的老年人是所谓的"老年独身主义者"，其中85%是老年女性[5]。

根据人口抽样调查，80%以上的老年人表示他们喜欢住在普通公寓里。如果原来的公寓无法满足这一愿望和要求或有更合适的（除了住宅之外）选择时，大约65%的老年人即使年龄很大也愿意搬家[23]。从德国老年人将一大部分（约40%）收入花在住房这一事实，就能明显看出他们非常重视独立生活，而且他们未来的住房消费支出将越来越多[11]。

整体而言，德国老年人的住房条件已得到了很大改善。如今，老年住房标准特别包括带淋浴的浴室和集中采暖。同样，在房屋所有权方面也有明显变化。2007年，大约50%的老年人都是公寓或房子的业主，这与上一个十年相比（1994年：37.8%）有显著上升。租房、自有房屋和公寓之间的个人生活空间有大小之别，如今，一般租房面积大约是70平方米，有房子的老年人则可以拥有大约115平方米的生活空间[24]。随着人口老龄化和家庭结构的变化，预计老年人私人住宅数量未来将继续增长，尤其是单户或两人家庭的数量将显著增加。

这些趋势尤其为建筑行业和大型房地产公司带来了新的挑战，原因是它们提供的大部分住房都不是老年友好型的，让这一情况变得更复杂的是20世纪50年代和60年代的卫星城住房，它们只能被改造成有诸多限制的老年友好生活空间[25]。此外，该趋势也表明，为老年人创造适宜的生活空间，不仅限于住房改造。相反，整个居住环境都应该纳入老年友好住房理念的规划中：除此之外，还包括附近的基础设施、公共交通、购物设施及其他服务设施等。

住宅领域具有巨大的银发经济潜力。因而，如将公寓转换成老年友好型生活空间，就为工艺品企业开辟了新的业务领域。当前住宅经济领域已经涵盖了广泛的日常产品和服务，提高了所有人的生活质量。此外，拥有近500万名员工、年营业额约5 110亿欧元（2008年的数据）的97万多家工艺品企业，发挥了重要的政治、经济和创造就业机会的功能，这些功能将通过银发经济其他产品和服务进一步得到发挥。为了吸引老年目标群体，企业有必要围绕在售产品和服务进一步扩大服务和咨询服务，这并不需要企业调整整体的业务策略，顶多是调整各细分市场。一般来讲，企业可以做到三点：

• 员工能力，特别是在产品设计、营销和销售方面的能力。

• 与可能的合作伙伴进行联网和合作（如房地产开发商和建筑公司与家政服务和护理服务商合作）。

• 市场营销，特别是金融产品的营销。

以下经济活动领域是企业开展银发经济的重要出发点，特别是对那些想迎合老年人需求的工艺品企业来说：

• 房屋改造：除了无障碍改造之外，还需要为全部或部分住房部署计算机辅助技术，例如辅助生活的计算机辅助技术等[25]。

• 房屋改造的同时，还要有一些补充服务，例如改造或翻新生活空间。在这里同样的，多个服务商实现跨行业的网络化服务至关重要[26]。网络化不仅有助于服务商通过捆绑各种技能改进服务质量，也能减少他们的组织和规划成本，提高利润[27]。此外，通过为老年人提供一条龙服务，也能提高老年消费者对企业的认可度。

住房领域在个人服务行业开辟了新的领域，尤其是在与家庭相关的服务方面，如送货服务、维修服务和家政扩展服务等都是这方面的例子。关于这一点，与住房协会进行有意义的合作也是可能的[26]。住房领域也为零售贸易（咨询及送货服务、出行服务、餐饮服务）提供了有趣的出发点[6]。

尽管德国已经具备上述银发经济发展的正面经验，但目前为止，与银发经济相关的所有行业尚未充分觉察到这一点，特别是在生活领域、信息和娱乐技术领域更是如此。德国互联网用户数量增长最快的就是老年群体，这不仅为电子行业，还为其他行业的提供商带来了机会和挑战，如信息平台、网络贸易或旅游门户网站等。娱乐电子行业也会受益于这个新的目标群体，从老年人普遍接受益智软件游戏机的事实就能说明这一点。

附录：计算机辅助的独立生活将成为德国未来银发经济领域的中心

人口变化导致有辅助需求的超级老年人口数量急剧增长，专家们看到了这一领域巨大的发展潜力，特别是IT辅助的生活领域。北莱茵-威斯特法伦州护理调查委员会确定出六个领域[28]：

• 提高老年人独立生活能力的通用技术（如可旋转病床、老年人轻松掌握的移动电话等）。

• 家用机械和行动辅助技术，主要指为居家老年人提供人性化的家用电器及特殊技术，老年人借助这些特殊技术可以弥补身体功能的缺陷，比如代替拐杖或轮椅等。近年来，语音控制的“Care-O-BOT”系统等所谓的服务机器人引起了人们的极大关注。

• 将技术利用与房屋改造结合在一起。这个领域主要包括辅助家庭管理的房屋自动化设施，如能自动调节的百叶窗和断电装置、发生故障时可以自动关闭的电气设备等。现代计算机技术甚至能构建起一座“智能”住宅（伴随生活的智能住宅或数字住宅）。到目前为止，依稀可辨的有以下几个技术应用领域：安全、日常生活简化、家用电器、能源管理、养生和沟通[25]。

• 技术辅助的健康促进和健康控制领域。在很大程度上，这些形式的帮助（也称为电子健康或健康监测）尚处于试验阶段。例如，它们能够用于监测高危病人重要的生命体征，将监测到的信息发送给监测站，或监测与健康相关的行为模式，比如检查药物的摄入量和睡眠习惯等。此外，目前已有用于监测老年痴呆症患者的定位系统。

• 辅助沟通技术。该技术是在老年人的护理需求产生之前使用。在家庭紧急呼叫系统基础上，家庭紧急呼叫延伸系统还提供意外护理问题的帮助，还有实用的日常支持和服务。最近该系统还将通信服务包括在内，因而总的来说，家庭紧急呼叫延伸系统也被视为激活和沟通服务。

• 远程护理。它指的是在老年人久病并产生护理需求的情况下，基于远程信息系统的各种可能的新护理形式，通常与其他智能家庭技术与辅助技术结合得更深。远程护理由基于电信的对病人或居家老人的远程支持或护理组成。该技术背后的理念是借助一项辅助设施，保障家庭护理质量的“虚拟”老年养老院，而这个辅助设施可以通过手机或电话操作。

近年来，德国研究机构和研究院开展了诸多IT辅助的生活项目（如智能老年人、Fit4Age，Service4-Home）。但是，德国护理和健康基金能否提供有利的再融资（目前的实际情况并非如此）对生活辅助和家庭护理领域的IT产品能否成功至关重要。不过，为老年人提供了大约一半住房的大型住宅市场，已经认识到了IT辅助的老年公寓在提高老年人独立生活方面的发展潜力（就会带来更长的租赁合同），正在考虑如何通过公寓租价来降低置入这些设备的成本。

4.5　银发经济活动领域：金融服务

老年人和金融管理的关系在许多方面存在矛盾。一方面，相对来讲，老年人是高收入和富有群体。近些年老一代的金融资产增长明显高于年轻一代。当前，老年人拥有53%的社会总资产。据预测，近几年这个数字还将升至2/3。另一方面，遗憾的是金融界普遍歧视老年人或将他们置于不利地位，如在发放私人贷款时就有年龄限制。为了最大限度地发挥老年人的经济实力，银行和保险公司必须适时瞄准未来的目标群体。尽管调查显示银行已经意识到了这一趋势，可奇怪的是只有少数银行提供与年龄相关的产品[29]。

一般来讲，金融服务让收入或资产可供消费支出，并将它们转移到所需之处。金融服务在人们生活的各个阶段发挥了重要作用，并极大地提高了人们的生活质量。原则上，金融服务对老年人和其他年龄群体的作用相同。但是，由于人生不同阶段的金融服务结构及影响不同，因此金融服务有一些与年龄相关的特点。25 ~ 35岁的年龄群体对信贷的需求最高，而35岁以上的年龄群体的储蓄率最高，这种年龄差异化对保险行业极其有利。根据不同的年龄群体，保险政策覆盖的风险程度也不同，如事故、失业、死亡或护理等。

评价金融服务的标准也适用于银行业和保险业的老年消费者。首先，投资必须是值得的，即利率必须很诱人；其次，投资形式应该比较安全，而且产品交换过程快捷简单。德国金融服务研究所（IFF）提出的“SALIS”概念通过深入分析金融服务的两个标准：可持续性或社会责任和金融服务的可用通道补充了金融服务传统的三角影响（即将投保人安全评估标准的收益、流动性和安全的重要性考虑在内）[30]。

这些标准也与老年人对金融服务的愿望和需求一致，安全因素是老年人考虑的重要方面。例如，德国老年公民组织协会（BAGSO）的调查显示，老年人很信任他们的银行。尽管如此，银行仍然可以通过扩大服务和咨询功能加强安全因素。此外，老年人喜欢那些为他们的金融需求提供合理建议的熟悉的和信赖的工作人员，他们不太信任网上银行，只有16%的老年人通过网络办理业务[31]。

收益率因素对老年人来说不是那么重要，这也体现在他们的投资行为上。老年人大多宁愿把钱投到安全但利润相对不高的储蓄账户，而非高风险但更有利可图的投资形式上（例如股票、房地产基金）。他们更看重短期的可用性标准：老年人往往拒绝长期产品或承诺期长的产品。对老年公民来说，我们需要从不同角度探讨金融服务的可用性标准。一方面，由于年龄带来的身体损伤，老年人往往行动受限。尤其是在农村地区，老年人身体状况越来越差，许多银行的小分行都已关门。在这一点上，老年人必须考虑其他服务形式来帮助他们获得金融服务（移动分行、上门服务等）。另一方面，有些金融服务对主体准入范围有年龄歧视。虽然在上述的BAGSO调查中，95%的老年人表示他们从未因为年龄而被金融服务商拒之门外，但在贷款时往往就是另外一回事儿了。老年人在申请贷款时受到的条款和条件限制往往比相同资产的年轻人苛刻得多[31]。

如果我们仔细分析老年人的愿望和需求，就会发现现有的金融产品便能满足老年人对传统金融服务的基本需求，它们全是银发市场产品和服务的优化，这些优化包括期限较短、支付模式灵活、提供“反向抵押贷款”选择等。同时，金融产品和服务的咨询和顾客型演示也非常必要。有些银行和保险公司开始提供更透明的咨询服务，也开始培训员工了解老年退休人员的要求和需要。此外，联邦食品部与农业和消费者保护部在2009年发起了一个名为“用质量进攻消费者财政”的活动，其中包括金融咨询建议清单和咨询记录等，这些信息特别有利于那些需要动用储蓄咨询而非储蓄的老年人。

在银发经济（以及其他经济）领域，一站式服务已被证明对老年人十分有用，也就是说，将先前单一或部分服务捆绑成一个完整的服务包，能更好地满足老年消费者的愿望和需求。

5.结论

本章的主题“老年人的经济实力”表明，除了对人口变化非常敏感的传统医疗市场具有较大的发展潜力之外，金融领域的市场潜力更大。我们必须扩大、改进现有的一些合理的产品、服务和方法，必要时在未来重新开发。我们严格概括了银发经济领域取得的经验，得出了如下建议，保持社会政治敏感，同时促进经济积极发展，进一步开发银发市场：

- 扩大以客户为导向的产品和服务范围，并进行差异化的市场开发。
- 市场经济主体保持敏感性和协调性。
- 进一步开发和部署老年营销。
- 提供满足贫穷的老年人消费需求的产品。
- 强化并更好地代表老年消费者的利益。
- 通过与老年人和设计师对话，开发对话型产品和服务。
- 提高和扩展现有的产品和服务。
- 进一步开发用户友好型和面向老年人的设计。
- 保护老年消费者的权益。

从德国银发经济的发展经验可以看出，老年消费群体愈发明显的差异化表明老年人对个人消费越来越感兴趣，他们的消费愿望和需求也越来越差异化，企业可以通过相应的产品和服务来满足老年人的这些需求和愿望。我们应将银发市场看作老年人社会融合、维持个人独立、提高个人安全并提高生活质量的一个战略性活动领域。

参考文献

1 G.Naegele, Mitarbeit von J.Hilbert, V.Gerling, M.Weidekamp- Maicher, *Perspektiven einer produktiven Nutzung der "weichen" Folgen des Demographischen Wandels im Rahmen der Nationalen Nachhaltigkeitsstrategie.Expertise, erstellt für das Bundeskanzleramt* (FFGVervielfältigung, Dortmund, 2003)

2 A.Walker, in *The Principles and Potential of Active Ageing*, ed.by S.Pohlmann.Facing an Ageing World - Recommendations and Perspectives(Transfer, Regensburg, 2002), pp.113 - 118

3 Bundesministerium für Familie, *Senioren, Frauen und Jugend, Fünfter Bericht zur Lage der älteren Generation in der Bundesrepublik Deutschland*(BMFSFJ, Berlin, 2006)

4 Statistisches Bundesamt, *Bevölkerung Deutschlands bis 2060 - 12.koordinierte Bevölkerungsvorausberechnung*(Statistisches Bundesamt, Wiesbaden, 2009)

5 G.Bäcker, G.Naegele, K.Hofemann, R.Bispinck, *Sozialpolitik und soziale Lage in Deutschland*, 4th edn., vol.2(VS, Wiesbaden, 2008)

6 C.Eitner, *Reaktionsfähigkeit des deutschen Einzelhandels auf den demografischen Wandel. Eine Analyse unter zielgruppen-und netzwerkspezifischen Gesichtspunkten*(Online-Publikation, Bochum, 2009)

7 Deutscher Bundestag, *Abschlussbericht der Bundestags-Enquete-Kommission "Demographischer Wandel"*(Zur Sache, Bonn, 2002)

8 V.Gerling, G.Naegele, K.Scharfenorth, Der private Konsum älterer Menschen.Sozialer Fortschritt 11, 292 - 300(2004)

9 Deutsches Institut für Wirtschaftsforschung, *Auswirkungen des demographischen Wandels auf die private Nachfrage nach Gütern und Dienstleistungen in Deutschland bis 2050*(DIW, Berlin, 2007)

10 Statistisches Bundesamt:*Deutsche Wirtschaft 2009* (Statistisches Bundesamt, Wiesbaden, 2010)

11 Statistisches Bundesamt, *Wirtschaftsrechnungen.Laufende Wirtschaftsrechnungen.Einnahmen und Ausgaben privater Haushalte 2007*, Fachserie 15 Reihe 1, (Statistisches Bundesamt, Wiesbaden, 2009)

12 R.Heinze, in *Der Demographische Wandel als Wirtschaftsmotor*, ed.by F.Schönberg, G.Naegele.Alter hat Zukunft(LIT, Münster, 2005), pp.341 - 358

13 G.Naegele, J.Hilbert, Perspektiven der "Seniorenwirtschaft" - Anmerkungen zur Nutzungder "Wirtschaftskraft Alter".Theorie und Praxis der Sozialen Arbeit 3, 12 - 18(2003)

14 A.Roes, in *Die Landesinitiative Seniorenwirtschaft NRW*, ed.by F.Schönberg, G.Naegele.Alter hat Zukunft(LIT, Münster, 2005), pp.359 - 374

15 H.Kooke, *Projekte und Initiativen in der Seniorenwirtschaft* (interne Veröffentlichung FFG, Dortmund, 2010)

16 Initiative "Wirtschaftsfaktor Alter".www.wirtschaftsfaktor-alter.de.Accessed 18 Feb 2010

17 Gesellschaft für Konsumforschung, *50plus*(GfK, Nürnberg 2002)

18 P.Aderhold, *Die Urlaubsreisen der Deutschen, Reiseanalyse RA 2009* (FUR Forschungsgemeinschaft Urlaub und Reisen e.V, Kiel, 2009)

19 B.Grimm, M.Lohmann, K.Heinsohn, C.Richter, D.Metzler, *Auswirkungen des demographischen Wandels auf den Tourismus und Schlussfolgerungen für die Tourismuspolitik*(Eine Studie im Auftrag des Bundesministeriums für Wirtschaft und Technologie, Berlin, 2009)

20 M.Lohmann, P.Aderhold, *Urlaubsreisetrends 2020.Die RATrendstudie - Entwicklung der tour-*

istischen Nachfrage der Deutschen(Forschungsgemeinschaft Urlaub und Reisen e.V., Kiel, 2009)

21 G.Naegele, R.Heinze, J.Hilbert, A.Helmer-Denzel, *Seniorenwirtschaft in Deutschland - Tourismus und Wellness im Alter*(FFG-Veröffentlichung, Dortmund, 2006)

22 Statistisches Bundesamt, *Pflegestatistik 2007 Deutschlandergebnisse* (Statistisches Bundesamt, Wiesbaden, 2008a)

23 R.Heinze, V.Eichener, G.Naegele, M.Bucksteeg, M.Schauerte, *Neue Wohnung auch im Alter: Folgerungen aus dem demographischen Wandel für Wohnungspolitik und Wohnungswirtschaft*(Schader-Stiftung, Darmstadt, 1997)

24 Statistisches Bundesamt, *Mikrozensus - Zusatzerhebung 2006.Bautätigkeit und Wohnungen. Bestand und Struktur der Wohneinheiten, Wohnsituation der Haushalte*, Fachserie 5, Heft 1/2006(Statistisches Bundesamt, Wiesbaden, 2008)

25 D.Wilde, A.Franke, *Die "silberne" Zukunft gestalten.Handlungsoptionen im demographischen Wandel am Beispiel innovativer Wohnformen für ätere Menschen*(Driesen, Berlin, 2006)

26 M.Cirkel, P.Enste, *Handwerk für Ältere Menschen*(FFG-Bericht, Dortmund, 2006)

27 A.Schilde, D.Salzig, C.Liedtke, *Unternehmenskooperation - was ist dran am neuen Zauberwort* (Institut für Klima, Umwelt, Energie, Wuppertal, 2002).http://www.wupperinst.org/uploads/tx_wibeitrag/ws26.pdf.Accessed 18 Feb 2010

28 Landtag Nordrhein - Westfalen(eds.), *Situation und Zukunft der Pflege in NRW.Bericht der Enquete Kommission des Landtages Nordrhein - Westfalen*(Eigenverlag, Düsseldorf, 2005)

29 R.Syre, Finanzindustrie - Weckruf "55 Plus".*Manager Magazine* May 31 2006

30 U.Reifner, in *Alter und Finanzdienstleistungen*, ed.by Deutsches Zentrum für Altersfragen. Produkte, Dienstleistungen und Verbraucherschutz für ältere Menschen (LIT, Berlin, 2006), pp.283 - 348

31 B.Keck, *Die BAGSO Umfrage:" Ältere als Bankkunden"*(The elderly as bank customers)(German National Association of Senior Citizens' Organisations, BAGSO, Bonn, 2005).http://www.bagso.de/startaktuell+M534e265543e.html.Accessed 18 Feb 2010

第24章
日本人口老龄化与银发产业

Chikako Usui

摘要：我们不应将“老龄化问题”视为经济负担，而应将其放在经济稳健的背景下来看待。在职劳动力承载能力的增强，以及老年人的积极老龄化，都将减少社会负担。本章指出了在日本从福特主义向后福特主义经济转型之际，人口变化对日本社会文化的影响。这一转变使我们开始关注技术服务行业的社会组织。老年人和老年家庭数量的增长，为企业开发新方案、产品和服务带来无限商机。老年人是实力强大的消费者，他们愿意也有能力为独立和高质量的生活买单。本章讨论了住宅与房地产、食品、宠物、机器人、老年护理设备和丧葬市场等一些新兴的银发行业。

1.引言

发达国家人口老龄化在许多政策层面都泛着世界末日的光芒，因为人口老龄化带来了灾难来临之前的预兆。但是，我们不应在一个静态的社会黑盒里看待人口老龄化。因为在一定程度上，老龄化问题取决于各个国家的经济变化状况和在职工人的承载能力（生产力），经济增长相对较缓的国家拥有缓和人口变化负面影响的潜能[1, 2]。在职和非在职群体生产能力的提高可以减轻依赖型老年人口造成的社会负担。21世纪以来，在新的生产力水平作用下，发达国家经历了从福特主义向后福特主义（Post-Fordist）的转变，而任何有关社会老龄化的讨论都必须将这一转变带来的生产力变化考虑在内[3, 4]。

老年人口抚养比率是一种测量老龄化社会依赖型人口负担的常用方法，它是在职劳动人口数量除以依赖型老年人口数量之后的比率。2009年，日本65岁以上的老年人口占总人口的23%，转换之后即是2.8个工人供养一个老年人，到2025年，这个数字预计会降至2个工人供养1个依赖型老年人[5]。尽管老年人口抚养比率已成为传统上用来描述老龄化社会经济负担的工具，但它是建立在错误的假设基础上的。比如，在计算时，该比率对不同年龄群体生产能力和消费模式的假设，还是建立在过去的基础上，没有发生任何变化。通常我们认为适龄劳动人口有较高的生产力，而且是消费导向型人群；而认为65岁以上的人口因收入和消费相对较低，其生产力也不高。另外，决策者常常只关注老年人口抚养比率的分母（即老年人口），寻找减轻依赖型老年人口负担的方法。我们也常孤立地看待和假定老年人对社会的贡献很小，却想当然地认为在职人口的生产力或消费模式的生产能力不变。

相比之下，本章将提出一些不同的观点。首先，本章认为人口是社会组织固有的组成部分。从历史上来看，人口统计模式会根据社会经济、技术、政治的改变而改变。其次，本章认为任何一个群体生产能力和消费能力的提高都会降低相同比例老年人的依赖程度。最后，任何年龄群体的生产力和消费能力都比我们预想的更加多变且生机勃勃。“劳动人口必须供养依赖人口”这一逻辑是建立在以社会组织和生命周期为特色的20世纪福特经济的假设基础上的，进入21世纪之后，工业化国家正在向一个新的后福特经济逻辑转变。

“福特主义经济”指的是20世纪初福特汽车公司的一种工业组织系统[6, 7]。福特主义经济是以大规模生产和消费为基础，产品的生命周期相对较长，劳动技能一旦掌握也具有相对较长的生命周期，像汽车、钢铁、橡胶工业都是这种经济类型的代表。相反，后福特主义经济更多是以信息技术应用为导向，以促进可选择商品的弹性生产和多样化商品消费为目的，商品和服务生产的生命周期相对较短，且需要不断革新，电脑软件、通信和信息型服务产业就是后福特经济主导产业领域的代表性例子。

OECD[8]指出，促进服务业发展的关键是技术扩散，并且未来生产力的增长可以抵消某些行业的劳动力短缺。换句话说，日本的未来取决于是否会出现新的、后福特主义增长产业，提高经济生产力；也取决于劳动力市场的流动性是否能适应这些新产业。有些作者认为，2%~3%的经济增长率是保证经济持续健康发展的关键[1, 2]。因此，决定人口老龄化是不是问题的关键不在于老年人口抚养比率，而在于经济的承受能力（经济总量）[2, 4, 9]。

和其他发达国家相比，未来日本经济的生产力还有相当大的增长空间，并且即使其劳动力数量萎缩，它也能产生更多效益。在24个国家的制造业劳动生产力排名中，日本位居第三，达到了78 680美元[8]。但是，在30个OECD国家总的劳动生产力比较中，日本以59 651美元排名第十九，而美国则以83 683美元排名第二。日本经济研究中心运用不同的计算方法，估计2007年日本的生产力是美国生产力的61%[10]。

2.作为消费者的老年人

老年人的生活安排和生活方式、社区结构都发生了重大变化。家庭结构、代际关系、对老年人的态度等多方面的社交变化带来的商业和产业，就是所谓的老年市场或成熟市场。如今的老年人比较富裕，他们正在形成一个强大的消费市场。当前日本65岁以上的人口数量远远高于0～15岁的人口数量，2009年不含年轻人的老年家庭数量就超过了950万[5]。与他们父母晚年在合住家庭里依靠孩子的收入和帮助不同，现在的老年人身体健康，并且非常注重自立和生活质量，他们比上一代有更多的可支配收入和金融资产，也愿意购买能提高其独立生活能力的商品和服务，他们的生死之忧也推动了相关的创新产品和服务的发展。

银发市场包括医疗保健服务和设备、家庭护理、房地产、建筑、金融服务、教育、学习、食品、化妆品、旅行、娱乐等专用产品和服务的生产。电子通信技术和设备、远程护理和远程信息处理技术（二者都是新的医疗保健传递形式）、消费型电子产品、机器人和其他高科技工程都是针对老年生活环境中社会文化变化产生的新需求。他们具有积极老龄化的潜力，这改变了当前人们对老年人口抚养比率的假设。

老年家庭拥有大量资产，这是未来银发市场扩张的关键。根据2002年的一项国家生活调查，老年家庭（不包括19～64岁的青年人）的人均收入是全国人均收入的91%[5]。根据2010年内务省的报告，在其他居民消费支出降低的情况下，老年居民消费支出增长了1.2%。该报告强调老年人正在成为消费的主力军[11]。此外，老年家庭平均金融资产的不断增加，也促进了继承市场的扩张[12]。老年人大部分个人金融资产和房地产，都会通过继承关系转移到下一代，促进新的金融管理服务需求的增长，这将促进金融资产更多地用于投资而非储蓄。野村研究院预计，未来财产继承人的数量将由2007年的84万增加到2015年的100万；而像房地产和金融资产等财产继承金额将从2007年的85万亿日元增加到2015年的102万亿日元；在投资行为方面，也会发生显著的代际转变。比如，婴儿潮一代积极投资金融资产，在股市、共同基金、外币储蓄方面具有丰富的投资经验，而他们的父母却是依靠储蓄生活。婴儿潮一代的退休将带来银色产业消费市场的额外扩张。日本的婴儿潮一代出生于1947—1949年间，大约有680万人，占总人口的5.3%，他们拥有比当前一代老年人更多的资产。日本电通（2006）的一份报告指出，婴儿潮一代在退休前后的直接消费支出将达到7.78万亿日元（707亿美元），这一消费增长将在中期带来15.3万亿日元（1 393亿美元）的总经济支出。预计婴儿潮一代直接消费的7.78万亿日元中，在住房改造、房地产及相关领域的花费最多，为40 920亿日元（372亿美元），占预期消费的52.6%；第二大类消费预期是爱好追求和教育（11 960亿日元或109亿美元）；第三类是11 160亿日元的旅游消费（101亿美元）；其他像汽车等耐用品的消费大约为4 040亿日元（37亿美元），购买金融产品（如股票和债券）的消费大约为6 755亿日元（61亿美元）[13]。

3.新兴的银发产业

日本人口变化具有重要的社会影响，影响着新兴银发产业中的企业，我们将逐一分析住宅与房地产、食品与食品安全、宠物、机器人、老年护理设备和丧葬市场等领域。

3.1　住宅与房地产

据JETRO[14]（日本贸易振兴会）研究，2005年在住房和房屋改造方面消费支出最多的是65～69岁的年龄群，他们的花费是55～59岁老年人的两倍。抗震加固、绝缘、供暖和通风、提高能源利用率、安保、安全（无障碍住房、无台阶）等是最常见的房屋改造方式。日本在开发高效能源住宅方面，走在世界前列，其太阳能电池生产总量约占世界生产总量的50%。日本家用太阳能板普及程度非常高，而且能源公司也会购买普通消费者生产的多余的电能[15]。还有，奢华房屋改造和度假房屋吸引了大量富有的老年人。随着对住房舒适要求更高的婴儿潮一代退休，这些房屋数量还会进一步增长。对普通家庭来说，像安装家用电梯等已不再遥不可及。

如今的老年人趋于积极老龄化，不仅因为他们身体健康，还因为他们是第一代愿意并有经济能力在晚年实现自立的老年人，像生活质量和独立生活等后物质价值观已成为他们的重要目标，他们对待时间和金钱的态度也发生着“静静的变革”[16]。今天的老年人更愿意关注自己的生活并为独立的生活方式花钱，而不是为孩子们节省，这也包括他们为自己所做的长期护理准备。

2000年，日本政府推出了长期护理保险（LTCI）（介护保险），促进了老年人新的生活安排的发展。2003年，为了鼓励更多私营企业进入老年护理行业[17]，日本政府解除了护理行业管制。政府为老年人住房改造提供补贴，包括翻修残疾人厕所、安装楼梯栏杆、防滑指示和坡道等，而长期护理保险为老年人提供了更多的私营设备选择。此外，富裕的老年人愿意为高质量的长期护理服务和设备花更多的钱。

3.2　食品和食品安全

食品消费支出占日本家庭总支出的23%[18]。日本1.27亿人口却拥有预计高达7 000亿美元的食品市场（与有3亿人口却只有1万亿美元食品市场的美国相比）。日本是世界上最大的食品进口国，而美国是日本主要的农产品供应国。日本消费者十分关心食品的季节性、新鲜度、美观性等，高质量、无公害食品市场蓬勃发展[19]。日本人十分舍得在食品质量和方便性上花钱，他们也是新的利基产品的意向消费者。日本消费者也为亚洲设置了食品标准。

日本人十分注重健康，也喜欢用食品而非营养品来保持健康。老龄化人口正在推动食品市场的一系列新趋势。由于单身和老年夫妇家庭增多，迷你包装食品越来越流行。大块头产品和超大号产品已不再是他们选择产品的标准[20]。老年人寻求高质量、高价格和特殊产品[18]，而不是低价产品。此外，日本人对便利食品、外卖食品（包括盒饭或便当）、送餐服务的需求也大幅增长[19]。借助送餐上门服务（宅急送或宅急便），通过电视、网络和邮件购买食品的人数也有所增加[21]。

营养食品和有机食品所占市场份额越来越大[18]。宣称有益健康的营养食品（也叫功能食品）形成了一个巨大的市场：2005年其市场规模就达到了271亿美元（与220亿美元的美国市场相比）。营养食品，如红酒可以抗氧化和降低胆固醇，菠菜能预防癌症，大豆和车轴草能改善女性动脉健康。有些营养食品的知名度较高，比如次亚麻油酸、β-胡萝卜素、花青素等。食品安全及其可溯性、新鲜度、视觉外观是食品的重要特征，并且食品市场也在不断整合信息技术来提高食品安全，包括用仪器来鉴定产品的来源和质量，如1992年欧盟开发的“原产地保护”（PDO）或“地理标识保护”（PGI）技术。日本消费者可以用手机读取食品标签上的信息来追踪食品来源，有些本地食品生产商还附上他们的照片，使消费者更放心[21]。

基于7-Eleven而非沃尔玛商业模式的食品专卖店对老年消费者越来越有吸引力[19]，因为老年人发现，去离家近的商店购物比坐车到商品多但路途远的折扣店更方便。日本中小型零售商占据了很大的市场份额，并且预计未来它们将主宰市场。拥有大量老年消费者的乡镇便利店，通过根据老年人的口味改变菜单、拓宽走道、降低货架高度、增大价格标签、安装血压计和为老年人储存更多商品等措施，成为老年友好型商店[22]。

3.3 宠物

由于家庭成员减少、空巢家庭数量增多及人口老龄化，日本人对待宠物的态度由“动物”变成了“家庭成员”。随着最近出现的爆发性宠物热，使日本猫狗数量超过了儿童数量，2007年宠物狗的数量超过了1 300万只，或者说10年内宠物狗数量增加了660万[23]。这个市场被评估为“万亿日元”（90亿美元）的市场，预计还将继续增长。宠物的普及带动了社会对相关产业的强劲需求，包括宠物食品、宠物书籍和杂志、动物保险（卫生/保健）、动物训练和露营、宠物结婚、宠物医药（疫苗、药品、维生素补充剂等）、兽医服务、宠物旅馆和休闲服务、宠物服装等。例如，提供高质量、高附加值产品的生产商Unicharm Pet Care Corporation已成为日本最大的宠物食品生产商，年销售额已超过300亿日元（2.55亿美元），这些营收全部来自国内销售，针对的是拥有小狗、老狗和超重狗的多种消费群体[24]。

宠物业具有改善老年人生活质量的潜力[25]。众所皆知，与宠物一起生活可以改善老年人的健康状况，因为它们能消除老年人的孤独感、为老年人提供社交机会等。拥有宠物有助于调节老年人的日常生活，并促使老年人进行更多的体力活动，也能帮助老年人维持情绪平衡，为老年人提供情感交流对象、休闲放松的机会、扩大朋友圈等。

3.4 机器人

人口老龄化速度的加快、家庭规模的变小、劳动力的减少引发了一场新的机器人革命。根据日本经济贸易工业部的报告，2025年，日本的机器人市场份额将达到550亿日元，并且3/4将是服务型机器人[26]。其实日本与机器人早就有一段“浪漫之情”，铁臂阿童木作为一部成功的漫画从20世纪50年代开始连载，紧接着就是1963年的电视剧铁人28号和机器猫，20世纪80年代，机器猫成为日本最成功的动漫人物之一，也成为日本的一个文化偶像。

认识到日本人对人格化机器的偏爱，是我们理解他们对机器人等新技术态度的关键。不管是办公室设备、工厂机器人还是汽车导航仪，机器已成为日本人的生活伙伴。1996年生产的电子鸡（有思想道德修养的虚拟/数字宠物）显示出该领域的商业规模和人们对机器人伙伴的态度。不到一年时间，1 300多万只有思想道德修养的电子鸡就销售一空，1996—2007年，已有37种有思想道德修养的电子鸡被生产和销售出去[27, 28]。

日本是“机器人王国”[29]，日本工厂使用了超过41万的机器人，作为机器人的主要出口国，其出口的机器人数量占世界总量的60%，还有价值高达44亿美元的其他机器人。1999年，索尼公司推出的机器人娱乐狗AIBO是近几年索尼最成功的产品[30]。机器人娱乐狗是一个整合了电脑、视觉系统和发音系统的自主式机器人，它配备了100种语音指令，而且它还可以从与主人和外部环境的互动中学习、成长，而主人们则能享受到教机器人宠物学习新行为的乐趣。1999年，该机器人宠物的售价为2 500美元，仅仅20分钟3 000台就已售罄；在美国，2 000台产品在4天内销售一空。由于产品的销售状况远远超出了预期，于是索尼公司在1999年年底为日本、欧洲、美国又提供了10 000多台AIBO机器人[30]。其他类型的机器人，如装有轮子的幼童大小的NEC's R-100，能够打开电视、收发电子邮件、做一些小型娱乐活动等。三菱、欧姆龙、松下电器也生产出了会发送吃药提醒信息的机器人宠物，这些机器人宠物通过因特网和家庭成员、医院、社区监控中心保持联系，它们填补了社会中越来越多独居老年人重要的家庭空缺。

帕罗是一个毛茸茸的机器人小海豹，是专门制造出来用于缓解养老院痴呆症患者的压力和紧张的，它能为患者提供消遣和抚慰。2001年，它被吉尼斯纪录列为“世界上最具治疗效果”的机器人。帕罗的发明者Dr.Shibata Takenori在丹麦、意大利、日本、瑞典的养老院和医院中做了多次实验。帕罗外表看起来是一个小海豹，长57厘米，重2.7千克，有着白白胖胖的小身躯。它装载了传感器，并会对爱抚做出眨眼睛和摆动脚蹼的反应。手工贴制的睫毛和手工修剪的面部皮毛让每个帕罗都独一无二。截至2011年，丹麦护理机构已配备了1 000个帕罗[31]，作为医疗设备出售时，其价格为35万日元（3 180美元）。

在不久的将来，服务型机器人会成为我们日常生活的一部分，它能让我们的家庭更安全并协助我们照顾家人。目前，服务型机器人可以执行很多任务，如清洁、煮咖啡、泡茶、铺床，甚至喂饭。最先进的服务型机器人是私人助理机器人。根据Research Horizon Magazine研究[32]，全球私人机器人市场的年增长率为400%。日本企业正在研发能更好地与人交流的、功能更先进的机器人。智能材料、低成本、高速计算能力、复杂的无线通信系统、电池品质的提高、人机交互的持续性研究（特别是感知和可靠性）合力促进了该产业的爆炸性发展。2009年11月，东京国际机器人展览会短短4天就吸引了10万名参观者，这表明人们对服务型机器人的兴趣与日俱增[26]。对许多日本人来说，机器人将很快像手机一样必不可少。

3.5 老年护理设备

在1970年的大阪世博会上，三洋电气推出了该公司第一款机器人超声浴缸，它是一台能在15分钟内完成洗浴、清洁、冲洗、按摩、干燥的一体化设备。2004年，三洋电气公司又推出新的老年护理产品——人体沐浴机。据纽约时报报道[33]，养老院的老年人非常喜欢这款新科技产品，因为这种机器可以暖身且保护他们的隐私。对养老院的护理人员来说，使用该产品意味着减少了他们搬移老年人的次数，也减轻了体力负担。使用者只需坐在一张椅子上，椅子便会移动到洗浴位置，然后该机器四周就像蚌壳一样合拢，只露出使用者的头，围成一个即时浴缸，然后人工完成洗发和干发过程。人体沐浴机是一位受肌肉萎缩症困扰的商人Mitsuru Haruyama开发出来的[33]。2008年，日本推出了另一款沐浴机器人Avant's Santelubain 999（音速沐浴机），人们洗浴时不仅不用站立，而且还可以很惬意地躺下来擦沐浴露、冲淋浴、加热和蒸汽、享受声音治疗[34]。

还有一些整合了现代科技的例子如机器人套装哈尔[35]，它是由筑波大学的一位工程学教授发明的。哈尔是一个电脑传感器套装，重22磅，能够系到腰间，可以帮助行动不便的人。2008年起可以租用，月租金为2 200美元[36]。哈尔可以帮助人们从事各种日常生活活动，例如从座椅上站起来、行走、上下楼梯和提重物。据日本机器人协会研究表明，这些已有的和正在开发的机器人设备将推动日本家用机器人的销售，从当前的40亿美元上升到2010年的140亿美元和2025年的400亿美元。

虽然一台人体沐浴机是5万美元，这差不多是两个移民护士一年的工资。但是从长远的角度看，这些机器人非常省钱并且降低了护理人员的劳动强度。这些新技术在护理领域的实际应用为未来的护理行业提供了最具前景的解决方案。刺激该行业的需求取决于政府对家庭护理和康复的推动，促进老年人更加独立地生活，促进家庭结构的快速改变，以及刺激老年人对高质量的独立生活的欲望。

3.6 丧葬业

丧葬业正在从宗教仪式向一个蓬勃发展的行业转变[37]。该行业估值为17亿美元，日本是全世界葬礼成本最高的国家[38]。2006年，每场葬礼平均花销在150万～300万日元不等（15 000～30 000美元）。

传统上，葬礼通常是由社区协会组织，在居民家中举行的。但是，由于家庭结构和社区网络的改变，利用葬礼打包服务在特许的仪式大厅举办葬礼颇受人们欢迎。旅馆和铁路公司已开始涉足该市场，这使现有的丧葬服务类型更加多样。这些变化也改变了葬礼的定价。过去，在没有办葬礼之前讨论葬礼的价格不合礼仪。2005年日本交易委员会的一项研究发现，96%的受访者对葬礼的服务和价格别无选择。最近，该行业开始提供透明的定价，而且定价已成为一种竞争优势。

日本人祭拜祖先的习俗维持着这个家族的延续和家庭成员的联系，家族墓地是埋葬死者和缅怀死者的地方，墓地也常被修缮和拜访。然而，随着人口出生率的下降，离婚率的上升和单亲家庭的增多，人们开始非常担心后代照顾逝者的能力。1997年，一部名为《我没有墓地》的电影表现的就是与墓地有关的现代问题[39]。

作为回应，各种各样的新业务渐渐兴起。随着医疗技术的进步，死亡时间已可预知，这使人们可以提前准备自己的葬礼。一个突出的例子便是永久公墓仪式护理服务（eitai kuyo），这些墓地将被长期护理，通常为33年。这种服务针对的主要是那些没有后代或者得不到孩子仪式护理的人群。如果对本章作者所说的eitai kuyo（日文）进行搜索，您会发现有26.5万个网站提供这种信息/服务。2010年，广告上宣传的永久仪式基本护理服务的价格是每人10 000日元（100美元）。

4.结论

本章对日本社会老龄化是社会灾难这一人口预测提出了质疑，这一流行的观点是以静止的眼光看待人口、经济、组织的承载能力的。相反，本章关注了包括家庭结构、生活条件、老年人对独立生活和消费的态度在内的人口变化等社会方面。在日本从福特主义向后福特主义经济转型的背景下，本章研究提出了人口变化对日本社会和文化的影响，这一变化让我们的注意力开始转向技术型服务行业的社会组织和老年人口的消费能力。我认为，现在和未来的老年人趋向积极老龄化，他们将消费的商品和服务也远超我们预期。在后福特经济模式下，提高生活质量已成为老年人的重要目标，这产生了更多选择性商品和服务的新需求。老年人口的增加创造了银发产业新的行业需求，也增加了消费。人口老龄化要求市场、企业行为、政府决策进行调整，但我们绝不能将其解读为日本经济的破产。

为了阐明日本从福特经济向后福特经济转变的要素，本章回顾了包括住宅与房地产、食品和食品安全、宠物、机器人、老年护理设备和葬礼等在内的多个行业。机器人和老年护理设备市场建立在新信息技术的集约利用基础上，展示出了未来老年人生活质量改善的前景。

我们常常忽视老年人态度和行为的重要变化。日本老年人身体健康，对社会来说，他们是志愿者、护理者、儿童看护者、消费者的重要来源，能够促进人们积极健康老龄化的产品和服务，以及符合家庭结构变化需要的产品和服务，是保证日本银发市场商业成功的关键因素。

本章能让我们学到三点。第一，今天的老年人口形成了一个能够影响日本经济和社会的独特精干力量。第二，当前老一代对多样化的商品和服务的需求巨大，因为他们越来越向往独立的生活方式和高质量的生活。第三，人们对创新产品和服务的需求中和了社会文化对生死问题的敏感性。

作为第一个在银发市场尝试创新解决方案的国家，日本的经验对其他国家有重要的借鉴意义。第一，我们不应忽略老龄化的社会文化层面，因为任何社会的技术革新及其适应性都受制于老龄化的社会和文化背景，它们决定了人口变化及其社会后果的关系，文中所述的日本人愿意适应现代技术解决方案的例子就表明了这一点。第二，日本的经验表明，代际和同生代变化的重要性是我们理解新消费趋势的关键，以不变的、静止的观点认为每一代老年群体都排斥新观念、服务或产品是一个常识性错误。第三，老年人不断增强的消费能力、他们对健康和积极老龄化的强烈意愿，都意味着新的商业机会的拓展。日本是一个新型商业获得成功的绝佳试验场。

参考文献

1 J.C.Campbell, Population aging: hardly Japan's biggest problem. *The Demographic Dilemma: Japan's Aging Society*, Asia Program Special Report, No.107 (Woodrow Wilson International Center for Scholars, Washington, DC, 2003), p.10

2 J.H.Schulz, *Economics of Aging* (Auburn House, New York, 1995)

3 C.Usui, Int.House Jpn Bull.21 (1), 42 (2001). Also published in Japanese as Kokusai Bunka Kaiho12 (1), 54

4 C.Usui, in *The Demographic Dilemma: Japan's Aging Society*, Asia Program Special Report 107 (Woodrow Wilson International Center for Scholars, Washington, DC, 2003), p.16

5 Y.Yamada, Aging in Japan. Japan Aging Research Center (June 2009). http://www.jarc.net/int/?p/271

6 D.Jaffee, *Organizational Theory* (McGraw-Hill, New York, 2001)

7 J.Myles, in *Beyond the Marketplace: Rethinking Economy and Society*, ed.by R.Frieland, A.F. Robertson (Aldine de Gruyter, New York, 1990), p.271

8 OECD, Economic Survey of Japan 2006 (20 July 2006). http://www.ceri-sciences-po.org/archive/sept06/artoecd.pdf

9 International Institute for Applied Systems Analysis, in *Populations Aging, Pensions, and Health*, Options.vol Summer (International Institute for Applied Systems Analysis, A-2361 Laxenburg, Austria, 2003), p.2, 6

10 R.Suzuki, Japan's Labor Productivity Only 61 percent of the United States. Japan Center for Economic Research, Staff Report (15 July 2007). http://www.jcer.or.jp/eng/pdf/kenho070602e.pdf

11 T.Inajima, Japan seniors weather wage slide and boost spending (Updated) (18 Feb 2010). http://www.businessweek.com/news/2010-02-18/japan-seniors-weather-wage-slide-and-boostspending-correct-.html

12 Nomura Research Institute, Japan's Affluent and HNWI Markets Consisted of 903, 000 Households and Amounted to 254 Trillion Yen in 2007, while its Inheritance Market will Expand to 102 Trillion yen by 2015 (1 Oct 2008). http://www.nri.co.jp/english/news/2008/081001.html

13 Dentsu Inc., Dentsu survey estimates the economic impact on consumption resulting from the retirement of baby boomers, News release by Dentsu Inc. Communications Division, No.21-2006 (30 Mar 2006), http://www.dentsu.com/news/2006/pdf/2006021-0330.pdf

14 H.Nitta, Capitalizing on retirement of Japan's first baby-boomers. JETRO Japan Economic Report, April - May (2006). http://www.jetro.go.jp/en/reports/market/pdf/2006_18_u.pdf

15 Japan moving toward more efficient solar power. Japan Today (16 Dec 2004). http://www.ecomall.com/greenshopping/japansolar04.htm

16 PRNewswire Europe, This new generation of Japanese seniors is a consumer powerhouse (22 Mar 2010). http://www.prnewswire.co.uk/cgi/news/release?id/166835

17 JETRO, Attractive sectors: medical care - policy initiatives (January 15, 2010). http://www.jetro.go.jp/en/invest/attract/medical/medical_0909.pdf

18 Asia Pacific Trade Council, *Report of the Japan Market Advisory Group April 2007*, (APTC, British Columbia, 2007). http://www.asiapacifictradecouncil.ca/pdf/japan_report.pdf

19 J.Noguchi, Food business line. Japan Market Development Reports (USDA Foreign Agricultural Service GAIN Report), VII (3) (March 1 - 31) (Global Agriculture Information Network, Tokyo, 25 Apr 2007). http://www.fas.usda.gov/gainfiles/200611/146249483.pdf

20 Targeting the over 60s key to the Japanese market(7 Aug 2006).http://www.scoop.co.nz/stories/BU0608/S00140.htm

21 B.Harden, Japanese stores take convenience to a new level, Washington Post(8 Nov 2008). http://www.washingtonpost.com/wp-dyn/content/article/2008/11/07/AR2008110703512.html

22 AARP Global Network, *How Retailers Are Adapting Stores to Cater to Elderly Shoppers*(16 Sept 2009).https://www.aarpglobalnetwork.org/netzine/Industry% 20News/ProductsandServices/Pages/Howretailersareadaptingstorestocatertoelderlyshoppers19367047.aspx

23 H.Tashiro, I.Rowley, Japan's pampered pet set, BusinessWeek(8 June 2007).http://www.businessweek.com/globalbiz/content/jun2007/gb20070608_699714.htm

24 M.Pehanich, Unicharm crashes in on trends, petfood industry(24 Sep 2008).http://www.petfoodindustry.com/ViewArticle.aspx?id/12636

25 L.Wood, B.Giles-Corti, M.Bulsara, The pet connection: pets as a conduit for social capital? Soc.Sci. Med.61, 1159 (2005).http://www.ncbi.nlm.nih.gov/sites/entrez?db/pubmed&uid/15970228 &cmd/showdetailview&indexed/google

26 D.Lee, Japan sees its future in service robots, Asian Trends(18 Feb 2010).http://uniorb.com/ATREND/Japanwatch/servicerobot.htm

27 List of Tamagotchi Releases(January 15, 2010).http://en.wikipedia.org/wiki/List_of_Tamagotchi_releases

28 Tamagotchi.http://en.wikipedia.org/wiki/Tamagotchi

29 F.L.Schodt, *Inside the Robot Kingdom: Japan, Mechatronics, and the Coming Robotopia*(Kodansha International, Tokyo, 1988)

30 SONY, Press releases (25 Jan 2000).http://www.sony.net/SonyInfo/News/Press_Archive/200001/00-002E/

31 Trends in Japan, Cuddly Robot Comforts the Elderly (Sept 2009), http://web-japan.org/trends/09_sci-tech/sci090917.html

32 J.Sanders, From science to fiction to reality: personal robots emerge to improve quality of life at work, home and school.Research Horizons Magazine, Georgia Institute of Technology (8 June 2007).http://gtresearchnews.gatech.edu/newsrelease/personal_robotics.htm

33 J.Brooke, Japan seeks robotic help caring for the aged.New York Times(5 Mar 2004).http://www.nytimes.com/2004/03/05/international/asia/05JAPA.html?ex/1393822800&en/eb854fe2a4e6c9bd&ei/5007&partner/USERLAND

34 Automatic Human Washing Machine (14 Apr 2009).http://www.impactlab.com/2009/04/14/automatic-human-washing-machine/

35 Japan unveils "robot suit" that enhances human power.Space Daily (7 June 2005).http://www.spacedaily.com/news/robot-05zq.html

36 Y.Kageyama, Robot suit for rent in Japan to help people walk(7 Oct 2008).http://www.msnbc.msn.com/id/27066773/

37 A.L.Webb, Japan's dying industry.Newsweek International (23 Dec 2002), http://www.newsweek.com/id/66864. (Updated version 29 Oct 2007, http://www.newsweek.com/id/66864/output/print)

38 JETRO, Trends in the Japanese funeral industry.Japan Economic Monthly(Feb 2006).https://www.jetro.go.jp/en/reports/market/pdf/2006_13_p.pdf

39 J.W.Traphagan, J.Knight(eds.), *Demographic Change and the Family in Japan's Aging Society*(SUNY, Albany, 2003)

第25章

印度：人口转型的机遇与挑战[①]

Suresh Paul Antony，P.C.Purwar，Neelam Kinra，Janakiraman Moorthy

摘要： 印度正经历着人口转型。2050年，印度60岁以上的年龄群体（老年人口）预计将增长四倍，而0～14岁的年龄群体（儿童人口）保持不变。到那时，印度的人口结构及分布将与当前老龄化指数较高的国家非常相似。老龄化指数高表明老年人口多于儿童人口，正如当前的俄罗斯和英国。人口规模、人口结构和人口分布的变化将对公共政策和商业造成影响，印度政府现已采取大量措施加以应对。在商业领域已出现许多针对老年人的产品和服务，还有许多适用于所有人的产品和服务。如果消费者对这些产品的消费目的不同，企业就需要重新定位。印度决策者应该从公共政策和商业的角度，认真研究老龄化指数较高国家的经验，以应对人口转型带来的挑战。

1.引言

世界人口在快速变老，人口年龄的中位数已从1950年的24岁上升至2000年的27岁，2050年预计将上升至38岁。老年人口[②]的数量增长最快，其增长速度是总人口增长速度的5倍，老年人口的比例将从1950年的8%和1970年的10%增长至2050年的22%。（见表25-1）

世界各地人口老龄化[③]以不同的强度在不同的时间发生着（见表25-1）。在发达地区，2050年，人口老龄化指数将翻倍至212，在像印度这样的欠发达地区和最不发达地区，人口老龄化指数将翻四倍，分别为99和41。在同期的50年里，世界发达地区的人口年龄中位数将从37岁上升至46岁，而欠发达地区的年龄中位数将从24岁上升至37岁，在最不发达地区，人口年龄中位数将从18岁上升至29岁。

---

① 本章是第一作者的博士论文，作者被授予"印度勒克瑙管理学院会员"奖。

② "老年人口"指60岁以上的人。

③ 人口老龄化指老年人口占总人口的比例变大的过程。人口老龄化的本质是人口变化，该过程先是死亡率下降，其次是生育率下降[2]。

表25-1 **1950—2050年世界各地的人口老龄化情况**[1]

地区	年份	各年龄段的人口分布（%） 0~14岁（儿童人口）	15~59岁（劳动人口）	60岁以上（老年人口）	年龄中位数（年龄）	老龄化指数
世界	1950	34	58	8	24	24
	2000	30	60	10	27	33
	2010	27	62	11	29	41
	2050	20	58	22	38	112
发达地区	1950	27	61	12	29	43
	2000	18	62	19	37	106
	2010	17	62	22	40	132
	2050	15	52	33	46	212
欠发达地区[a]	1950	37	56	6	22	17
	2000	33	59	8	24	23
	2010	29	62	9	27	30
	2050	20	59	20	37	99
最不发达地区	1950	41	54	5	20	13
	2000	43	53	5	18	12
	2010	40	55	5	20	13
	2050	27	62	11	29	41

[a]印度的人口参数属于欠发达地区。

世界老龄化指数①已从1950年的24上升至2000年的33，2050年预计将增至112。这些数字表明年轻人口数量正在萎缩，发达地区的人口老龄化时间更早，而世界其他地区的人口老龄化进程正在不断加速。

本章研究了印度人口变化的方方面面，也讨论了人口分析对营销规划的战略作用。人口变化对市场营销有两个重要影响——新产品和服务开发、现有产品和服务的重新定位。这里，我们着重强调了印度营销商采取的一些应对策略。最后，我们将为处于人口老龄化进程早期阶段的国家提供一些经验。

2.印度的情况

传统上，印度一直是一个经济增长缓慢的国家。但是，过去数年它展现了较强的经济活力，并一直维持着较高的经济增长速度。虽然各邦州、城市、农村地区的确存在不同程度的收入差距，但印度拥有2亿左右世界最多的中产阶级群体，占人

① 老龄化指数是老年人口数量与儿童人口数量之比。该指数超过100，意味着老年人口数量高于儿童人口数量[2]。

口总量的20%，他们的消费水平也比较高。然而，印度1/3以上的消费支出却是由占人口总量10%的1亿人消费的。我们可以将他们看作大手笔的消费者，他们的消费推动着经济增长。“实用”商品的渗透率要比奢侈品、舒适品、高质量生活方式的商品高得多[3]。

仅次于中国，有着世界第二大老龄人口的印度正经历着人口转变[4]（见表25-2）。印度的人口参数属于世界欠发达国家（见表25-1），它的人口老龄化指数将由1950年的14和2000年的19上升至2050年的107；2050年，印度人口的年龄中位数将和世界人口的年龄中位数一样，都是38岁。自21世纪初以来，印度老年人口的增长速度高于总人口的增长速度。有研究预测印度老龄人口的这一增长速度将持续到2050年。尽管印度当前的老年人口增长率很高，但在1950年老年人口仅为2 000万。截至2000年，印度的总人口已经翻了3番超过了10亿人，老年人口却翻了4番增至7 000万。劳动人口与总人口增长速度一致，儿童人口增长速度却十分缓慢（见表25-2）。

表25-2　**1950—2050年印度的老龄化人口**

年份	各年龄段[a]的人口分布			总计	年龄中位数（年龄）	老龄化指数
	0-14岁（儿童人口）	15~59岁（劳动人口）	60岁以上（老年人口）			
1950	139（37）	212（57）	20（5）	372	21	14
2000	365（35）	608（58）	70（7）	1 043	23	19
2010	374（31）	749（62）	92E（8）	1 214	25	24
2025	354（25）	919（64）	159（11）	1 431	30	45
2050	294（18）	1 004（62）	316（20）	1 614	38	107
（1911—1950）增长	—	—	9（74）	120（48）		
（1950—2000）增长	226（162）	395（186）	50（248）	671（180）		
（2000—2050）增长	-71（-19）	397（65）	246（352）	571（55）		

[a]数字单位是百万，括号中的数据单位是百分比。

接下来的50年里，印度人口总量和劳动人口数量预计都将增加一半，儿童人口数量不变，老年人口将增长4倍。届时，3.16亿老年人口将远远超过2.94亿的儿童人口，老年人口也将成为仅次于劳动人口的第二大年龄群体（见表25-2），这也表明印度的年轻人口数量在不断萎缩。

在印度的不同地区，情况也有所差别。农村地区老年人口比例高于城市地区，印度南部的喀拉拉邦已成为老年人口比例最高的地区。老年人口比例在南部各邦也比较高，东部和东北部地区相对较低。在旁遮普邦、哈里亚纳邦和喜马偕尔邦等经济相对发达的州邦，老年人口比例也较高，这些邦和南部各邦在许多社会经济指标方面表现很好，在降低人口增长率方面也非常成功。在最贫穷的州邦中，奥里萨邦的老年人口比例很高，这一地区的人口情况既像农村也像城市。

此外，随着数代同堂大家庭体系的瓦解，老年人的社会经济状况也发生了巨大变化[4]。数代同堂大家庭曾是照顾老人、病人、寡妇、孤儿的传统社会单位。1981—1991年老年人的抚养比率①有轻微的增长。这里情况再次有所差别，老年女性的抚养比率略高于老年男性，农村地区的老年赡养比率高于城市，农村地区的老年赡养比率较高或许是因为大量劳动人口向城市转移造成的。

2000年印度的人口年龄分布和世界欠发达地区的人口年龄分布情况相似，但是，2050年印度的人口年龄分布将更接近当前的发达国家和地区（见表25-1和表25-2），这也表明印度人口的年龄结构正在发生变化。

老龄化有两个关键的问题。Galbraith认为，“一是每个人如何应对老年；二是包括政府在内的更大的社区如何应对老年人的需求”[5]。Drucker[6]指出，这样的人口变化和人口年龄分布变化将对退休、养老金、住房、公共政策、卫生保健、劳动力市场、商业和营销等方面产生深远的影响。例如在美国、欧洲和日本，随着婴儿潮一代②的退休，这些国家的财政赤字将不断扩大[8]。印度储备银行已经提出财政整顿方案，以应对老龄化带来的日益严重的国家财政赤字[9]。在印度，见证了人口老龄化影响的例子是喀拉拉邦，该邦的养老金支出远远高于工资支出，这一情况正在给印度带来灾难[10]。

在公共政策层面，印度最近几年开始对人口老龄化有所作为。老年人国家政策法案[11]的颁布就是一个很好的例子，印度政府还推出了“老年人国家计划”，预期支出40亿卢比③（1亿美元）[12]。

2004年，印度政府推出了老年公民储蓄计划，这一计划提供了较高的差别利率，不到一年时间就吸引了800多亿卢比（20多亿美元）的储蓄[13]。2009年3月到9月的6个月时间里，单是这一计划之下的邮政部门收到的存款就翻了四番，达到了300亿卢比（7.5亿美元）[14]。在最近一项财政预算中[12]，印度政府进一步扩大了该计划的投资所得税优惠，目标是为弱势老年群体提供安全合理的投资回报，以免利率降低导致他们的实际收益缩水。

① 抚养比率指每100个劳动人口中的老年人口数量。

② 婴儿潮一代指出生于第二次世界大战后1946—1964年之间的人[7]，该定义也适用于这一时期美国出生的人。

③ 1美元≈40卢比。

这一举措对老年人的福利至关重要，因为许多老年人在无组织的领域就业，他们享受不了养老金，只能依赖退休金投资所得的利息收入。而且，印度的社会保障措施才刚刚起步。

许多金融机构也对老年人的金融需求做出了响应，例如HDFC银行的农村和城市支行为老年人规定了较低的储蓄账户余额要求[15]，尽管商业银行近期宣布降低定期存款利率，但它们仍继续为老年人提供可观的存款利率[16，17]。

1995年，印度政府实施国家老年人养老金计划解决穷人的社会保障问题。2007年，其更名为印度甘地国家老年人养老金计划，进一步将其范围扩大至所有贫困线以下的老年人，即20%的印度老年人口——1 600万老年人将从中受益[18]。在最近的预算中，政府将为这一计划提供340亿卢比（8.61亿美元）的财政支持[12]。

另一个与老龄化相关的问题是老年人缺乏偿债能力。拥有一套房子是大多印度人的基本目标，许多人在工作期间就买了房子，但这些房子大多是他们使用免费的住房贷款购买的。到了家庭生命周期的晚期，许多家庭在教育、孩子婚姻上花费颇多。退休之后，老年人剩下能提供稳定现金来源的资产很少。鉴于此，印度政府推出了反向抵押计划，为那些有房子但收入低的老年人提供财政收入[19]。政府进一步提出不对老年人的这些收入来源征收所得税[12]。此外，印度国家住房银行最近为老年人推出了一项终身反向抵押年金贷款，这是对它早期计划设定的20年偿还期的改进[20]。印度中央银行和星盟卡人寿保险公司在这一改进后的计划下，联合推出了CENT Swabhiman Plus[21，22]，这将使该计划更具吸引力。

除了这些之外，印度政府还为公共健康拨款70亿卢比（1.75亿美元），重点投向致力于老年护理及康复的国家计划[23]。2007—2012年的十一五规划中，印度政府计划建立包括八个区域研究中心的两个老龄化国家研究院，另在各邦的研究中心设立一个老年医学部门，有些私立医院早已设立了老年医学部门[24]。

人口转变不仅影响着人口结构和年龄分布，也影响着消费市场，我们将在下面的章节中讨论。

3. 人口分析

人口统计能解释三分之二的人口现象，它们可以帮助我们预测产品需求……（引用加拿大人口统计学家David K. Foot[25]，p.188）

作为最重要的变量，人口统计变量描述并提供了人口规模①、人口结构和人口

① 人口规模由生育率和出生率、预期寿命和死亡率、人口迁移决定，指人口数量。人口结构指用年龄和性别等变量来描述人口。人口分布指人口的地理分布[26]。

分布等研究数据。

3.1 市场规划

人口分析是市场规划的第一步。在消费者行为研究方面，人口变化趋势比其他变量更可靠[25]。人口统计学特征相对直观，并有大量的细分市场特征信息，如青少年人口规模和经济实力等信息。处于同一年龄段和生命阶段的消费者倾向于购买相同的产品。他们也有许多共同点，如相同的价值观和文化体验[27]。但是，同一年龄群体的人对相同产品的反应却不相同[7, 28, 29]。因此，如果同一年龄群体对相同产品的反应差别很大，那么可想而知，不同年龄群对相同产品的反应更大、更明显。

当我们不了解一个市场或一个正在变化的市场时[25]，人口统计资料就派上用场了。比如，我们可以利用媒介受众人口特征统计数据，相对有效地实现媒体目标[30]。

当营销商想获得人口统计资料无法提供的信息时，心理统计变量和人格变量可以帮助他们识别和定义细分市场。我们常常将人口统计资料和其他资料，如心理统计资料结合，形成细分市场的描述符号。在这个意义上，年龄是衡量消费者行为中其他基本差异的一个代表变量[25, 31]。

人口分析也从社会视角提出了一些宏观营销问题。在这里，消费者的易损性及其他营销行为后果等问题十分重要。虽然消费者行为研究关注的主要是微观问题，但它却根植于宏观营销[25]。

随着人口老龄化，人们对医疗保健、护理、退休住房以及老年产品和服务的需求必然增长。虽然儿童人口数量不断减少，但儿童群体的重要性却不会下降。随着小家庭越来越多，父母也有能力消费高质量的产品和服务。

世界范围的老年或“再年轻”市场是增长最快的细分市场（见表25-1和表25-2），这一细分市场的特征是空巢家庭、可支配收入多但消费机会少、时间多，以及不断积累的实际年龄和体验等[25]。另外，通货膨胀会导致实际收入下降。

很显然，当有些年龄群体的规模和经济实力增强时，人口变化带来的是机遇；而当另一些年龄群体仅仅是规模下降，人口变化就会带来威胁。我们将在下面的章节中介绍人口变化的这些影响。

4. 人口变化对营销的影响

在这里，我们将探讨人口变化对营销的两个影响——新产品和服务开发，现有产品或服务的重新定位和品牌策略。

4.1 新产品和服务开发

如果老年人的需求没有得到满足或只有部分得到了满足，如果这一市场规模巨大且有利可图，那么，营销商可以专为老年人提供新产品和服务，如翻新的老年友好浴室、特殊的旅行袋、化妆品、卫生保健品、退休住宅和养老基金等。能做到这些，就表明营销商在新产品和服务开发方面对老年市场的反应良好。

例如，据报道，班加罗尔国家心理健康和神经科学研究院（NIMHANS）的一位科学家研制出减缓老年人认知能力下降的草药[32]。老年杂志《和谐》已由蒂娜·安巴尼在《今日印度》上推出[33]。名为"四轮马车"的四座电力汽车、低底板公交车、具备轮椅便利设施的公交车、老年智能卡公交通道也是此次推出的产品和服务[34—36]。政府住房领域也采取了大量措施，在全国范围内推出了适合不同经济水平老年人的多种住房项目[37—39]。

政府在其他领域还推出了针对老年人的旅行和旅馆配套服务[40, 41]。旅游业的龙头公司考克斯金旅游公司报告称预订国外旅行套餐的老年人越来越多[42]。印度航空公司最近宣布为老年人提供20%的飞机票折扣优惠[43]。金融服务业专家的非正式讨论表明，老年人成为在线股票交易和共同基金等服务的一个规模不断增长、颇具影响力的客户群体。

与勒克瑙①领先的耐用消费品零售商的深度访谈表明，零售商十分了解老年消费群体。这里有两个微妙的变化：第一，他们认为老年人是一个独特的细分群体，消费动机不同于其他群体；第二，他们经常看到老年人成群结队地走进产品展览馆，又一起做出购买决定。

"老年消费者在你的商店买什么？"零售商对这个问题的反应通常是，"哦，他们买的基本上都是年轻人买的东西。"除了手表、项链、礼服、甜肉、礼物之外，老年人还购买冰箱、空调、微波炉、家具（包括电脑桌）、休闲产品、烤箱、音响、音像产品等多样化的产品。

于是，我们想知道年轻人是否对这些产品也感兴趣，受访者的回答颇有见地。例如，在戈德瑞商店："老人喜欢Storwel品牌②的衣橱，年轻人喜爱Slimline品牌。"Slimline外观时尚、现代、先进。我们推测老年人之所以喜欢Storwel，是因为它是复古风格的知名品牌。因而，Slimline不以老年人为目标看似合理。但我们不清楚戈德瑞采用的是否是一个经过深思熟虑的双品牌战略，来区隔无年龄限制③产品类别中的两个品牌。

像餐桌、沙发等其他产品类别也存在相似的年龄偏好差异，年轻人偏爱玻璃餐桌，老年人喜欢木头餐桌。在沙发产品中，年轻人偏爱豪华的沙发。在Titan系列

---

①　勒克瑙是印度北部北方邦的首都。

②　衣橱或橱柜由木头或金属制成，戈德瑞的产品系列是金属做的。在每个印度家庭里，衣橱是必备的，人们用它们存储珍贵的珠宝和衣服。

③　我们称那些能被所有年龄群体使用的产品类别为无年龄限制产品，如牙膏或衣橱的普通变体。相较之下，像成人纸尿片一类的产品是分年龄的。

手表中，我们也发现了相似的年龄偏好差异。老年人和年轻人都很喜欢价格在2 000～5 000卢比（30～75美元）的Regalia和Royalle品牌手表。但是，老年人似乎对Nebula品牌情有独钟，该品牌手表价格在21 000～80 000卢比（314～1 198美元）之间。我们不知道老年人是否是当作礼物来买Nebula手表的，就像他们买甜肉一样。Blackwell[25]等人也指出，老年人为奢侈品、旅行相关的产品和服务、金融服务等行业营造了良好的发展前景。

还有一些相对较新的且具有一定决策替代能力的高科技产品，如手机、数码相机，许多这样的产品很受老年人欢迎，但像存储手机号码或更新服务、购买工具的决定，老年人更多地依赖家里的年轻人。

这些观点看似趣闻轶事，还需严密的研究考证。不过，值得注意的是，至少零售商们已经意识到了产品偏好方面的年龄差异。但制造商们尚未设计出整体、一致的策略。比如，我们看不到针对老年人的任何专卖品，也没有标识符合老年人需求的产品。

《经济时报》指出，虽然老年人正在被营销商盯上，但是理解老年人的要求却困难重重[44]。这意味着营销商针对老年之家的老年人营销产品和服务比较轻松。但无论如何，他们并没有花费太多心思去理解老年人不同的消费动机，因此也就谈不上无年龄限制产品和服务的营销了。下面的章节我们将讨论这类产品的重新定位策略。

4.2 对现有产品和服务的重新定位和品牌策略

年轻人口数量减少"将从根本上改变市场，家庭构成数量的增长已成为发达国家拉动内需的强大动力"[45]，营销商也不得不做出重大调整。Loudon和Bitta[46]重述着沃特迪斯尼、美国格柏公司、可口可乐等企业的成长史，它们一个个将目标客户从年轻群体转向老年消费者。在年轻人口萎缩的现实情况下，这些重大调整势在必行。

在印度，Cadbury Dairy Milk品牌已将目标消费群体从传统的儿童群体扩展至青少年群体。在电话调查中，该公司发言人说，Cadbury Dairy牛奶现在主要瞄准青少年。其近期广告使用的形象代言人是印度年轻人的偶像——电影明星Amitabh Bachchan，值得注意的是，在广告中他的胡子和头发花白（即老年人形象）。对Cadbury Dairy公司过去几十年的广告分析清晰地表明，该品牌的目标群体已从儿童转向了成年客户。其他许多广告也将Amitabh Bachchan作为品牌代言人，这必须放在社会对老年人的刻板印象这一背景下来看待。

由于不同年龄群体对产品种类的需求多种多样，因此家庭消费开支将发生重大变化。比如，老年人会购买更多非处方药和个人护理产品[46]。值得注意的是，虽然老年群体和年轻群体可能会共用很多种产品，但他们使用的量可能不一样。

通常以年轻消费群体为目标的产品，如巧克力，可以重新定位为老年消费品。

但如果将老年消费者作为某类产品的目标群体，这种消费品可能会对当前的年轻客户失去吸引力。这个问题不能忽视，因为很多营销商认为年轻客户是其当前产品和服务的主要目标。

5.结论

并不是所有营销商都对其采用的策略深有把握[7]。Kennett[47]发现，与其他产业相比，金融服务业针对老年人的策略实施进展缓慢，这或许也是其他行业的真实写照。此外，像电信、土地、移动电话、金融产品等高度管控行业，很难从本质上使其服务多样化。

当前年轻群体的消费支出比例很大，他们也得到了极多的营销关注。随着许多产品被各种年龄群体接受，营销商必须决定是否要根据老年消费者的需求对产品进行重新定位。也因此，理解老年消费者的消费动机就变得尤为重要。在这样的人口和营销背景下，能否将现有的消费者行为知识直接套用到老年消费者身上？营销商在缺乏知识和经验的情况下开发老年营销策略，看似合理；而开发适用于所有年龄群体的产品和服务，貌似更加合理。

至少在印度，很多营销商似乎尚未接受人口老龄化这一事实，他们觉得这只是个近期现象罢了。因为先前这一年龄群体还没有大到值得我们关注——1950年为2 000万，2000年为7 000万，但预计2050年将达到3.16亿。老年人口比例稳步上升，2050年预计将达到总人口的20%，远远高于儿童人口（见表25-2）。过去50年，这个数字翻了四番，未来50年，该数字还将翻四番，而届时的总人口却仅增加一半。甚至在世界范围内，直到现在老年人的数量和比例都没有如此之大，与年轻群体相比更是如此。

"老年"印度人或许应该为生命周期消费模式发生的剧变负责。当受过良好教育的和富裕的一代变成老年人[48]，他们的消费增长速度比其他任何群体都快。但是，我们也应该认识到，并非所有印度老年人的消费模式都会发生剧变。

晚年没有经济保障是有关老年人的国家政策关注并详尽阐述的一个领域[11]，对营销也有影响。还有几个原因会加重这一状况：小的核心家庭数量增加、人口向城市转移、妇女工作角色的转变等。印度1/3的人口生活在贫困线以下，这还是最保守的估计。另外1/3人口虽然生活在贫困线以上，但却是低收入人群，其余的是中高收入人群。

有关老年人的国家政策[11]也认识到了老年人口比例巨大的这一事实：

……中高收入人群的经济状况更好，他们有一定的金融保障，也有较好的职业和教育经历，他们在60多岁甚至70多岁时还能积极地生活，而且一直以积极的心态寻求更积极、更有创造力和令人满意的生活机会。

令人欣慰的是，印度政府已确定为弱势老年群体开发政策工具。如前文所述，过去几年，政府已采取了一些措施。慢慢地，这些措施会对老年人的消费支出产生巨大影响，并以合理的价格提供产品打开迄今尚未涉足的市场。金字塔底层的人口数量巨大，2050年这一群体数量将达到1亿，这是一个不容印度营销商忽视的机遇和挑战。

仅仅预测这些趋势是不够的，我们要看到整个社会特别是营销商如何应对人口转变。虽然我们看到了公共政策方面的举措，但考虑到收入不均、抚养比率、老龄化指数、跨地区和性别等问题，解决印度人口老龄化问题更需要大家齐心协力。与欠发达和不发达地区的国家分享这些经验，将十分有益。

更重要的是，2050年的印度人口老龄化指数将超过100，届时印度的人口结构和分布将和现在的俄罗斯、英国、爱尔兰、瑞典相似；这些国家当前的人口老龄化指数已经超过了100。因此，我们可以很“安全”地推测，印度在人口转变方面“落后”这些国家50年。

因此，从公共政策和商业的角度来看，首先，仔细审视这些国家的情况和经验，对处于人口转变早期阶段的国家（如印度）来说极为有利；其次，我们必须采取措施应对人口老龄化带来的后果。

参考文献

1 United Nations.*World Population Prospects: The 2008 Revision(medium variant)*(Population Division, Department of Economic and Social Affairs, United Nations, Washington DC).http://esa.un.org/unpp.Accessed 15 Feb 2010

2 United Nations.*World Population Prospects: The 2004 Revision*(Population Division, Department of Economic and Social Affairs, United Nations, Washington DC, 2004).http://esa.un.org/unpp.Accessed 21 Jan 2006

3 Indicus Analytics.*The Size of the Indian Market: 2000 and Beyond - Final Report for Reebok India Limited*(Indicus Analytics, New Delhi, 2000).http://www.indicus.net/Home.aspx?id/Studies&submid/Consumer% 20Economics% 20% 26% 20Market& sr_no/10005.Accessed 10 Aug 2007

4 Planning Commission.*National Human Development Report 2001*(Government of India, New Delhi, 2002)

5 J.K.Galbraith.John Kenneth Galbraith's notes on aging.Encyclopædia Britannica Online(1999) http://search.eb.com/eb/article?tocId/9344838.Accessed 02 July 2005

6 P.F.Drucker, Population trends and management policy.Harvard Bus.Rev.29 (5), 73 - 78 (1951)

7 G.P.Moschis, E.Lee, A.Mathur, Targeting the mature market: opportunities and challenges.J. Consum.Mark.14(4), 282 - 293(1997)

8 P.Engardio, C.Matlack.Global aging.*Business Week Online*, 31 Jan 2005

9 Renewed focus on fiscal consolidation vital: RBI to meet the challenges arising from an aging population.*Financial Express*, 05 Oct 2004, p.10

10 M.S.Varma, Pensions growth a nightmare.Financial Express31, 5(2006)

11 Ministry of Social Justice and Empowerment.*National Policy on Older Persons*(Government of India, New Delhi, 1999) http://socialjustice.nic.in/social/sdcop/npop.pdf.Accessed 10 July 2007

12 P.Chidambaram, *Budget 2008 - 2009: Finance Minister, P Chidambaram's Speech Before the Parliament*(Ministry of Finance, Government of India, New Delhi, 2008)

13 Senior citizens' saving scheme proves a hit.*Economic Times*, 08 Apr 2005, p.3

14 Post Office deposits surge on interest, safety scores: Total deposits have gone up by 32 percent in Apr - Sep 2009.*Business Line*, 12 Dec 2009, p.1

15 HDFC Bank revises AQB requirements.*Economic Times*, 02 Feb 2010, p.14

16 Karnataka Bank cuts deposit rates.*Business Line*, 30 Oct 2009, p.6

17 Lakshmi Vilas Bank revises interest rates.*Financial Express*, 01 Oct 2009, p.13

18 M.Singh.*PM Launches Indira Gandhi National Old Age Pension Scheme*(Prime Minister's Office, New Delhi, 2007).http://pmindia.nic.in/speech/content.asp?id/614.Accessed 19 Nov 2007

19 Aged can earn from property.*Business Standard*, 01 Mar 2007, p.3

20 National Housing Bank launches life-long reverse mortgage annuity for senior citizens.*Financial Chronicle*, 29 Oct 2009, p.3

21 Central Bank's reverse mortgage loan product offers life-time annuity: Tie-up with Star Union Dai-chi Life Insurance for CENT Swabhiman Plus.*Business Line*, 11 Dec 2009, p.6

22 New reverse mortgage product unveiled by Central Bank of India in association with Star Union Dai-chi Life Insurance.*Economic Times*, 11 Dec 2009, p.9

23 Centre allocates over Rs.700 crore for public health.*Chronicle Pharmabiz*,29 Mar 2007,p.32

24 Manipal hospital adds geriatrics department.*Business Standard*,26 Feb 2007,p.5

25 R.D.Blackwell, P.W.Miniard, J.E.Engel, *Consumer Behavior*, 9th edn.(Thomson Asia, Singapore,2002)

26 B.R.Lewis.Demographics, in *The Blackwell Encyclopedia of Management*, ed.by C.L.ooper (Blackwell,Oxford,2007)

27 M.R.Solomon, *Consumer Behavior: Buying, Having, and Being*, 5th edn.(Prentice-Hall of India,New Delhi,2002)

28 G.P.Moschis, Marketing to older adults: an overview and assessment of present knowledge and practice.J.Consum.Mark.8(4),33 - 41(1991)

29 P.T.Sorce, P.R.Tyler, M.L.Loomis, Lifestyles of older Americans.J.Serv.Mark.3(4), 37 - 47 (1989)

30 C.D.Schewe, Marketing to our aging population: Responding to physiological changes.J.Consum.Mark.5(3),61 - 73(1988)

31 P.F.Bone, Identifying mature segments.J.Consum.Mark.8(4),19 - 32(1991)

32 Herbal drug to arrest cognitive decline.*Express Pharma Pulse*,08 Oct 1998,p.11

33 Harmony - a magazine for senior citizens launched by Tina Ambani, India Today group to distribute.*Insight Media*(14 Jun 2004)

34 BEST plans to buy 30 low-floor buses.*Auto Monitor*,15 Nov 2004,p.28

35 Buggy comes to aid of elderly,disabled.*Times of India*,29 Apr 2007,p.4

36 Bus transit systems: Update on recent initiatives - Mumbai.*Indian Infrastructure*, 31 Oct 2009,p.64

37 Corsendonk hospitality arm extends to elderly in India.*Economic Times*,25 May 2005,p.8

38 LIC subsidiary plans to set up communes for senior citizens.*Times of India*,05 Jul 2002,p.13

39 LICHFL launches retirement village.*Realty Plus*,30 Apr 2006,p.14

40 Taj hotels unveils new package for the elderly.*Financial Express*,05 Aug 2003,p.4

41 TCI launches senior citizen holidays.*Express Travel & Tourism*,31 Aug 2004,p.13

42 The I and me consumer.*India Today*,12 Jul 2004,p.20

43 Air India senior citizen offer.*Financial Express*,21 Nov 2009,p.5

44 Urban - rural split impacts senior citizens.*Economic Times*,13 Nov 2004,p.1

45 P.F.Drucker.*The daily Drucker: 366 days of insight and motivation for getting the right things done.*(HarperCollins,New York,2004)

46 D.Loudon, A.J.Della Bitta, Consumer behavior: concepts and applications, 3rd edn.(McGraw-Hill,New York,1988)

47 P.A.Kennett, Marketing financial services to mature consumers.J.Serv.Mark.9(2), 62 - 72 (1995)

48 Euromonitor, *Consumer Lifestyles in India*, (Global Market Information Database)(Euromonitor,Singapore,2004)

第26章

银发市场与商业客户：工业市场的机遇？

Peter Mertens，Steve Russell，Ines Steinke

摘要：人口变化将会给企业带来不同挑战。所有三极化国家65岁以上的人口比例都会增长。同时，日本和德国的年轻人数量以及所有教育层次招收的人数都将大幅下降。在美国，技能精湛和受过高等教育的工人将极为短缺，老年就业率因此会上升。在这个背景下，企业可以在不同层面对人口变化做出反应：一方面，通过开发、销售辅助老年人的产品和服务，将人口变化转变为商业机会；另一方面，企业将不得不应对青年工人减少这一现实。这里有如下几种应对措施：（1）预防因工人退休造成技术流失；（2）适应老年工人；（3）用最少的工人求生存。企业采取这些措施生产的B2B产品和服务有助于解决上述问题。我们反过来一一审视这些措施的可行性，发现它们带来的理念具有如下几个特性：（1）实际上都是企业对客户（B2C）的产品；（2）都是管理或组织的解决方案或服务；（3）不只对老年工人有益，而是惠及所有工人。我们因此得出的结论是，最适合B2行业银发市场的技术产品并不是老年专用产品，而是强调可用性和解决问题的“为所有人设计”的产品。

1.引言

人口统计数据显示，所有三极化国家65岁以上与65岁以下的人口比例将增加两倍（见图26-1）。

老年人口比例大幅增长将对社会方方面面造成严重影响。比如退休和医疗保健融资将面临许多挑战，消费群体变化也将导致购买行为发生改变。本章我们主要关注的是人口变化对企业的影响，包括青年工人短缺、劳动力向老年工人转移等，我们将简要总结这些影响的后果及其为B2B（企业对企业）带来的商业机会。我们首先要仔细分析一下统计数据。

尽管上述预测是基于未来的出生率和迁移人口的数据，但人口变化对企业劳动力的影响并不明确。因为即将工作20年的20多岁的年轻人已经出生了。看一下日本、德国和美国的年龄“金字塔”就知道这是一个不争的事实。

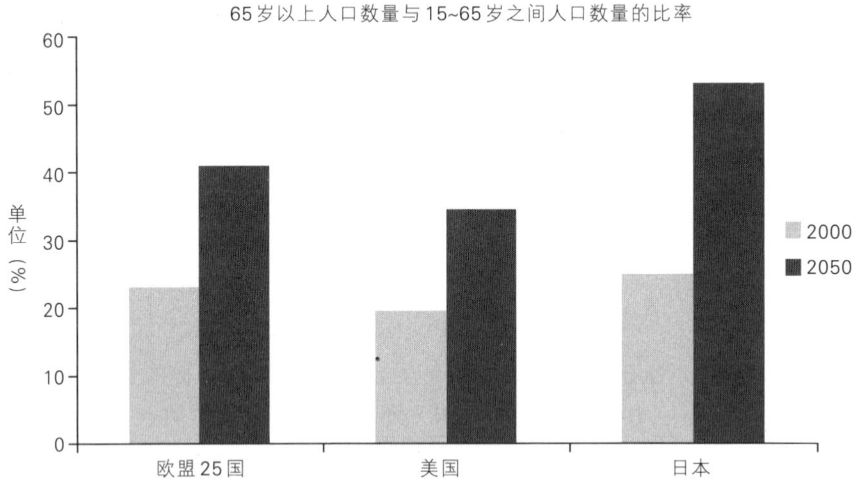

图26-1　老年赡养比率：即65岁以上人口数量（退休人口）与15~64岁人口（工作年龄人口）数量之比[1—3]

日本，第二次世界大战后几年十分明显的婴儿潮带来了人口增长高峰，这一群体目前正大规模步入退休阶段。因而，日本当务之急便是保留这些即将退休的婴儿潮一代的知识和技能[4]，这一情况与美国极为相似。

在日本，人口变化的另一个影响是：尽管婴儿潮一代的子女人口数比他们的父母少，但婴儿潮一代的数量却产生了一代“回声婴儿潮”。持续下降的人口出生率导致“回声婴儿潮”的生育率极低，新生儿数量仍在不断减少，2006年日本第一次出现了人口负增长。

美国和德国人口变化的这一影响不太明显。虽然美国的儿童数量一直比较稳定，但企业仍然缺少技艺精湛和受过高等教育的工人。

这一现象在日本也非常突出，工程专业的学生数量正在减少。尽管日本工程学院招收了越来越多的外国学生，特别是来自亚洲其他国家的学生，但是2001—2006年，日本工程专业的学生数量从46.3万降到了42.5万，降幅超过了9%[5]。

德国婴儿潮一代晚于日本和美国，因而德国5~10年后才会出现我们在此探讨的某些挑战。不过据预测，当2010年德国人口开始萎缩时，其劳动力数量将以两倍的速度下降[6, 7]。

正如繁荣的经济需要增长，这种情况也需要解决方案。美国的情况表明，移民和更多女性加入劳动大军只是一部分解决方案。

因此，上述所有国家的老年工人就业率有望增长。为了让大家意识到人口变化问题的严重性，我们提供一些有说服力的数据[2, 8]：

- 2010年，美国25%以上的劳动人口达到退休年龄，届时企业将有近1 000万的用工缺口。

• 55岁以上的美国劳动力数量将从2003年的2 180万增加到2010年的3 100万，是整体劳动力增长速度的四倍。

• 2005—2050年，欧洲联盟（欧盟）国家老年人（60岁及以上）数量将增加近50%，这意味着老年人口将从2005年的1.52亿左右增长至2025年的1.98亿左右，到2050年将达到近2.26亿[2]。

• 欧盟15 ~ 59岁的劳动力将从2005年的4.62亿下降到2025年的4.05亿，2050年将进一步降到只有3.30亿。

图26-2显示，日本和美国的老年工人就业率已经很高，但是在欧盟，为了充分挖掘老年工人的巨大潜力，必须提升老年工人的就业率。

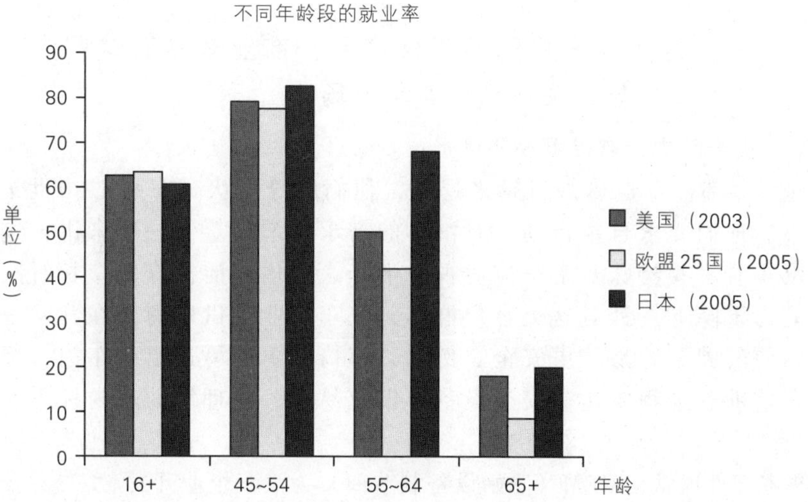

图26-2　不同年龄段的就业率

人口变化既给企业带来了挑战，也带来了机遇。企业如何应对这些挑战，是当前一个非常热门的研究领域，有许多出版物也对其进行了研究[10−13]。根据Mertens等人[12]的研究，我们将人口变化带来的挑战分为五类：

• 确保创新性
• 保留老年工人及其专长
• 适应老年工人
• 降低企业成本和风险
• 其他问题

本章还包含了一些企业行为建议。本章旨在讨论人口变化为企业带来的商业机会，但仅限于B2B领域。我们将这两大类B2B商业理念定义为：

• 帮助通过支持老年工人促进企业的成功

- 通过帮助企业应对人口挑战促进企业的成功

我们将依次探讨这两个领域

2.维持老年工人的B2B商业产品

这个话题与老年人正在使用或遇到的产品，或是专门为他们设计的产品有关。其中，有些产品并非老年人直接购买，而是企业购买再出售给他们并满足他们需求的产品。让我们简单了解一下这两类产品：

- 产品零部件，这些产品最终由老年人购买使用。
- 医疗保健和老年护理市场的产品。

2.1 出售给商业客户的零部件产品：商业客户对这些产品使用、包装或转售，最终到达老年市场

在第一类产品中，有以下一些例子：

- 汽车零部件：退休人口越来越多，他们的身体状况普遍比20世纪的老年人更健康。他们要求自主行动，对汽车的需求量增加。但一般来讲，这类客户群体对汽车有一些特殊要求来应对视力下降、身体灵活性降低、长时间集中注意力的能力下降等。针对这类客户群体，汽车企业和供应商正在开发一些功能和设备，使驾驶更容易、更安全。例如，座椅和更容易进出的车门，提高夜视力、泊车辅助、远程雷达等安全设备，以及易读、易理解的车内标志和使用说明等。

这些零部件通常由OEM（原始设备制造商）为汽车企业开发。

- 老年人将逐渐适应廉价、便利的数码家电产品。例如，自动柜员机（ATMs）和其他费用很低甚至免费的公共服务设备（如机场安检机、自动售票机等等），有利于减少他们办理银行业务和旅行的复杂程度和时间压力。

这些消费辅助产品通常由作为服务商的企业购买，反过来这些服务提供商又影响着便利性设施未来的发展方向。

尽管这两组例子都是B2B产品，但它们具有以下几个共同特征：

- 产品设计将“银发终端用户”放在心上。同样，当我们分析终端用户需求、开展市场研究、了解产品市场接受度时，应将这些B2B产品作为B2C产品来对待。通过对目标群体广泛测试产品的安全性、实用性和可用性，我们的这一主张将得到进一步印证。
- B2B客户对产品设计的影响很大，B2B企业实际上是与终端顾客直接打交道的商业客户。

因此，“OEM的B2B产品”与典型的B2B业务状况不同。

另一个观点强调，成功的B2B公司认为工业客户提升业务最好的方式就是深入了解终端用户的需求，这就又回到了本书多次提及的B2C领域。

2.2　医疗保健和老年护理市场的产品

该市场是由下列一些人口变化和科学事实推动的：

• 全世界65岁以上的人口比例增加。

• 所有国家的人口预期寿命都将增加，其中亚洲、非洲和南美洲人口预期寿命和老年人口数量、比例的增长最为显著。

• 与年龄相关的疾病如阿尔茨海默氏症、帕金森氏症、糖尿病和各种癌症及其他疾病，将会增加。

• 大多数发达国家的医疗保健系统将面临资金压力。

• 由于未来老年人将生活在贫困或新兴的经济体中，这些经济体的医疗保健和护理甚至在现在都存在问题，因此大多数老年人需要特殊护理。

• 生物和医学的巨大进步，使人类可以采用基因组学、蛋白质组学和其他技术延长生命和保持健康。

今天，我们希望利用目前已有的技术进步，探索从本质上能改善老年人医疗保健和护理状况的方法，而重点在于新的治疗理念和提高效率。

2.2.1　预防医学

• 对病人来说，疾病预防比药物治疗更好、更省钱。要做到这一点，好的想法包括增加体外诊断和远程医疗服务，还有使用新的测试和筛查方法。例如，苏格兰卫生官员通过对所有糖尿病患者进行特殊测试防止他们因病失明。苏格兰政府利用西门子的软件，将30万高危人群召集到筛查中心进行眼疾筛查，然后分析测试结果。在筛查中心，医生对病人的眼底筛查能检测出眼睛早期的血管变化，这些变化能反映出病人的静脉钙化情况，而静脉钙化可能与心血管疾病有关。因眼内静脉非常细小，很早就能检测出这些变化。图像识别软件可以自动分析这些影像，帮助医生识别这些变化并将它们分类。

• 采用这种诊断方法的一些例子很适合新兴的经济体，因为许多国家正在利用日益普及的无线通信技术，开发便携、简易的疾病测试设备。因此高效率、高科技且价格合理的诊断设备无论对成熟的还是新兴的经济体都将产生巨大影响。

2.2.2　个性化医疗

• 医学进步给我们带来了个性化医疗的希望，即基于患者基因和蛋白质组成的治疗，针对性更强、效果更好、成本更低，图26-3就展示了这样一个例子。结合血液检验（体外诊断）和成像技术（分子成像）使个性化用药成为可能：（1）体液分析；（2）体外测试查找致病原；（3）PET/CT扫描定位、标记异常特征；（4）完成数据整合，借助知识型IT技术，医生制订出理想的综合治疗方案；（5，6）后续的体外和体内试验显示生物标志物浓度稳步降低，肿瘤缩小。这种个性化治疗不仅最有效，也有助于医生从众多治疗方案中（可能非常昂贵）选择效果最好、最精确的治疗方法。因此，个性化医疗是效果好、成本低的一种方法。

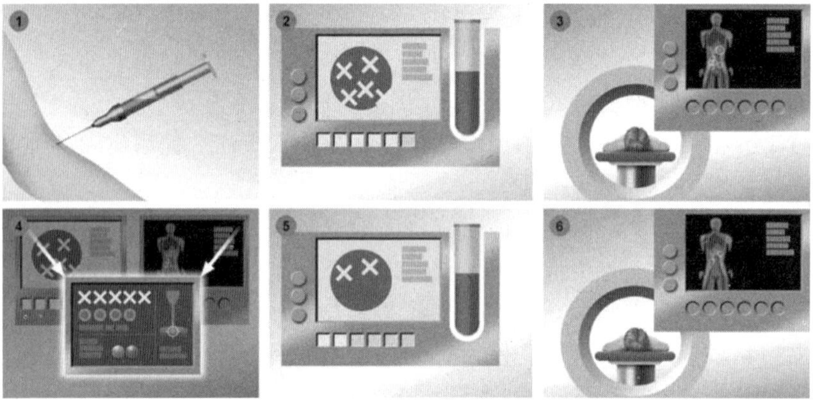

图26-3 未来分子医疗概览：（1）体液分析；（2）体外试验；（3）PET/CT扫描；（4）数据整合；（5，6）后续的体外和体内试验

• 医疗保健信息技术（IT）。目前医院保存病人信息的方式很多：手写病例、X光影像、电脑里的文字和数据、计算机中的CT和核磁共振影像文件等。医院工作人员必须分析这些来源不同的数据，综合思考，判断病人当前的病情。整合这些不同医学专业领域的数据，需要基于计算机协作的新方式、自动翻译特定领域的专业术语、重点关注特定病人的症状和疗程等关键问题。利用现代信息和通信技术，有望提高医院和卫生管理的效率，降低医患沟通和病情监测成本，提高病情的诊断质量和治疗效果。当前的医疗保健信息技术（IT）能使医生将各种检查数据整合于一台电脑上，从而做出病情诊断。同时，病情的图像化展示有利于医生与病人讨论病情的诊断和治疗。

总之，人口变化将对医疗保健和老年护理行业产生重大影响。我们相信，对医生、医院、医疗保险机构和政府来说，通过提供解决方案来提高医疗保健效率的企业，必将获得成功。因此，医疗保健和老年护理市场是B2B和B2G（企业对政府）市场的重要机遇。

生物医学和信息技术的科技进步、人口与财政的绝对值决定着这些市场的驱动特点，这些大规模驱动因素远远比老年消费者的个人健康史、锻炼行为或预算和支出选择等任何细微的个人特性都重要。

因此，我们应有针对性地从保健经济学和生物技术等知识中，寻找评估这些市场中商业机会的特殊方法。

3.帮助企业应对人口变化的B2B产品

针对这一领域，我们建议将产品分为三类：

- 预防因工人退休导致企业损失技能
- 适应老年工人的企业工作环境
- 用较少的工人求生存的企业经营策略

我们将依次分析每类产品

3.1　预防因工人退休导致企业损失技能

许多出版物都对该领域进行了研究[11-13]，两个主要做法是：

- 延迟工人的退休时间
- 做好工人退休离开的准备

上述文献已对第一个方法做了详细讨论，学者们呼吁企业拿出解决老年工人特殊需求的实施计划。通常，企业采取的措施有人事（HR）部门的管理系统、激励计划和长期培训计划。例如，除了减少年龄歧视来保护老年工人的法律地位之外，人事计划也能减少工伤和员工投诉等影响公司业务的情况。同时通过强调合作和尊重的好处和要求，人事部门可以打下高效的代际贡献者基础。比如，通过认可贡献者在社交网络中的团队建设和观点分享，对他们进行销售或生产业绩的激励。随着培训技术的发展，通过模拟虚拟世界和游戏场景或角色扮演等方式来演练各种商业状况，为老年人学习和恢复专业技能提供了新机遇。

上述行为不能直接为企业带来B2B的销售机会，只有咨询和培训能帮助企业制订计划。

第二个商业机会是做好有经验的工人退休的准备，需要做好管理方案（如代际团队）和技术方案（如知识管理）。在这方面，许多学者都强调任何一种解决方案都必须融入企业文化，尤其是要融入企业的人事管理中。

例如，保留知识最好的办法是老年工人退休前将它们传授给青年工人。要做到这一点，企业必须营造一个知识分享的文化氛围，提倡有经验的工人与他人分享知识，也督促青年工人尊重和重视学到的知识和技能。文化分享办公室或生产线建设可以不拘一格。相反，应该对管理者进行培训并对那些在工人互动方面做出贡献的员工给予奖励。企业制订奖励计划和进步标准需要运筹学和社会学方面的知识，还要仔细研究做得好的企业调动工人积极性的措施。当老年工人退休时，利用这些措施，新进的青年工人就能顺利地整合、学习老年工人留下的经验和指导。

接下来，由于企业面临巨大的竞争压力，为了确保知识传递的成本效率，企业必须有一个知识传递的具体过程[11, 12, 14]。

最后，企业的知识传递过程可借助知识管理、培训软件和工具。知识管理有多种形式，包括完善的培训手册、根据上下文搜索信息的工具、确保遵守企业政策、注重应用先前的商业经验。近来有一些简单、有用的方法，如终端用户文档和邮件标签、绘制常见术语的依存关系（分类法和大众分类法）、绘制朋友圈和可靠的信息来源可视化关系图等。更重要的是知道如何通过小范围的个人接触来找到人类经验情境的答案，而不是在巨大的文字数据库中查找一个孤立的事实。因此，实施并改进一系列知识工具和方法，将为未来的全球企业带来更为显著的竞争优势。

因此，知识传递过程可以借助知识管理、培训软件和工具来完成，这是一个深受日本企业喜爱的方法[15]。由于婴儿潮一代大规模退休的现象非常严重，所以日本当前极其重视知识传递。

总之，为预防因工人退休而损失劳动技能，企业有如下几个方面的B2B商业机会：

- 提供咨询和培训服务，提供知识保留计划。
- 提供知识管理软件和咨询服务。

很显然，这些并不能推动大企业的业务发展。

3.2 适应老年工人

如今的老年工人比20年前的老年人更健康且工作积极性更高，今天70岁的老年人相当于过去60岁的老年人。

60~65岁的工人一直都是劳动力，他们并不是新的、过去不存在的群体，只是现在老年工人与青年工人的比例发生了变化。因此，并不会产生新的产品需求，只是向相对重要的需求转变。

上述文献涉及的问题非常广，主要包括：

- 工作环境
- 社会工作环境（代际团队、旅行等）
- 支付计划、保险和养老金
- 工作安排：兼职、退休
- 健康管理
- 终身学习和培训

除了第一个问题，企业其他所有问题都需要针对人力资源管理体系的管理和流程的解决方案。同样，这就成为专业咨询企业而非生产技术产品企业的商业理念。

学习和培训是提高老年工人生产能力、维护自尊心的关键因素，这个问题的解决方案就包括前面已探讨过的知识管理体系。

工作环境

老年工人的生理功能和认知功能在衰退，因此工作环境的设计应将他们考虑在内，满足他们的特殊需求。为了保持老年工人的工作效率和工具使用能力，企业必须想办法弥补因年龄产生的各种局限。因此企业设计一个顾及所有老年人的工作环境非常必要。

无障碍工作环境指：不管个体的身体状况如何，都能使用产品。无障碍的重要性体现在两个层面：

- 老年工人需要一个适当的物理工作环境
- 确保工作场所的软硬件设施无障碍

物理工作环境

物理工作环境的设计要求和商业机会，在于老年工人对健康相关的特定需求和各种监管要求。需要考虑的事项包括：

- 视敏度或听敏度下降
- 体力和耐力下降
- 重复性工作和与移动相关的事故伤害风险较高
- 对高温、潮湿和噪音的忍耐力较低

上述许多问题都可以通过适当的人员配置和一些简单的措施解决，如：

- 良好的通风、空调和温度控制
- 增加环境照明
- 无障碍运输设备（推车、货架、起重机等）
- 降低环境噪音
- 提高对比度

无障碍的软硬件设施

良好的人机交互有助于老年工人有效使用这些工具工作，除了感官（视觉、听觉、触觉）和精细运动能力限制之外，针对老龄化劳动力的设计还必须将与年龄相关的认知变化考虑在内。并非所有的认知能力都会随着年龄的增长而衰退。例如，包含事实性知识的语义记忆不受年龄影响，实际上有些老年人在这方面的表现比年轻人还要好[16]。老年人与年龄相关的损伤和功能衰退程度不一，不仅因人而异，而且形式不同。这些与年龄相关的认知变化主要有：

- 选择性注意力降低，老年人更难以筛选无关信息[17]。
- 工作记忆力下降[18]，完成复杂认知（理解、学习、推理）任务时需要临时存贮和管理信息的短时记忆力下降。
- 随着年龄增长，同时完成多个任务（如边操作机器边打电话）的注意力分配能力降低。
- 流体智力（解决新问题的能力）包括信息处理能力（对信息进行辨别、比较、分类的能力）降低[19]。
- 反应时间变长。

为老年工人创造无障碍的工作环境，需要从他们的要求和需求入手。这包括要考虑到他们特定的感觉、精细动作、认知能力及其对这些能力的日常使用情景。对交互产品的使用情景分析包括工作目标、工作流程、工作特性、设备（硬件、软件、材料）、自然环境和社会环境。将分析结果辅以可用性和无障碍标准，就为界定可用性目标奠定了基础（包括无障碍）。这对后续的用户界面设计至关重要。在设计过程中，可以使用一些已被老年人证实十分有效的交互技术和建议。这里有一些例子：

• 多模态用户界面设计能弥补老年人感官和精细运动能力的衰退。例如，利用能够提供文字信息和声音提示的辅助音频技术弥补视力障碍，还可用语音识别输入模式代替键盘打字。

• 为弥补老年人工作记忆力的衰退，界面每次呈现的交互选项适中[20, 21]。应该避免因界面选项过多而延长老年人的信息搜索或人机交互时间，界面设计应设置视觉提示来减少老年人的信息搜索时间。

• 建议提高显示器的分辨率、颜色对比度，减少周边视觉要求，来弥补老年人的视力下降[22]。

• 可用为老年人专门设计的用户界面元素等提示帮助他们捕捉重要的任务信息（如对潜在或实际危险的提示）。多模态（如同时采用听觉或触觉振动提示）能提高提示的有效性。这些提示能使老年人将选择性注意变为集中性注意。集中性注意与选择性注意不同，不受年龄变化影响。由于老年人的注意力分配能力和流体智力不断衰退，因而将这样的提示整合到用户界面设计中非常明智。

• 为了克服老年人运动感觉能力的衰退，可为他们提供一个设备来控制多种输入模式（例如键盘、鼠标、跟踪球、头部跟踪器、手势跟踪器和语音输入仪等）。

• 个性化界面更符合用户特定的能力和需求，包括字体大小、输入/输出设备选择、指针的速度和大小、指针的颜色和闪烁频率、显示器的背景和颜色、音频输出的音量和速度等。

• 个人对工作场所某个设备的偏好设置可以转移到其他设备。

• 软硬件无障碍特性很容易启用或停用。

企业为老年人设计适合的工作工具时，应在软硬件规划早期就咨询用户界面专家，这能避免后期高昂的适应成本。设计之前应对现有的工作场所进行评估，对软硬件的需求分析和可用性/无障碍标准进行测试，是改善老年工人工作场所的根本。

将无障碍特性和措施融入工作场所，有助于提高老年工人的工作效率。对老年工人有用的大部分无障碍特性对青年工人也有用。显然，这些措施将造福所有工人。

另一组改善物理工作环境更具体的想法来自IT和自动化领域的创新解决方案：

• 自动化产品使工人能够用图纸、测量和金属加工过程等工作场所术语编程。图26-4就是这样一个例子，工人不需要用编程语言编程，就可与涉及图纸、测量和金属加工过程还有仿真的机器控制进行交互。这不仅使他们更容易绘制工件，也使老年工人很容易将工作经验带到工作场所。此外，老年工人还可利用图形化的仿真结果检查工作成果，提高工作质量。

• 自适应自动控制系统可避免重复输入并便于知识传递：整合知识管理。

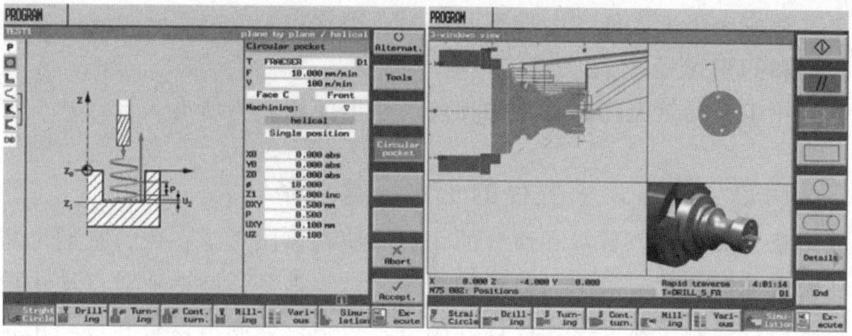

图26-4　机器工具图形化编程创新，例如从铣削（左）到车削（右）（图示是这些功能在老年员工和年轻员工知识传递过程中的应用）

- 助力型机器人和其他设备，其他自动化专用设备。
- PLM（产品生命周期管理）集成软件囊括了工程、设计、制造和其他领域，能够改善工程和R&D（研究和开发）的工作条件。

仔细一想，所有这些想法不仅对老年工人有用，而且能提高所有工人的工作条件和生产能力，这与前面的无障碍设计或通用设计研究结果不谋而合。比如，升降式烤箱就是一个为所有人设计的例子（见图26-5），该产品设计考虑到了老年人和残疾人的需要，能像壁橱一样嵌入墙壁。按下按钮，烤箱底板就会上下移动。由于它是从底部放置食物的，食品始终保持在视平线高度，所以很容易操作。用户很容易够到按钮，能从烤箱的三侧拿到熟食。这个设计照明效果非常好，自洁式机械装置免拆洗。因此这一产品设计对所有消费者都有吸引力。

图26-5　“为所有人设计”的实例：升降式烤箱（西门子）

总之，适应老年工人能产生如下两个商业理念：

- 咨询和知识管理
- 为老年工人提供无障碍的工作环境（易于使用，为所有人设计）

3.3 用较少的工人求生存的企业经营策略

正如本章开头所言，日本和西欧的企业即使将移民考虑在内，它们也需要根据各自的“家底儿”高度应对工人数量的减少，这就提升了制造业对自动化设备和机器人的需求，也提升了从开发、设计到制造，包括设计制造设备和自动化软件在内的整条生产线对PLM集成软件的需求。

最后这个方法需要一套软件工具，无缝整合这些过程（见图26-6）。现代PLM软件使企业能在生产一款新产品的同时，制订这款产品未来的生产计划。在生产现场，重要的不仅是要模拟生产本身，还要能够模拟自动化（用更少的工人求生存）和人体工学（适应不断增多的老年工人）。图26-7就是“适应老年工人”一节中提及的整合了自动化、人体工学、人机交互（HMI）等方面的例子。企业可以对虚拟生产场景的自动化、人体工学、可视化和人机交互等方面进行优化。正是仿真技术优化了工厂复杂的生产过程，大大减少了停工时间。对一个特定的生产操作能手来说，即使他离工作现场很远，也能轻而易举地把自身经验带到工作的物理环境中。虚拟生产模式可利用现代通信和可视化工作环境进行共享，它使有经验的工人可以看清远程操作现场的情况和问题，将辛苦累积的生产知识用于企业所有的工作场所。

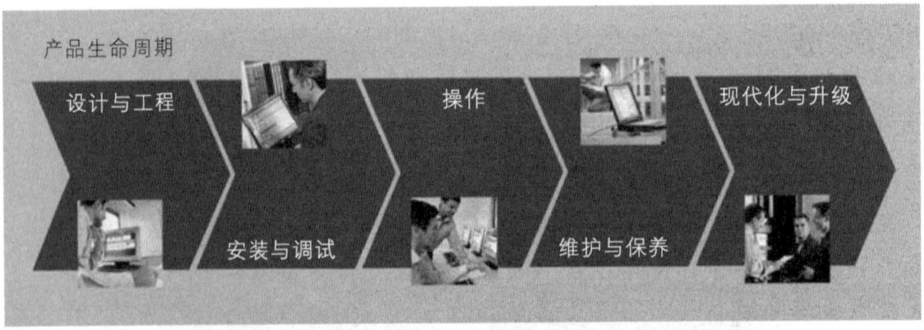

图26-6　从安装、调试、资产管理到工厂运营的工程无缝集成示意图

正如“适应老年工人”中提到的，我们又一次看到这些创新产品不仅适用于老年工人，还惠及其他所有工人，对年轻群体也非常有用。因而，除了银发市场现象，还有许多因素促使工业客户使用这些设备和软件。

图26-7　生产装备和环境仿真

4.结论

本章，我们分析了银发市场现象是否会为企业带来提供商品和服务的机遇。

统计数据表明，公民和工人平均年龄的增加对医疗保健和汽车、自动柜员机（ATM）等复杂的工业产品产生了新需求。统计数据还表明，劳动力变化将导致青年工人数量下降，熟练工人短缺，老年工人的比例上升。

我们逐一分析了这些影响。综合来看，有几种产品理念可以解决银发市场现象相关问题。我们将它们大致分成五类：

• OEM供应企业将转而为B2C银发市场服务（如汽车设备、自动柜员机、自动售票机等市场），这种产品理念与B2C市场理念关系密切。

• 医疗和老年护理市场。这一问题非常重要，必须将它放在不同的国家医疗管理制度、医学和生物学发展环境中来考虑。

• 知识管理软件和咨询。企业必须“抓住”退休工人重要的业务知识，并高效地传递给青年工人。还有，了解老龄化人口并理解他们的思维方式，对企业来说是无价之宝。企业可以通过专门的知识管理工具和有针对性的业务流程咨询服务来了解老年人。不断增长的知识依赖型市场，将回报那些认识到老龄化消费者和新工人需求的企业，也将回报那些提供提高知识利用率方法的企业。由这些问题驱动的知识管理进步，将为企业的多元化发展、总体商品和服务创新营造一个更好的环境。这类产品和服务是对银发市场现象的具体回应，但对专业化企业来说（大多是小企业），仍是一个利基市场。

• 模拟生产的自动化设备。这个类别已形成了一个明确的、独立于银发市场现象之外的大市场，但它对银发市场/老龄化劳动力仍有帮助，对工人短缺的企业来说很重要。

• 工作场所的产品注重易用性和无障碍（为所有人设计）。这类工作场所的产品包括通用设计的用户界面、自适应自动化、机器人和助力系统、学习和培训系统、知识管理系统等。所有这些产品似乎都得益于对银发市场需求的仔细分析。但是，对银发市场的需求分析不会带来新的产品需求，只是更注重产品的可用性问题而已。因而，我们希望所有用户都能从中受益。

上述第五类产品最接近B2B银发市场。我们的结论是，最适合B2行业银发市场的产品并不是老年专用产品，而是精心设计的、更强调适用性和解决问题的、适合所有行业工人的产品。

参考文献

1 Commission of the European Communities, *Confronting demographic change: a new solidarity between the generations*, Green Paper COM(2005)94(CEC, Brussels, 2005) http://ec.europa.eu/employment_social/news/2005/mar/comm2005 - 94_en.pdf.Accessed 16 Jun 2008

2 United Nations Population Division, Department of Economic and Social Affairs, Expert Group meeting on social and economic implications of changing population age structure, Mexico City, 31 Aug - 2 Sept 2005, (UN Population Division, New York, 2005).http://www.un.org/esa/population/meetings/EGMPopAge/EGMPopAge.htm.Accessed 25 Feb 2010

3 Commission of the European Communities, *Demography Report 2008: Meeting Social Needs in an Ageing Society: Full Report plus Annexes*(Brussels 2008) http://ec.europa.eu/social/main.jsp?catId/611&langId/en.Accessed 25 Feb 2010

4 F.Kohlbacher, *Knowledge retention and HRM: insights from the "year 2007 problem" in Japan*, Paper presented at the Association of Japanese Business Studies(AJBS) conference, Indianapolis, June 2007

5 Japanese Ministry of Education, *Basic School Survey*(MEXT, Tokyo, 2007).http://www.mext.go.jp/b_menu/toukei/001/003/csv/tk1102.csv.Accessed 16 Jun 2008

6 Federal Statistical Office, *Germany's population by 2050*.Results of the 11th coordinated population projection (Statistisches Bundesamt, Wiesbaden, 2006).http://www.destatis.de/jetspeed/portal/cms/Sites/destatis/Internet/EN/Content/Publikationen/SpecializedPublications/Population/GermanyPopulation2050.Accessed 25 Feb 2010

7 J.Fuchs, D.Söhnlein, *Vorausschätzung der Erwerbsbevölkerung bis 2050* IAB project no.16/2005, (Institut für Arbeitsmarkt- und Berufsforschung, Nürnberg, 2005), http://doku.iab.de/forschungsbericht/2005/fb1605.pdf.Accessed 25 Feb 2010

8 H.Wan, M.Sengupta, V.A.Velkoff, K.A.DeBarros, *US Census Bureau Current Population Report, 65 pin the United States: 2005*(US Government Printing Office, Washington, 2006), pp 23 - 209.http://www.census.gov/prod/2006pubs/p23-209.pdf.Accessed 25 Feb 2010

9 Japanese Statistics Bureau, *Annual report on the labour force survey*(Ministry of Internal affairs and Communications, Tokyo, 2005)

10 P.T.Beatty, M.Visser (eds.), *Thriving on an Aging Workforce: Strategies for Organizational and Systemic Change*(Krieger, Melbourne, FL, 2005)

11 D.W.DeLong, *Lost knowledge: confronting the threat of an aging workforce*(Oxford University Press, Oxford, 2004)

12 A.Kuebler, P.Mertens, S.Russell, R.Tevis, Enterprises face the aging demographic - some options to overcome demographic challenges in a multinational company.Int.J.Hum.Resour.Dev.Manag.9, 275 - 293(2009)

13 M.Leibold, S.C.Voelpel, *Managing the Aging Workforce: Challenges and Solutions* (Wiley, New York, 2007)

14 Tennessee Valley Authority, *Knowledge retention: preventing knowledge from walking out the door* (TVA, Knoxville, 2006).http://www.tva.gov/knowledgeretention/pdf/overview.pdf.Accessed 25 Feb 2010

15 JARA(Japan Robot Association), 2007 Mass-retirement(I) and(II), *ROBOT* 2007/03p.1 ff, 2007/05p.1 ff

16 M.Martin, M.Kliegel, *Psychologische Grundlagen der Gerontologie* (Kohlhammer, Stuttgart, 2005)

17 W.A.Rogers, in *Attention and Aging*, ed.by D.C.Park, N.Schwarz Cognitive Aging: A Primer (Hove Psychology, Hove, 2000), pp.57 - 73

18 F.I.M.Craik, Age-related changes in human memory, in *Cognitive aging: a primer* ed.By D. Park, N.Schwarz, (Hove Psychology, Hove, 2000), pp.75 - 92

19 P.B.Baltes, U.Lindenberger, U.M.Staudinger, Die zwei Gesichter der Intelligenz im Alter.Spektrum der Wissenschaft10, 52 - 61(1995)

20 A.Dickinson, R.Eisma, P.Gregor, *Challenging interfaces/redesigning users*.Proceedings of the 2003 conference on universal usability, Vancouver, 10 - 11 Nov 2003 (ACM, New York, 2003), pp.61 - 68

21 C.Reynolds, S.J.Czaja, J.Sharit, Age and perceptions of usability on telephone menu systems, in *Proceedings of the Human Factors and Ergonomics Society 46th annual meeting*, Baltimore, 30 Sept - 4 Oct 2002(HFES, Santa Monica, 2002), pp.175 - 179

22 F.Schieber, in *Human Factors and Aging: Identifying and Compensating for Age-Related Deficits in Sensory and Cognitive Function*, ed.by K.W.Schaie, N.Charness.Impact of Technology on Successful Aging(Springer, New York, 2003), pp.5 - 99

第27章

个人交通领域的商机：老年人交通安全

Kazutaka Mitobe

摘要：日本人口老龄化带来了许多问题。本章讨论的是老年人个人交通安全的变化。据统计，老年人发生交通事故的风险极高。因此，为实现老年人交通安全，帮助老年人维持不断衰退的感官和认知功能非常重要。作者探讨了减少老年行人交通事故的三个商机：检测技术、培训技术，以及弥补老年人认知功能的辅助设备。通过利用虚拟现实技术研究交通事故中的人为因素，了解对行人发生交通事故时的详细情况，就能根据交通事故的危险因素，开发有效的辅助技术。

1.引言

日本秋田县正在快速步入老龄化社会，老年人庞大的医疗开支，劳动力数量的下降，还有不断增加的交通事故都成了当地的社会问题。秋田大学长期从事预防交通事故的人为因素研究。在本章中，我们探讨了提高老年人交通安全的工程技术。此外，我们还阐述了解决老年人个人交通问题的一些商业变化。

汽车是现代社会非常普及的一种个人交通工具，但为了避免发生交通事故，许多老年人不得不停止驾车。其实在通常情况下，老年人比年轻人更关心安全问题。2004年，日本因交通事故造成的社会损失超过了550亿美元[1]。

2005年，日本拥有驾照的人口超过了7 880万[2]，其中12.4%的人超过了65岁。统计预测，到2020年，日本老年人口将达到3 400万[3]，这就为交通安全辅助技术创造了巨大市场。目前还没有任何能够弥补老年司机认知能力下降的安全辅助设备，因此，为了降低交通事故风险，老年司机不得不放弃驾车而选择步行。图27-1显示的是交通工具、年龄和交通事故之间的关系[2]。数据表明，交通事故造成死亡的多是老年行人，因此，减少老年行人交通事故是预防行人交通事故的关键。

近来的人为因素研究表明：1/3老年受试者的风险规避能力在下降（平衡能力、监测能力、评估速度的认知能力及对自我速度的估计能力）[4-9]，这些能力的下降会导致交通事故发生。

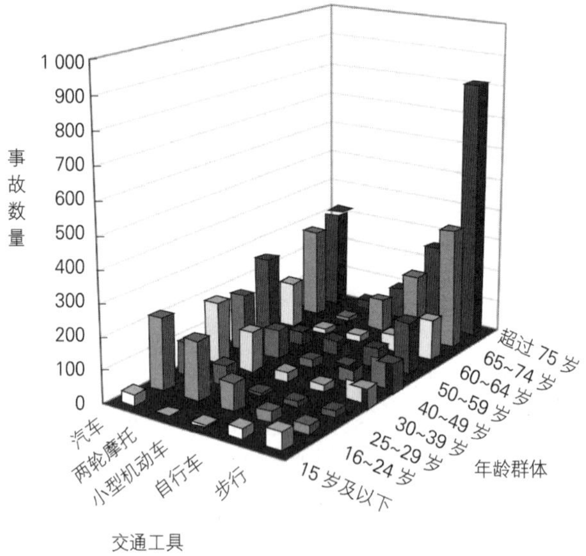

图 27-1 交通事故、年龄群体与交通工具之间的关系

我们很难利用安全辅助设备来帮助行人，原因是许多人不想携带这些设备。目前仅能在车辆上装载安全设备来警示司机，但警示行人交通危险的设备更有助于减少交通事故。

通常，汽车安全设备只能给司机发出警报。但如果主动安全设备能够预先警示汽车正在驶向的行人，就能减少行人交通事故，我们将其称为车辆行人友好互动系统（CPFIS）。

2. 老年交通系统

为了减少老年人的交通伤亡，我们提出主动安全技术、公共交通、风险规避的“三步走”战略，而发明主动安全技术和辅助技术是向老龄化人口推进汽车销售的关键。

2.1 司机辅助技术

在日本，司机辅助技术不仅适用于老年司机，也适用于其他年龄段的人群。表 27-1 列示了市场现有的司机辅助技术。司机辅助技术分为两种类型：独立系统和协同系统。独立系统是自我控制设备，而协同系统可以与其他车辆沟通并嵌入道路。遗憾的是，目前尚没有能缓解认知功能下降的主动安全设备。

表27-1　**目前可用的主动安全设备**

智能	技术
独立系统	车道保持系统[9] 主动车头灯[10] 本田汽车夜视系统[11, 12]
协同系统	智能交通系统[13] 高级巡航辅助公路系统[14, 15]

2.2　电动轮椅

电动轮椅（最高时速6千米/小时）的驾驶者不需要驾驶执照，因此对老年人来说，它是一个很实用的交通工具[16]。然而，电动轮椅发生的交通事故也在不断增多。2006年，60%的交通损伤都是由老年人驾驶电动轮椅引起的[17]。这表明，即使老年人以很低的速度驾驶电动轮椅，也存在交通事故风险。因而，未来的电动轮椅应该装置检测行人和车辆的传感器。此外，为了使汽车、行人能够友好互动，电动轮椅也应具有自动报警系统。

公共交通

地方政府补贴的社区巴士提高了老年人和残疾人出行的便利性，如果老年人都乘坐社区巴士，那么发生交通事故的概率就会降低。不过，该项服务在市中心的住宅区比较有用[18]，而在人口逐渐减少的乡村社区实施起来比较困难。

2.3　对老年交通系统的思考

为老年人提供安全的交通系统对提高他们的生活质量非常重要。对老年人来说，虽然公共交通是个很好的解决方案，但在人口逐渐减少的乡村社区却很不方便。虽说我们已开发出了多种司机辅助技术，但通常老年人很难处理多重信息来源。因而，能将交通信息发送给老年人的人机交互设备或许是一个重要的思路。我们必须开发出能够弥补老年人认知功能下降的技术，但我们首先需要明白的是，老年人有哪些功能需要弥补。

3.行人安全

没有驾照的老年人通常选择步行作为个人的出行方式，这虽然降低了他们发生意外的风险，但是与汽车里的司机相比，没有钢板防护罩保护他们免遭交通意外造成的身体伤害。占总人口数量25%的老年人，是当地经济的重要组成部分，老年人的社会参与对振兴经济非常重要。因此，保证老年行人安全是一个非常重要的问题。

3.1 老年行人辅助技术

司机和行人都要注意交通安全（见表27-2）。日本国家警察厅的代表性政策是，规定老年人在过马路时，必须身着鲜艳的服装或反光贴纸。我们已经开发出利用手机或汽车导航系统来提醒行人的警示设备，但还尚未正式投入使用[19]。我们也已采用全时照明设备来提高行人的能见度，还有像汽车发动机的声音等听觉提示对警示行人非常有用。但总体上日本保证行人安全的有效方法很少。因此，我们建议采用“汽车行人友好交互系统”的主动安全设备（公积金投资计划）来向行人警示危险。为了给CPFIS找到最佳的方法，我们使用行人模拟器来检测交通事故中的人为因素。

表27-2 从司机和行人角度预防交通事故的方法

策略	措施
对司机的警示	行人衣着鲜亮 行人身着反光贴纸 行人手机安装智能交通系统[19]
对行人的警示	汽车安装全时照明设备 汽车的听觉提示 汽车行人友好互动系统

3.2 虚拟现实的培训系统

在评估老年人的认知能力以及行人交通事故风险因素方面，虚拟现实（VR）是非常有用的方法，评估结果可以帮助我们找到提醒老年人注意汽车的方法。

虚拟现实技术的优势

表27-3总结了使用虚拟现实技术预防交通事故的优势[20]。在网络虚拟空间里，我们可以对能见度、交通环境和汽车速度等时变环境状况进行全面控制。根据以往的交通记录，虚拟现实技术可以再现行人发生交通事故时的交通状况，据此，我们就可以对行人进行事前培训，使他们能靠自己避免交通事故。

表27-3　**虚拟现实（VR）技术在交通安全中的应用**

应用	社会意义
练习	交通安全教育
筛选	身体状况检查和认知测试
康复	衰退功能的训练
人为因素研究	交通事故因素分析 对行人安全的汽车设计

过马路看似很简单，但为了避免交通事故，行人需要具有熟练的感知能力、识别能力和决策能力。他们必须注意过往车辆，估计它们的车速和方向，还要在正确判断自己和车辆相对位置的基础上采取行动，能否顺利穿过马路还取决于各种天气状况及时段下个人的行走速度。在实际中，如果我们能够测量对象物体的运动状况，就可以将其看作一个拥有避免交通事故多种能力的指示器，那么它就可能识别那些我们没有注意到的（筛选）因老龄化而衰退的认知和生理功能。如果我们能够识别某种衰退的功能，就可以利用虚拟空间中的培训设备来弥补（修复）这一功能。通过上述实验累积的反映交通事故与人类运动关系的数据，有助于我们分析发生交通事故的因素，而这些因素通常并不能从事故现场调查中直接获取。

在虚拟空间里设计汽车，能够提高行人安全（人为因素）。在虚拟空间里，我们可以反复给受试者提供视觉和音频信息，研究他们的识别、决策和行为状况。此外，利用现有技术，我们可以通过光纤将虚拟空间扩展至远程监测系统的客户端。图27-2显示的是与行人模拟系统合建的监测系统，监测系统由一台展示虚拟交通环境和测量对象运动的视频显示器、一台控制计算机组成[20]。图27-3是该系统显示的虚拟交通环境[21]。

a

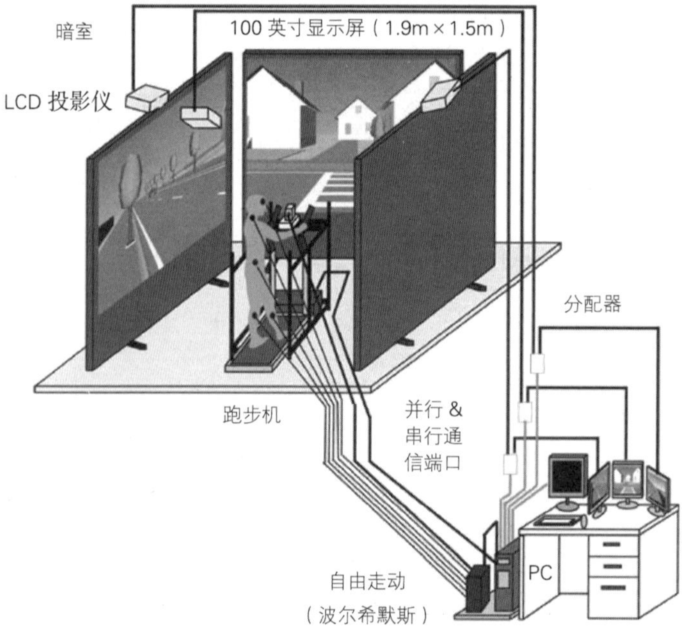

b

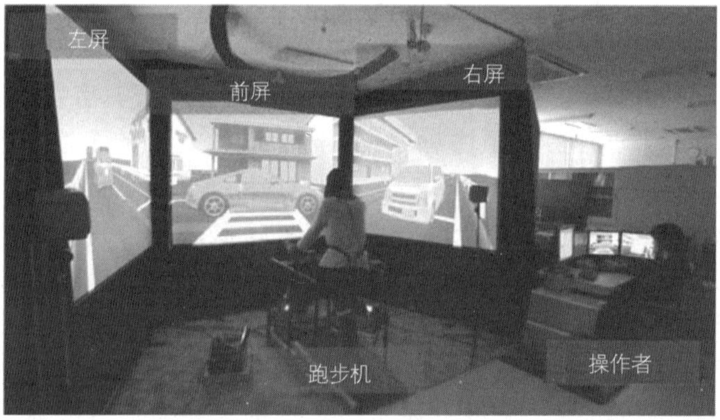

图 27-2　行人仿真系统：(a) 检测系统框图；(b) 实验场景

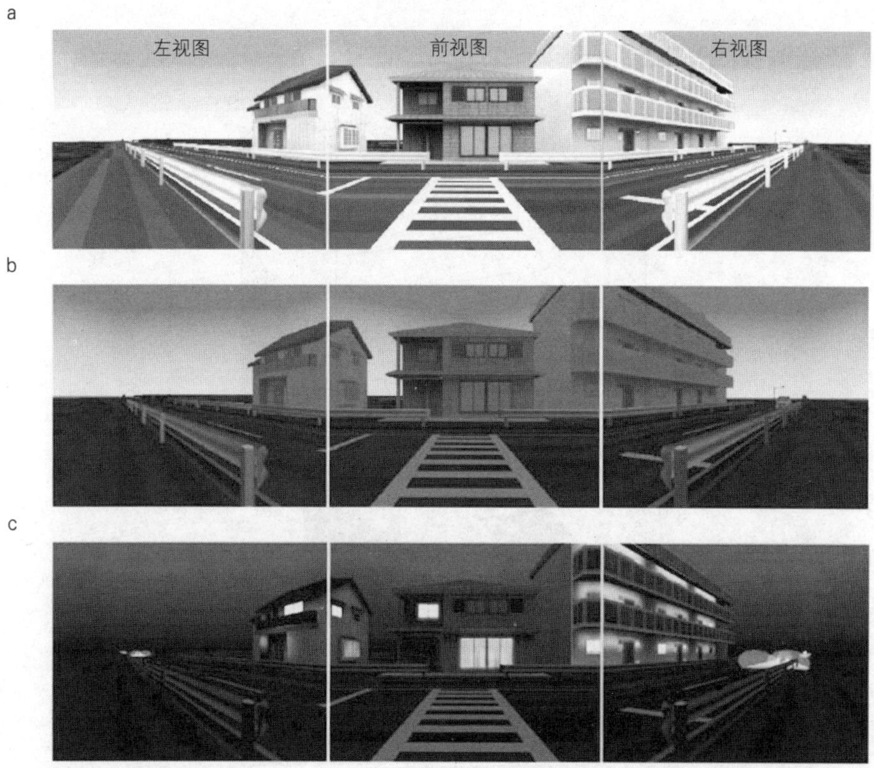

图27-3 虚拟道路场景：(a) 白天；(b) 黄昏；(c) 夜晚

老年行人的人为因素

我们对15个受试者（9个年轻受试者，6个老年受试者）进行了282次试验（不包括测量时中途退出和违反指令的情况），一共发生了11起事故，其中8起涉及老年受试者。危险路口指的是一辆车从受试者前后一米内驶过的情况。实验表明，大多数交通事故发生在白天，只有一次发生在晚上。

图27-4显示的是各车道交通事故的发生率。老年人的事故发生率是年轻人的5倍（年轻群体占1.7%，年老群体占7.8%），所有交通事故发生的原因都是车辆从受试者左侧车道行驶过来，并且事故都发生在边道。图27-5显示的是车辆从左侧（远）侧和右侧（近）驶向行人时的事故发生率，从行人左边行驶过来的汽车速度比从右边驶来的车速快时，事故的发生率更高。也就是说，在此情况下（汽车从左侧驶向行人与从右侧驶向行人相比），年轻受试者发生事故的可能性是1.3倍（30%），老年受试者发生事故的可能性是1.1倍。

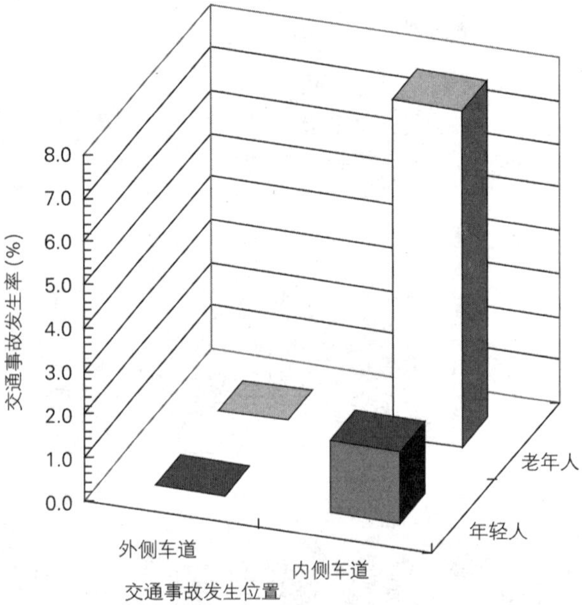

图 27-4 各车道交通事故的发生率

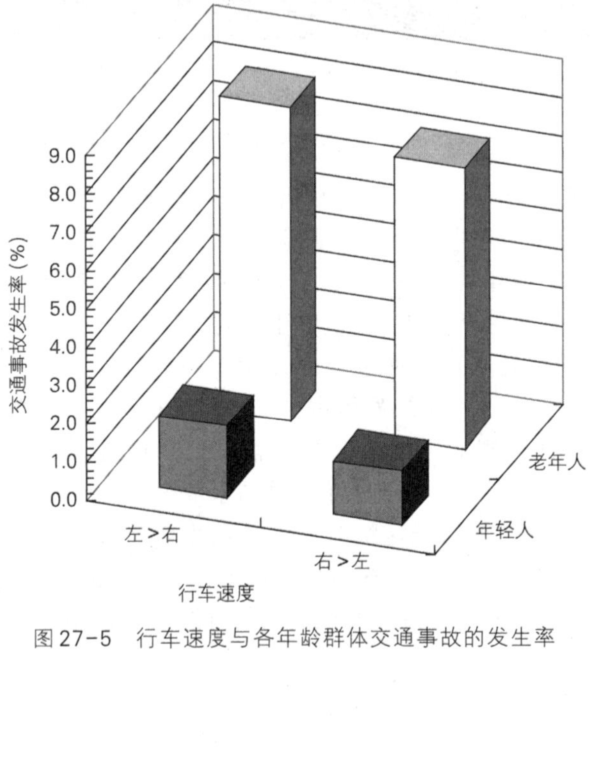

图 27-5 行车速度与各年龄群体交通事故的发生率

3.3 对行人交通安全的思考

媒体报道的许多交通事故都发生在行人住处附近，通过使用虚拟现实技术进行人为因素研究，我们就对行人发生交通事故的细节一目了然了。在了解交通事故风险因素的基础上，我们就可以开发出有效的辅助技术。

4.未来技术的商机

在老龄化社会中，减少行人交通事故的过程蕴藏着三个商机。第一个商机是建立检测技术，在人为因素研究的基础上，利用虚拟技术对老年人进行体检，就能发现那些有交通事故风险的老年人。这种技术不仅可以用于预防交通事故，而且也可以有效地检测认知功能。第二个商机是建立培训技术，根据前期的测试结果，给老年人提出恰当的培训或康复计划，以恢复老年人某些下降的能力，通过修复老年人的认知功能来预防老年行人发生交通事故。第三个商机是构建弥补老年人衰退的感官和认知功能的辅助设备市场。原则上我们必须根据每位老年人衰退的功能来开发辅助设备。在老年人某些能力不可能恢复的情况下，我们应该开发辅助设备，来弥补老年人这些衰退的功能。最重要的一点是，开发辅助技术必须针对老年人每个衰退的功能，而不一定是基于最新的技术。

5.结论

人口老龄化给日本社会带来了许多问题，所有老龄化社会因交通事故造成老年人死亡的比例在不断增加。但是，我们一直在应对这一挑战，从而使老龄化社会更加富裕、生机勃勃。本章探讨了老年个人交通中的商机。

据统计，老年人在行走时发生交通事故的风险极高，为了保证老年行人的交通安全，弥补他们衰退的感官和认知功能就变得极为重要。遗憾的是，目前尚没有能弥补老年人衰退的感官和认知功能的主动安全设备。预防交通事故的策略之一是提升老年人对危险汽车的感觉（视觉和听觉）能力。例如，日本很多商务汽车在车前护栅上安装了额外的LED显示器设备，以增加汽车的可见性。然而，预防老年行人发生交通事故仅仅这些措施是不够的。我坚信，在充分了解老年行人人为因素的基础上，我们一定能开发出更好的“汽车行人友好交互系统”。

本章对减少行人交通事故过程中的商机进行了探讨：第一个商机是建立检测技术；第二个商机是建立培训技术；第三个商机是建立弥补老年人感官和认知功能衰退的辅助设备市场。通过虚拟现实技术进行人为因素研究，了解行人交通事故的细节状况，我们就能根据交通事故的风险因素开发有效的辅助技术[21，22]。

参考文献

1 Cabinet Office, *White Paper on Traffic Safety in Japan 2009*(Government of Japan, Tokyo, 2009).http://www8.cao.go.jp/koutu/taisaku/index-t.html

2 National Police Agency Japan, *Police white paper*(National Police Agency Japan, Tokyo, 2006).http://www.npa.go.jp/hakusyo/h18/honbun/hakusho/h18/pdfindex.html

3 Cabinet Office, *Annual Report on the Aging Society 2006*(Government of Japan, Tokyo, 2006).http://www8.cao.go.jp/kourei/english/annualreport/2006/06wp - e.html.Accessed 13 Jun 2008

4 K.Mitobe,T.Akiyama,N.Yoshimura,M.Takahashi,T.Ifukube,J.ITE51(6),850(1997)

5 K.Mitobe,T.Akiyama,N.Yoshimura,M.Takahashi,*T.IEE Jpn*.118-A(3),245(1998)

6 K.Mitobe,M.Kojima,Y.Terata,M.Takahashi,N.Yoshimura,Soc.Mater.Eng.Resour.Jpn.12(1),16(2004)

7 K.Mitobe,N.Yoshimura,B.Reimer,J.F.Coughlin,J.Jpn.Council Traffic Sci.5(1),23(2005)

8 N.Ooarata,K.Mitobe,N.Yoshimura,J.Jpn.Council Traffic Sci.5(1),16(2005)

9 Y.Terata,K.Mitobe,N.Yoshimura,*IEICE*J87-A(2),296(2004)

10 S.Ishida et al., in *Proceedings of 10th ITS World Congress*, Madrid, 16-20 Nov 2003(IBEC, Birmingham,2003)

11 T.Aoki, H.Kitamura, K.Miyagawa, M.Kaneda, *Development of active headlight system*, SAE paper 970650,1141(1997)

12 T.Tsuji,IEICE89(3),272(2006)

13 T.Tsuji,H.Hattori,M.Watanabe,N.Nagaoka,IEEE Trans.ITS8(3),203(2002)

14 H.Hatakenaka,T.Hirasawa,K.Yamada,JSAE Trans.38(03-07),15(2007)

15 S.Hirai,H.Hatakenaka,I.Yamazaki,JSAE Trans.38,6(2007)

16 M.Mizohata,H.Kitagawa,Papers City Plann.38,41(2003)

17 K.Yonemitsu,S.Tsunenari,J.Jpn.Council Traffic Sci.4(2),21(2004)

18 A.Taniguchi,S.Fujii,J.Jpn.Soc.Civil Eng.D62(1),87(2006)

19 Nissan, *Nissan to test intelligent transport system using cell phones*, Nissan press release17 Apr 2007.http://www.nissan - global.com/EN/NEWS/2007/_STORY/070417 - 01 - e.html.Accessed 13 Jun 2008

20 K.Mitobe,J.F.Coughlin,N.Yoshimura,*IEICE*J89-D(10),2174(2006)

21 K.Mitobe,M.Saito,M.Suzuki,N.Yoshimura,TVRSJ14(1),21(2009)

22 Y.Terata,K.Mitobe,N.Yoshimura,TVRSJ10(1),111(2005)

第28章

车载信息系统与老年司机

Joachim Meyer

摘要：汽车发展迅速，除了传统的驾驶功能外，汽车已成为一个集合多种服务和设备的平台。有些与驾驶相关的设备能进一步使汽车驾驶变得轻松、舒适与安全；另一些与驾驶无关的设备，可以帮助司机在开车时从事其他活动。司机人口的老龄化，以及老年司机驾龄延长的趋势，给车载设备的设计及部署带来了巨大挑战。作者分析了这些设备对老年司机的利弊，未来的车载信息系统设计必须考虑到这些问题，为老年司机提供最大好处。

1.引言

1.1 司机人口老龄化

便捷的交通是老年人生活质量的一个决定因素，它决定了老年人维持人际关系、获取服务和从事户外活动的灵活性和能力。公共交通适用于城市和集中的住宅环境，由于许多国家的城镇化使大部分人口居住在仅能使用私家车的地区，老年人因此越来越倾向于开车出行。

在个人交通工具使用率最高的国家之一——美国，这种趋势非常明显。美国国家家庭旅游调查（NHTS）的数据显示，89%的美国老年人（65岁以上）选择个人交通工具出行。虽然与年轻人相比，老年人外出旅行较少、旅程较短、旅行时间也很短，但个人开车旅行仍然是老年人主要的出行方式，只有2%的老年人出行是靠其他交通工具而非私人汽车和步行[1]。根据NHTS的数据，未来10年，65岁以上的人口在美国开车的总里程数将增加50%，2040年可能会翻一番[2]。

许多因素强化了老年人尽可能延长开车时间这一趋势，比如当前老年人是第一代伴随通用驾照、私家车长大的人群；而且，老龄化残障率的不断降低也使老年人呈现出积极老龄化的趋势。尽管有很多人被诊断出一些疾病，比如高血压或糖尿病，但经过适当的治疗，这些疾病基本不妨碍老年人正常活动[3]。此外，与从前的老年人相比，现在的老年人接受过更好的教育，这也有助于他们保持独立性和行动力。

这些趋势考验着汽车行业以及需要应对司机人口特点改变的社会，它们还会影响城市的交通规划、城市区划设计、司机驾照的发放和监控等许多方面。

1.2 变化中的汽车

不止是司机人口特征发生了改变，汽车也发生了巨大变化。实际上，今天的汽车驾驶与第一次大规模生产的汽车的驾驶极为不同。过去，司机可以透过挡风玻璃或车窗获得各种信息，或许除了乘客之外他们不需关注车内任何东西。但今天的司机通过警报系统能够获取越来越多的驾驶信息。同时，从研究趋势来看，未来的汽车将会为视觉受损的司机配备提高和增强视觉的系统，提高司机看见障碍物或其他相关信息的可能性。汽车驾驶本身将实现一定程度的自动化，如巡航控制功能（保持恒定的速度）和智能巡航控制（与前面车辆保持固定的距离）。此外，汽车也将成为计算机和通信技术结合的多种设备平台，这些设备通常被称为远程信息处理系统。

根据汽车采用的新型设备与驾驶工作的相关性，我们将它们分为三类：

• 与驾驶直接相关的车辆控制设备。这些设备通过视觉增强系统、倒车或盲点摄像头提供信息，或以各种方式警告司机潜在的危险。其他系统也参与车辆控制，如自适应巡航控制系统或智能制动系统等。

• 提供驾驶相关信息的驾驶辅助设备，这些设备不直接影响车辆控制，如能够提供道路拥堵状况或事故信息的导航和交通咨询系统。

• 使司机或乘客能够接收娱乐信息、进行沟通或提高驾驶舒适性的司机娱乐信息设备。这些设备与驾驶本身无关，如汽车娱乐系统、手机、电子邮件和车载网络等例子。

这三类设备并不是毫无关系的，而且事实上它们常被用于同一个系统，使用相同的显示器和控制装置。这些设备有可能妨碍驾驶安全，但它们也能以多种方式帮助司机获取驾驶环境信息，实现安全驾驶。

汽车驾驶的变化和车载信息系统的引进很可能给老年司机带来巨大挑战，他们将不得不适应这些新技术，特别是对那些驾龄很长、很有安全意识的老年司机来说，更是头疼。使用新设备必须学习新技能并淘汰先前的经验；而且，这些设备往往最先被应用到高端汽车上，而购买这些高端汽车的通常是较为富裕的消费者（通常是老年人）。于是，老年司机人口（50岁以上）便是第一个使用这些设备的人群，也是不得不应对这些尚不成熟的技术的人群。

汽车行业与系统设计师在设计车载设备及其服务时，必须解决这些问题。为了使这些设备对消费者具有吸引力，必须让老年司机感到物有所值。但老年司机的特征使他们在使用这些设备时特别危险，这也是制造商和社会必须解决的一大难题。下面是这一难题的相关事项及可能的解决方案。

2.老年司机为什么特殊？

老年人在很多方面都跟年轻人不太一样（参见[4]，老龄化与驾驶分析）。首先，他们属于不同时代的人，成长于不同的教育体系、不同的文化价值观和不同的科技环境中。这种效应通常被称为“世代效应”；其次，年轻人与老年人在其他方面的差异或许与老年人较高的疾病发生率和药物使用有关，有些疾病和药物，如降血压和精神类疾病的药物可能会对老年人驾驶汽车产生负面作用；最后或许也是最重要的一个原因是老年人感官和认知功能的变化。

人的视觉变化尤为突出，20岁以后人的视力就开始下降并持续终生。Shinar和Schieber[5]已经证实，所有的视觉功能会随着年龄的增长而衰退，不同的视觉功能的衰退程度和速度有较大的个体差异，静态视力在60岁时开始恶化，而其他视觉能力的衰退时间较早，个体之间的功能差异随着年龄的增长而增加（视觉与年龄变化更详细的介绍请参见[4]）。随着年龄的增长而降低的重要视力包括静态视力（即远处看微小物体的能力）、动态视力（即观察物体运动方向和速度的能力），还有注意到附近物体的能力。尤其严重的是夜视力、对比敏感度和强光恢复能力等与年龄相关的视力变化。比如，夜视力在一个人20岁左右时就开始下降，并持续加速下降一直到老；另一个与驾驶相关的并随着年龄增长而下降的视觉特性是有效视野(UFOV)，即快速一瞥就能获取信息的视域。

可能影响驾驶和车辆设备使用的与年龄相关的其他变化包括40岁以后人的听力逐渐下降。衰老对注意力也有复杂的影响。有证据表明，与中年人和年轻人相比，老年人很难在分散注意力的同时做很多事[6]。而车载设备要求司机在驾驶和使用设备时能够分散注意力。英国一项老年调查结果支持了这一事实，许多老年人在开车时使用车载收音机有困难[7]，而另一些老年人却不这么认为，因为他们在开车时压根儿不用它。老年司机受到车载设备的影响更大，在一定程度上，他们的驾驶安全很可能受到这些车载系统的损害，不过他们会通过低速行驶和拉开较大车距来弥补这一影响[8]。

年龄增长会导致记忆力下降已确凿无疑[9]。记忆困难影响老年人使用新的车载技术，比如老年人很难记住车载系统的使用程序，或他们会受到闪现的语音激活系统的名称和代码干扰。衰老带来的变化会影响老年人驾驶表现的另一个领域是技能习得[10]。技能习得速度通常会随着年龄的增长而降低，一个人会发现很难改变熟悉的方式来完成特定的工作；另外，对熟悉的工作或技能的程序记忆会一直保持到高龄。因此，一个人能够从事多个复杂行为，如演奏乐器或驾驶汽车。但是，他或她可能会发现很难学会需要改变固定套路的新技能。

伴着衰老而生的是处理速度的普遍降低，这导致人们的反应时变长、动作变慢，特别是对突发事件的反应变慢[11]。不过，在驾驶方面的制动反应研究表明，如果司机已经预料到将要发生的刺激，那么他们对刺激的反应时间就与司机的年龄无关。而当意外事件发生时，人们的反应和反应时间会随着年龄的增长而变长[12]。

许多老年人的主要问题是身体的灵活性降低。英国最近一项问卷调查表明，1 000多位受访者认为给老年司机造成困难的主要问题是转头、看后窗（56.1%的人认为这是个问题），还有进出车辆[7]。老年人颈部和头部的灵活性降低是造成一些交通事故的可能原因，因为这些交通事故要么是老年司机在倒车时撞上车后物体造成的，要么是在变换车道时因看不到平行车道从后面驶来的汽车造成的。这就需要恰当地设计警报和视觉辅助设备等车载设备，从而为老年司机带来明显的好处。

理解不同年龄群体之间差异产生的原因非常重要，差异产生的原因不同或多或少会影响某些差异未来的长期存在。如果有些年龄差异是由生理过程引起的，那么该差异很可能还是未来要考虑的一个问题；但如果一个差异是由世代效应引起的，那么这种差异只会存在一段时间并最终消失。一个恰当的例子便是人们对计算机化设备的使用。今天的老年人通常不太愿意使用这些设备，这并不是老龄化影响的结果。计算机化设备的广泛应用始于20世纪80年代，那时恰是当前老年人的事业晚期，因此这些人没有掌握作为教育或工作一部分的这些设备的使用技能，而当前临近退休的人们很可能拥有计算机使用经验，而且他们最终会发现计算机化设备在汽车和其他领域都非常有用。

3.为老年司机设计远程信息处理系统

在为老年司机设计、评估车载信息系统和其他设备时，有几点需要考虑。

3.1 长期评估的重要性

新车载设备的设计者和制造商面临的挑战主要是预测这些系统对驾驶（特别是安全）和司机满意度的影响。这种预测特别困难，因为新技术的影响会随着时间的流逝发生戏剧性的变化，对它的影响预测会跟初步测试的不一致。有些技术（如ABS系统）最初会对安全造成负面影响，人们必须花一段时间才能学会正确使用它们。在学会新技术之前，司机可能会误用这些新技术，短期内它可能会成为一个安全危害。因而，我们必须对技术进行长期评估。即便我们对某个设备进行了长期评估，其体现出来的潜在有用性不一定会提升而且可能会降低汽车驾驶的安全性。导致这种情况的部分原因是在导入该设备之后，人们改变了设备的使用方式。因此，必须对新技术的运行成本和效益进行长期评估，还要评估那些最可能产生积极影响的干预和政策变化。

3.2　以用户为中心的设计

为老年司机引入的新技术应该是基于“以用户为中心的设计”理念[13]，“以用户为中心的设计”要求整个设计过程是由设计师针对用户需求并使产品适合用户驱动的。在所有消费品设计中，可用性考虑对消费者的接受度和满意度影响重大。但是在车载技术环境中，这些设备固有的安全问题使我们对它们的可用性考虑变得尤为重要[14]。

新的车载设备设计需要综合运用多个学科的知识和观点。这些设备大都实现了计算机化，并将人机交互（HCI或CHI）、认知工程学、人机工程学和人因工程学等领域的理论、研究和建议都考虑在内[15—17]。不同领域的研究虽有重叠，但每个领域的研究方法和理论体系各不相同，因此所有研究体系的文献都值得细看。即使每个领域对车载设备设计都有广泛的研究，但在如何设计车载设备方面，特别是老年人使用的车载设备设计方面，仍存在较大的知识空白。

3.3　考虑老年司机的感官能力

如上所述，与年轻人相比，老年司机的感官能力很可能降低。因此，针对老年人的设计应努力使设备的对比度和亮度最大。而且，由于老年人大多是老花眼，他们需要使用矫正镜片看清近距离的物体。因此，要求司机能够看清小细节的车载显示器和设备，对老年人来说就成问题了。司机们可不愿意为了使用一个系统而带上阅读眼镜，他们发现戴上远近视两用或多用眼镜开车很不舒服。

老年人避免视觉信息显示器问题的一个可行方法是使用听觉显示器。但听力障碍在老年人中也很常见，因此在设计听觉显示器时必须将这个因素考虑在内。总之，有证据表明，使用综合视觉和听觉信息的多模态显示器将使老年人受益良多[18]。

4.老年司机远程信息处理系统的发展前景

如何在帮助老年司机尽可能延长驾驶时间的同时，降低因他们的能力欠缺和不安全驾驶带来的风险，是未来需要关注的一个重要问题，而解决该问题的一个可行方法是借助合理设计的技术[19]。正如Pauzie指出：

- 降低驾驶工作的复杂性就缩小了老年人和年轻人之间的能力差异
- 根据为老年人设计的功能优化车载系统（提高信息的易读性和可理解度，简化信息对话框），通常也会造福其他用户

已有充分证据表明，老年人并不一定排斥能为他们提供信息和帮助的新技术，特别是那些凭直觉就能与系统交互的技术。老年人对新技术的接受也会扩展至技术性高度复杂的系统上，只要它们容易使用。

开发汽车和技术来帮助老年人应对年龄带来的问题非常必要，如果这些系统的设计合理且引入得当，老年司机就可以长时间保持灵活性，提高生活质量。这些考虑对汽车行业也至关重要，因为汽车行业需要考虑司机人口特点的变化。那些让汽车适应这些需求的制造商将会在这个不断增长的、富有的市场中占有一席之地。

很显然，这个问题与开发新技术解决方案并不相同。相反，这些技术的成功实施需要各个领域专家的共同努力。并且，从一开始就将用户考虑在内，将“以用户为中心的设计”的理念应用于这些设备的设计过程非常必要。这就要求专家们密切参与生活方式、人口统计、消费行为等方面的研究，并特别关注老年消费者。

新技术也需要新的方法来测试，我们绝不能确保一个技术先进的设备为用户带来了一些好处就一定能被用户接受。因此，非常有必要开发新模型和方法论来预测用户对新技术系统的复杂反应，并对新技术进行相应的调整。比如，我们不能简单地假设适用于当前设备使用模式的系统分析，也适用于更换后的设备。我们必须谨慎地思考消费者对新技术的利益期待，比如车道变更预警系统，该系统能在司机准备变道时提醒司机该车道是否有别的车。这样的系统为头部难以转动的老年司机提供了很大好处，安装该系统本应有助于老年司机避免发生碰撞并保证驾驶安全。但由于司机会对这个系统产生强烈的依赖，因而在紧急情况下，司机也懒得亲眼查看交通情况而是等待报警系统提示是否有车辆占道。鉴于该报警系统并非完美无缺（任何系统都不是），发生碰撞仍旧在所难免。而且在这种情况下，制造商可能还会被追究法律责任。因此，在汽车引入这样的系统时，制造商必须对它们可能利用的方面进行仔细分析，这是一项需要借助大量预测工具的发展才能完成的工作。

这一方法也适用于远程信息处理系统的设计。同样地，这些技术在各种情况下给司机造成的影响都是未知数。因此，对设备的设计、功能配置和界面设计都要求我们全面理解用户和技术之间的相互作用，这显然超出了当前我们在这一领域的知识范围。我们必须收集现场和实验数据来扩大实证研究基础。此外，我们还必须开发合理的设计方法论，将驾驶状况以及司机的需求和能力等独有特征都考虑在内。这对老年司机来说尤为重要，因为他们对欠佳的系统设计适应能力较差。最后，我们需要自动化和设备使用模型来预测用户对某一系统设计的反应，这些模型将使我们从当前非系统化的人机系统工程转向更系统化的、由模型驱动的技术，这些技术与其他工程领域使用的方法十分接近。

该模型不仅要考虑老年司机的特征和系统功能，还要考虑到系统的使用条件。比如，Lavie和Meyer[20]的研究表明，只要司机遇到的是系统已经适应的常规状况，汽车的自适应车载远程信息系统将根据司机的正常使用模式进行调整，这就减少了老年司机和年轻司机之间的差异。但是在非常规状况下，当司机们采取非正常驾驶行为时，老年司机和年轻司机对系统使用的差异就会凸显出来，而且远远超出了系统未适应司机时老年司机和年轻司机之间的差异。因而，只要系统的适应性比较完美，那么对老年人来说，一个自适应系统就能为他们带来很大好处，但如果该系统只能部分地适合老年人的话，那么其弊便会大于利。

然而，我们需要的不仅是重新思考系统的设计过程，在为老年人的汽车引入新技术时，汽车制造商还必须重新思考他们的责任。他们还应该关注新司机对汽车技术的熟悉程度，但目前尚没有最好的方法来做到这一点。或许汽车销售还应该包括使用模拟器或驾驶跟踪测试来教会司机使用这些复杂的技术应对各种状况。此外，特别是老年司机还必须根据特殊的需求来定制技术，这一点司机自己便可做到，但所有可能的最优化定制都需要建立在专家的客观评估基础上，这就需要开发、验证帮助司机决定最优配置的工具。还有，根据客户需求定制汽车的专家需要接受专业训练，目前由汽车销售人员来做这些工作不太合适，除非他们具备提供这项附加服务的工具和知识。

5.结论

本章介绍了与老年司机车载远程信息系统设计相关的一些问题。针对老年司机合理地设计远程信息处理系统是一个微妙的平衡，它不仅要考虑到老年司机的要求及特征，还包括借助适当的训练和帮助后，他们的使用模式和需求变化。图2-81是相关的原理图。

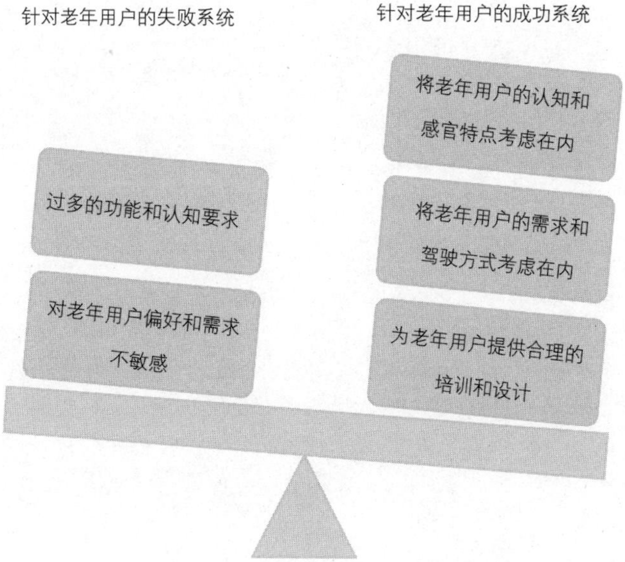

图28-1　影响老年车载远程信息系统引进成败的因素

为老年司机引入新的车载技术要求我们拓展知识面并理解多个领域，在汽车设计之外的不同领域的观点非常重要。因此，这也是21世纪一些重要技术开发的机遇。

为老年用户设计新的车载技术也是21世纪的一大商机。通过提高老年人的行动力和行驶安全，将老年人的需求谨记在心并响应老年人需求的车载系统设计，一定能为老年司机和社会提供一项非常重要的服务。

参考文献

1 D.V.Collia, J.Sharp, L.Giesbrecht, The 2001 national household travel survey: A look into the travel patterns of older Americans.J.Saf.Res.34, 461–470(2003)

2 NHTS Brief, *Older Drivers: Safety Implications* (U.S.Department of Transportation, Federal Highway Administration, Washington DC, May 2006)

3 K.G.Manton, E.Stallard, L.Corder, The dynamics of dimensions of age-related disability 1982 to 1995 in the U.S.elderly population.J.Gerontol.Biol.Sci.53A, B59–B70(1998)

4 J.Meyer, Personal Vehicle Transportation, *in Technology for Adaptive Aging*, ed.by Richard Pew, Susan Van Hemel.National Research Council, Board on Behavioral, Cognitive and Sensory Sciences, Division of Behavioral and Social Sciences and Education.(The National Academies Press, Washington, DC, 2004), pp.253–281

5 D.Shinar, F.Schieber, Visual requirements for safety and mobility of older drivers.Hum.Factors33, 507–519(1991)

6 W.Brouwer, J.G.Ickenroth, R.W.H.M.Ponds, P.C.van Wolfelaar, Divided Attention in Old Age, in *European Perspectives in Psychology*, ed.by P.Drenth, J.Sergeant, R.Takens, vol.2(Wiley, Oxford, 1990), pp.235–348

7 P.Herriotts, Identification of vehicle design requirements for older drivers.Appl.Ergon.36, 255–262(2005)

8 N.Merat, V.Anttila, J.Luoma, Comparing the driving performance of average and older drivers: the effect of surrogate in-vehicle information systems.Transport.Res.F8, 147–166 (2005)

9 L.L.Jacoby, J.F.Hay, Age-Related Deficits in Memory: Theory and Application, in *Theories of Memory*, ed.by M.A.Conway, S.E.Gathercole, C.Cornoldi, vol.2(Psychology, East Sussex, UK, 1998), pp.111–134

10 F.I.M.Craik, L.L.Jacoby, Aging and Memory: Implications for Skilled Performance, in *Aging and Skilled Performance: Advances in Theory and Applications*, ed.by W.A.Rogers, A.D.Fisk, N.Walker(Erlbaum, Mahwah, NJ, 1996), pp.113–137

11 L.L.Falduto, A.Baron, Age-related effects of practice and task complexity on card sorting.J. Gerontol.41, 659–661(1986)

12 P.L.Olson, M.Sivak, Perception-response time to unexpected roadway hazards.Hum.Factors28, 91–96(1986)

13 A.Owens, G.Helmers, M.Sivak, Intelligent vehicle highway systems: A call for usercentered design.Ergonomics 36, 363–369(1993)

14 M.Flyte, The safe design of in-vehicle information and support systems: The human factors issues.Int.J.Vehicle Des.16, 158–169(1995)

15 M.G.Helander, T.K.Landauer, P.V.Prabhu, *Handbook of Human-Computer Interaction*, 2nd edn.(Amsterdam, North Holland, 1997)

16 B.Shneiderman, C.Plaisant, *Designing the User Interface: Strategies for Effective Human-Computer Interaction*, 4th edn.(Addison Wesley, London, 2004)

17 C.D.Wickens, J.G.Hollands, *Engineering Psychology and Human Performance*, 3rd edn.(Prentice Hall, New Jersey, 1999)

18 Y.Liu, Effect of advanced traveler information system displays on younger and older drivers' performance.Displays 21, 161–168(2000)

19 A.Pauzie, Ageing population and ergonomics of innovative communicating technologies in

driving.Recherche Transports Se´curite´81,203-212(2003)
20 T.Lavie, J.Meyer, Benefits and costs of adaptive user interfaces.Int.J.Hum.Comput.tud.68 (8),508-524(2010)

第29章

银发市场营销的黄金时机：住房和金融服务案例研究

Kenneth Alan Grossberg

摘要：前所未有的人口老龄化是它作为日本未来社会力量和经济力量的代价和机遇。日本老年人控制的社会财富最多①，在不久的将来，随着老年人老龄化及其人口比例的增长，他们也将产生最多的护理和生活等社会支出。由于巨大的人口变化与庞大的流动资产密切相关②，所以会给住房和金融服务两个领域带来商机。这两个领域，一是迎合了老年公民的金融服务需求；二是满足了老年公民的住房偏好和要求。日本的住房和金融服务市场普遍萎靡不振，而“银发市场”却是最富有、未开发的细分市场。但要想为这些人口提供服务，还需要技巧、敏感性以及对不断发展的日本消费观念的理解。此外，2008年的经济危机使企业更难从目标群体的个人资产中“分一杯羹”，但它也给金融服务商为这些焦虑和恐惧的老年投资者提供产品和服务带来了机会。

1.引言

日本并不是后工业化社会中唯一一个人口老龄化国家，但它无疑却是同等发展水平的国家中人口老龄化最严重的国家。2005年，日本65岁以上的人口比例（20.1%）明显高于意大利（19.7%）、德国（18.8%）等“老牌”欧洲国家，也远高于相对“年轻”的美国（12.3%）[1]。截至2007年9月，日本65岁以上的人口数已达到了总人口的21.55%，80岁以上的人口数量首次超过了700万，占日本人口总量的5.6%[2]。随着时间的流逝，日本成为世界上老龄化最严重的国家指日可待。从公共政策的角度来看，日本作为地球村最老的民族，面临着一个巨大的问题；但从商业和市场营销的角度来看，人口老龄化成为某些产业不可分割的一部分。本研究

① 据第一劝业银行生活研究中心预测，日本婴儿潮一代的总资产是130万亿日元，相当于日本所有个人金融资产的10%。除了他们拥有的资产之外，到2009年，当工人60岁时，企业必须花费大约50万亿日元的退休遣散费。电通公司调查预测，婴儿潮一代退休后在旅行上的花费大约为11万亿日元，其中90%都花在日本本土之外[18]。

② 2007年6月，日本家庭金融资产升至创记录的1.56万亿日元，其中50%是现金和存款，这个比例远远高于其他经济发达国家[7]。

将深入探讨彼此相关的金融服务和房地产行业，它们已经涉足银发市场且收获颇丰。本章的“住房”指的是设计时优先考虑老年人的房地产。

从人口统计学的角度来看，说婴儿潮一代是名副其实的“蟒蛇腹中的一只猪”（注：这是西方谚语，中国成语叫“瓮中之鳖”）毫不稀奇，而且其展现出的潜在机会在于无论他们是从工作岗位退休，还是积极老龄化，都逃不过日本企业的法眼。但是，看到机会和开发合适的策略来利用机会并不是一回事，也不是每个从对婴儿潮一代的假定需求和预计需要中看到机会并努力的企业，都能获得成功、赢得财富。不过，还是有很多企业热衷于将“银（发）”变成（黄）金。在银发市场上扮演重要角色的银行，正在尽最大努力捕获婴儿潮一代的养老金和储蓄，地产商们使尽浑身解数吸引老年人购买为他们设计的住房（包括日本和海外）或改造（改建）他们当前的住房，使之更加友好化。

许多公司的财富在一定程度上取决于它们对老年人消费行为的假设正确与否，有些公司错估了它们产品的受欢迎程度，以致付出了目标客户产品满意度低的代价。后面我们将探讨这样一个失败的案例——多代住房（nisetai jutaku）原始版本的战略失误。地产商认为，呼吁日本人住在一起，即祖父母、子女和子孙共同住在一个房子里的这一想法会在消费者中产生强烈的共鸣。然而，他们没有预料到的是，在购买这种昂贵的房子时贡献了很大财力（包括土地和首付）的老年居民，却在三代同堂的房子里住了一段时间之后感觉被骗和被忽视了。

另一个预计可以从银发市场中盈利的例子是金融领域。很多公司为迎合这一市场创造了很多金融工具，或是希望能以其他方式从银发市场的增长中获利，如高盛的“婴儿潮一代E篮权证”。这些新产品或服务最终能否成功仍未可知。高盛日本开发了“婴儿潮一代E篮权证”产品，来利用老年人不断变化的消费偏好和需求产生的预期繁荣。“婴儿潮一代E篮权证”的表现与11家公司的股价相关，这些公司将从婴儿潮一代新的生活方式中获取不成比例的收益。这11家公司包括东日本铁路（旅游）、科乐美（健身俱乐部）、三菱东京UFJ银行和瑞穗实业银行（业务涉及婴儿潮一代退休金和退休养老金的金融管理）和Toto（卫浴品牌）[3]。

虽然未来十年这些领域的公司和其他公司都能从老年消费中“分得一杯羹”，但我们仍不清楚一向重视节俭的这代日本人实际上会消费多少，或者说他们如何决定辛苦赚来的积蓄的去向。对于那些投资证券和房地产的老年人，2008年的经济危机提高了他们的风险感知能力，使他们在向不绝对安全的汽车行业投资时更加犹豫不决。银行和券商假定老年人必然会把钱投到某个地方，因而他们希望能分到这些资金的“最大一杯羹”。同样地，房地产公司也非常确信银发市场中的消费者愿意冒险购买或翻新房子，以便年老时可以满足自己对舒适性、隐私和更丰富的生活体验的渴望。

2.日本金融服务：重新思考客户需求

日本的金融服务公司（包括银行、券商和保险公司）在为客户提供产业现状、高效的服务时常常后知后觉，这几乎是老生常谈。但这一现象在其遭遇2007—2008年的“雷曼冲击”时，体现出了一定的优势，在次贷危机极大地削弱了其他国家银行的资产负债表之际，日本银行却因较少地暴露在次贷危机之下，使它遭受次贷危机的影响较小。尽管1990年泡沫经济爆发后的十年间，一些大机构进行了深刻的自我反省，也犹豫不决地努力改造了它们陈旧的系统和优先事项，然而，文化决定的态度仍然阻碍着它们快速引进国际化实践的步伐。例如，银行在正式文件上仍然依靠传统的印章（日语：inkan），而非客户签名，它们向无纸化系统过渡做的努力甚微。但是，我们必须承认的是，伴随着使用印章而非签名这个古老系统以及每个小交易都用纸质存折账户长大的日本老年人，他们不见得会寻求这一相同的基于网络的自动化服务，虽然这种服务在他们年轻的同胞中已颇为流行。然而，这些老年人却可以从众多的服务中识别出好的服务，金融机构也正在慢慢学习提供比老年人的习惯更灵活的服务。

当然，改变不会来得太快。毕竟，经过了近十年，老年人的银行账户和退休金账户才得到了极低的利息，这最终推动了日本老年人探索高回报的风险投资，而且毫无疑问，也正是因为他们的大胆冒失，使很多人在全球的金融困境中学乖了。从2007年起，840万日本婴儿潮一代开始退休，这激励银行将它们的销售努力延伸至传统的股票领域，不只国内银行这么做，外国机构也伺机争夺日本婴儿潮一代的财产。引人注目的是，花旗集团收购了日兴证券经纪公司的经纪业务，加上它遍布日本的108家分行，花旗集团被认为是日本国内银行最强大的竞争对手[4]。但是，金融灾难降临到了花旗集团头上，它被迫“吐出”刚刚收购的日兴证券经纪公司，而收购方则是三井住友金融集团股份有限公司的所属单位。不过，梦想依然存在，三井住友银行集团和日兴证券经纪公司宣布，在获得英国巴克莱银行的支持之后，它们将联手向富有人群推广金融服务[5]。

另一个在日本市场驻扎的“长期游戏玩家”——汇丰银行，已在东京开设分支机构，并计划扩展至其他大城市，以攫取更大的私人资产份额[6]。该银行提供的财富管理服务遍及它的整个业务网络。1996年，它开始在日本提供私人银行服务，主要针对个人金融资产超过3亿日元的客户，但其新推出的服务将瞄准个人流动资产至少为1 000万日元的630万日本人，其将进入中产阶级婴儿潮一代细分市场直接与日本银行展开竞争。与此同时，世界上最大的银行瑞士联合银行2007年7月在日本开设了第三家分行，称其目标是持有200万日元以上资产的50万个日本家庭的总计300万亿日元的资产。据日本央行报告，日本家庭持有的财产仍有50%是现金或存款，相较之下，美国的则为13%，因此该业务的增长空间非常大。尽管如此，日本央行也承认，许多人正把他们的资产从存款转移到高风险、高回报的政府债券和投资信托基金上。2007年，投资信托在前一年3.7%份额的基础上，创纪录地赢得了管控资金总额的5%[7]。

不仅外国银行加入了争夺婴儿潮一代资产的行列中，日本金融服务行业的重组也将完全解除保险产品的销售管控，这意味着银行可以为那些对共同基金、日本政府债券、保险单、传统的银行产品——贷款和存款感兴趣的客户提供一条龙购买服务，也意味对银行可出售的保险产品类别要求放宽了，银行可以为客户提供超出传统的储蓄型保险之外的产品，包括疾病或死亡保险产品。拥有日本最大分行网络（660个分行）的三菱东京UFJ银行，现在几乎提供所有类型的保险产品；瑞穗银行还销售医疗保单。但所有银行都知道，它们必须从保险公司招募了解这些产品的专家，以确保这一行动获得成功[8]。

这些银行机构都将受到全球金融危机的影响，但这并不会妨碍它们捕获婴儿潮一代资产的长期战略目标。

日本的金融服务商觉察到了银发市场独特的需求和需要，他们正在尝试用不同的方式吸引老年公民来购买他们宣传的各种保险产品。在这方面，他们试图利用服务业的繁荣，服务业目前已占日本国内生产总值的30%，占消费总支出的近60%。那些与健康相关的服务，如健身、高尔夫、各种自我放纵的疗法和治疗当然很受老年人欢迎，而与娱乐和生活方式相关的休闲需求也十分强劲[9]。在这样的情况下，银行所做的营销尝试似乎违反常理，但这也正是日本市场如此迷人却又困难重重的原因。比如，银行已为不同的业务方向建立了隶属的团体组织，从而可以让客户和其他退休或半退休的人，或那些已不需要对孩子和工作尽义务的空巢老年夫妇分享经验。三井住友银行成立了一个名为“Next Club 50s”的组织来吸引这一独特的消费群体。要想加入这个俱乐部，银行客户必须有500万日元以上的存款，年龄至少是54岁。以品酒或学习做寿司为由头，这些客户被三井住友银行引荐给公司的投资信托。银行这些产品的目的就是针对这个年龄和收入的群体，使他们慢慢习惯于至少将部分积蓄投资到比定期存款风险更高的产品上面（但可能有更高的回报）。随着大约840万日本婴儿潮一代的退休，像三井住友银行一样，很多银行都希望尽可能多地保持他们的退休金[10]。由于刚退休的婴儿潮一代享有多代经验，因此银行将他们的需求形成一个凝聚力核心是明智的；而且由于婴儿潮一代比先前任何一代都有更多的闲暇时间，因而金融机构可以将婴儿潮一代的金融担忧与娱乐活动结合在一起来吸引他们。此外，作为日本目前最不具个性化的一代，婴儿潮一代并不反对被当成一个群体来对待，这样做甚至可以减轻他们接受投资信托的顾虑，因为他们中的其他人也都是在相同的时间和相同的休闲活动中被银行征求接受投资信托的。

过去十年，日本许多领先的银行和保险公司合并成越来越大的组织，来保护自己免受像20世纪90年代金融泡沫破灭时带来的金融损失。结果，可供日本老年人选择的机构数量越来越少，比起他们的美国或欧洲同辈，他们受到的选择限制也更多。传统上，由于这些机构在“护卫（政策保护）”中前行，因此对消费者来说，所有这些机构的产品毫无二致。另外，和寿命越来越长、想自强自立的婴儿潮一代的花费相比，他们过去十年的储蓄回报极小，这一事实意味着日本老年人在寻找退休工资投资的途径时有点奋不顾身，这也激励着金融机构为他们创造新的产品。

即使是保守的日本邮政，作为世界上最大的金融机构，拥有客户存款1.164万亿欧元（187万亿日元），也已推出了一套来自国内外资产管理人的各种各样的投资信托（包括野村、大和、高盛、日航、DIAM、Sumishi和富达）。在与这样重大的战略转移作了内部抗争之后，日本邮政花了很多时间和精力来说服传统上厌恶风险的客户群购买它的新产品。无论如何，我们可以通过这些数字看出日本邮政拥有了一个真正的市场：日本邮政提前一个月超额完成了2006—2007年度的销售目标，并将2008年的目标增加了一倍，上升至1.1万亿日元。或许最重要的是，日本邮政证明了几年前还没有人会相信的事情——日本人愿意购买高风险的投资，而不仅仅是在家附近的邮局开设一个储蓄账户[11]。

所有金融服务公司能够成功地销售新的投资信托产品的原因之一，是全球股票和楼价上升的趋势平息了投资者的担忧，水涨船高。那些太平日子现在结束了，但是金融服务公司的成功也可归因于银行和日本邮政为完成任务倾注了大量资源。它们坚持不懈的推销鼓舞着日本的退休老年人开始投资而非储蓄，也使老年人向着更高的风险/回报方向重新分配其资产组合。由于过去十年，日本的利率一直维持在历史最低点，因而，说服老年储户获取较高的投资回报相当容易，即使是最保守的投资信托管理也是如此。

当然，高风险产品是一个双刃剑，其实这一风险迹象在几年前就已经很明显了。2007年，25%的从各大银行或券商购买投资信托产品的日本客户对金融服务表示不满，原因是银行的销售费用过高或缺乏售后服务信息，以及银行对其产品相关的风险解释得不充分。值得注意的是，从网上经纪公司或直接从共同基金公司购买投资信托基金的客户满意度更高[12]。因此，在高度管制的体制给了他们一个没有外部竞争的寡头优势情况下，日本金融业巨头绝不能低估它们辛苦十多年建立起来的目标市场。世界在变，而银发市场是一个同生群，如果不妥善对待他们，他们必然将其资产和财富投向其他地方。

自2007年10月起，银行有了额外的动力来改善自己的服务，因为政府通过了一项新的法规，法规颁布的目的是保护老年消费者在购买投资信托基金和其他风险产品时免受不择手段的营利行为伤害。现在，在没有确定老年人已经了解产品之前，银行便将风险投资工具出售给老年人的话，将面临着政府处罚。所以，银行必须遵守这条规定。三井住友银行要求年满70岁或者70岁以上的客户在购买变动年金时应有一名家庭成员陪伴。三菱东京UFJ银行在向超过70岁的客户销售投资信托基金和变动年金时，必须至少将产品相关的风险解释两次。还有一些银行也在加强其售后服务，如瑞穗银行开始提高对70岁以上客户的拜访频率，来向他们解释其持有的投资业绩，拜访时间间隔小于6个月[13]。

2007年年底爆发的次贷泡沫，持续影响着国际金融体系，影响着日本、美国和其他的发达经济体，而次贷泡沫带来的好处仅仅是要求金融服务机构在向收入有限或固定收入的老年公民营销金融产品时高度谨慎并加强法律和道德约束。毫无疑问，在次贷危机爆发的余波中，美国老年人处于失去保护伞的危险之中。而在日本，当金融机构向离退休人员进行住房营销时，也必须考虑到这个问题。

3.向老年消费者营销房地产

一个人的房子是一个人的城堡，当我们年老和行动能力下降时，更是如此。有时候，当孩子长大离开家后，我们显然会更快乐、更舒适，或在不同的房子里享受更好的服务，这种观点恰恰是过去25年美国人口大规模迁移的刺激因素，也促使大量退休人员向那些设计时将他们考虑在内的住房转移，如阳光地带的佛罗里达州、得克萨斯州和加利福尼亚州，那里为老年人提供了成人社区，而且社区向他们承诺了一种无忧无虑的生活方式。日本对这种文化转变的影响没有丝毫抵抗力，但由于日本重视将家庭成员作为老年人的照顾者，这在一开始就形成了一个多多少少不同于美国的、扭曲了的老年住房概念。

日本本土高昂的生活成本也为房地产企业向国外的日本婴儿潮一代营销住房提供了机会。英国发起了大规模的住房营销运动，在这些营销运动中，数以千计的英国退休人员成为西班牙和意大利的永久外籍人士。另外，在美国，不断增多的退休人员靠固定收入在巴拿马和哥斯达黎加购买了公寓，因为比起美国本土的养老公寓，这些国家的养老公寓更便宜、更舒适。

然而，对于银发市场来说，住房选择必须将老年消费者生活的经济和社会方面考虑在内，因为大多数日本婴儿潮一代的收入高峰已经结束，他们要么靠有限的固定收入生活，要么有经济能力为理想的退休生活方式调用大量的流动资产，这都依赖于他们自身的经济状况。不论是哪种情况，合适的住房问题需要将日本家庭的经济实力正在衰弱这一事实考虑在内，尽管衰弱的程度尚未达到美国那么严重。婴儿潮一代希望离孩子生活的距离比几年前更远的铁证，可以从当前日本家庭共居生活空间的减少等数据中找到，反之亦然。

1975—1995年，和孩子生活在一起的65岁以上的人口比例从72%下降至49%，而日本独居老年人的比例（从7%增至12%）和只有老年夫妇的家庭数量（几乎翻了一番，从15%增至28%）相应地增加了[14]。这一趋势还在继续，不出意外的话，它甚至还会加快。于是，住宅开发商和营销商就看到了向这些日本老年人出售住房的机会，这些老年人原先设想的一大家子其乐融融地生活在一个屋檐下的完美想法，带来的却是老年父母和已婚子女相互都不愿意向对方妥协隐私权的现实，这一点与前几代日本人不同。因此，这样的矛盾情感促使了多代住房的产生。

“二世同堂”（nisetai jutaku）原本是为同一屋檐下的父母和孩子提供独立住房的概念，而且日本政府通过法律规定住宅里的两个家庭必须有亲缘关系认可了这一住房形式。十大房地产公司中，1994年规模最大的三家公司（积水楼、三泽住宅、大和房建）的报告称，约有三分之一的住房订单是“二世同堂”（见[15]中的第60~61页）。金融服务政策和住房政策方面的管制解除以相同的速度和方向，使日本政府不那么微妙的影响，在房地产行业开发方式和提供满足婴儿潮一代需求和欲望的具体产品上体现得淋漓尽致。一个促进二世同堂住房激增的却并非无关紧要的问题是，房地产公司能够争取到对其有利的“两代贷款”来资助这种住房建设这一事实（见[15]第62页）。

但是，天堂也有烦恼，不到十年日本社会就产生了对二世同堂住房原理的质疑。父母感到被欺骗，因为虽然他们的资产是房地产商建设这种住房的主要原因，可他们感觉在与家庭后代密切的接触中，得不到任何好处。这种住房在营销时，包含着一个不切实际的田园般环境中三代同堂的和谐景象，可现实的情况却是“老年夫妇想与孙辈共享天伦之乐的期望与他们作为长期保姆与孩子们呆在一起的实际情况大相径庭”（见[15]第64页）。成年子女比他们年迈的父母从这种住房安排中受益更多，年迈的父母觉得自己的行动自由受到了儿女们认为他们始终愿意照顾孙儿的这一期待的约束，甚至还认为成年儿女除了有求于他们之外，对其关注甚少。

房地产商开始意识到需要改变营销策略。在这种必要的改变之外，针对老年人的技术先进和用户友好型住房营销开始了。在这一行为背后，开发商认识到，联合家庭中年迈的父母从一开始就是其老年金融合作伙伴，因为他们通常拥有建设房子的土地（见[15]第65页）。所以，20世纪90年代中期，为老年居民而建的更安全、更便利的住房在日本出现。这些便利设施包括更宽的走廊（能容纳轮椅），去除门槛和房内各房间的台阶，在浴室和墙壁上安装扶手，采用超大号、灯光易读的灯具和灯具开关等（见[15]第66页）。

开发商认识到，在观念上强调像过去那样的多代家庭生活在一起，已不再是他们原以为的房子的最好卖点。21世纪，日本老年人改变家庭情感家园的意识正在觉醒，并且热衷于寻找适合自己需求的住房方案，而不再选择那些不利于他们自主权和自由权的使家庭成员“在一起”的住房方案。老年人这一关注重点的改变与政府的认识不谋而合，即家庭成员不再因羞愧而照顾长辈，这是一种日本在过去成功地使用了无数次的社会控制技巧。越来越多的公共机构或私人服务将不得不收拾这一残局，因为日本年轻人很少愿意或牺牲自我来照顾年迈的父母。

除了多代住房或“改造”住所之外，针对婴儿潮一代住房需求的第三种解决方案，不是在日本本土，而是在国外。虽然日本拥有世界上年龄最老的人口，但它却不是这个领域的先驱。英国人不断迁出英伦三岛，到气候更温暖、生活成本更低的西班牙和意大利，以及其他地中海地区生活居住。美国占有较大的大陆国家优势，有着自己的阳光地带，可以建高尔夫球场、热水浴缸、室外游泳池、网球场和沙狐球场，以及专为老年买主而建的房屋和公寓，这些构成了退休社区宣称的闲适生活。对美国和加拿大的“雪鸟”来说，他们只是向南或向西迁移，语言和文化当然不是问题。不过，美国高昂的生活成本也激励着美国人放眼国外——主要是中美洲南部边境和加勒比海地区，因为开发商鼓吹那里的环境气候温润、生活成本较低，尤其是巴拿马，已经成为非常受退休人员欢迎的长住目的地。①

对于那些选择迁到国外寻找快乐舒适和负担得起的生活环境的日本人来说，不同的语言、文化、卫生水平及其他服务都是他们考虑的重要因素，这些也成了房地产营销的实质性障碍。迄今为止，尽管菲律宾、马来西亚、泰国或其他国家为了吸纳外汇、繁荣国内经济而竭尽全力地吸引日本人，但实际上并没有太多日本老年人迁到这些国家。尽管如此，这些国家的这一想法仍在不断膨胀，特别是这三个东南亚国家似乎都认为吸引日本海外的婴儿潮一代是个非常可行的营销主张，并且每个国家都制定了不同的金融和签证要求程序（见表29-1）。

表29-1　**三个东南亚国家对日本外籍居民永久居住的要求和条件**[17]

	泰国	马来西亚	菲律宾
签证名	泰国第二故乡	马来西亚我的第二个家	特殊退休居民签证
签证有效期	永久	10年	永久
金融要求	每月收入$1 650或存款$25 000	本地存款$87 000（50岁以下）；$43 000（超过50岁）	每月退休金$800 +本地存款$10 000（超过50岁）
财产所有权	泰国60/外国40	归马来西亚所有	菲律宾60/外国40
税收政策	离岸收入免税	离岸收入免税	离岸收入免税
生活成本	排名127位	排名114位	排名141位
卫生保健	出色	先进	先进
政治与犯罪：政治稳定	0.55	0.51	0.49
恐怖主义指数	1	1	4
犯罪指数	排名第14位	排名第34位	不适用
语言	泰语	英语，马来西亚语	英语，菲律宾语

① Sinpatanasakul[17]详述了为什么巴拿马是美国人退休养老的首选。巴拿马提供的签证计划，即“养老金领取者”项目为退休人士提供了其他地区无法比拟的折扣价。只要退休人士每月能提供500美元的养老金文件证明（每一个非养老金领取者需额外再交100美元），他们就有资格享受“养老金领取者”项目的诸多好处：每2年家庭用品免税，进口新车免税。

退休的海外移民这一概念进入日本是在1986年，当时日本政府提出的一项名为“银发殖民地”的计划，为领取养老金的日本人在澳大利亚建造城镇和村庄。由于澳大利亚的反对，该项目从未实施。1992年，日本长住基金会的成立，促成了老年人到国外长住旅游这一想法的实现。在1996年经济危机造成经济衰退之后，东南亚国家开始看到这一想法的经济美德。这次的经济危机刺激了马来西亚、泰国和菲律宾为退休人员推出创建特殊签证类别的个人计划。不过，不同的收入群体的购买行为和动机也大为不同。收入较高的日本人喜欢到各国旅行“看看”情况，然后才决定最终定居的地方；而不太富裕的退休人员往往直接迁移到生活成本较低的国家（[16]引自[17]）。

为了保证这些计划的成功实施，各国必须建立日本人友好型的保健和福利设施。配备日语扬声器的医疗设施，是泰国吸引潜在的、有长期留居计划的日本人的一个方法。和日本相比，有些国家缺乏安全保障，这是让厌恶风险的日本婴儿潮一代安心生活必须解决的另一个问题。所以，这是这些国家正在开展的一项工作，但如果经济条件能支撑老年人的海外生活成本，那么，安全问题就是日本银发公民需要认真考虑的方面。

4.结论

保证日本老龄化人口能够用积累的储蓄养活自己并提高生活质量，是通过金融服务和房地产行业的创新产品开发可以实现的两个目标，但鉴于近来的金融危机，我们对这些产品的安全性给予了很大关注。如下几点总结了本章探讨的重点：

● 日本正在迅速变成一个老年国家，这意味着其必须成为创建应对老龄化解决方案的先驱，从而使其老年人一直保持身体舒适和金融安全，否则日本将遭受不作为的后果。在这篇研究评论中，我们研究了有创意的营销商在其举措获得丰厚回报的同时，兑现了让这个国家的老年人拥有美好生活的承诺。

● 创新领域之一便是以不增加老年投资者的风险而使其获得更高回报为目标来设计金融工具。鉴于近年来的经济衰退和金融危机对发达国家的银行业和证券业造成的全球影响，这个问题更加紧迫。过去两年的金融危机不仅危及美国、日本和欧盟数百万老年公民的退休金，而且也危及这些国家的金融结构。新的谨慎的经济环境意味着针对老年人的金融服务营销将增强金融机构承担风险的法律和道德约束。这是当前日本除了为老年人提供有吸引力的投资回报产品之外，为了获得他们更大的投资业务份额而吸引老年人到特定的银行或金融机构投资的辅助服务。

● 另一项举措包括为老年人提供建造全新的和改造住房的老年友好型房屋选择，包括实用的打包服务使移居国外的老年人能够享受负担得起的退休生活方式，这在日本靠固定收入是不可能实现的。日本老年人的生活质量问题日渐受到房地产开发和旧房产翻新（改造）公司的关注。这一趋势也影响着世界其他地区房地产行业的发展方式，如美国和欧洲，虽然那里的人口老龄化速度较慢，但在不久的将来，随着这些国家老年人口数量的增加，其也将有着与当前日本老年人一样的住房需求，并且海外廉价的住房可能会成为老年人的主流选择。

时间会告诉我们，哪个方案将捕获日本老龄化婴儿潮一代的遐想和钱袋。无论如何，婴儿潮一代对日本经济是如此重要，我们绝不能忽视他们的需求。随着金融服务和住宅房地产行业不断改变自己适应这一重要的消费市场，那些细心的、有创造力的营销商必将赢得竞争。

参考文献

1 Japan has highest ratio of elderly, government, *International Herald Tribune*(11 July 2007)

2 People age 80 and over top 7 million, *The Japan Times*(17 Sept 2007)

3 D.Turner, Money follows Japan's baby boomers, *Financial Times*(31 Jan 2007)

4 M.Nakamoto, Bid reflects a shifting climate, *Financial Times*(7 Mar 2007)

5 Nikkei, 15 Feb 2010

6 M.Yasu, F.Flynn, HSBC to expand in Japan, *International Herald Tribune*(6 Sept 2007)

7 Household assets hit record ¥1.56 quadrillion in June, *The Japan Times*(19 Sept 2007)

8 Banks gear up for insurance deregulation, *The Nikkei Weekly*(3 Sept 2007)

9 Consumers splurging on services, *The Nikkei Weekly*(19 Feb 2007)

10 M.Nakamoto, Pension attention: why the investment pots await Japan's big savings switch, *Financial Times*(12 Jan 2007)

11 D.Turner, Japanese experiment lures the risk-averse, *Financial Times*(23 Apr 2007)

12 Mutual fund buyers express discontent with banks, brokerages, *The Nikkei Weekly*(27 Aug 2007)

13 Law prompts banks to heighten protection for elderly customers, *The Nikkei Weekly*(1 Oct 2007)

14 J.M.Raymo, T.Kaneda, in *Changes in the Living Arrangements of Japanese Elderly: The Role of Demographic Factors*, ed.by J.W.Traphagan.J.Knight.Demographic Change and the Family in Japan's Aging Society(SUNY, New York, 2003), pp.27–52

15 N.Brown, in *Under One Roof: The Evolving Story of Three Generation Housing in Japan*, ed. by J.W.Traphagan, J.Knight.Demographic Change and the Family in Japan's Aging Society (SUNY, New York, 2003), pp 53–71

16 M.Toyota, A.Bocker, E.Guild, Pensioners on the move: social security and trans-border retirement migration in Asia and Europe, ASEF-Alliance Workshop, spring 2006, *IIAS Newsletter* no.40(2006)

17 A.Sinpatanasakul, *Senior expatriate tide: marketing overseas housing to the retired*, MBA thesis, Waseda University, 2007

18 P.Rial, Around the markets: Leisure companies may benefit as Japanese baby boomers retire, *International Herald Tribune*(23 Feb 2007)

第30章

大众传播媒介的终结：人口老龄化与美国报业

Mark Miller

摘要：与大众传播媒介一起成长的人数最多的婴儿潮一代，至今也是报纸、电视、杂志媒体最大的支持者。但随着这些媒介受众的老龄化和碎片化，传统媒介的经济基础岌岌可危。尤其是报业经历的剧痛，引起人们对美国新闻业未来的担忧。

1.引言

在美国，婴儿潮一代是大众传播媒介生存的最后一根稻草。与大众传播媒介一起成长的美国历史上人数最多的婴儿潮一代，至今也是报纸、电视、杂志媒体最大的支持者。然而相比之下，后婴儿潮一代对传统大众传媒毫无忠诚可言，他们将时间花在一系列新的数字信息媒体上。由于报业很难吸引年轻读者，其受众流失最为严重。令人惊讶的是，甚至连老年受众（婴儿潮一代和老年人）也开始将其注意力从印刷媒体转向新媒体。受众流失，再加上广告主并不认为老年消费者是其理想的目标市场等都动摇了美国报纸出版业的经济基础。经济衰退期间，报纸广告和报刊发行收益更是加速下降。投资者们大量抛售报业股票，引发了报业合并、收购的重组浪潮。

颇为讽刺的是，报业发现惩罚自己的恰恰是自己的受众，因为其流失的忠实受众——婴儿潮一代是目前美国最富裕的人口。但是，美国报业老年受众的质量再高也挽留不住迷恋年轻人的广告主。并且投资者们的担心是正确的，因为随着婴儿潮一代的衰老消逝，报纸根本找不到取代婴儿潮一代的受众。事实上，已有大量证据表明，未来几十年，随着婴儿潮一代老龄化淡出市场，新闻、娱乐及其他内容的受众将更加碎片化，传统媒介公司将更难找到大规模的受众。相反，媒体公司会发现它们需要应对定制化访问的客户需求并服务于利基市场，报纸订阅者也渐渐变成通过谷歌新闻等新闻集成商来访问一两个新闻故事的互联网用户，曾一坐下来就看2~3个小时电视节目的电视受众，却只想从网上下载他们想看的节目，音乐发烧友不再购买他们喜爱的艺术家的整套CD，而只是从网络上选取他们喜欢的单曲。

受众碎片化对所有传统媒介都构成了威胁，而对报纸的威胁尤其令人担忧。历史上，大量的社论和报业从业人员曾是收集客观事实的重要来源，这形成了美国新闻信息流动的基础。随着报业沦为受众碎片化及收入来源减少的牺牲品，我们不知道哪种新形式的健全的新闻收集组织将取而代之。

要想成功地从印刷媒体向数字媒体转变，报业还需经历一个艰难、漫长的过程。为了获得重生，报业必须想办法尽可能保住其核心的老年受众并说服广告主认可他们的价值。

2.美国的婴儿潮一代市场

由于数量众多，婴儿潮一代在一定程度上主导和塑造着美国的经济、政治和社会图景。出生于战后1946—1964年的婴儿潮一代，拥有7 800万成年人，是美国历史上人口最多的一代。然而，婴儿潮一代们的影响来自于老一代婴儿潮一代在其成长经历中形成的独特视角。1960—1970年，作为年轻人的婴儿潮一代，引导着包括民权和反战运动、女权主义和包括性自由、毒品和摇滚音乐在内的重大社会政治运动。随着他们进入另一个人生阶段，他们将继续改造自己身处的社会环境。从经济角度来看，婴儿潮一代推动了各行各业的产品销售：1950年代到1960年代的婴儿食品、1970年代到1980年代的牛仔、快餐和摇滚，以及1990年代的共同基金公司和退休基金等。

在相同意义上，婴儿潮一代的特点与20世纪下半叶大众媒介特别是电视的爆炸性发展和统治地位密切相关：

电视将婴儿潮一代从所有群体中分离出来。1950年代随着电视的大规模生产和技术进步，大多美国家庭都拥有一台电视机……1948年，美国电视机总量不到40万台，而4年后电视机总量就超过了1 900万台；1960年，90%的家庭都有了电视机，每天平均开机时间超过了6个小时……正如政治学家Paul Light所言，普通的婴儿潮一代在16岁时看电视的时间已达12 000到15 000小时[1]。

现在，媒介公司面临的严峻现实是他们忠实的受众正在变老，美国人口都在变老。美国人口普查局调查显示，2006年，最年长的婴儿潮一代步入60岁；2011年，美国50～69岁的老年人口和30～49岁的人口数量相当（见图30-1）。

消费者老龄化是所有企业都非常担心的问题，大众媒介也不例外。大众媒介行业的收入依赖于广告主，而广告主追寻的目标常常是年轻消费群体。他们秉持的营销观念是抓住人生黄金期的消费者就是抓住了“顾客的一辈子”。营销商往往认为老年消费者在品牌偏好、消费活动和追求减少、不买太多东西等方面毫无区别[2]。

而如今的婴儿潮一代却考验着这种传统的营销思维，正如他们为人生的各个阶段都贴上了独特的标签，50多岁的婴儿潮一代一如既往地表现出重塑生活的趋势。许多婴儿潮一代告诉研究人员和记者，他们憧憬着一个积极而充实的后50岁

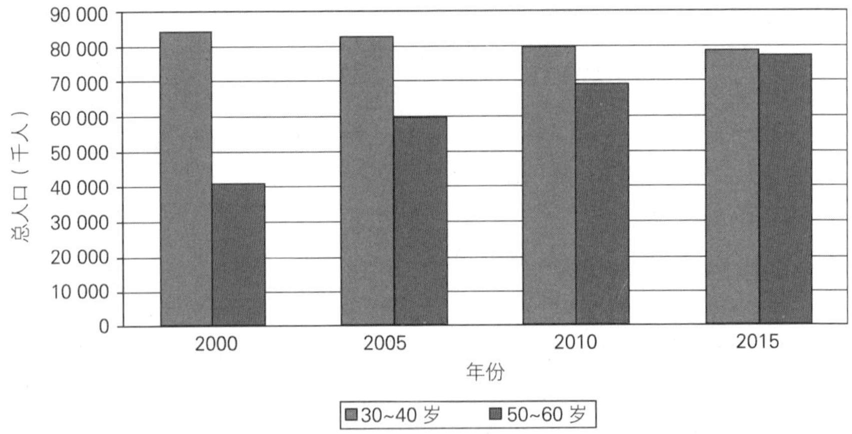

图30-1 美国人口统计局——美国人口老龄化数据

生活方式。而且，为了保持生命活力或出于赚钱需要，大多数婴儿潮一代打算在“退休”后继续工作。同时，他们也打算追求一些新的爱好，比如旅行、学习和志愿活动等[3]。由于房价和退休投资组合暴跌，婴儿潮一代的净资产已大幅减少。但他们依然是美国最富裕的人口。虽然婴儿潮一代的人口数量仅占成年人口的36%，但是他们在财富和多种产品消费支出方面远远高于这个比例。

报纸特别希望与他人分享婴儿潮一代读者的价值，因为他们理应是广告主们的高端目标消费群体。50～59岁的成年人，52%的人每天都读报，60%的人是报纸忠诚的周末读者[4]。

然而，报纸在向广告主推销原本是高端客户的婴儿潮一代时仍有困难。并且事实上：媒介购买者恰恰会借报纸受众老龄化的由头从出版商那里提取媒介折扣[2]。

3.媒体受众的碎片化

报业身陷囹圄的核心原因在于消费者信息选择方式的爆炸性增长，互联网、PDA、MP3、视频游戏和社交媒体网站等都在争夺消费者的时间和注意力。理所当然地，它们也带走了这些受众花在传统媒体上的时间。请思考如下趋势[5]：

- 截至2005年，黄金时段收看网络电视的观众数量10年内下降了30%，电视收看时间（小时）总体下降了15%。
- 自2000年起，杂志的总发行量持续下降。

与此同时，美国的互联网普及率约为60%，大约45%的美国人在工作之外的上网时间超过了4个小时，该数字与电视的使用率不相上下：65%的美国人每天看电视的时间不少于4个小时（见图30-2）[6]。

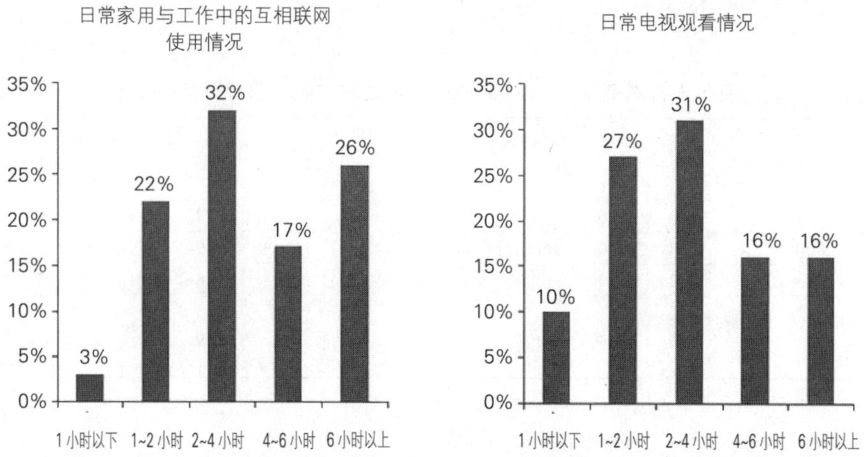

图30-2 消费者对电视的关注度与互联网不相上下

资料来源：Zoomrang市场研究机构对消费者商业价值研究所开展的M&E研究，样本总量888。

那些依靠用户创建内容的社交媒体和网站通过从传统媒体“偷取”时间，其使用人数也不断飙升，当前约有45%的美国人使用MySpace和Facebook等社交网站①。

虽然是美国的年轻人率先使用新媒体，婴儿潮一代却也跟着凑热闹。为什么不凑热闹呢？在他们的一生中，婴儿潮一代拥有（并发明）了所有的新技术和信息平台：个人电脑、电子邮件、手机、摄像机、MP3播放器和DVD，这里仅举几例。因此，在适应新技术方面游刃有余的婴儿潮一代，难道因为要变成50～60岁，就远离新技术吗？

所以说美国65%的50～64岁的老年人都会上网[7]，或者说正是他们的上网时间使其渐渐远离印刷媒体就不足为奇了。1999年，72%的55岁以上的美国人每天读报，而到了2008年，这一数字已经下降至57%[8]。

不只是新媒体加速了报纸受众的减少。还有充分的证据表明，老年消费者仅仅是对跟踪新闻失去了兴趣。如表30-1显示，1995—2005年，有着“每日获取新闻”需求的老年人急剧减少。尽管导致报业老年受众减少的原因还不十分明确，但分析人士将这一现象的矛头直指政治和媒体机构整体的社会偏向：

在过去的17年，新闻和信息消费者都感到了媒介的偏向、不准确和不专业。2004年，至少有一半的美国成年人相信他们的日报。而在过去几年，报纸的可信度排名不断下降，且渐渐落后于网络电视。据皮尤大众与媒体研究中心

① 来源：IBM公司。

研究，“在意识形态和党性路线上，公众对媒介公信力的评价更加分化”，在过去4年里，共和党已不再信任所有媒介，而民主党对主要新闻媒体的评价基本不变[5]。

表30-1 **“我每天都看新闻”：1995—2005年之间各收入群体的比例变化**

我每天都看新闻	总计(%)	年轻人[a]			家庭[b]			成年人[c]		
		UY	MY	LY	UF	MF	LF	UM	MM	LM
1995	50	52(100)	39(76)	39(76)	50(97)	44(85)	37(73)	66(127)	61(117)	59(115)
2000	44	33(100)	36(107)	34(101)	44(131)	35(109)	31(94)	56(167)	55(165)	56(167)
2005	42	38(100)	32(83)	32(85)	45(118)	35(93)	32(83)	59(154)	48(127)	47(123)
2005—1995年的点数变化	−8	−14	−8	−7	−5	−8	−6	−7	−12	−12

资料来源：美国报业广告协会，思纬公司消费者意见小组。

[a]UY 高收入的年轻人，MY中等收入的年轻人，LY低收入的年轻人。

[b]UF 高收入的家庭，MF中等收入的家庭，LF低收入的家庭。

[c]UM 高收入的成年人，MM中等收入的成年人，LM低收入的成年人。

受众远离新闻这一趋势对于拥有忠实老年受众的美国报业来讲，可谓是当头一棒。而当我们进一步研究同生代年轻人的媒介习惯时，报业的前景仍不明朗。

人们从小就养成了新闻和信息阅读习惯，并且这些阅读习惯会随着年龄的增长日趋稳固。自1972年以来，芝加哥大学全国民意调查中心将美国人是否每天读报作为其著名的综合性社会调查（GSS）的一部分，他们的调查数据反映了各年龄段阅读人数的下降水平，1972—2002年，自称每天读报的20～29岁美国成年人数量由46%下降至21%。一家行业研究公司Clark Martire and Bartolomeo对GSS的数据进行了分析，并预测2010年将只有不到9%的20～29岁的年轻人还会坚持每天读报[9]。这些人会一直保持其阅读习惯到老，但却没有任何一个年龄群体的阅读人数会随着年龄的增长而增加。因此在本质上，随着读者的衰老死亡，报纸根本找不到可替代他们的受众。

4.对报业的影响

读者数量的下降对报业的影响毋庸置疑，我们可用任一标准的数据来说明：

- 报刊种类：2007年美国有1 422种报纸，而1960年却有1 763种报纸[8]。
- 发行量：2006年，报纸早晚发行量从1960年的5 880万下降到5 230万。
- 市场覆盖：1950年，123%的美国家庭每天买一份报纸[10]，这个数字不是印刷错误，而是指每个家庭会购买1.23种报纸，1990年，报纸的普及率已暴跌至67%，而2000年这一数字仅为53%。

• 广告：报纸印刷广告收入总额由2000年的486亿美元下降至2009年的260亿美元[11]。

• 市场价值：近年来，投资者纷纷逃离报纸股市。比如，从2008年2月到2009年年末，纽约时报公司的股价月均下降25%①。

报纸也曾试图进军网络，但结果不尽人意。2009年，美国访问量最大的五大网站中，只有纽约时报是报纸网站，其他的新闻网站依次是MSNBC、雅虎!、CNN和AOL[8]。报纸网站无法吸引受众的原因是报纸网站的设计和内容毫无新意。公平地说，与传统的竞争环境相比，报纸网站经营的竞争环境截然不同。目前大多美国城市只有一份主要报纸，它们只有两三个区域竞争对手；而在网络上，报纸会发现它们是在一个真正的全球市场中与无数的新闻提供者竞争。

即使报纸网站真的赢得了人们的关注，其产生的收益也远远低于印刷报纸，也许二三十个报纸网络用户带来的收益才能抵得上印刷报纸一个读者带来的收益[12]。这不仅反映出报纸发行量带来的收益减少，而且报纸网站的在线广告价格也远远低于印刷报纸的广告价格。

5.报业的未来

基于对美国新闻业的研究，当前报纸面临的威胁引发了我们对报纸未来的严重担忧。尽管杂志和电视新闻机构仍旧努力维持着大量的新闻报道和研究人员，而历史上报业拥有的大量编辑团队为美国最独立的新闻行业提供了坚实的信息基础。报业新闻编辑总的就业率已急剧下降[10]，而且近年来，迫于经济压力，一些主要的报纸编辑部和管理公司之间的斗争时有发生，如《洛杉矶时报》。在新闻业凭借丰富的编辑团队和新闻质量高而闻名的纽约时报公司，也面临着来自投资者要求提升其金融业绩的压力[13]。很多业内观察人士认为，随着未来几年新闻业经济基础的进一步削弱，报业面临的经济压力会更大，新闻收集也将因此受到影响。

“核心问题是，谁将为作为公共话语基础的新闻报道买单？”肯博士如是说。肯博士是《新闻经济学：十二个新趋势将决定你看到的新闻》（圣马丁出版社，2010年）一书的作者，也是奈特里德出版公司的前首席编辑和经理：

报道和评论之间有本质的区别。博客的出现，让那些身处新闻编辑行业之外有真才实学的人们可以对社会现实进行评论和分析，并向观众传达他们的观点。而问题恰恰就在于这些报道的来源，人们对什么进行评论？新闻，优秀的新闻报道可以滋养评论。和其他记者相比，报纸的新闻记者有不同的职业传统，他们每天的工作就是寻找正在发生的事情，他们不会为迎合广告主、政治家或企业经理们而扭曲新

① 资料来源：Finance.yahoo.com.

闻报道，他们拥有的是没有恐惧和喜好的价值体系，而这里遭受威胁的恰恰是这种价值体系。[①]

6.结论

报纸出版商或许能在竞争激烈的数字环境中生存，但这将是一个痛苦的、长期的过程。在竞争中，这些公司会重新关注它们的核心受众——婴儿潮一代，它们是报业最后的忠实受众，也有着广告主理应喜欢的人口特征。那么，首先，新闻出版商应想办法阻止老年受众流失；然后，他们应该开创一个媒体行业，使广告主相信婴儿潮一代有钱且愿意花钱，而它们的报纸恰恰是广告主影响这些婴儿潮一代最好的媒介。

① 作者于2007.9.26与Ken博士的个人沟通内容。

参考文献

1 S.Gillon, *Boomer Nation: The Largest and Richest Generation Ever, and How it Changed America*(Free, New York, 2004)

2 P.L.Norton, The Last Laugh, Barron's, 26 Feb 2007

3 Harris Interactive, Merrill Lynch, Age Wave, *The New Retirement Survey*(Merrill Lynch, New York, 2005).http://www.ml.com/?id/7695_7696_8149_46028_46503_46635.Accessed 18 Jun 2008

4 Newspaper Association of America: *The Source: Newspapers by the Numbers*(NAA, Vienna, VA, 2006).http://www.scribd.com/doc/2293801/Newspapers - by - the - numbers - 2006.Accessed 18 Jun 2008

5 Newspaper Association of America.*Growing Audience: Understanding the Media Landscape* (NAA, Vienna, VA, 2006).http://growingaudience.com/downloads/GALandscapeExec Summary.pdf.Accessed 18 Jun 2008

6 IBM, US Consumer Research Digital Entertainment and Media (IBM Institute for Business Value, April 2007).http://www.ibm.com/iibv

7 Pew Internet and American Life Project, *Older Americans and the Internet*(Pew, Washington, 2004).http://www.pewinternet.org/report_display.asp?r/117.Accessed 18 Jun 2008

8 The Project for Excellence in Journalism.*The State of the News Media 2008: An Annual Report on American Journalism* (PEJ, Washington, 2008).http://www.journalism.org.Accessed 9 Feb 2010

9 J.Bartolomeo, *Time bomb: the challenge of the next generation*(INMA, Dallas, 2002).http://www.inma.org/members/ppt/bartolomeo.ppt.Accessed 18 Jun 2008

10 The Project for Excellence in Journalism.*The State of the News Media 2004: An Annual Report on American Journalism* (PEJ, Washington, 2004).http://www.journalism.org.Accessed 18 Jun 2008

11 Silicon Valley Insider, U.S.Advertising Revenue by Medium, 27 Oct 2009.http://www.businessinsider.com/us-advertising-spending-by-medium-2009-10.Accessed 9 Feb 2010

12 E.T.Patterson, *Creative Destruction: An Exploratory Look at News on the Internet*(Joan Shorenstein Center on the Press, Politics and Public Policy, Harvard University, 2007).http://www.ksg.harvard.edu/presspol/carnegie_knight/creative_destruction_web.pdf.Accessed 18 Jun 2008

13 S.Ellison, How a money manager battled New York Times, *The Wall Street Journal*(21 Mar, 2007).http://online.wsj.com/public/article/SB117441975619343135- n166azU72Y6GkdTv-lv4nWSeWWWo_20080319.html.Accessed 18 Jun 2008

第31章

日本银发市场的材料创新

Junichi Tomita

摘要：通过案例研究，本章论证了日本银发市场的材料创新过程。材料供应商通过材料创新为老龄化社会做贡献。它们虽然不是总能成功地满足消费者需求，但有时也能发现用户的真实需求，用户的真实需求和它们感知到的需求略有不同。随后，它们通过与消费者密切联系，努力改进材料满足消费者的真实需求。本章研究的SAP就是这样一个典型的例子，我们将这个材料创新过程看作一个自然发生的过程。SAP“AQUALIC CA”由日本触媒化工公司推出，1983年它作为原材料推动了一次性尿片在日本市场的普及，如今在美国和欧洲也占有相当大的市场份额。但是，该材料最初并不是为一次性尿片设计的，而且该材料从开发到应用并非一帆风顺，经历了许多曲折。本案例介绍了该公司在技术开发和供应协议历经失败、最终获得成功的过程。该创新过程也说明了用户导向法对企业开发评估技术十分有用。最后本文为材料供应商更好地理解有效的创新管理提供了宝贵的帮助。

1.引言

材料创新过程应该是什么样的？对于材料供应商来说，什么才是有效的创新管理？近年来，日本的银发市场不断壮大，这就要求材料供应商通过材料创新为老龄化社会做贡献，如家具、食品和卫生产品等这些由多种材料组成的护理产品。供应商不断尝试开发新材料，尽管他们并不总能成功地满足消费者的需求，但偶尔也能发现用户的真实需求，这些真实需求和他们感知到的用户需求略有不同。于是，材料供应商通过与消费者密切联系，来改进材料，满足消费者的真实需求。本章研究的SAP就是这样一个典型案例，我们将这种材料的创新过程看作一个自然发生的过程。

第二次世界大战中，一次性尿片作为尿布的替代品首先出现在瑞典。战后，一次性尿片开始在美国出现并很快流行开来。在美国和欧洲，一次性尿片生产商以丰富的木材作为原材料，将絮状纸浆用作尿布的吸收材料。随着女性的社会角色越来越重要，职业女性就用一次性尿片代替尿布以节省时间。结果，与其他地区相比，一次性尿片在美国和欧洲更受欢迎。但是在日本，很久之后人们才开始大规模使用一次性尿片，并且1980年时尿片大多还是由棉布制成的。

在这样的情况下，1983年，日本触媒有限公司向市场推出了SAP“AQUALIC CA”，由于其价格低、吸收性好，开始被用作尿片的原材料。结果，采用了这种材料的尿片在日本迅速流行起来，与此同时，美国和欧洲市场对SAP的使用也大大增加了。

此外，为了帮助老年人独立生活、改善大小便失禁病人的舒适度，减轻护理工作的负担，社会对成人尿片的需求也在不断增加。

目前，全世界消费着100多万吨包括AQUALIC CA在内的SAP。一个尿片需要大约10克SAP，那么100万吨SAP意味着可以生产1 000亿个尿片，假设每个孩子平均每天使用四个尿片，或者平均每个孩子每年消费1 500个尿片，那么1 000亿个尿片就能满足6 500万个孩子的需求。

由此，SAP就成了当前尿片生产的主要原材料。但是，由日本触媒化工公司生产的AQUALIC CA，作为SAP的主要产品之一，其最初的研发目的并非用于尿片。而且，从AQUALIC CA研发到将其投入市场的过程并不顺利。在大功告成之前，日本触媒化工公司在技术研发及其供应协议中经历了诸多失败。

这里，我们检视了日本触媒化工公司产品开发的成功因素及其最终获得成功所经历的过程。进一步来看，这个过程说明了以终端用户为导向的方法对累积评估技术非常有用。最后，本研究将为材料供应商理解高效的创新管理提供宝贵的经验。

2.市场与产品

2.1　市场

图31-1显示的是1997—2008年12年间日本尿片的市场容量。和成人的产品容量相比，儿童的市场容量更大。但是从2002年开始，成人的产品容量开始快速增长。另外，日本的人口结构面临着人口出生率的降低，但65岁以上的老龄人口增加的巨大变化。日本内政部和通信部的报告显示，2030年日本将有3 500万老龄人口，占日本总人口的30%，老龄化家庭数量也随之增加。在这种情况下，成人尿片在帮助老年人独立生活、改善大小便失禁病人的舒适度和减少护理工作的负担方面变得尤为重要。

1983年，日本触媒化工公司将AQUALIC CA作为一种SAP产品投入市场。它是一种叫作轻交联丙烯聚合物的粉末状物质，而且，它是世界上第一种采用水溶液聚合方法制造出来的材料。目前，90%的AQUALIC CA用于尿片生产。就尿片的产量而言，80%是儿童尿片，10%是成人尿片，剩下的10%用于包括卫生棉、宠物用品（猫砂替代物、宠物尿片等）、食品相关产品（湿巾）、家居产品（一次性身体取暖器）、电缆（光学电缆防水胶带），以及土壤管理中的水土保持材料等。

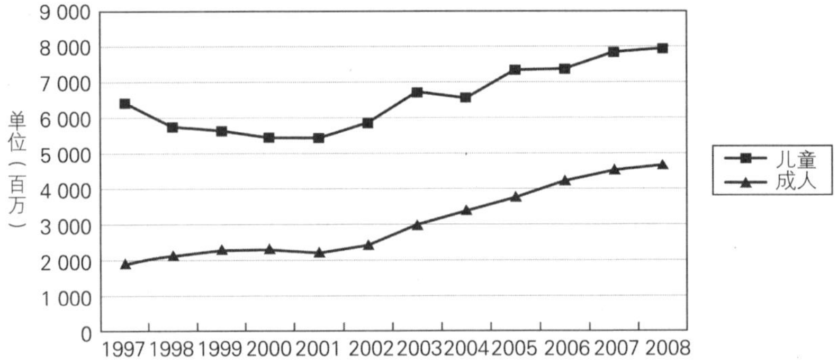

图31-1 日本一次性尿片产量

资料来源：日本卫生用品行业协会。

正是由于AQUALIC CA的独特性能（下节中将提及），2007年AQUALIC CA占到了全球SAP市场份额的25%，并开始和德国的BASF争夺市场领导地位。据报告，AQUALIC CA的全球市场规模已达到了100万吨，如果以每克150日元来计算，就有大约1 500亿日元的市场规模。

过去10年，全球对SAP的需求以超过10%的速度增长，日本触媒化工公司的生产能力也相应提高（见图31-2），2005年在中国设立了年产量30 000吨的分公司。

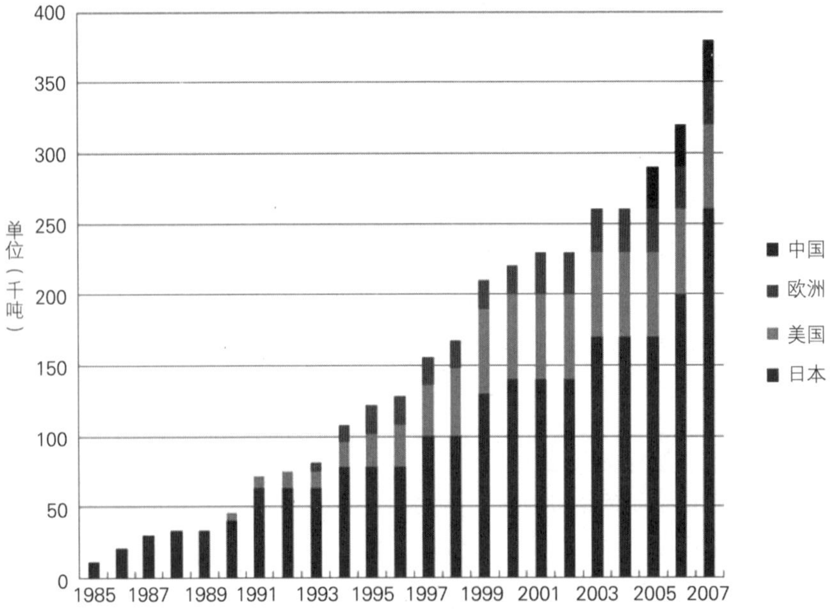

图31-2 日本触媒化工公司SAP的生产能力[1]

2.2　产品

尿片主要包括三部分，上面一层是液体在其中可以自由流动的薄片，中间一层是液体吸收芯，下面一层是防止液体渗透的背板，AQUALIC CA就是用于液体吸收芯中的材料。直到20世纪80年代初，吸收芯中要使用大约70克纸浆。后来，当尿片采用像“AQUALIC CA”这样一种SAP后，芯体总重量降到了40克。

采用AQUALIC CA给尿片带来了很多好处，例如吸收能力增强、液体保持能力提高、互补性高及成本低等。

第一，在吸收液体时（吸收力强）它可以迅速膨胀，即使在恒压之下，也不会渗漏。正是因为这个特点，使用AQUALIC CA的尿片不仅不渗漏尿液也不会弄脏宝宝的小屁股。

第二，它有出色的液体扩散能力。为了加速液体扩散，聚合物的吸收浓度不能太高，吸收速度也不能太快。如果浓度过高，尿片会因凝胶阻塞降低其扩散能力；如果吸收速度过快，尿片只能吸收与尿布直接接触的部分，就会降低尿布的使用时间，而AQUALIC CA刚好平衡了这些因素。

第三，它弥补了纸浆的尿液吸收能力。SAP能进一步吸收纸浆吸收的尿液，这样它就能够将纸浆吸干并使其循环使用。

第四，由于“AQUALIC CA”容易进行批量生产，因此其生产成本较低。传统的制造方法（如反相悬浮聚合方法）在聚合后的处理能力、干燥能力、批量生产能力等方面较弱，而日本触媒化工公司开发的新型聚合体系和生产方法极大地提高了AQUALIC CA的生产能力。

目前，AQUALIC CA已被广泛用于成人尿片的生产。按照Kajiwara和Osada[2]的分类，尿片可以分为四种：裤型、普通型、补充型、衬垫型。裤型尿片是一种使用最广的成人尿片，它的结构和儿童尿片相似；普通型尿片上面覆盖了一种尿布层或网裤；补充型尿片是为了提高尿片的吸收能力而将AQUALIC CA植入尿片上层。这三种尿片都具有很强的吸收能力，因而是那些需要更多保护的人群使用的。相比之下，衬垫型尿片的吸收能力较弱，是那些身体问题不太严重的人群使用的。过去10年，正因为这种衬垫型尿片的实用性高和成本低，其产量已翻了3番。

3. SAP的历史和尿片的研发

SAP是随着儿童尿片的发展而发展的。第二次世界大战时期，尿片作为尿布的替代品最早出现在瑞典。那时，瑞典的布和清洁剂非常短缺，于是人们就开始研究利用当地丰富的木材资源作为生产尿布的材料。据说，一次性尿片起源于一次性面巾。

战后，一次性尿片在美国出现并很快流行起来。在木材资源丰富的美国和欧洲，人们利用絮状纸浆作为尿片的吸收材料。由于女性的社会角色越来越重要，职场女性就开始用尿片代替尿布以节约时间。结果，与其他地区相比，尿片在美国和欧洲普及得更快。但是在日本，很久之后人们才开始大规模使用尿片，并且直到1980年左右，日本尿片大多还是由棉布制成的。

人们对SAP的研发可以追溯至20世纪60年代的美国。那时，美国对SAP的研究主要是作为土壤管理中的水土保持材料。将SAP用于尿片的首个专利出现在1972年。随后，1974年，美国农业部所辖实验室发布报告声称，用淀粉制成的淀粉丙烯腈接枝聚合物和SAP的作用一样。

根据这个报告，三洋化学有限公司开始着手研究SAP。1978年，它向市场推出了一种SAP，Daiichi Eizai有限公司将其用于卫生棉生产。大约在同一时间，宝洁公司进入了日本市场，并开始向日本市场出售一次性尿片“帮宝适”。那时，SAP还未被用于一次性尿片中，日本也正在加紧对SAP的应用研究。

在这样的环境下，1981年，日本尤妮佳公司开始售卖采用SAP的一次性尿片，尽管该产品仅使用了少量的SAP，但却推动了日本一次性尿片市场的发展。1983年，日本触媒化工公司开始推广它的SAP产品。1984年，日本触媒化工公司成功地建造了年产量达10 000吨的工厂，这是一个规模相当大的工厂。而当时日本最大的SAP供应商三洋化学有限公司也仅有一个年产量只有几百吨的工厂。

1985年，紧随日本花王公司之后的宝洁公司开始出售含有大量SAP的一次性尿片。随着SAP的大规模生产，其价格开始下降，而它的使用量却在增长。从那时起，一次性尿片开始在日本迅速普及，与此同时，美国和欧洲对含有SAP的一次性尿片的使用量也在增长（见图31-2）。

目前，超过90%的SAP被用于卫生用品如一次性尿片中，而且这种SAP大都是由轻交联聚合物组成，由于该材料适合生产尿片且价格低廉，因此它成为生产SAP的主流材料，而其他种类的SAP在工业领域的使用量有限。

4.AQUALIC CA的研发背景

4.1 聚丙烯酸钠的研发

顾名思义，日本触媒化工公司（即日本催化剂公司）是专业的催化剂技术公司。自公司成立之始，便一直利用气相氧化技术从萘中提取邻苯二甲酸酐（1941年），后来又从苯中提取顺丁乙酸酐（1952年），再后来又从乙烯中提取环氧乙烷（1959年）。

1970年，该公司首次成功地将丙烯酸从丙烯中提取出来。该研究的目的原本是开发丙烯酸，但失败了，然而它却提取出了丙烯酸。在这个偶然发现的基础上，高分子化合物研究员Tsubakimoto和Shimomura一遍又一遍地开发和改善产品原型，最终成功地研究出了聚丙烯酸钠（也叫SAP）。

今天，丙烯酸是一种价格低廉方便利用的材料。然而，在日本触媒化工公司发现研制丙烯酸的新方法之前，丙烯酸因为生产过程复杂，其价格非常昂贵。具体来说，之前的丙烯酸酯是将乙炔和酒精混合（被称作改进的炔醛法），然后将该化合物水解提取丙烯酸。Rohm、Haas和Toagosei等其他供应商大都使用这种方法。

另一方面，日本触媒化工公司研发的通过气相氧化丙烯直接提取丙烯酸的生产方法，非常适合批量生产，同时也降低了生产成本。旨在减少如洗涤剂中磷使用量的运动，使人们对以聚合物材料来代替水溶性磷酸类化合物非常感兴趣。在这样的情况下，日本触媒化工公司在1972年成功研制出一种低分子量的PSA（一种名为AQUALIC CA的产品），并将它作为清洁剂增效剂或是着色剂分散剂来出售。

1973年，日本触媒化工公司又成功地研制出一种高分子量PSA（HPSA），作为黏度增强剂和食品添加剂投放市场。该公司研制HPSA的技术经验最终促进了后来另一种SAP的发展。HPSA最初很难大批量生产，但正如后文将提及的，它的生产方法和SAP的生产方法很相似。1976年，日本触媒化工公司研制出了一种超低分子量PSA，1982年又研制出一种中低分子量PSA，这些新产品都促进了AQUALIC家族产品的销售。

4.2 卫生棉聚合物的研发

在HPSA进入市场之后，产品开发负责人Yoshida提供了一些样品，来发掘HPSA不同于前文提及的那些应用。随后，他收到了一位卫生棉制造商的产品要求：我们想生产一种可以被水冲掉的卫生棉（防漏型），并且希望用HPSA作为密封挡板。那时的卫生棉都是由塑料薄膜制成的，用户将其扔进厕所之后无法用水冲掉。

包括Shimomura在内的三个研究员开始利用HPSA和交联丙烯酸混合物来开发新的产品原型。由于HPSA的碱性太强，对皮肤有害，于是，研究人员尝试将交联聚丙烯酸和HPSA混合在一起来降低它的碱性。在Shimomura做完一次防漏实验之后——他的妻子同意成为测试对象——符合卫生棉制造商产品规格的薄片原型就这样被开发出来了。然而，在将这种薄片用于卫生棉生产之际，出现了一些问题，故该薄片的商业化以失败告终。

虽然这种产品原型没有走向市场，但它被命名为AQUALIC CA，其名字的第二个要素CA是“月经吸收剂”的缩写。研究员们对SAP的研究还在继续进行，这是因为它符合日本触媒化工公司的研究政策（研究领域），即“高效利用我们的原材料（丙烯酸）和我们的技术（HPSA）”。

研究者们之所以致力于研究HPSA的吸水性，是因为HPSA不具有水溶性，因而对HPSA的研发皆因其遇水膨胀而导致实验无数次失败。Shimomura认为，应该将HPSA不溶于水的特性用于吸收剂和防漏材料。这就是研究人员在开发一个潜在应用时，无心插柳却生产出副产品的典型例子，就像“便利贴”的发明一样。

后来，Shimomura和Yoshida讨论将HPSA作为一种吸收材料的可能，Yoshida认为可用它代替一次性尿片中的絮状纸浆。于是，他们就开始研发用于一次性尿片的AQUALIC CA了。

当时，日本大约有十个供应商计划使用自己的原材料和生产方法生产并销售SAP。日本触媒化工公司已将丙烯酸出售给它们的客户，而其中就有客户正在研发SAP。因而日本触媒化工公司的一些内部人士反对将SAP投放市场，他们认为："如果我们开展SAP业务，就不得不和客户竞争。"出于这个原因，研究者们决定寻找那些和他们没有利益冲突的新客户或向客户强调AQUALIC CA的竞争优势。

5.AQUALIC CA的研发过程

5.1 一个新的生产方法的发明

1978年，日本触媒化工公司开始研发用于一次性尿片的AQUALIC CA，包括Shimomura在内的三名研究员参与了研发工作。早在1977年，他们就已研发出了交联丙烯聚合物。当时，他们属于中心实验室第三实验室，该实验室大约由30名研究人员组成，都是化学学士或硕士。由于当时第三实验室的主流研究课题是其他高分子聚合物，因而研究SAP被认为是标新立异，并未被作为正式的研究课题。但到了1973年，当Shimomura的两个研究成果成功地实现商业化之后，这三名研究人员才能在没有太多限制的情况下开展SAP研究。

在研发早期，生产一次性尿片主要采用SAP与絮状纸浆混合的方法。刚开始，第三实验室管理者Tsubakimoto提出使用一种特殊的混合器将丙烯酸单体混入絮状纸浆中，但由于该过程的某些问题导致这种方法并未成功。随后，Shimomura尝试只用单体水的方法，该方法需要使用一个特殊的多功能混合器。这个实验过程非常成功，并且它生成了一种和熟大米结构类似的聚合物。当时是1980年，日本触媒化工公司也就是在这一年建立了一个小型工厂，研究人员也增加到了四个。

这种水溶性聚合方法具有划时代的意义，因为它极大地提高了SAP的生产力。在传统方法下，干燥一种名为固态胶化聚合物的物质时有些难度，而且还必须将干燥后的胶体切成小片。进一步讲就是，我们必须使这种胶化物慢慢聚合并将其切成薄片来散热，否则将导致凝胶性能降低，然而由于在聚合过程中释放的热量会使温度升高，这会大大降低SAP的生产能力。

另外，使用Shimomura开发的生产方法时，一开始就会产生一种米粒般大小的新聚合物，因而就不需要将凝胶切成小薄片了；而且，由于该聚合物的粒子很小，所以热量很容易消散。出于这些原因，Shimomura的方法很适合批量生产。不过，虽然该方法解决了传统方法的许多问题。然而，他们在尿片的吸收机制中又发现了一个新问题。具体来说就是，在尿片吸收了尿液之后，由于孩子体重的影响，尿片与孩子身体接触的地方变得又湿又黏，这就导致尿片无法完全吸收尿液。因此，为了保证尿片将尿液完全吸收掉，就必须使尿片中的尿液均匀扩散。

Shimomura建议将凝胶粒子外表变得“像蛋壳一样坚硬”。另外，他还提出一种向聚合粒子中添加食品添加剂的交联凝胶方法。如果充满水时凝胶表面固定，粒子间就会产生空隙，液体就容易均匀扩散。添加食品添加剂的想法源自他曾为卫生棉研发SAP的经验，在卫生棉研发过程中，他将用作食品添加剂的HPSA复合，成功地将HPSA聚合并交联成其他的食品添加剂。

由于卫生棉被划分为准药品，因此在进入市场之前必须获得当时的健康与福利部（现为健康、劳动与福利部）的批准。Shimomura相信使用食品添加剂会更容易获得政府批准，并指导包括Irie在内的研究员来尝试这种表层交联方法。结果，该方法成功地实现了表面交联，极大地增强了卫生棉的吸收能力。在随后的另一个研究主题中，Irie 和 Masuda仅用水就改进了SAP的粒状外观。

因而，通过采用新的水溶聚合方法并借助表面处理方法改善SAP的性能，通过提高SAP的生产力来增强产品的竞争力，这些发明对SAP工业的未来极其有利。然而如前文所述，他们必须获得政府批准才能将SAP用于卫生棉。于是研究者们走访了许多大学和医院，收集了大量有关SAP安全、稳定、分解方法等方面的数据，多次拜访并与政府部门协商，终于在1983年获得了政府批准。

5.2　研发中止危机及一份大合同的机遇

随后，日本触媒化工公司收到一封一家大型卫生用品制造商关于AQUALIC CA的咨询信，这封信让包括Shimomura在内的一直从事产品研发的研究者们非常振奋。但是，大约六个月后，发来咨询信的制造商声明他们将自己生产SAP。接着，公司高层管理人员立即做出停止研发SAP的决定，但包括Shimomura在内的研究者们都反对并劝说管理者不要停止该项研究。结果，研究虽然得以继续，但只有很少的研究人员参与。

随后，日本触媒化工公司又收到日本一家大型化妆品公司关于将AQUALIC CA应用于卫生棉的咨询信，这促使管理层决定生产一些样品来试着将AQUALIC CA推向市场，于是他们在1983年建成了一个产量1 000吨左右的小工厂。不过，一开始公司接到的询价很少，工厂的运营比率水平非常低。

1983年年末，日本触媒化工公司又收到了另一个全球卫生用品大型制造商P的咨询信，其订购了10 000吨SAP。生产10 000吨SAP在当时的功能性聚合物行业可谓是天文数字，通常1 000吨就已经很多了。

Shimomura和其他研究者不断寻找新方法来进一步提高产量。在这个过程中，Tsubakimoto经理提出用连续聚合材料来代替传统的分批法，于是Shimomura开始尝试运用多种方式来开发连续聚合方法，包括调整机器、参观食品行业展览、走访食品加工厂等。随后，他提议使用寿司制作机器人技术，并开发出一种新的聚合系统原型。事实证明，该系统原型非常实用，而且从事连续聚合方法研究的人员也增加到了六名。为了研发新的生产系统，六名研究人员昼夜轮流加班。最终，他们完成了连续聚合系统的研发。

尽管这六个人都是研究人员，但他们参与了从寻找新应用到接近用户的整个研发过程。毫无疑问，虽说是工人们在一线生产产品，然而决定生产设施条件和产品质量的却是研究人员。据说，拥有这样经验的研究人员能在专业知识范围之外，在调查、用户、生产方法和专利等领域形成一个广泛的专业知识体系。这种产品开发方法对功能性化工产品非常有用，因为它们必须和用户保持密切联系。

5.3 大量供应协议带来的风险

1984年2月，日本触媒化工公司将样本送到P公司，以评估运用连续聚合方法生产出来的AQUALIC CA，3月份该产品规格就获得了P公司的认可。于是，日本触媒化工公司和P公司签署了一项10 000吨AQUALIC CA的产品供应协议，并在日本姬路建立新的生产工厂，Shimomura等研究人员也因对公司的贡献巨大而获得了相应的奖励。

6月，P公司又要求增加10 000吨，此时的订单总量达到了20 000吨。日本触媒化工公司许多负责人反对这个要求，他们认为风险太大。于是董事长Ishikawa邀请后来成为实验室负责人的Shimizu和Shimomura参加董事会，要求他们提出建议，Shimomura断然答道：没问题，我们可以生产。董事长石川得到了董事会的默许，于是在9月份又签署了生产另外的10 000吨的协议。

10月，生产能力达10 000吨的姬路工厂即将建成。紧接着在月末的技术例会时，Tsubakimoto和Shimomura突然被上级叫走，告诉他们P公司发来电报称产品出现了一个严重问题，说日本触媒化工公司的产品不如竞争对手的产品。

于是，Tsubakimoto还有Shimomura、Irie等研究人员立即飞往美国。P公司联系人Andy Scott告诉他们，尽管日本触媒化工公司生产的SAP满足产品规格要求，但将其应用于尿布时质量很差。他们指的产品规格是SAP的性能而非尿片的性能；另外，在含SAP的尿片生产出来之前，P公司并不清楚其尿片的实际性能。

对日本触媒化工公司来说，这不仅增加了公司投资10 000吨生产能力工厂的风险，而且也使公司陷入了困境。这些研究人员的经理指示他们在不改变任何生产设备的情况下，继续改善连续聚合方法。但是，包括Shimomura在内的研究人员发现，通过连续聚合方法生产的凝胶结构和分批法生产的不一样。因此，他们决定将两种方法同时使用来提高生产力。并且，他们决定对经理保密此事。研究员们频繁奔走于吹田的实验室和姬路的工厂，并和生产组保持密切沟通。从11月到12月连续两个月，甚至周末也不间断地加紧研究，仿佛每周都是由“两个周一、一个周二、一个周三、一个周四和两个周五”组成的。

结果，他们发现运用传统的分批聚合方法能够提高产量。1984年年末，他们将这个结果向项目负责人Nakajima做了汇报。1985年1月8日，研究人员又一次带着样本飞到了美国。P公司称是用宝宝作为实验对象对样品进行测验的，测验对象并非所谓的“领先用户”，而是普通的终端用户。用于测试的婴儿并不能提出一个新的尿布概念，但这个测试却证明了AQUALIC CA的性能远远胜于任何竞争对手的产品，包括Shimomura在内的研究人员都认为AQUALIC CA真的非常成功。

1985年年中，日本触媒化工公司将SAP交付给P公司，交付时间比协议期晚了6个月。原来的交付协议规定，因双方都有大量资金投入，因而如逾期未能交付产品或付款的一方必须接受处罚。但是，由于最初双方自身都遇到了一些问题，如产品质量和生产线缺陷等，于是日本触媒化工公司幸免了巨额赔偿。大约8月份以后，日本触媒化工公司就开始顺利生产并交付SAP了。

5.4　评估技术开发的先行优势

正如后面将提到的，AQUALIC CA的产量随着需求的增加而不断增长，而AQUALIC CA产量增加的原因之一，在于日本触媒化工公司开发出了领先于竞争者的评估技术。测试一次性尿片最简单的方法就是茶包测试法。首先，准备一个空茶包；接着，将茶包装满聚合物浸入水中；随后，测量茶包的重量来测定它的吸收能力。该方法就是由日本触媒化工公司发明的，它现在被全世界广泛使用。

据说在恒压之下测试尿片的吸收能力更为重要。当孩子躺着使用尿片时尿片受压，因此，在这种压力下尿片也应将尿液完全吸收掉。另外，尿片吸收的液体能在尿片中均匀扩散。在产品研发的最初阶段，日本触媒化工公司就非常注重尿片的这个功能，并在用户（尿片生产商）提出这样的产品要求之前，他们就已经开发出了表面交联技术。

通过采用这种压力测试方法，日本触媒化工公司证实了尿片生产商关于尿片吸收速度更快的要求实际上是错误的。通常我们认为尿片的吸收速度越快越好。但是，如果我们将这种短时间内就会变硬的聚合物用在尿布中，它只能密集地吸收接触到的尿液。尽管吸收的速度会加快，但却会缩短尿片的使用寿命。日本触媒化工公司通过实验证明，尿片使用的聚合物应该是慢慢地将尿液吸收掉，并将尿液均匀扩散、变干。

不久，日本触媒化工公司又澄清了关于尿片吸收能力的另一个误解——“SAP能吸收自身体积1 000倍的液体”。我们通常认为，如果一种聚合物可以吸收比它自身体积大很多的液体，那么该聚合物就非常好。但实际上，在吸收了如此多的液体后，该聚合物就会膨胀成像豆腐一样软的凝胶状物质，这种凝胶状物质会阻止它进一步吸收液体。出于这个原因，日本触媒化工公司将SAP的吸收能力减少至其自身体积的300~400倍。

即使聚合物满足了用户的产品要求，尿片的性能也不一定能令人满意。因为，尿片是长时间使用的，它们必须能够重复吸收尿液。说明书通常只明确短时使用的价值，但是为了使尿片的使用时间更长，研究人员收集相关的测评数据还是十分必要的。

正如前面所提到的，原先尿片生产商关于将SAP用于一次性尿片行业的许多假设相继被证明是错误的。以P公司为例，尿片生产商其实既没有充分了解尿片的实际功能，也没有认真研究有效利用聚合物的技术。Shimomura说：这也就是日本触媒化工公司的新想法和技术能被客户接受的原因。

后来，在了解儿童对一次性尿片潜在需求的基础上，日本触媒化工公司对它的SAP进行了完善提高；并且，在收集反馈数据开发测评技术的同时，日本触媒化工公司还为尿片生产商提供了SAP的这些新功能和改进。这表明了以终端用户为导向方法等观点的重要性，这种方法考虑到了客户关系的层级性。具体来说就是，SAP供应商日本触媒化工公司在产品研发过程中，不仅听取了它的直接用户——尿布生厂商的要求，也考虑到了尿布的终端使用者——儿童的需求。

5.5 成为实际的行业标准

自从世界最大的卫生用品制造商P公司决定使用日本触媒化工公司的SAP之后，全世界的化学制品供应商都开始使用日本触媒化工公司的方法，比如，将丙烯酸作为原材料，采用水溶液聚合方法和表层交联方法等。于是，AQUALIC CA就成为SAP产品及其生产方法的实际标准。

在回忆中，Shimomura这样说道：

十年里，P公司对AQUALIC CA没有任何投诉，也没有提及任何有关产品好或坏的性能。他们只是说AQUALIC CA与任何新的竞争产品一样。然而，由于那些竞争产品没有使用表层交联方法，日本触媒化工公司的研究人员坚信这些竞争产品的性能不如AQUALIC CA。但是，大约十年后，随着其他公司的产品性能赶上AQUALIC CA，P公司首次要求其他SAP供应商在产品性能上汲取AQUALIC CA的优点，改变它们的SAP规格。回想起来，在当时所有的SAP产品中，很明显AQUALIC CA的性能最佳。

1985年以来，日本AQUALIC AC的产量稳定增长，一直到1988年，该产品都以年产量10 000吨的速度增长。随后，1990年日本触媒化工公司开始出口该产品，并于1990年与美国ALCO公司联合成立了一家合资公司，在田纳西州建立了工厂。1993年，日本触媒化工公司与德国BASF公司联合成立了合资公司并开始在德国生产SAP。后来，日本触媒化工公司于2000年又在比利时创立了自己的SAP工厂并投入生产。那几年，全球对SAP的需求都以高于10%的速度增长，日本触媒化工公司不断提高其产品生产能力以满足不断增长的需求。2007年，该公司声称拥有410 000吨全世界最大的SAP产品生产能力，包括正在建设中的中国工厂和其他正在扩建的日本、欧洲和美国工厂。

此外，当前为了帮助老年人独立生活，改善大小便失禁患者的生活舒适度，减少护理的工作量，社会对成人尿片的需求也不断增长。成人尿片的构造和儿童一次性尿片的构造相似，二者SAP的使用量分别是13～20克和50～70克，成人尿片中的SAP浓度低于儿童一次性超薄尿片的SAP浓度[2]。

许多尿片制造商目前都在通过改善尿片的吸收芯体，研制防漏性更好和更薄的成人尿片。并且，为了使尿片用起来更舒服，制造商通过对成年样本人群测试，改善产品设计。在为成人尿片研发具有高吸收能力的芯体时，较强的胶化能力和快速吸收能力是SAP必不可少的两个特性。而且，包括日本触媒化工公司在内的许多SAP供应商，都在研制这样的聚合物胶体。改善尿片的舒适度能够减少护理人员的工作量，并能更好地保护患者的隐私。

6.结论

本章案例研究揭示了日本触媒化工公司研发SAP AQUALIC CA的创新过程。AQUALIC CA作为原材料使一次性尿片在日本大受欢迎，目前大约占据全球市场份额的25%，它也在近几年成为最具国际竞争力的功能性化学产品之一（参见[3, 4]中关于功能性化学产品的定义）。

近来的产品研发研究已经证明，“kimeko-makai团队管理（精细管理）”[5]，“客户的客户战略”[6]、“客户体系管理”[7]和“评估能力”[8]对功能性化工产品非常有效。

本案例研究阐述了日本触媒化工公司从技术开发和PSA、HPSA供应协议的多次失败到最终取得成功的创新过程，这不是一个直线过程，而是一个自然发生的过程。该过程也表明，通过采用以终端客户为导向的方法来开发评估技术，使日本触媒化工公司赢得了先行的竞争优势。而且，由于用户缺乏评估和使用诸如AQUALIC CA等新技术中原材料的技术能力，因此原材料供应商必须在产品研发初期就与客户保持密切沟通来开发评估技术，从而赢得竞争优势。本研究将为材料供应商理解有效的创新管理提供帮助。换句话说，他们必须知道产品范围之外的知识和技术[9]。

本研究结果也适用于零部件和设备生产行业。新产品创新或新系统产品创新，需要运用组件知识和结构知识来构建多组件机器和设备[10]。一般情况下，零部件供应商只拥有前面的知识，系统制造商只拥有后面的知识。然而，系统产品创新需要技术创新，比如汽车工业的技术创新和组件创新要求的知识广度和深度不同[11]。因此，零部件供应商还需要从产品开发初期就与客户保持密切沟通来积累评估技术。所以本研究也为各种工业产品供应商理解有效的创新管理提供了宝贵的帮助。

对那些试图实现产品差异化的系统制造商来说，在产品开发初期就与高水平评估技术的供应商保持密切联系也非常重要。

参考文献

1 T.Shimomura, in *Koukyuusuisei polymer no gijutsu to kaihatsu monogatari.*(Technology and development story of superabsorbent polymer) Catalyst symposium of The Japan Petroleum Institute, 3 Mar 2004(in Japanese)

2 K.Kajiwara, Y.Osada(eds.), *Gels Handbook*(Academic, New York, 2000)

3 K.Fujimoto, K.Kuwashima, in *Kinousei kagaku*(Functional chemicals), ed.by Kinousei kagaku sangyou kenkyuukai(Kagaku kougyo nippou, 2002), pp.87–143(in Japanese)

4 Kinousei kagaku sangyou kenkyuukai(Functional chemical industry research group), (eds.) *Kinousei kagaku*(Functional chemicals), (Kagaku kougyo nippou, 2000)(in Japanese)

5 K.Kuwashima, Akamon Manage.Rev.4(9), 459(2005)(in Japanese)

6 K.Kuwashima, Kenkyuu gijutsu keikaku.J.Sci.Policy Res.Manage.18(3/4), 165(2003)(in Japanese)

7 J.Tomita, T.Fujimoto, The Customer System and New Product Development, in *Management of Technology and Innovation in Japan*, ed.by C.Herstatt, C.Stockstrom, H.Tschirky, A. Nagahira(Springer, Berlin, 2005), pp.73–84

8 J.Tomita, Seisanzai ni okeru teiangata seihinkaihatsu(A triad interaction model for industrial product development), Ph.D Dissertation, The University of Tokyo, 2008(in Japanese)

9 S.Brusoni, A.Prencipe, Managing knowledge in loosely coupled networks: Exploring the links between product and knowledge dynamics.J.Manage.Stud.38(7), 1019–1035(2001)

10 R.M.Henderson, K.B.Clark, Architectural innovation: The reconfiguration of existing product technologies and the failure of established firms.Admin.Sci.Q.35(1), 9–30(1990)

11 A.Takeishi, *Bungyo to kyoso.*(Division of labor and competition)(Yuhikaku, Tokyo, 2003)(in Japanese)

第32章

老年科技在老年护理工作中的有效利用：将不足作为创新机会

H.Melkas

摘要：人类对安全报警技术等信息通信技术（ICT）的利用越来越多，它对老年护理人员的影响对我们将技术创新用于护理工作深有启发。人为影响评估方法已被用于评估护理人员的技术应用能力、技术使用定位和幸福感。安全报警系统对护理工作和护理机构的行政管理非常有用，但显然护理人员尚未充分了解这些技术的特点及相应的组织变化。从个人和工作环境层面出发，对新技术定期评估将推动专业护理人员接受新技术。本章是基于芬兰一项大型研究开发计划的实证研究，研究关注的是安全电话和高科技健康腕带。当我们将技术以及服务和组织网络考虑在内时，安全报警系统的不足（问题和缺点）就暴露无遗了。我们可以将这些不足作为未来创新的来源和机会。与科技相结合的社会、组织、过程和营销创新，是与老龄化人口相关的创新活动的重要组成部分。

1.引言

信息技术的应用推广需要工作实践和组织之间改变协作，并提升服务人员的知识和技能水平[1—6]。由于人们通常认为科技和护理服务之间关联不大[7]，所以引入这些新技术可能会导致员工倦怠、工作积极性降低、成本增加、不愿意使用该技术或工作的幸福感降低[3，8—10]，有时甚至还会导致老年员工过早丧失经验和专业技能[11，12]。

为了找出护理机构加快采纳技术创新的因素，本章阐述了安全电话和监测生命重要体征的高科技健康腕带对芬兰老年护理工人和工作场所的影响的实证研究结果。

芬兰人口正在迅速老龄化。根据人口数据预测，2030年1/4的芬兰人口都将超过65岁，因此，为老年人提供服务面临着巨大的压力。安全电话和健康腕带使老年人只需按下按钮便可呼救，能提高他们在家中继续生活的可能。老年人通常希望尽可能长时间在自己家中生活，因而安全报警系统已成为当前芬兰老年护理结构的一部分。缺乏安全感和感到恐惧是老年人搬进老年公寓和老年之家最常见的原因。由于安全报警系统能够提高老年人的安全感和受保护感，使用安全报警系统的私人家庭数量不断增加。公共机构也将它们作为配套设施来协助护理人员工作，必要时为报警者更加快速地提供帮助，比如当一位老年人摔倒无法站起时，其可以快速发出警报[9]。

目前，芬兰使用着大约7万个安全报警系统，一半以上是市民自己花钱买的，其余的是作为公共服务的一部分，由市政机构持有或维护。安全报警服务由私营企业（特定区域或范围内）、市政机构、基金会、非政府组织和合作机构提供[9]。

安全报警服务系统包括一个呼叫中心，主要负责接听客户的报警电话，必要时调来一位服务人员到老年人家里提供帮助。呼叫中心还接受技术故障或与报警设备相关的服务需求申告。老年之家和老年公寓的呼叫中心大多是很小的一个内部组织，只为其自住居民服务，而大型呼叫中心为全国成千上万的客户服务，还有一种介于两者之间的呼叫中心，比如市政呼叫中心[9]。本章主要研究的是老年公寓和老年之家提供的呼叫服务。

报警器用户可以按下其健康腕带或吊坠上的按钮来求助，然后，用户就会连线到呼叫中心与值班人员通话。呼叫中心的服务商必须时刻对报警信号做出快速有效的反应，反应类型依报警电话的原因而定，通常的反应是口头建议，派一个安全助手访问客户，或是直接出动急救服务（如出动救护车）[9]。

安全报警系统是老年科技的一个实际例子。老年科技意即为了所有或部分老龄化人口的利益而研究、开发和推广应用特定的技术（设备或环境）[13, 14]。老年科技对老年人有五个方面的作用[15]：

• 预防作用：老年科技解决方案的目的是预防老年人的健康状况恶化。

• 力量辅助：老年科技开发方法和设备能帮助老年人提高和增强他们工作、休闲、学习、社会互动的力量。

• 弥补衰退的能力：老年科技创造的方法、设备和产品能弥补老年人衰退的感官或活动能力。

• 保健辅助：老年科技为护理工作者提供辅助其工作的技术。

• 深化研究：老年科技通过支持科学和临床研究，间接帮助老年人。

本章主要讨论的是老年科技的第四个作用——保健辅助作用，附录中是研究方法介绍。78位现在和未来与安全报警设备使用打交道的工作人员是我们的研究对象，他们的客户使用了传统的安全电话或高科技健康腕带，健康腕带通过测量使用者的动作幅度、皮肤温度和皮肤传导性来记录他们一天24小时的活动水平。它有一个手动报警按钮，但当使用者无法操作时，它能自动触发报警。需要时，当客户摘下或重新戴上健康腕带时，该系统也会自动报警（见图32-1）。腕部装置会持续监测报警系统的性能，出现连接问题时会自动发出警报。

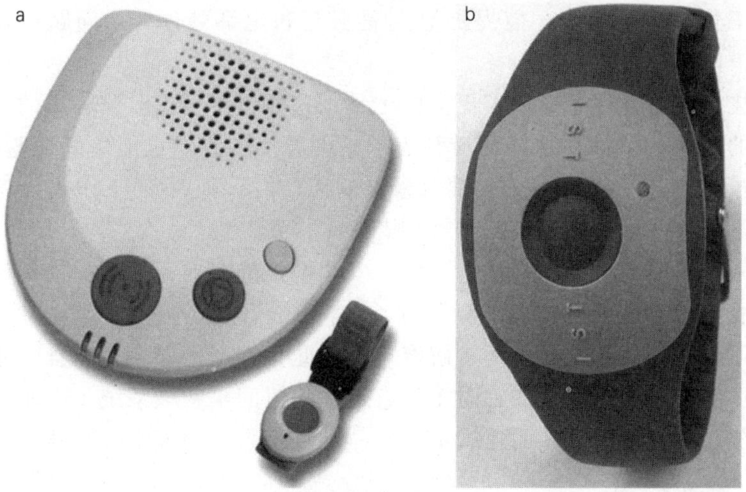

图32-1　测试用的（a）安全电话和（b）“Vivago　WristCare”健康腕带
（由Miratel　Oy和IST　Oy拍摄）

借助人为影响评估方法，我们对安全报警系统的使用效果进行了调查研究[16, 17]。调查问题包括技术与健康（包括健康认知）的联系、信任和承诺、耗时、信息流和网络协作[9, 18]、参与感，以及工作场所经济状况等社会影响。我们对调查结果进行了定性分析。

2.安全报警系统使用的实证研究结果

2.1　组织问题

有些街区的服务公寓认为安全技术对其工作十分有用，而且必不可少；而其他的服务公寓却认为它带来的只有伤害和大量额外工作，而非帮助。这些额外工作主要是由以下几种情况引起的：一是客户无关紧要的报警；二是因意外或技术故障引发的错误报警，如建筑（墙体等）结构造成的报警路线错误；三是护理人员必须在电脑上写一份报警接听记录。

除了这些常见的组织问题之外，我们还特别研究了临时工和管理者的问题。由于临时工能力欠缺、浪费时间，于是老员工就不得不花时间去指导并监督他们的工作。工作中有的分歧是由有些员工使用设备或系统的责任心更强且对其了如指掌引起的。

我们将一些典型的正面回答概括如下，比如使用报警器可以避免没有必要的探访，员工的工作积极性也有所提高，掌握安全报警系统有助于员工更好地安排工作任务和时间，工作也有了可喜的变化；而客户也感到有人倾听和帮助他们；夜班护理人员的工作变得更轻松，前提是他\她能够通过电话处理客户问题；客户也能安静地生活，仅在需要时得到服务。

安全技术也为管理者提供了更多的工具，这些工具可以监测客户的求助需求和护理人员的回应，并评估这些回应和需求是否合适。它们也能更好地监测工作量，当护理人员记下一个报警信息及其对警报的回应时，他\她的工作成果就以一种新形式呈现出来，这能够激发员工和管理者的工作积极性。

还有一些典型的负面回答认为，由于安全警报的存在，他们的工作计划和想法变得十分混乱。记录警报带来了额外的工作。办公场所的所有员工没有义务也不愿意负责这项工作。临时工通常不了解客户，因此常常产生误会，而且并非所有报警信息都是真的；雇佣时间短的临时工没有足够的时间了解该系统，因而他们很难了解整个系统并正确使用它；而正式员工中熟悉报警系统的人就必须随时回答临时工的问题。

负面回答还指出，在老年公寓，工作人员每隔两个小时就会探视客户，但即便如此他们还是会呼叫，健康腕带的意义被他们忘掉或误解了。调查对象感觉该系统的财政支出和实际收益是矛盾的，这也导致管理者的预期对员工及其工作造成了压力。

调查对象还关注了技术的伦理问题。他们认为，当家里只有安全电话而没有人探望时，老年人会感到很孤独，因为护理人员并不总能立刻赶来帮助他们，而且有的客户即便真的需要帮助，他们也不见得会报警。

2.2 信任、技能和积极性

工作人员在接报警电话时存在一些问题，当他们把求助电话从第一个接电话的人那里转接到护理人员那里时，就已经出现了问题。因为工作人员在转接电话时需要拨一串号码，而被转接的护理人员此刻可能正在帮助另一个客户。

在考虑防水性和洗衣服、游泳、洗桑拿时的使用方面，来自报警系统生产商的误导威胁着该系统的安全运行。护理人员对这些技术特点掌握得不准确、不充分，也会影响该系统的安全运行。比如护理人员会告诉老年用户在任何情况下都可以使用报警设备；护理人员认为该设备极大的好处是随身携带，故当他们相信用户在任何地方都能得到帮助时，就不太关心客户的健康了。然而，他们的这些做法都是基于不准确的信息。这些问题突显了对护理人员进行长期引导和培训的重要性，以及设备生产商责任的重要性。

然而，新技术的引进对工作人员专业自尊的影响不可小觑。缺乏使用新技术的技能和知识水平，会使他们产生挫败感，这反过来会降低他们的工作积极性，给他们带来恐惧和痛苦。

由于无法完全信任这个系统，有些典型的回答涉及了信任、技能和包括工作积极性降低在内的问题。老年护理人员在使用技术辅助设备时会感到心中迷茫甚至恐惧，他们也感觉新技术没用而且很难学会。技术给他们带来的只有无知感或渺小感。即使是管理者，他们也很难与技术的发展保持同步。老年护理人员可以将与技术相关的工作交给年轻人和能力强的人员。管理者关心的则是护理人员如何应对这些问题。

因而，员工们需要接受更多更好的培训。不同的专业团队必须制订好计划，找出接受培训真正的受益者。针对不同背景和能力的人制订不同的学习计划非常重要。在学习中，他们必须互相合作：年轻人向老年人学习，老年人向年轻人学习。每个人都应该参加培训，因为安全报警系统对不同的专业团队都有影响。如果不对报警系统进行使用指导，那么这个系统就是个累赘，对临时工来说更是如此。

员工通常不会分析高科技健康腕带生成的睡眠图。有经验的护士也许会根据这些曲线分析患者的健康状况，并评估药物效果，但这种能力并不能无师自通。因此，理解这些曲线既简单又困难，但只要通过培训，工作人员就能有效地利用它们。

2.3　提供的服务

除此之外，安全电话和高科技健康腕带的附加影响还包括其对工作人员健康感、工作场所的氛围、耗时和态度的影响，以及对工作人员参与、贡献、影响工作环境机会的影响等。在工作环境中，我们可以将健康腕带看作一个凝聚因子，即正面影响工作氛围的“我们的东西”。

还有一些典型的回答强调了每个工作人员回应报警电话的义务。安全报警系统提高了工作应对能力，并与培训工作一起，成为工作环境感的创造者。因为，一方面，报警系统能保持大脑思维活跃并给予每个人能力开发的机会；另一方面，当新员工对该系统掌握得游刃有余时，他就会有一种“超越别人”的感觉。

但是，我们也应将工作场所之外的服务系统考虑在内，这一做法的实际意义取决于安全电话系统的类型——是市政的内部系统，还是市政从商业公司购买过来的服务系统[9]。还有，我们也应将爱心家庭成员及其亲属考虑在内。有一些典型回答认为，爱心家庭的亲属对报警系统都很满意，因为他们知道该系统能保障亲人的安全。还有一些亲属认为，在监测客户的健康状况方面，这个“机器”发挥的作用比他们大。

3. 讨论：怎样避免不足？

3.1　新的个人能力要求

尽管报警系统存在一些问题和缺点，被调查的工作人员大多认为接听和记录安全报警电话要比使用电脑简单得多，这也许是因为他们把安全系统当作老年护理的一种直接帮助工具，并认为使用安全系统需要比使用电脑更专业的技能。他们将安全报警系统作为日常辅助设备，将其作为工作的一部分。他们感觉使用该系统能够节省时间和财政资源，使工作计划更顺利地进行，也能维持客户的独立性和自我管理能力。但是，工作人员对安全报警系统的使用体验却是因人而异的，有些人感觉记录报警信息的某些过程十分麻烦，但另一些人却不这么认为。

工作人员对报警系统的恐惧和怀疑主要源于担心安全技术失灵，或是电话另一头的客户在他们的指导下仍然不会使用机器。在很多工作场所中，安全电话就是老年人的“夜间护工”，也是他们与周围世界的唯一联系。有些工作人员非常担心这种情况，因为他们认为仅仅通过一个安全电话并不能解决老年人的所有问题，必须有一个近在身旁的人照顾他们。简而言之，不能完全依赖技术。

然而，安全报警技术使用能力已然成为护理人员的一项核心能力。早期研究发现，在为病人介绍辅助设备时，有家庭护士在场，病人会更容易理解设备使用的各种状况[19]。我们的研究结果也支持了这一点，这不只是一个护理能力的问题，更是一个指导客户使用技术的能力问题。在社会和保健行业，诸如护士这些专业的护理人员实际上是使用和整合技术创新的重要贡献者[20]。

3.2 培训的力量

如早期报道所言，在对相关信息预测和评估的基础上，安全报警技术使用的负面影响大都可以通过良好的培训得到消除或减轻[10，21]。将技术引进工作场所可能会严重影响工作人员的专业自尊。缺乏适当的技能水平和知识、无力感或无能感，这些都会降低员工的积极性，给他们带来恐惧和痛苦。在有些工作场所，工作人员不会和不能使用新技术已给工作造成了严重冲突，这些冲突表面上看起来与技术使用无关，因此从错误的假设出发很难解决这些问题。

激励员工采用技术的重要因素是其能通过使用技术获得好处。技术使用的各种影响通常是间接的，也很难识别。每个工作人员的技能水平不同，他们对工作变化的态度也不尽相同。将技术创新引进工作场所正如创建质量管理体系或引进团队工作一样，是一个新事物。一台技术设备并不是在真空中产生和使用的：在技术背后，有一个组织机构和服务活动，还有一个有着自我价值观和工作（或生活）环境的用户。当设备指导工作是由外部顾问或培训师负责时，这一点就显得尤为重要。设备和系统制造商通常会组织初期培训，但这种培训很少考虑到每个工作场所的特别需求，更别说单个员工的需求了。对于一个不在护理行业工作的培训师而言，为培训人员寻找一些共同语言和一个恰当的技能起步水平，就更是难上加难了。

技术使用培训是将技术创新引进工作中的一个核心领域，该培训应该从每个工作人员的需求出发，并覆盖工作流程、技术培训和安全问题评估等方方面面，还应包括引进设备或系统后的服务支持。长期培训对临时工来说尤为重要。

即使新技术已投入使用，工作人员掌握了必要的技能之后，也不应该停止培训。一个管理得当的培训体系包括系统或设备升级和更新后对员工技能的重新评估和技能提升。长期培训过程的每个阶段都要有一个明确的开始和结尾，但作为一个过程，就应该以多种方式在工作场所长期开展下去[10]。

就工作人员必要的技能而言，主要是技术在工作场所的角色和用途等问题，如引进技术的目的是什么？其实很多利益相关者并不清楚引进技术的目的，这并不少见[22]。一项深谋远虑的评估应该涵盖每个员工必需的能力水平，如他们的能力能否掌握基本技能？或每个员工是否应承担更艰巨的任务？再比如他们能否根据健康腕带系统做出各种报告等。

3.3　人为影响评估的重要性

与技术使用直接或间接相关的领域，都能借助人为因素评估方法来识别。如果一个老年公寓决定引进包括各种配件在内的高科技健康腕带，这就意味着原有的工作过程将发生改变。影响评估产生的信息有助于决策和发展（见图32-2）。以技术使用为例，在引进实际工作之前对其进行评估再好不过了。影响评估的中心原则是协作，它给员工提供了参与和对话的机会。影响评估还会考虑到不同群体的工人和单个工人的看法。

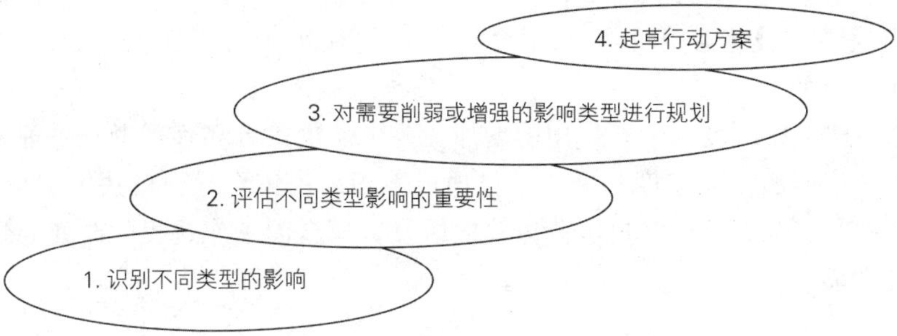

图32-2　一个典型的影响评估过程

依据实证研究的经验，影响评估的结果可以直观地展现员工的态度、期望、恐惧和价值观——这些将在技术开发中讨论并研究[17, 21]。在技术创新使用中，工作人员的经验和观点形形色色。影响评估过程也将为必不可少的培训计划和训练提供大量信息。社会与卫生保健行业是按等级划分的，而芬兰该行业每个工作场所积极的评估文化才刚刚起步。

技术使用对护理人员的影响依赖于客户的技术使用方式。安全报警系统就是一个典型的例子。不管客户过多还是过少地使用安全报警系统，都会对护理人员造成影响；如果客户因痴呆发作完全忘记使用报警系统，这也会对护理人员造成影响。我们应该根据实证研究结果，而非技术使用的一般影响水平下结论。我们必须关注技术使用对每个工作场所护理人员的影响，从而扬长避短。

在引进技术并对其进行影响评估时，管理者在许多方面扮演着核心角色。他们必须能够评估并以合适的速度将有用的技术引入每个工作人员的工作过程中，这表明他们在有效利用新的创新技术之路上迈进了一大步。此外，对技术定期进行人为影响评估可以节省技术购买、培训、指导和其他成本。但即便如此，它们还是被认为是不必要的额外花费。要深入、冷静地推广应用技术创新，包括全面看待它们对客户和工作人员的适用性，管理者们还有许多工作要做。

3.4 其他因素

为了趋利避害、有效地利用技术创新，我们应该就工作场所护理工作中技术使用的道德问题和可接受性进行讨论。在这方面，护理人员有很多问题和担忧，而且这些问题和担忧应该在工作人员和管理者之间开展的联合讨论中得到关注，这有助于工作人员在工作中冷静、高效地利用技术并提升幸福感。

要想扬长避短，地方政府必须认识到老年护理技术使用的前提条件，这是一个有待研究的另外一个因素。在芬兰，虽然政府决策者为老年护理工作制定了策略，但工作场所的管理者却很难实施这些策略。虽说这些策略应为护理人员的实际工作提供指导，但护理人员通常却不了解这些策略。即使真的出现问题，他们往往对老年护理的技术使用问题轻描淡写，根本不考虑技术使用的影响。我们通常对技术使用的构想很多，但却往往很少考虑实践中这些构想对护理人员和客户的影响。

老年护理工作对技术创新使用的增加，要求从决策者和管理者到护理人员整体一致地传达他们的实际态度和做法，错误或不当的决策会导致解决方案成本高昂，并且这些方案甚至会降低客户服务体验的质量，还会因工作过程的改变导致护理人员工作热情减少。

3.5 技术使用：就像组装马赛克

本章以老年护理工作人员研究为基础，与之相关的研究已明确了技术使用对其他群体的诸多影响（例子见[23, 24]）。比如，管理者和决策者需要：（1）新能力和新知识（比如对技术使用的指导能力和影响评估能力）；（2）网络管理才能（用于管理政府、私人和非政府组织第三产业构成的服务网络）；（3）过程管理才能（如技术使用相关的购买、引进、指导和跟踪过程）；（4）变革管理才能（如工作场合技术使用的一般规则）；（5）信息和知识管理才能（增加老年人信息和其他信息——谁掌握着这些信息？如何掌握的？何时何地掌握的？）。

我们将老年护理工作对技术有效利用的不足总结如下[22]：

- 缺失技术使用的影响评估，尽管它们本应成为服务质量开发的一部分。
- 缺乏技术使用的能力和合适的培训意识（包括老年人、他们的近亲、护理工作环境，以及适当的服务网络）。

• 对技术的目的、运行过程、道德问题和接受性（或不同的态度）考虑不足。

• 决策者应该提高老年护理、老年护理中的技术使用及其影响的意识，应考虑机会成本。

• 对技术使用的公开讨论“黑白分明”（两极化）（负面影响和正面影响），应涵盖更多方面（不同的用户、需求和使用目的）。

• 技术对所有年龄群体的适用性——应该鼓励考虑所有人的设计，并将用户的观点纳入技术开发中（而不只是考虑那些“专家”和年轻用户的观点）。

设备的技术性越高，就会为技术的整体使用管理带来更大挑战。是时候努力为老年护理技术使用的整体方法奋斗了；否则，当技术越来越碎片化，与技术使用相关的能力和知识也越来越碎片化时，危险也就悄然降临了。这样看来，技术使用就是一个马赛克，我们需要在广泛合作的基础上重新规划和组装[22]。

3.6　从不足到机遇创新

传统上我们认为创新仅与高科技领域行业密切相关，但近年来，创新的定义已扩展得越来越大，扩展的领域之一便是人们提出并强调社会创新与传统的技术或产品创新同等重要。与老龄化相关的创新是一个普遍现象，其社会需求也在不断增长。当我们开发并推广应用老龄化技术时，与之相关的创新过程自然不能仅靠技术驱动。

因而，我们很有必要拓宽视野，将技术创新与其他创新观点联系在一起。环境会影响辅助技术的创新潜力。广阔的视野和整体方法为单个产品的创新潜力提供了新平台[25]。而与技术相结合的社会、组织、过程和营销创新是与人口老龄化相关的创新活动的重要组成部分。

我们可以将安全报警系统的不足（问题和缺点）看作创新的机会和动力，因为创新常常源自实践——如客户对技术可靠性或服务不满的状况。社会与卫生保健行业的创新通常是对感知到的问题的响应（例如[26]），而非深谋远虑。但是，有意识地转变思维方式却可以让不足变成创新机会。Drucker[27]指出，系统性创新始于对新机会的来源分析。在创新开发过程中，需要熟知并发掘安全报警系统的多样性，该过程便是创造创新并在实际中应用和嵌入创新的途径。比如，一些新模型可以将服务系统整合到老年人的日常生活和护理人员的工作实践中。

Pekkarinen和Melkas将安全报警系统的不足分为如下几类：

• 技术不足
• 服务不足
• 过程不足
• 组织不足
• 营销或供应不足

- 社会不足
- 道德不足

这些也都可用于勾勒由技术、服务、过程、组织、营销或供应、社会和道德创新的“bas”（社会互动和知识创造共享的真实或虚拟空间[28]）。这是一个有意识地转变思维方式将不足作为创新机会的途径。各种创新类型常常共存，几乎不存在单一的创新类型。例如，辅助老年人独立生活是一个很宽泛的创新主题，但是当我们将创新大致分类，就能从不同角度看待这一创新主题，并且也有助于我们区别多种创新的因果关系及其相互影响[25]。

4.结论

卫生与社会保健形成了一个巨大且社会性极为重要的行业。与其他国家相比，北欧国家这一行业的规模尤其庞大。但是，无论在哪个国家，社会和卫生保健问题都会引起科学家和一般公众的兴趣。无论该行业的组织机构代表的是公众、私人还是第三部门，该行业都是一个非常重要的雇主。在很多国家，该行业正在发生巨大变化，并且正经受着资金不足和人员紧缺之苦。同时，该行业的每个组织内部也发生着许多其他变化，如引进越来越多的技术创新来减轻工作负担，三方协作不断增多，现有员工在工作时常常问题百出等。

本章研究的是护理工作在引进和使用技术时出现的问题。在护理机构中，虽然与技术使用相关的能力尚未成为核心的工作能力，但是与护理工作自身和疾病相关的知识和技能已成为最重要的能力。不过，我们应拓展视野，将技术使用能力作为护理工作的一部分。在芬兰开展的这项安全电话和高科技健康腕带实证的研究结果基础上，本章阐明了技术使用对老年护理人员的多方面影响，这些影响对我们将技术创新植入护理工作深有启发。

对新技术进行定期的人为影响评估，能促进专业护理人员采纳新技术。使用安全报警技术造成的负面影响大都能在信息预测和评估的基础上，借助良好的使用培训消除或减少。比如，技术使用的有效性和经济意义包括工作人员的健康对生产力的影响，工作过程中能否冷静地使用技术等。我们还应认真关注技术使用对每个护理人员的影响，据此来扬长避短。

本章说明了实践中技术使用对护理人员及其客户日常生活的作用。当工作人员花足够的时间和空间去学习并熟悉这些技术创新时，他们就能利用技术满足其自身需求。影响评估及相关的培训需求并不局限于特定行业、工作场所、职业、主题或要评估的变化，所以它们在开发、调查服务和工作环境方面的可用性和适用性潜力远远超出了本章介绍的范围。这是一个将通用的积极的评估文化植入服务、工作场所和个人工作发展的问题。

积极的评估文化及其对技术不足的识别，是发掘技术使用中新的、整体创新机会的宝贵基础，这些创新可能是服务、过程、组织、营销或供应、社会和道德创新，亦或是以上所有创新的结合。

致谢：本项实证研究由芬兰劳工部国家职场发展计划提供。

附录：方法论

本项实证研究以8个工作场所的工作人员为研究对象，其中7个工作场所是服务公寓（食宿免费），另外一个是提供家庭护理的服务单位。它们的资金来源是公共融资（4个）或其他方式（4个来自基金会或非政府组织）。有些机构非常热衷尝试新技术，而另一些却不想尝试或反对尝试新技术，迄今仍有一些机构抵制新技术使用或它们的新技术使用经验极少。我们查找选择了芬兰不同地区的工作场所，并从各个专业团队（主要是助理护士或护士）中聘用了7~60个人，他们中有长期工和临时工。总计有78名现在和未来与安全报警系统打交道的工作人员成为我们的研究对象。我们为客户们提供的是一部传统的安全电话或高科技健康腕带（Vivago牌），它们通过测量使用者的动作幅度、皮肤温度和皮肤的传导性来监测他们一天24小时的活动。腕带有一个手动报警按钮，但如果使用者无法操作，它也能自动触发报警。必要时，摘下或重新戴上腕带时，安全系统也会自动发出警报（图32-1）。腕带会持续不断地监测其自身性能，出现连接问题时便自动发出警报。

我们借助了原本为规划自然环境而开发的人为影响评估方法，对安全报警系统的使用影响进行了研究。研究主要包含4个阶段：（1）通过填表、讨论，或面对面访谈来识别不同类型的影响；（2）评估不同类型影响的重要性；（3）对削弱或加强不同类型的影响进行规划；（4）起草行动方案[16, 17, 21]。从2005年5月到2006年9月，3名研究人员在护理机构中开展了8次影响评估。通常，包含多个评估活动的一个评估过程大约会持续半年。

由于护理工作场所女性居多，因此调查对象中只有一名男性专业护理人员。而且45岁以上的老年员工所占比例极高。通过填写事先准备好的表格，2~3人一组，或某些情况下一人一组参与到评估过程中。他们也会参与评估结果的讨论。调查的问题包括技术与健康（包括健康认知）的联系、信任和承诺、耗时、信息流和协作网络[9]、态度与分歧、参与感、工作意义、培训需求、服务、工作场所的经济状况等社会影响，还有其他工作场所的影响（如工作场所形象和专业人员的私人生活等），我们对研究结果进行了定性分析。

参考文献

1 R.B.Cooper, R.W.Zmud, Information technology implementation research: a technological diffusion approach.Manage.Sci.36, 123–139 (1990)

2 F.D.Davis, R.P.Bagozzi, P.R.Warshaw, User acceptance of computer technology: A comparison of two theoretical models.Manage.Sci.35, 982–1002 (1989)

3 H.Jurvansuu, J.Stenvall, A.Syväjärvi, *Information Technology and Workplace Practicesin HealthCare: An Assessment of TELLAPPI Project (in Finnish)* (Ministry of Labour, Helsinki, 2004)

4 R.Miettinen, S.Hyysalo, J.Lehenkari, M.Hasu, *From Product into Tool at Work? New Technologies in Health Care (in Finnish)* (Stakes, Helsinki, 2003)

5 G.L.Rafnsdottir, M.L.Gudmundsdottir, New technology and its impact on well- being.Work 22, 31–39 (2004)

6 G.L.Rafnsdóttir, L.R.Sigurvinsdóttir, Cyberfeminism in the Nordic Lights, in *Digital Media and Gender in a Nordic Context*, ed.byJ.Sundén, M.Sveningsson (Cambridge Scholars, Newcastle, 2007), pp.223–242

7 A.Barnard, Philosophy of technology and nursing.Nurs.Philos.3(1), 15–26(2002)

8 T.Cox, A.Grif.ths, S.Cox, *Work-Related Stress in Nursing: Controlling the Risk to Health*.Working paper CONDI/T/WP.4/1996 (International Labour Of.ce, Geneva, 1996)

9 H.Melkas, *Towards Holistic Management of Information Within Service Networks: Safety Telephone Services for Ageing People*.Doctoral dissertation (Helsinki University of Technology, Helsinki, 2004).http://lib.tkk../Diss/2004/isbn9512268868/.Accessed 6 Jan 2007

10 A.Raappana, M.Rauma, H.Melkas, Impactofsafetyalarmsystemsoncarepersonnel.Gerontechnology6(2), 112–117(2007)

11 N.S.Ghosheh Jr., S.Lee, D.McCann, *Conditions of work and employment for older workers in industrialized countries: understanding the issues.Conditions of Work and Employment Series No.*15 (International Labour Of.ce, Geneva, 2006)

12 J.Siltala, *The Short History of Worsening Work Life(in Finnish)*(Kustannusyhtiö Otava, Helsinki, 2004)

13 H.Bouma, Gerontechnology: Emerging Technologies and Their Impact on Aging in Society, in *Gerontechnology: A Sustainable Investment in the Future*, ed.by J.Graafmans, V.Taipale, N. Charness (IOS, Amsterdam, 1998), pp.93–104

14 T.Harrington, M.Harrington, *Gerontechnology: Why and How* (Shaker, Maastricht, 2000)

15 J.Kaakinen, S.Törmä, A *Pilot Study Gerontechnology: The Ageing Population and Opportunities Relatedto Technology(in Finnish)*(Of.ceof the Parliament, Helsinki, 1999)

16 T.Kauppinen, K.Nelimarkka, A review of Finnish social and health impact assessments.J.Environ.Assess.PolicyManage.6(1), 1–17(2004)

17 T.Kauppinen, K.Nelimarkka, *Human Impact Assessment (HuIA) as a Tool of Welfare Management* (National Research and Development Centre for Welfare and Health, Helsinki, 2004).http://info.stakes../NR/rdonlyres/8028AF2D- 4E9D- 4965- B9B9- E3E2FF6626DB/0/huiatrainingmaterial.pdf.Accessed 20 Jan 2008

18 H.Melkas, Analyzing Information Quality in Virtual Networks of the Services Sector with Qualitative Interview Data, in *Challenges of Managing Information Quality in Service Organizations*, ed.byL.Al-Hakim(IdeaGroup, Hershey, 2007), pp.187–212

19 M.Roelands, P.VanOost, A.M.Depoorter, A.Buysse, V.Stevens, Introduction of assistive devic-

es：home nurses'practices and beliefs.J.Adv.Nurs.54(2),180–188(2006)

20 J.Webster, J.Davis, V.Holt, G.Stallan, K.New, T.Yegdich, Australian nurses' and midwives' knowledge of computers and their attitudes to using them in their practice.J.Adv.Nurs.41(2),140–146(2003)

21 H.Melkas, A.Raappana, M.Rauma, T.Toikkanen, *Human Impact Assessment of Technology Use in Workplaces of Elderly Care Services (in Finnish)* (National Workplace Development Programme Tykes,Helsinki,2007)

22 A.Raappana, H.Melkas, *Teknologian hallittu* käyttö *vanhuspalveluissa: opas teknologiapäätösten* ja teknologian käytön *tueksi/Helhetssyn vid användning* av *teknologi inomäldreomsorgen*: handbok till städ för teknologibeslut och användning av teknologi (Holistic View of Technology Use in Elderly Care Services: Handbook to Support Decisions Concerning Technology and Use of Technology; in Finnish and Swedish) (LUT Lahti School of Innovation,Lahti,2009)

23 H.Melkas, Informational ecology and care workers: Safety alarm systems in Finnishelderly-careorganizations.Work: A Journal of Prevention,Assessment and Rehabilitation 37(1),87–97(2010)

24 H.Melkas, S.Pekkola, S.Enojärvi, S.Makkula, *Vanhusten hyvä kotona asuminen: tutkimusta kuntatuottavuudesta, älykodeista ja apuväinepalveluprosesseista* (Good Living at Home of the Elderly: Researchon Municipal Productivity, Smart Homes and Service Processes Related to Assistive Devices;in Finnish).Liitu tutkimusraportti 17. (Lappeenranta University of Technology,Lahti Unit,2008)

25 S.Pekkarinen,H.Melkas,Safety alarm systems and related services:From potholes to innovation opportunities.International Journal of Service Science, Management, Engineering, and Technology (accepted to be published,forthcoming)

26 P.Cunningham, *Innovation in the Health Sector: A Case Study Analysis*.Innovation in the Public Sector.Report; D19. (European Commission, PUBLIN, 2005).Available online at: http://www.step.no/publin/reports/d19-casestudies-health.pdf.Accessed 25 June 2009

27 P.F.Drucker (N.Stone, ed.) , *Peter Drucker on the Profession of Management*.Harvard Business Review Book Series (Harvard Business School Press,Cambridge,1998)

28 I.Nonaka, H.Takeuchi, *The Knowledge-Creating Company: How Japanese Companies Create the Dynamics of Innovation* (Oxford University Press,New York,NY,1995)

第33章

弥补大学生数量下降的德国老年教育计划

D.Schwarz，J.Steidelmuller，C.Hipp

摘要：大多数工业化国家当前都面临着人口萎缩和人口老龄化。预计2060年德国人口数量将由2008年的8 200万最低跌至6 500万。与此同时，德国人口的平均年龄却在增加。特别是在未来几年，德国东部年轻人口大量减少而老年人口急剧增加。当然，人口变化带来负面影响的同时，也创造了发展机遇。本章，作者从经济层面探讨了扩大银发市场教育目标的机会，主要基于两个方面：（1）现在和未来的老年人将把越来越多的闲暇时间放在学习知识和文化课程上；（2）传统的大学将面临生源短缺。作者提出将更多65岁及以上的老年人纳入教育的激励措施中，促进第三年龄和高等教育机构实现双赢。

1.引言

欧洲已进入严峻的人口发展时期，如果维持当前最低水平的人口出生率，在不考虑移民人口或人口寿命延长等影响因素的情况下，预计欧盟人口每10年将减少2 500万～4 000万[1]。

根据联邦统计局的德国人口情况调查报告，2060年，德国19岁以下的青少年人口比例将由2008年的19%降至16%；与此同时，20～64岁的人口比例将从61%降至50%，而65岁以上的人口比例将由20%升至34%（见[2]第16页）。这些统计结果都是基于对人口预测的“中间变量”的假设，也即平均每个女人生1.4个孩子这一恒定的出生率。到2060年，男婴的平均年龄将增长至85岁，女婴将为89.2岁；年度净迁移人口数量从2014年年初最少100 000人到2020年年初最多200 000人（参见[2]第7页）。这表明德国人口平均年龄将由2008年的43岁上升至2060年的52岁，而人口数量却会从2008年的8 200万减少至2060年的6 500万～7 000万（参见[2]第5页）。德国东部人口状况似乎更为严峻，当德国西部和德国南部人口萎缩逐渐缓和之际，德国东部人口减少的原因一是国内劳动力的转移，二是1990年以来人口出生率的崩溃。如图33-1所示，预计未来几十年中，德国东部向德国的北部、中部和南部的人口迁移不会停止。

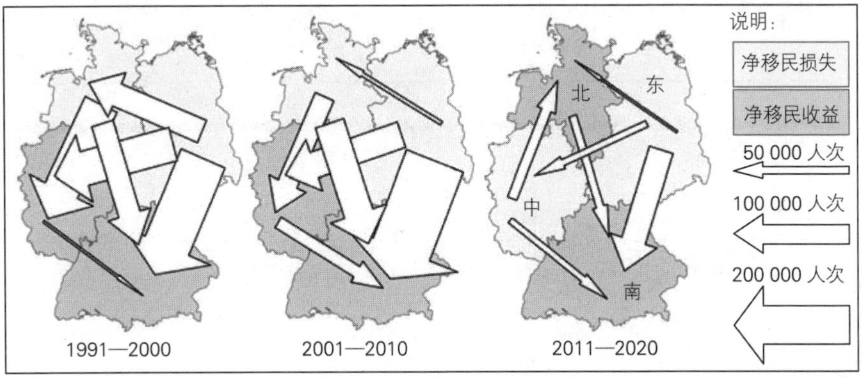

图33-1　1991—2020年德国国内净迁移人口

资料来源：联邦建筑和区域规划办公室[3]。

18～30岁的人口流动性似乎最大，相比之下，50岁以上的人口基本不流动。于是，德国东部人口必将缩减，这一是因为育龄父母流动导致其后代流失，二是因为人口老龄化。2020年，新联邦地区65～74岁的老年人将比2002年增加8%，而65岁以上的人口将增加31.3%。同时，德国东部的人口数量将锐减8%。这意味着，2002—2020年德国东部人口减少了130多万[3]。相比之下，2002—2020年，之前的联邦德国地区65岁以上人口仅增长了22.6%，同一时期德国人口总量将由6 550万增长至6 640万[3]。

“数千年来，公共健康、医学进步和经济发展终于战胜了那些影响人类寿命的疾病和病痛”，但也给老龄化社会带来了很多挑战（参见[4]第5页）。这意味着我们必须在社会的各个层面考虑到老年人，当然也包括经济问题。因而，本章作者关注的是退休人员的教育市场及其给生源减少的德国东部高等教育机构带来的好处。

2.第三年龄

各种文献对“年龄”及生命阶段的分类多种多样。大众越来越流行用“初老人”和“老老人”，或是“第三年龄”和“第四年龄”等词来描述“上年纪的成年人”[5–9]。而且实际上，各种分类对年龄段上下限的界定也不相同，图33-2是对现有年龄段界定的概括。

虽然统计学家们对这些年龄段的划分很少吹毛求疵，但老年学家们为此争论了很多年。撇开界定受访群体这一研究问题不说，他们担心有些极端分类将老年人与

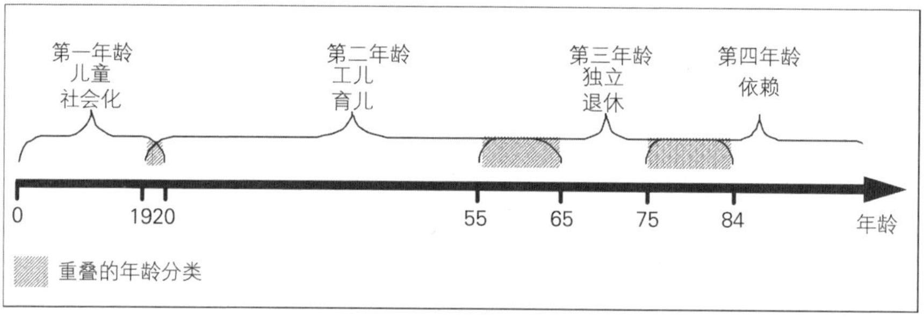

图 33-2 年龄分类示意图（作者的图解来自[5, 8, 10]的定义）

负面的刻板印象、老无所依、衰老、死亡等联系在一起[4, 5]。

就本章论题而言，我们倾向于使用一个更为开放的“年龄”定义。根据Swindell所言，第三年龄群体“不再被工作和养家的责任束缚”（参见[9]第419页），由于他们的身体、退休生活、社会和政治参与状况相对较好[10—13]，也渴望实现自我[14]，因而他们比上一代更喜欢多姿多彩的退休生活[12]，也愿意参加名誉工作，并乐意在教育等消费活动上花时间。德国联邦统计局的一项调查结果列出了60 ~ 69岁老年人的日常活动，除了体育锻炼和睡觉，老年人的时间主要花在志愿工作和个人爱好上，大约31%的60 ~ 69岁的老年人都曾经或正在从事志愿服务，这表明老年人愿意参与专为志愿服务开设的教育课程[15]（见图33-3）。

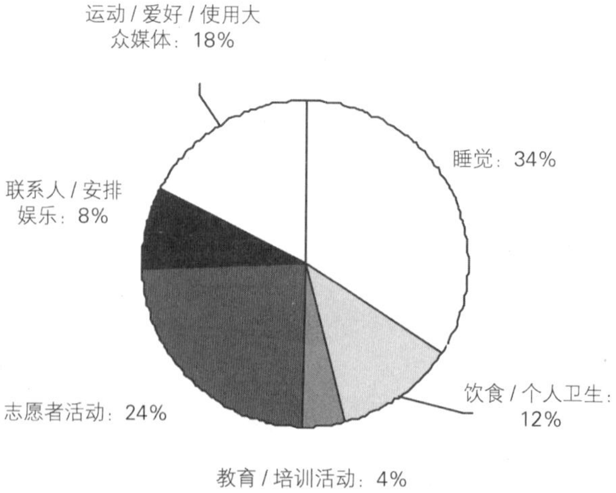

图 33-3 60 ~ 69岁老年人的日常活动[16]

尽管有些研究者将老年人的这些特点归于前文提及的“第三年龄”[8, 9]，另一些人将他们归于“初老人”[13]，但这两个术语的下限都是退休年龄。在德国，虽然享受社会保障资格的年龄已经降到了58.5～60岁[17,18]，但2012年，德国社会保障制度的瓦解使退休年龄逐渐推迟至67岁。所以，我们界定第三年龄的下限自然也会改变。

正如我们前文所指出的，德国60岁以上的人口将持续增长，与之相关的银发市场正在崛起，除此之外，势必引发“第三年龄”大学（UTA）运动[12]。

3.第三年龄大学

3.1　历史回顾

老年人的学习模式至少有四十年的历史。第一代老年教育服务出现在1960年，主要是作为文化休闲活动供老年人使用，并促使他们参与社会互动[19]。1962年在纽约创建的退休学习学院就属于这一代老年教育服务[20]。第二代老年教育服务兴起于20世纪70年代，主要关注老年人的生活经历，使他们做好介入社会问题的准备[20]。图卢兹大学的教育活动就属于这一代老年教育服务，正是在1973年，皮埃尔提出了“老年大学”一词，当时该大学就已为退休人员提供价格实惠的暑期课程[12,20,21]，法国UTA模式的特点是由退休人员自学，大学员工组织、授课，政府资助[20,21]。第一所UTA主要有四个目标[22]：

- 提升老年人的身体、精神和社会健康水平及生活质量
- 为老年人提供与其他年龄群体联系紧密的永久教育计划
- 开展老年问题研究
- 为当前和未来决策者制订老年医学教育计划，制订社区信息计划来提高社会成员对老年问题的认识

Lemieux明确了第三代老年教育服务，或者说起源于20世纪80年代的下一代UTA[19]，是为退休越来越早、受过良好教育的并且对学分制大学课程性价比要求更高的老年人开发的课程。

这一UTA模式在全球迅速蔓延，包括澳大利亚、新西兰、加拿大、美国、阿根廷、德国、捷克、波兰，英国、斯堪的纳维亚、中国和日本在内[20,23]。不过，这些国家的UTA在组织目标、组织形式、学习方法、研究领域、入学要求以及授予学士学位或是毕业证书等方面并不相同[11,12]。

案例1

在这些不同的UTA理念中，其中一个例子便是“第三年龄在线大学”（U3A在线），利用互联网为老年人提供老年教育服务的这个想法是由澳大利亚、新西兰和英国的UTA带头人于1997年提出[9]。它最初由澳大利亚政府于1999年出资创建，后续不断获得澳大利亚政府资助，拥有十分有力的支持，为世界范围内因地理、身体或社会环境而孤立的老年人提供教育服务[24]。课程一般是这样组织的：不要求学

生具有相关学科领域的原有知识，没有考试，也不授予学位，由知识渊博的志愿者们开发，只要求学生有宽带和基本的电脑操作技能[24]等。世界各地UTA的同行们与来自英国、澳大利亚、新西兰、美国和德国的参加者共同运营在线课程的合作活动，强化了虚拟UTA的原始概念[9]。

中国的UTA是另外一种情形，“当前中国政府非常重视教育，以帮助1亿多中国老年人适应社交变化”[23]。中国被认为是UTA最多的国家，截至2002年年底，中国大约有19 300所UTA和181万学员[25]。20世纪80年代以来，在中国政府的资金、经营场地和UTA管理方针的支持下，多种多样的UTA如雨后春笋般涌现[25]。第一所UTA于1983年在山东省成立[26]。Swindell和Thompson指出，中国的UTA不乏声名卓著的传统大学，且中国的UTA大多与休闲中心联合经营[23]。

为了推动中国UTA的发展，1988年，中国老年大学协会（CAUA）成立，目前有207个UTA成员，出版了一本《终身学习》杂志，并专门成立了一个老年教科书开发研究团队[26]。

老龄化社会的人口结构及其日益增长的社会活动需求为教育带来了新挑战[21]，但它也蕴藏着巨大的潜力，一是因为婴儿潮一代已经退休或过几年即将退休；二是寿命的延长势必产生许多兴致勃勃的学习者[27]。此外，心理学和医学研究结果表明，晚年教育能够帮助老年人保持健康和生产力[23, 28]、增强应对策略，并预防不必要的功能衰退[12, 29]。根据联合国教科文组织提出的终身教育理念，“由于学习在本质上对人类存在和生命质量是无价的，所以学习是所有人应该做和想做的事情”[21]。另外，老年人需要适合他们的服务和物质商品，而教育本身就是一项服务[30]，或者说，教育是“银发市场”的服务之一。这些都是第四代老年教育服务的标志，这一代教育服务重点关注如下几个方面：

- 从社会角度来看，通过学习和名誉教学可以保证老年人的生活质量，满足他们的潜在兴趣及参与社会生活的需求[22]。
- 从经济角度来看，通过学费和政府资金分配，可以弥补因人口变化对公共高等教育机构造成的生源短缺影响。
- 从社会政治角度来看[14]，能赢得面向未来的选民[31]，并提高老年人的身体、精神和社会健康水平，降低保健制度的成本。

3.2 德国老年教育服务

德国为退休老人提供的教育多种多样，在某种程度上有些混乱[14, 32]。Wenzke列出了德国教育服务的五大提供者[14]：

- 老年机构，如日托中心、老年俱乐部和服务中心（20%）
- 正规的老年团体（13%）
- 教育机构，如老年大学（13%）
- 成人教育中心（12%）

• 文化与市政机构（9%）

尽管过去几年老年教育服务提供者的数量及服务的复杂性不断增加，但第三年龄群体的参与性和学习积极性明显相对较低[32]。于是就产生了这样一个问题，较低的参与性到底是老年人不积极造成的，还是这些服务不能用或没有吸引力造成的[32]？

为了研究UTA，Saup[33]研究了为老年人提供教育服务的德国高等教育机构。20世纪80年代，联邦德国仅有几所大学（例如多特蒙德、奥登堡、曼海姆、法兰克福、比勒费尔德和马尔堡）为第三年龄群体提供教育服务；随后，提供老年教育服务的大学数量稳步上升，从1994年的35所增加至1997年的42所，再到2001年的50所[33]；同时，老年大学数量也进一步增加。

过去几年，年轻的第三年龄群体对这些教育计划的兴趣日渐浓厚[33]。或许因为过去退休年龄较早，2001年参加这些教育计划的老年人平均年龄下降到了63岁（见图33-4）。

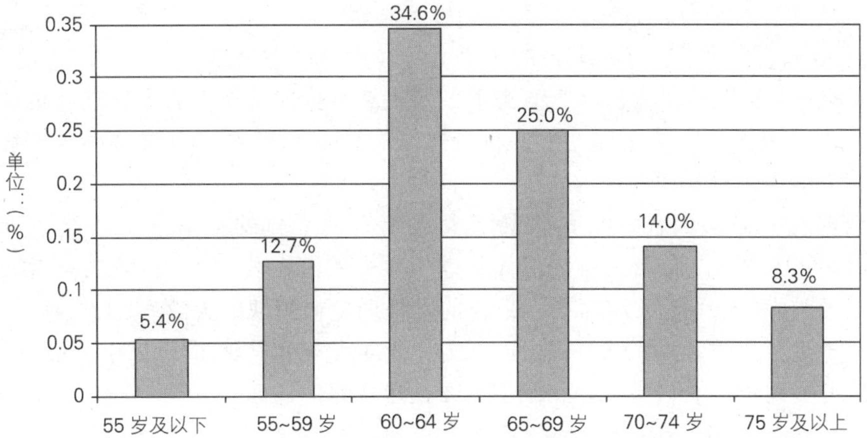

图33-4　2001年德国老年学生的年龄分布[33]

在UTA，老年人有三种学习选择[33]。一是有兴趣的人可以以普通学生身份注册，这需要入学文凭，学习必修课程并参加考试。Saup估计2001年有3 500 ~ 6 000名老年（不分年龄）学生注册了该项学习。二是第三年龄群体可以作为普通旁听生接受教育。通常来讲，这种形式的学习，不需入学文凭，培训结束也没有任何考试或教育成绩。参加者可以自由选择所有课程，没有入学限制。三是UTA的学生可以注册为特别旁听生，这一计划提供特殊的咨询课程、常规课程、职前培训和系列讲座等，学习内容和学习期限也不固定。每个大学老年学习形式的上述这些要求及其他方面都不一样。特别旁听生貌似是最有吸引力的教育计划，因为2001年就有大约25 000名学生注册。

目前一代第三年龄群体都有一个学习安排。比如，他们希望通过学习弥补先前教育的不足，提高学习能力，获得荣誉资格或是增加就业能力，满足其参与感兴趣课题的需求，提升个人形象，保持与年轻人或子孙的沟通，探讨哲学问题，保持身体和精神活跃，或仅仅是避免孤独等[31, 33, 34]。

为了传道授业[35]，德国的UTA主要与大学关联且实际上都是学术性的，因为通常都是由大学教授实施这些计划[23]。由于他们得不到政府的财政支持[37]，因而他们多是通过自有资源和参加费为老年教育项目筹措资金[36]。

案例2：科特布斯大学的UTA

科特布斯勃兰登堡理工大学的UTA，位于勃兰登堡联邦州东南，成立于2001年，目的是建立一个集教育、会议和活动为一体的场所[14, 38]。2001年以来，该计划致力于培养学生的日常生活能力，获得荣誉或普通就业资格的能力[14]。2002—2005年该UTA提供的课程主要包括：体育课程（23.8%）、讲座和系列讲座（19.3%）、由教授或从业者开展的讨论讲座（17.3%）、电脑课程（15.7%）、自我组织工作和项目团队课程（10.5%）、观光课程（8.1%），旁听生可以参加所有讲座[14, 38]。虽然没有入学要求，但每个学期学生要交30欧元学费[14, 38]。

近几年，参加该UTA计划的人数由2001年的87人上升至2006年的1 186人[39]。随着老年人对课程和讲座的需求不断提高，授课者在本职工作之外很难满足这些需求。因而，在一定程度上，科特布斯的UTA是借着BTU校友和老年学生的帮助，为学生传授知识和经验[14]。

根据我们对第四代UTA的设想，它主要有两个目的：第一，从社会角度来看，满足未来5 ~ 15年第三年龄群体对老年教育的潜在需求[15, 40]；第二，由于德国UTA主要与大学关联[23]，因而第二个目的是帮助生源短缺的大学。UTA不仅可以弥补年轻学生数量的下降，而且通过收取老年学生学费和其他未定费用，还能弥补联邦政府的资助资金缺口。总之，我们需要创建双赢的局面。

4.扩大德国大学利益的策略

如引言所述，在其他情况不变的情况下，德国东部第三年龄群体数量和老年学生数量都将增长。同时，根据人口变化进行的社会养老金计划改革[41]导致老年人纯收入减少。因而，UTA大多客户负担不起高昂的教育服务。这一困境要求我们必须思考一些策略，通过具有吸引力的休闲活动为教育和发展退休人员这一社会责任筹措资金，招收老年学生，提高在校学生总数。

申请政府支持。教育必须作为一项社会政策[12]，而且至少在一定程度上由政府出资。因为照顾老年人并尽可能保护他们免受老龄化带来的伤害是政府的社会责任。反过来，通过降低保健成本会影响社会保障制度，这应是政府主动资助该计划

的主要刺激因素。

实施独特的计划。与其他老年教育服务提供者相比，UTA必须拥有自己的竞争优势。如果竞争对手都有各自的资源，UTA就不具有竞争优势[42，43]。正如Barne对竞争优势的定义所言："即使一种资源十分宝贵、稀缺、模仿的代价极高，但如果它的等效替代战略并非稀有或模仿成本不高，那么这种资源便不是持续竞争优势的来源"[44]。这一独特的销售主张（USP）运动（例如通过创建一个独特的、有吸引力的计划）常辅以恰当的价格政策。当大学成功地创建了一项竞争优势（独特的、有吸引力的项目）时，便能声名远扬。这样，赞助商就很有可能支持它的这一理念。例如，加拿大UTA的老年学习活动就是由联邦主导、省级主导或基于社区的计划赞助的[29]。

需求分析。老年教育服务提供者应该通过对UTA客户访谈来明确其学习目的、学习内容[31]和学习时间[12，45]等。比如，晚上不利于开展成人教育计划，因为有的老年人晚上不想出门。在上述独特的教育计划中，老年人这些"自主学习意愿"[31]都能实现。

扩大服务内容。除了常规计划，虚拟UTA为孤独或残疾老年人、传统UTA成员提供的智力挑战课程也会令人感兴趣[9]。在澳大利亚，第一个"在线UTA"创建于1999年，第一年年底，就有近300名成员参加[9]。商业区人口流动有限且集中，扩大了在线UTA的目标群体，也囊括了失业和感兴趣人员。为了充分发挥UTA的功能，他们也应该有机会参与教育课程，法国的UTA已经这样做了[23]。

建立激励政策。老年人渴望实现自我、特立独行、及时行乐和群体生活[21]。有的成年人没有机会学习或学习自己喜欢的学科。正如Picton[12，45]所言，或许是受社会经济形势所迫或是没有接受中高等教育的机会，许多退休人员很早就离开了学校。这样的话，为老年人开设文学学士课程[19]或博士课程一类的课程就非常有意义。接受这些教育之后，老年人就能在成人教育中心教学，甚至成为老年顾问。或许老年人不只需要低成本的学习机会，这也促使高校思考不同的学费策略。

构建网络。UTA应与市政老年机构合作，利用协同优势或减少管理工作降低成本。除了共同努力组织项目和开展营销活动，它们的合作也将产生一个明确的令人心悦诚服的老年教育服务理念[14]。

提高信息质量。开展研究时，我们很难获取到每个UTA计划的最新信息，甚至很难找到每个UTA的网站。当前第三年龄群体大多还不会熟练使用电脑，再加上这些网站界面"不友好"或一目了然，这一实际情况非常棘手。提高信息的可用性是提高UTA形象的重要一步。

增加荣誉工作。最后一个很重要的策略是志愿服务。特定服务可以由经验丰富的老年学生提供[9，10，29]，他们通常会积极地传递自己的人生经历[21]并实现自我[46]。因而老年大学非常有必要增加名誉工作[15]来扩大教育课程种类，同时降低

成本。

5.结论

本章以人口萎缩带来的人口变化作为开端，研究关注了德国的人口情况。德国联邦统计局的人口预测表明，德国常住人口数量必将萎缩。与此同时，随着年轻人、育龄父母向德国其他地区迁移，德国东部人口平均年龄将继续增长，因而为老年人提供教育服务的潜力巨大。本章第二部分关注的是“第三年龄”的定义及分类，统计学家和老年医学家仁者见仁，智者见智，他们对划分各年龄段的上下限没有达成共识。我们将那些对智力休闲活动和社会参与感兴趣的退休人员定义为第三年龄群体。他们对获得新能力，特别是对社会科学和生活经验交流非常感兴趣。也正是为了他们，UTA应运而生。在“第三年龄大学”一节里，我们简要地勾勒了UTA的历史，并假设性地用第四代UTA理念扩展了Lemieux的三代UTA理念。我们认为UTA的目标是双重的，特别是德国东部的UTA。第一个目标是确保老年人有尊严地生活，应为他们提供与年轻人一样的学习条件和环境[8]，并通过学习和名誉教学满足他们参与社会生活的潜在兴趣和需求。第二个目标是通过招收老年学生，收取学费，获得政府额外的资金支持，帮助年轻学生数量减少的公共高等教育机构。由于德国的UTA通常和大学联合，因而这一补救办法是可行的。

接下来，我们对德国老年教育服务体系做了介绍。举例来说，我们提到了科特布斯勃兰登堡理工大学的UTA。

在“扩大德国大学利益策略”一节中，我们致力于为第三年龄群体和大学创造双赢的局面。对第三年龄群体来说，他们可以从众多课程中选择感兴趣的课程，而大学则可以从联邦政府那里为注册学生获得稳定的少量资金。我们为此提出了一些扩大大学利益的策略，保证UTA计划的可用性并逐渐完善它。正如Swindell所言，晚年保持大脑活跃能够明显改善老年人的健康和福祉[9]。老年人需要像教育一样适合他们的服务[30]，因而至少在一定程度上，教育必须作为一项社会政策和社会责任，由政府买单。

本章我们所了解到的UTA，尤其是德国东部招生难或招收UTA客户困难的情况，并不能轻易与其他国家相提并论。因为世界各地的UTA在组织目标、组织形式、学习方法、学习领域、入学要求、颁发证书[11，12]和政府支持方面都不相同。此外，我们明确指出激励因素对提高老年学生数量非常重要。我们关于老年人需求分析、虚拟教育课程、提高UTA信息可用性等方面的观点为其他国家提供了激励，一方面满足这些国家老年学生的需求，另一方面能够充分地利用它们的高等教育机构。

参考文献

1　W.Lutz,Science 299,1991–1992 (2003)

2　Federal Statistical Office Germany (ed.), *Bevölkerung Deutschlands bis 2060: 12.koordi-nierte Bevölkerungsvorausberechnung* (FSO,Wiesbaden,2009)

3　BBR, Federal Of.ce for Building and Regional Planning, in *Raumordnungsprognose2020/2050*:Ausgabe2006.(BBR,Bonn,2006)

4　K.Kinsella,D.R.Phillips,Popul.Bull.60,1–42 (2005).www.prb.org

5　B.Bytheway,J.Soc.Issues 61(2),361–374 (2005)

6　P.Laslett, *A Fresh Map of Life: TheEmergence of the Third Age* (Harvard University Press, Cambridge,MA,1991)

7　R.A.Settersten,K.U.Mayer,Ann.Rev.Sociol.23,233–261 (1997)

8　J.Smith,Eur.Rev.9(4),461 (2001)

9　R.Swindell,Int.J.Lifelong Educ.21(5),414–429 (2002)

10　E.Timmer,M.Aartsen,Soc.Behav.Pers.31(7),643–656 (2003)

11　European Federation of Older Students at the Universities (eds.), *EFOSNews*, 1,5 (2007)

12　V.Minichiello,Int.Rev.Educ.38(4),403–416 (1992)

13　B.L.Neugarten,Ann.Am.Acad.Polit.Soc.Sci.415,187–198 (1974)

14　B.Wenzke, *Produktivität im Alter: Bildung zwischen Institution und Selbstorganisation*, PhD thesis (Brandenburg Technical University Cottbus,2007)

15　BMFSFJ, German Federal Ministry of Family, Seniors, Women and Youth (eds.), *Bildungim Alter: Ergebnissedes Forschungsprojektes* (BMFSFJ,Berlin,2004)

16　H.Engstler et al., Alltag in Deutschland: Analysen zur Zeitverwendung, in *Conference Proceeding Zeitbudgeterhebung 2001/02, 16–17Feb2001*, ed.by Federal Statistical Office Germany (FSO,Wiesbaden,2004),pp.216–246

17　A.Börsch-Supan,R.Schnabel,Am.Econ.Rev.88(2),173–178 (1998)

18　J.Gruber,D.Wise, *Social Security Programsand Retirement Around the World, in NBER Working Paper Series, Working Paper 6134* (National Bureau of Economic Research, Cambridge MA,1997)

19　A.Lemieux,Educ.Gerontol.21(4),337–334 (1995)

20　L.K.Hebestreit, *An Evaluation of the Role of the University of the Third Age in the Provision of Lifelong Learning.Dissertation*, University of South Africa (2006).http://etd.unisa.ac.za/ETD-db/theses/available/etd-06042007–115106/unrestricted/thesis.pdf.Accessed18Jun2008

21　A.Williamson,Int.J.Lifelong Educ.16(3),173–184 (1997)

22　P.Vellas, *The First University of the Third Age*.http://worldU3A.org/aiuta/vellas- uk.htm, 2007–10–31

23　R.Swindell,J.Thompson,Educ.Gerontol.21(5),429–447 (1995)

24　U3A Online, *A Virtual University of the Third Age* (Griffith University, Queensland, 2008). http://www3.grif.th.edu.au/03/u3a/.Accessed 18 Jun 2008

25　J.Thompson, *The Amazing University of the Third Agein China Today* (U3A,UK,2002).http://worldu3a.org/worldpapers/u3a-china.htm.Accessed 18 Jun 2008

26　ICT, *ICT-in-EducationToolkit, Sustaining Lifelong Learning, 2007*.http://www.ictinedtoolkit.org/usere/p_page.php?section_id.175#footnote47.Accessed18Jun 2008

27　F.Kolland,Educ.Gerontol.19(6),535–550 (1993)

28　M.W.Drotter,Educ.Gerontol.Int.Q.7(2),105 (1981)

29 B.S.Clough, Educ.Gerontol.18(5), 447 (1992)

30 D.Radcliffe, Educ.Gerontol.8(4), 311–323 (1982)

31 D.Meynen *Lässt such das Seniorenstudium modularisieren? Ansätze zu einer wussebscgafts didaktischen Theorie des Studiums im Alter*(Learning in Later Life, 2003).http://www.uni - ulm.de/LiLL/5.0/aufsaetze/daniel_meynen/seniorenstudium_modul.htm.Accessed19Jun 2008

32 C.Sommer, H.Künemund, *Bildung im Alter: Eine Literaturanalyse.*Forschungsbericht 66 der Forschungsgruppe Altern und Lebenslauf (FALL). (Freie Universität Berlin, 1999).http://www.fall–berlin.de/index.html?/fdl3.htm.Accessed 18 Jun 2008

33 W.Saup, *Studien für Senioren*, ed by Bundesministerium für Bildung und Forschung (BMBF, Bonn, 2001).http://www.bmbf.de/pub/studienfuehrer_fuer_senioren.pdf.Accessed 18 Jun 2008

34 H.Hirsch, Altern.Higher Educ.5(1), 57 (1980)

35 S.Kade, Altersbildung und Kompetenz, in *Altersbildung an der Schwelle des neuen Jahr–hunderts*, ed.byR.Berghold, D.Knopf, A.Mörchen(Echer,Würzburg, 1999), pp.129–135

36 K.P.Wallraven, in *Handbuch Altenbildung: Theorienund Konzeptefür Gegenwart undur Zukunft*, ed.by S.Becker, L.Veelken, K.P.Wallraven (Leske tBudrich, Opladen, 2000), pp.186–188

37 IDummer, Senior Studies at the Christian– Albrechts– University in Kiel.EFOS News 1, 12 (2007)

38 ZfW (ed.), *Seniorenuniversität* (BTU, Cottbus, 2008).http://www.tu - cottbus.de/btu/de/weiterbildung/kindersenioren/seniorenuniversitaet/.Accessed18Jun 2008

39 ZfW (ed.), Vortrag zum 5jährigen Bestehen der Seniorenuniversität(BTU, Cottbus, 2006).

40 J.U.Prager, A.Schleiter, Älter werden– aktiv bleiben: Ergebnisse einer repräsentativen Umfrage unter Erwerbstätigen in Deutschland(Bertelsmann,Gütersloh,2006).http://www.bertelsmann-stiftung.de/bst/d e/media/CBP_Umfrage_03.pdf.Accessed 18 Jun 2008

41 BMFSFJ, German Federal Ministry of Family, Seniors, Women and Youth (eds.), *Fünfter Bericht zur Lage derlteren Generation in der Bundesrepublik Deutschland: Potenziale des Alters in Wirtschaft und Gesellschaft: Der Beitrag älterer Menschen zum Zusammenhalt der Generationen* (BMFSFJ, Berlin, 2005)

42 L.Argote, P.Ingram, Organ.Behav.Hum.Decis.Process.82(1), 150–169 (2000)

43 J.B.Barney, E.J.Zajac, Strateg.Manage.J.15(special issue), 5–9 (1994)

44 J.B.Barney, Acad.Manage.Rev.26(1), 41–56 (2001)

45 C.J.Picton, Trans.Menzies Found.8, 113–118 (1985)

46 M.J.Graney, W.C.Hays, Educ.Gerontol.Int.Q.1(4), 343–359 (1976)